Direito das Obrigações

Direito das Obrigações

TEORIA GERAL E RESPONSABILIDADE CIVIL

2018 · 7ª Edição

Fábio Henrique Podestá

DIREITO DAS OBRIGAÇÕES
TEORIA GERAL E RESPONSABILIDADE CIVIL
© ALMEDINA, 2018

AUTOR: Fábio Henriques Podestá
DIAGRAMAÇÃO: Almedina
DESIGN DE CAPA: FBA.
ISBN: 978-85-8493-387-7

Dados Internacionais de Catalogação na Publicação (CIP)
(Câmara Brasileira do Livro, SP, Brasil)

Podestá, Fábio Henrique
Direito das obrigações: teoria geral e
responsabilidade civil / Fábio Henrique Podestá. –
7. ed. – São Paulo: Almedina, 2018.

Bibliografia.
ISBN 978-85-8493-387-7

1. Obrigações (Direito) 2. Responsabilidade
(Direito) I. Título.

18-18628   CDU-347.4

Índices para catálogo sistemático:

1. Direito das obrigações : Direito civil 347.4
Maria Alice Ferreira - Bibliotecária - CRB-8/7964

Este livro segue as regras do novo Acordo Ortográfico da Língua Portuguesa (1990).

Todos os direitos reservados. Nenhuma parte deste livro, protegido por copyright, pode ser reproduzida, armazenada ou transmitida de alguma forma ou por algum meio, seja eletrônico ou mecânico, inclusive fotocópia, gravação ou qualquer sistema de armazenagem de informações, sem a permissão expressa e por escrito da editora.

Agosto, 2018

EDITORA: Almedina Brasil
Rua José Maria Lisboa, 860, Conj.131 e 132, Jardim Paulista | 01423-001 São Paulo | Brasil
editora@almedina.com.br
www.almedina.com.br

"Quem agarrar-se a própria vida perdê-la-á"

MATEUS 10:39

Dedico este livro aos meus pais, ciente de que ainda não assimilei todas as suas virtudes, mas as poucas já são suficientes para ter em minha personalidade os atributos da justiça, humildade e perseverança nos objetivos.

AGRADECIMENTOS

A elaboração de uma obra impõe certas privações, as quais, de uma forma ou de outra, justificam a contribuição gentil de amigos e parentes do autor. Desejo registrar meus sinceros agradecimentos a todos aqueles que direta ou indiretamente prestaram algum auxílio na conclusão desta obra. Entre eles, manifesto especial gratidão aos que seguem:

ALCILENE
JANETE
LAÍS
MACHADO
SANDRA
SUELI

NOTA À 7ª EDIÇÃO

Esgotada a edição anterior e com o incentivo da prestigiosa Editora Almedina, resolvemos atualizar, corrigir e aumentar a presente obra sempre na perspectiva de oferecer auxílio seguro a todos os estudantes e profissionais do direito que se relacionam com o universo da teoria geral das obrigações e da responsabilidade civil.

A obra foi adaptada ao novo Código de Processo Civil (Lei nº 13.105/2015).

Agradeço a minha equipe de trabalho junto ao Tribunal de Justiça pela dedicação e empenho (Aline, Keren, Fernanda, Natalia, Veridiana), em especial a minha assistente Priscila Pavani pelas valiosas observações a esta nova edição.

Renova-se a disposição para críticas e sugestões.

São Paulo, fevereiro de 2018.

O Autor

NOTA À 6ª EDIÇÃO

A presente obra nasceu despretensiosa há mais de 10 anos e a cada edição esgotada sentimos o dever de adequá-la e ajustá-la a inevitável evolução do Direito.

Como bem afirmou a nossa Mestra Professora Giselda Maria Fernandes Novaes Hironaka, o Direito Civil manifesta, engloba e abarca um panorama enorme de relações jurídicas, de natureza privada, que regem a vida do cidadão comum em todas as fases de sua vida, até mesmo antes do nascimento.

Cuida-se de "*Uma dimensão vastíssima, rica, preciosa. Uma dimensão que não se acomoda jamais, mas, ao contrário, passa por evolução perene, na mesma razão em que se modifica a vida humana e se transformam os homens*" (cf. *Direito Civil. Direito dos Contratos*. Coord. Amanda Zoe Morris e Lucas Abreu Barroso, *Perfil da Coleção*, São Paulo: RT, 2008, p. 5).

É com essa visão, sempre renovada, que nos dispomos a promover de forma humilde o acesso ao conhecimento de importantes disciplinas do Direito aos iniciantes da ciência jurídica.

Agradeço a todos aqueles que de alguma forma fizeram com que esta obra tenha chegado a presente edição, com a mesma disposição para críticas e sugestões.

São Paulo, março de 2008.

O Autor

NOTA À 5ª EDIÇÃO

Graças à boa acolhida da 4ª edição e em razão do renovado convite da Editora Atlas, resolvemos promover a correção e ampliação do texto na perspectiva de que nenhuma obra humana é acabada, definitiva ou isenta de erros, ainda mais considerando a natural evolução do Direito.

Agradeço aos estudantes, profissionais do Direito e doutrinadores que utilizaram a obra para estudo, consulta ou citação, com constante disposição para eventuais críticas e sugestões.

Desejo dedicar esta edição a três mulheres que trouxeram a minha vida um colorido especial pelas suas qualidades em todos os sentidos:

GISELDA MARIA FERNANDES NOVAES HIRONAKA

CLÁUDIA STEIN VIEIRA

MÁRIA SALETE PANONI

Em memória de minha mãe, na certeza de que um dia nos reencontraremos.

Por fim, esta nova edição representa uma nova fase na minha vida e grande parte desse momento devo a uma pessoa que contribui e muito para isso,

A você, LARA, por sua simplicidade e por seu amor...

São Paulo, janeiro de 2005.

O AUTOR

NOTA À 4ª EDIÇÃO

Na edição anterior, conforme advertência feita na ocasião, especialmente diante da possibilidade de prorrogação da *vacatio legis* do novo Código Civil, realizamos mera adaptação da obra.

Não confirmadas as suspeitas e tornando-se realidade a nova legislação, promovemos a revisão completa do texto que doravante encontra-se totalmente atualizado frente ao novo Código Civil (Lei nº 10.406, de janeiro de 2002).

A reformulação parcial da estrutura do Livro do Direito das Obrigações obrigou-nos a excluir certos assuntos (*v. g.*, transação e arbitragem), visando atender ao seguimento pela ordem dos dispositivos legais.

Continuam sendo motivo de orgulho e agradecimentos os elogios, escolha e citação da obra por todos os profissionais ou estudantes que se dedicam ao Direito das Obrigações.

Reiteramos a postura de disposição para eventuais críticas e sugestões direcionadas ao aperfeiçoamento da obra.

São Paulo, março de 2003.

O Autor

NOTA À 3ª EDIÇÃO

Mais uma vez, promovemos a elaboração de edição mais abrangente e atualizada, sobretudo em razão das alterações ocorridas com a publicação do novo Código Civil – que entrará em vigor após um ano da publicação da Lei nº 10.406, de 10 de janeiro de 2002 –, acrescida de capítulo que versa sobre as transmissões das obrigações.

Reiteramos sinceramente os agradecimentos pela escolha e citação da obra, como referência a todos os que de alguma forma a utilizam em suas atividades estudantis e profissionais.

Permanecemos também à disposição para eventuais críticas e sugestões, visando aperfeiçoar o texto.

Agradecemos ao talentoso bacharel Cesar Augusto Fontes Mormile pela revisão da edição anterior.

Guarujá, 3 de fevereiro de 2002.

O Autor

NOTA À 2ª EDIÇÃO

Por solicitação da editora, o Autor aceitou realizar uma nova edição da presente obra.

Extremamente agradecido com a boa acolhida pelo público leitor (tanto de estudantes como de profissionais), o Autor sentiu-se no dever de aperfeiçoar o texto não só para corrigir imperfeições naturais da edição anterior, como igualmente para adequá-lo à nova legislação, inclusive projetada.

Teve ainda a preocupação de abordar as modernas relações de consumo voltadas para o aspecto contratual e extracontratual em face da ausência, na maioria das faculdades, da disciplina Direito do Consumidor.

Relembre-se então de que o objetivo inicial da obra não foi desfigurado, isto é, contribuição voltada a facilitar o estudo do direito das obrigações. Novas imperfeições poderão surgir, é verdade. Mas, sob a orientação de Deus e dos pais, o autor humildemente aceitará as críticas, para as quais está aberto.

Por fim, o Autor agradece a contribuição da amiga Valéria Valverde na elaboração desta nova edição.

São Paulo, setembro de 1999.

Fábio Henrique Podestá

NOTA À 1ª EDIÇÃO

Conforme o próprio título da obra, o seu conteúdo envolve o programa relacionado ao direito das obrigações na disciplina Direito Civil, normalmente ministrado no 2º ano do bacharelado.

A ideia que norteou a elaboração deste programa foi a de prestar, ao estudante de direito e, secundariamente, ao profissional ligado a mesma área, uma contribuição visando facilitar o estudo do direito das obrigações.

É importante destacar que a obra guarda em si mesma o caráter de objetividade, deixando de lado o debate sobre questões doutrinárias ou mesmo considerações históricas sobre cada instituto.

O livro foi enriquecido com citações jurisprudenciais visando, na medida do possível, conferir o aspecto prático muitas vezes esquecido quando da exposição teórica de cada assunto em salas de aula.

Desejo manifestar inteira satisfação na elaboração do presente livro, adiantando desde já que por ser uma obra humana certamente possuirá seus defeitos, os quais, se assim Deus quiser, serão corrigidos em posterior edição.

Se, de alguma forma, a obra contribuir para a sedimentação e maior aumento nos conhecimentos relacionados à área, o objetivo já terá sido alcançado.

São Paulo, dezembro de 1996.

Fábio Henrique Podestá

APRESENTAÇÃO À 4ª EDIÇÃO

O Direito das Obrigações é tema sedutor que, naturalmente, acaba por envolver a todos aqueles que resolvem estudá-lo, tanto pelos efeitos que dele decorrem, quanto por sua íntima e constante ligação com o dia-a-dia dos cidadãos.

Nesta obra, dedicada a esse ramo do Direito Civil, com abordagem sobre sua Teoria Geral e da Responsabilidade Civil, o Juiz e Prof. paulista Fábio Henrique Podestá consegue, embora se trate de assuntos que podem ser árduos e ensejadores de inúmeras indagações, especialmente quando acaba de entrar em vigor o novo Código Civil brasileiro, apresentar os temas a eles inerentes de maneira clara e com superior habilidade, de forma a indicar seu conhecimento a respeito da matéria, uma das que domina, sem qualquer dúvida, na ciência jurídica, facilitando aos estudantes do Direito, sejam ou não bacharelandos, uma fácil e adequada compreensão das variadas circunstâncias concernentes às diversas modalidades de obrigações e dos aspectos ensejadores da responsabilidade civil, com suas conseqüências.

Consegue o autor, em análise circunstanciada e com firmes argumentos, discorrer sobre o Direito das Obrigações, nos limites em que situou seu trabalho, sem perder de vista diplomas outros, intimamente ligados aos campos que examina e atinentes ao Código de Defesa do Consumidor, não deixando de apreciar e indicar as soluções – como atento observador da realidade e considerando ser ela que acaba por produzir o próprio Direito – para questões como a da responsabilidade pelo rompimento de noivado e também a do abuso de direito, dentre outras de interesse.

DIREITO DAS OBRIGAÇÕES

Outrossim e em temas que já mereceram obra específica, por conta do relevo que lhes é dado pela doutrina, como o da inexecução das obrigações e o das perdas e danos, consegue Podestá, sem a necessidade de, por demais escrever e logrando sintetizá-los de maneira adequada e sem dispensar a fundamentação necessária, dar-lhes a exata compreensão e facilitar o entendimento do estudioso.

Ocupando-se de questão a respeito da qual tanto a doutrina como a jurisprudência vêm procurando indicar o melhor rumo e fazendo-o uma vez mais de maneira precisa e a não ensejar dúvida sobre elas, analisa o problema da responsabilidade dos profissionais da medicina, defendendo, e sempre motivadamente, o ponto de vista que tem como o de melhor adequação às indagações que o tema proporciona, tornando ao assunto ulteriormente e quando tece considerações sobre o Código do Consumidor, sem deixar de ter em conta, outrossim e pela importância que traz, a responsabilidade por dano moral e de mostrar o que pensa e o porquê acerca do dano futuro, bem como a possibilidade ou não de ser indenizado.

Trata-se de obra que merece inclusão obrigatória na biblioteca daqueles que se interessam pelo Direito Civil e, principalmente, pelo Obrigacional, sentindo-se o subscritor deste texto extremamente gratificado com o privilégio de ler, em primeiro lugar, a bem elaborada atualização levada a efeito pelo Prof. e Magistrado Fábio Henrique Podestá, prestando-se as sucessivas reedições do livro a indicar, acima de qualquer coisa, a qualidade do trabalho e, especialmente, o conhecimento e cuidado de seu autor, a quem ficam aqui os agradecimentos do colega de Magistratura e Magistério, pela honra em ser convidado para tecer as presentes considerações, fruto, acima de tudo, da admiração pelo jurista cuja formação claramente se percebia e acabou por se consolidar.

ANTÔNIO CARLOS MATHIAS COLTRO
Juiz do Tribunal de Alçada Criminal de São Paulo
Prof. de Direito Civil na PUC-SP e na Fadisp
Acadêmico Titular na Academia Paulista de Direito e Academia Paulista de Magistrados

APRESENTAÇÃO

O jovem autor deste manual, Fábio Henrique Podestá, é membro da Magistratura paulista, sendo Juiz de Direito da 19ª Vara Cível do Foro Central da Comarca de São Paulo – SP, formado pela Faculdade de Direito da Universidade Mackenzie, onde ministrou como professor contratado aulas de Direito Civil, especificamente na área dos Direitos Reais, no ano de 1993.

Atualmente, o autor é professor de Direito Civil, na área do Direito das Obrigações, na Faculdade de Direito das Faculdades Metropolitanas Unidas e da Universidade São Judas Tadeu. Lecionou, ainda, em outras Instituições de Ensino Jurídico.

Interessando-se pela pesquisa, como estudioso da Ciência Jurídica, foi o autor acumulando sua experiência, em breve tempo e bem ocupado, permitindo-lhe a realização de artigos doutrinários e da presente obra.

Seu manual sobre direito das obrigações apresenta-se de grande utilidade aos que atuam nessa área do direito civil, mostrando de modo claro e objetivo os meandros desse importante ramo do Direito.

No âmbito das relações obrigacionais é que se encontra a inestimável teoria geral dos contratos, que fundamenta as soluções essenciais de nossa Ciência Jurídica.

Nesta época, em que uma infinidade de novos contratos surgem, na maioria não regulamentados, atípicos, é preciso um manejo especial e essencialmente técnico e objetivo das prestações de dar, de fazer e de não fazer, para a perfeita identificação dessas novas figuras que invadem o campo do direito privado, em desafio da correta elaboração das normas contratuais (*lex privata*).

Como assentei, em outra oportunidade (Álvaro Villaça Azevedo, Antipicidade mista do contrato de utilização de unidade em centros comerciais e seus aspectos fundamentais, *Shopping centers: questões jurídicas*. São Paulo: Saraiva, 1991. p. 17 a 54, especialmente p. 19 e 48), "*As obrigações, após sentidas em sua teoria geral, hão de integrar-se nos contratos, como sua verdadeira parte* essencial, determinando sua natureza jurídica."

Realmente, pois é a devida análise das prestações, que compõem o contrato, que possibilita estabelecer sua natureza. Por exemplo, a compra e venda e a locação são contratos típicos que existem pelas prestações *do ut des* (dou para que dês). Jamais esses contratos poderão ser típicos, se suas figuras estiverem somadas a outras, em que exista obrigação de fazer ou de não fazer, como o aludido contrato de unidade em centros comerciais, que não pode, por isso, considerar-se como de locação. Esta figura locacional extingue-se com o cumprimento de duas obrigações de dar, fundamentalmente (cessão de uso contra pagamento de aluguel), o que não acontece com o aludido contrato em *shopping centers*, em que devem ser cumpridas outras variadas formas prestacionais, como dar a terceiros (pagamento de 13º salário aos funcionários do *shopping*), fazer e não fazer.

Passam, então, esses mesmos contratos, acrescidos de prestações a eles estranhas, à categoria de contratos atípicos mistos, em que se somam: ou elementos típicos de dois contratos regulamentados; ou elementos típicos com atípicos; ou de elementos atípicos com atípicos.

O autor deixa patenteada, em seu livro, a necessidade de um perfeito conhecimento do direito das obrigações, para a firme conduta e orientação no âmbito do direito obrigacional.

Desfila os institutos integrantes dessa matéria, com firmeza de propósito, tratando, após noções gerais e conceituais, das fontes e da classificação das várias espécies obrigacionais, da cláusula penal, das regras gerais concernentes à execução das obrigações e dos modos especiais do pagamento, das normas quanto ao inadimplemento das obrigações, com seus efeitos, da liquidação do dano e das excludentes da responsabilidade civil.

Seguindo, adiante, orientação de alguns autores, inclusive a minha, cuida o autor da responsabilidade civil, como parte integrante do Direito das Obrigações e não do Direito Contratual.

APRESENTAÇÃO

É certo que a tendência é a de tratar da responsabilidade civil em volume próprio, dada a grande dimensão do assunto e das novas situações criadas por legislação recente e com posições jurisprudenciais as mais variadas.

Tive oportunidade de ressaltar, a partir da 5ª edição, de minha Teoria Geral das Obrigações (*Curso de Direito Civil*. 5. ed. São Paulo: Revista dos Tribunais, 1994. p. 259 a 261), minha proposta de classificação da responsabilidade objetiva, em pura e impura (também in *RT* 698/7 a 11), mostrando que "*A responsabilidade objetiva impura tem, sempre, como substrato a culpa de terceiro, que está vinculado à atividade do indenizador. A responsabilidade objetiva pura implica ressarcimento, ainda que inexista culpa de qualquer dos envolvidos no evento danoso. Neste caso, indeniza-se por ato lícito ou por mero fato jurídico, porque a lei assim o determina. Nesta hipótese, portanto, não existe direito de regresso, arcando o indenizador, exclusivamente, com o pagamento do dano.*"

Também destaco, nesta oportunidade, as situações criadas pela Lei nº 6.938, de 31-8-81, regulamentada pelo Decreto nº 88.351, de 1º-6-83, que acentua a responsabilidade civil por danos causados ao meio ambiente (especialmente o § 1º do art. 14), e pela Lei nº 6.453, de 17-10-77, que assegura o pagamento indenizatório, em virtude da causação de danos nucleares (especialmente o art. 4º), as quais admitem essa responsabilidade, independentemente de culpa.

Do mesmo modo, o Código de Defesa do Consumidor, em que existem casos de responsabilidade por indenização, independentemente da culpa, como os previstos nos arts. 12, 13 e 14. É tão rigorosa essa codificação que, em seu art. 25, veda a estipulação contratual de cláusulas de irresponsabilidade ou de não indenizar, seja para exonerar, seja para atenuar a responsabilidade indenizatória.

No manual, sob foco, o autor percorre todo o vasto campo do Direito Obrigacional, cuidando dos pontos fundamentais, em nível de bom entendimento geral, servindo o trabalho não só para estudantes como para os profissionais do âmbito da Ciência Jurídica.

ÁLVARO VILLAÇA AZEVEDO
Diretor, Professor Titular de Direito Civil da Faculdade de Direito da Universidade de São Paulo; Professor Titular de Direito Civil da Universidade Mackenzie.

SUMÁRIO

AGRADECIMENTOS	9
NOTA À 7ª EDIÇÃO	11
NOTA À 6ª EDIÇÃO	13
NOTA À 5ª EDIÇÃO	15
NOTA À 4ª EDIÇÃO	17
NOTA À 3ª EDIÇÃO	19
NOTA À 2ª EDIÇÃO	21
NOTA À 1ª EDIÇÃO	23
APRESENTAÇÃO À 4ª EDIÇÃO	25
APRESENTAÇÃO	27
SUMÁRIO	31

1.	NOÇÕES INTRODUTÓRIAS E FUNDAMENTAIS		39
	1.1.	Generalidades	39
	1.2.	Importância do direito das obrigações	49
	1.3.	Evolução contratual e sua interpretação pelo Código Civil e Código do Consumidor	52
		1.3.1. Visão tradicional do contrato. Evolução até a massificação	52
		1.3.2. Os contratos de consumo e a nova sistemática	58

DIREITO DAS OBRIGAÇÕES

| | | 1.3.3. | Interpretação pelo Código Civil em comparação ao Código do Consumidor | 61 |

1.3.3. Interpretação pelo Código Civil em comparação
ao Código do Consumidor ... 61
1.4. Comparação e aspectos comuns entre o direito das obrigações
e os direitos reais ... 76
1.5. Princípios fundamentais do direito das obrigações ... 80
    1.5.1. A importância dos princípios no Direito ... 80
    1.5.2. Princípios gerais do direito e princípios fundamentais ... 83
    1.5.3. Os princípios fundamentais do direito das obrigações ... 84
    1.5.4. Da autonomia privada ... 84
    1.5.5. Da boa-fé objetiva ... 87
    1.5.6. Função social e justiça contratual ... 93
        1.5.6.1. A evolução do estudo do direito.
        Da estrutura à função ... 93
        1.5.6.2. Pequena notícia histórica e evolutiva
        do conceito de contrato. A função social
        concretamente considerada ... 97

2. ASPECTOS E INOVAÇÕES SOBRE O NOVO CÓDIGO CIVIL ... 107
2.1. Premissas fundamentais sobre o tema. Metodologia
comparativa entre o novo e o velho sistema das relações
privadas ... 107
2.2. Estrutura do novo CC. Parte geral e seus principais aspectos ... 114
2.3. Semelhanças e inovações registradas no direito
das obrigações e responsabilidade civil ... 122

3. OBRIGAÇÃO E SEUS ASPECTOS ... 131
3.1. Generalidades e conceito ... 131
3.2. Obrigação e responsabilidade ... 133
3.3. Elementos da obrigação ... 142
    3.3.1. Sujeitos da obrigação ... 142
    3.3.2. Elemento objetivo da obrigação ... 143
    3.3.3. Relação jurídica – vínculo ... 143

4. EVOLUÇÃO HISTÓRICA DO CONCEITO DE OBRIGAÇÃO ... 145

5. FONTES E CLASSIFICAÇÃO DAS OBRIGAÇÕES ... 149
5.1. Conceito ... 149

5.2.	Classificação das obrigações		154
	5.2.1.	Classificação geral	154
	5.2.2.	Outras espécies	156

6. OBRIGAÇÕES DE DAR COISA CERTA — 167

6.1.	Generalidades e conceito	167
6.2.	Diferença entre perecimento ou deterioração com ou sem culpa do devedor	169
6.3.	A regra res perit domino	170
6.4.	Acessórios nas obrigações de dar	170
6.5.	O processo judicial para compelir o devedor a entregar coisa certa	173

7. OBRIGAÇÕES DE DAR A COISA INCERTA — 175

7.1.	Generalidades, conceito e disciplina legal	175
7.2.	Processo judicial para cumprimento das obrigações de dar coisa incerta	177

8. OBRIGAÇÕES DE FAZER — 179

8.1.	Introdução, ideias gerais e conceito		179
8.2.	Espécies de obrigações de fazer		180
	8.2.1.	Imaterial (infungível)	180
	8.2.2.	Material (fungível)	181
8.3.	Inadimplemento das obrigações de fazer		181
8.4.	Processo de execução nas obrigações de fazer		183

9. OBRIGAÇÕES DE NÃO FAZER — 187

9.1.	Conceito e disciplina legal	187
9.2.	Processo de execução tendo por objeto obrigação de não fazer	189

10. OBRIGAÇÕES ALTERNATIVAS E FACULTATIVAS — 191

10.1.	Noções gerais e conceito de obrigações alternativas	191
10.2.	Impossibilidade superveniente do adimplemento das obrigações alternativas	193
10.3.	Obrigações facultativas: generalidades e conceito	194

DIREITO DAS OBRIGAÇÕES

11.	**OBRIGAÇÕES CONDICIONAIS E A TERMO**	**197**
11.1.	Noções gerais, conceito e aplicação	197
11.2.	Efeito da ausência do termo	199
11.3.	Interpretação das obrigações a termo	199
11.4.	Exigibilidade	200
12.	**OBRIGAÇÕES DIVISÍVEIS E INDIVISÍVEIS**	**201**
12.1.	Introdução, noções gerais e conceito	201
12.2.	Efeitos	203
12.3.	Aplicação prática das obrigações divisíveis ou indivisíveis	206
13.	**OBRIGAÇÕES SOLIDÁRIAS**	**209**
13.1.	Introdução, noções gerais e diferenças com as obrigações indivisíveis	209
13.2.	Conceito	210
13.3.	Características fundamentais	211
13.4.	Natureza jurídica	212
13.5.	Solidariedade ativa	213
13.6.	Solidariedade passiva	216
	13.6.1. Aspectos comuns	217
14.	**DA TRANSMISSÃO DAS OBRIGAÇÕES**	**223**
14.1.	Da cessão de crédito	223
	14.1.1. À guisa de explicação	223
	14.1.2. Introdução	224
	14.1.3. Requisitos. Objeto da cessão de crédito	227
	14.1.4. Espécies	228
	14.1.5. Efeitos objetivos e subjetivos	228
14.2.	Da assunção de dívida	232
	14.2.1. Introdução e importância	232
	14.2.2. Conceito e espécies	233
	14.2.3. Pressupostos e requisitos	235
	14.2.4. Efeitos	235
15.	**DO ADIMPLEMENTO E EXTINÇÃO DAS OBRIGAÇÕES**	**237**
15.1.	Do pagamento	237
15.2.	Natureza jurídica	243

15.3.	Elementos	244
15.4.	Do pagamento e suas condições	244
	15.4.1. Daquele que deve pagar	245
	15.4.2. Daqueles a quem se deve pagar	248
15.5.	Consequências da incapacidade do credor	250
15.6.	Do objeto do pagamento e sua prova	252
15.7.	Lugar do pagamento	260
15.8.	Tempo do pagamento	261

16. DO INADIMPLEMENTO DAS OBRIGAÇÕES E DA MORA — 265

16.1.	Estudo conjunto do inadimplemento e mora. Introdução	265
16.2.	Consequências do inadimplemento culposo. Possibilidades conferidas ao credor	270
16.3.	Conceito e análise da mora do devedor	273
16.4.	Requisitos	273
16.5.	Distinção entre mora e inadimplemento absoluto	274
16.6.	Efeitos da mora do devedor	275
16.7.	Mora do credor e seus efeitos	276
16.8.	Mora nas obrigações a prazo	277
16.9.	Mora nas obrigações sem prazo	278
16.10.	Da mora nas obrigações provenientes de delito	279
16.11.	Purgação da mora	279

17. DOS PAGAMENTOS INDIRETOS OU ESPECIAIS — 281

17.1.	Generalidades e classificação	281

18. DA CONSIGNAÇÃO EM PAGAMENTO — 285

18.1.	Conceito e análise	285
18.2.	Hipóteses autorizadoras do pagamento por consignação	287
18.3.	Objeto	288
18.4.	Foro competente para ajuizamento da ação de consignação	289
18.5.	Legitimação ativa e passiva	290
18.6.	Levantamento do depósito	290
18.7.	Pagamento por consignação extrajudicial	291

19. PAGAMENTO POR SUB-ROGAÇÃO — 293

19.1.	Conceito e análise	293

DIREITO DAS OBRIGAÇÕES

19.2.	Natureza jurídica	293
19.3.	Modalidades	294
19.4.	Efeitos da sub-rogação	297

20. IMPUTAÇÃO DO PAGAMENTO — 299

20.1.	Conceito e análise	299
20.2.	Requisitos	299
20.3.	Efeitos da imputação pelo credor	300
20.4.	Imputação legal	300

21. PAGAMENTO POR REMISSÃO — 301

21.1.	Conceito e natureza jurídica	301
21.2.	Objeto	302
21.3.	Espécies	302
21.4.	Renúncia à garantia real	303
21.5.	Efeitos	303

22. DAÇÃO EM PAGAMENTO — 305

22.1.	Conceito e análise	305
22.2.	Requisitos	306
22.3.	Objeto	306

23. DA NOVAÇÃO — 309

23.1.	Conceito e análise	309
23.2.	Requisitos	309
23.3.	Espécies	310
23.4.	Novação em relação às obrigações anteriores	311
23.5.	Efeitos da novação	312

24. DA COMPENSAÇÃO — 315

24.1.	Generalidades, conceito e natureza jurídica	315
24.2.	Espécies	316
24.3.	Requisitos	317
24.4.	Objeto e limites da compensação	318

25. DA CONFUSÃO — 323

25.1.	Conceito e pressupostos	323

25.2.	Espécies e fontes	323
25.3.	Efeitos	324

26. **PERDAS E DANOS E JUROS** 325
- 26.1. Perdas e danos — 325
- 26.2. Juros — 333

27. **DA CLÁUSULA PENAL** 339
- 27.1. Introdução — 339
- 27.2. Conceito — 340
- 27.3. Modalidades — 341
- 27.4. Objeto — 341
- 27.5. Incidência e restrições — 342

28. **DAS ARRAS OU SINAL** 347
- 28.1. Introdução, conceito e espécies — 347
- 28.2. Funções e características — 351

29. **RESPONSABILIDADE CIVIL** 353
- 29.1. Introdução e análise — 353
- 29.2. Principiologia adotada pelo Código Civil em determinados casos de indenização segundo padrões de equidade — 358
- 29.3. Culpa e responsabilidade — 360
- 29.4. Imputabilidade e capacidade. Responsabilidade dos incapazes — 363
- 29.5. Responsabilidade civil e penal — 365
- 29.6. Responsabilidade subjetiva e objetiva — 367
- 29.7. Responsabilidade contratual e extracontratual — 369
- 29.8. Responsabilidade pré-contratual — 369
- 29.9. Responsabilidade pós-contratual — 374
- 29.10. A prevenção de danos e sua conexão com a tutela processual inibitória — 375
- 29.11. Pressupostos da responsabilidade civil — 381
- 29.12. Dano moral — 387
- 29.13. Responsabilidade civil em razão de ato próprio — 399
  - 29.13.1. Calúnia, difamação e injúria — 400
  - 29.13.2. Demanda de pagamento de dívida não vencida e já paga — 401

DIREITO DAS OBRIGAÇÕES

29.13.3.	Abuso do direito	403
29.13.4.	Rompimento de noivado	406
29.14.	Responsabilidade civil por fato ou ato de terceiro	407
29.15.	Responsabilidade civil decorrente do fato de animais e coisas	412
29.16.	Responsabilidade contratual	415
29.17.	Responsabilidade civil do transportador	417
29.18.	Responsabilidade civil do Estado	421

30.	LIQUIDAÇÃO DAS OBRIGAÇÕES E DO DANO	425
30.1.	Introdução, conceito e limite	425
30.2.	Aspectos legais da liquidação das obrigações	427

31.	EXCLUDENTES DA RESPONSABILIDADE CIVIL	437
31.1.	Ideias gerais e espécies	437

32.	RESPONSABILIDADE CIVIL NO CÓDIGO DE DEFESA DO CONSUMIDOR	445
32.1.	Aspectos gerais	445
32.2.	Responsabilidade civil considerada sob a noção da qualidade de produtos e serviços (fato e vício)	448
32.3.	Cláusulas de exoneração no Código do Consumidor	452
32.4.	Aspectos processuais a respeito do tema	453

BIBLIOGRAFIA	459

1.
Noções Introdutórias e Fundamentais

1.1. Generalidades

O direito das obrigações envolve a própria ideia dos direitos patrimoniais, pois todo ser humano necessita, para sua satisfação pessoal, da aquisição de bens que sejam úteis e raros, ou seja, estabelecida a relação entre necessidade e bens, há a confirmação da ideia de interesse, conceito mais amplo do que a palavra *direito*, entendida em seu aspecto jurídico.

Compreende-se o direito das obrigações como a parte do direito civil que estuda o conjunto das normas jurídicas reguladoras das relações de crédito, identificando-se o direito subjetivo decorrente com a ideia essencial do dever de prestar.[1]

Assim, baseando-se nas categorias gerais do direito, o termo *obrigação* tem aplicação comum com o lado passivo de toda relação jurídica, apresentando-se como equivalente a ideia de dever jurídico (observância de determinada norma jurídica), estado de sujeição (os chamados direitos potestativos, como direitos de resolução contratual) e ônus jurídico (adoção de determinada conduta para obtenção de vantagem própria).[2]

Parece, então, necessário proceder-se à diferenciação entre essas categorias jurídicas para que, ao longo da explanação, proponha-se, ao final, a

---

[1] ANDRADE, Manuel A. Domingues de. *Teoria geral da relação jurídica*. Coimbra: Almedina, 1992. v. 1, p. 10 ss.

[2] VARELA, João de Matos Antunes. *Das obrigações em geral*. Coimbra: Almedina, 1993. v. 1, p. 16.

DIREITO DAS OBRIGAÇÕES

delimitação de um conceito moderno de obrigação, ainda mais considerando a edição do novo CC.

Com efeito, em uma concepção mais geral, o vocábulo *dever* comporta diversos significados em função da polissemia que está associada ao nosso vernáculo. Por isso, reconhecendo-se a existência de uma série de deveres, De Plácido e Silva faz as seguintes distinções:

> "DEVER. Derivado do latim debere (ser devedor, estar obrigado), não possui o verbo, na linguagem jurídica, outra significação. Quer, assim, significar o fato de se encontrar uma pessoa sujeita ao cumprimento de uma obrigação, em virtude da qual terá que dar ou restituir alguma coisa, fazer ou não fazer alguma coisa. Indicativo de ação ou omissão a ser cumprida pelo devedor, a quem compete o cumprimento da prestação de dar ou de fazer ou o da abstenção do fato, opõe-se ao haver, que representa a ação do credor, pela qual se investe no direito de exigir o adimplemento da obrigação. Dever. Como substantivo, em ampla acepção, revela a obrigação, que se impõe a toda pessoa, de fazer ou não fazer alguma coisa segundo as regras que se inscrevem no direito e mesmo na moral. Mas, nesta circunstância, o dever apresenta-se em dupla acepção: dever moral e dever jurídico, somente este sendo, legítima e racionalmente, sujeito a se tornar objeto de uma coação externa. O dever moral caracteriza-se pelo fato de ser livremente e voluntariamente assumido, não havendo imposição de ordem legal que possa compelir a pessoa a cumpri-lo."[3]

Assim, *partindo da compreensão geral do conceito de dever que se separa em duas* espécies (moral e jurídico), importa-nos de perto a noção de dever jurídico, cujo direcionamento está associado à necessidade social decorrente de as pessoas conduzirem-se de acordo com um comando legal, sob pena de o ordenamento impor sanções para o caso de descumprimento.

Essa noção, com inspiração na obra fundamental de Hans Kelsen,[4] não pode estar dissociada de que somente fatos relevantes (aqueles juridicamente qualificados) é que podem justificar a condução das pessoas naqueles moldes, ganhando importância o que se compreende por norma jurídica, vale dizer:

---

[3] *Vocabulário jurídico*. 10. ed. Rio de Janeiro: Forense, 1987. v. I e II, p. 67-68.
[4] *Teoria pura do Direito*. São Paulo: Martins Fontes, 1994. p. 25 passim.

NOÇÕES INTRODUTÓRIAS E FUNDAMENTAIS

"Em verdade, somente o fato que esteja regulado pela norma jurídica pode ser considerado um fato jurídico, ou seja, um fato gerador de direitos, deveres, pretensões, obrigações ou de qualquer outro efeito jurídico, por mínimo que seja. As meras relações de cortesia, por exemplo, não criam situações jurídicas, como a de A poder exigir que seu vizinho B o cumprimente toda manhã, sob pena de ser constrangido a fazê-lo ou punido por não o fazer. Esse mesmo fato do cumprimento, em outras situações, pode acarretar resultados jurídicos – é o que acontece entre os militares, e.g., em que pode ser punido o subordinado que não prestar continência ao seu superior – porque há uma norma jurídica que assim estabelece."[5]

Inviável, também, separar a ideia de dever jurídico, reconhecidamente mais amplo do que o de obrigação – não só relacionado aos deveres de prestar oriundos da relação de crédito, mas também àqueles resultantes dos direitos reais, dos direitos de família, dos direitos da personalidade e de outros ramos do direito[6] –, da noção de direito subjetivo, pois é por meio dele que o ordenamento legal (direito objetivo) atribui às pessoas o poder de agir segundo os limites estatuídos pela norma legal, ou, em outras palavras, a faculdade concedida aos indivíduos de agir de conformidade com a norma garantidora de seus fins e interesses, bem como de exigir de outrem aquilo que, por força da mesma norma, por outrem lhes for devido.[7]

Permeado pela noção de dever jurídico, está o de estado de sujeição quando a ordem jurídica coloca um determinado sujeito de direito em estado tal que, pela sua conduta, pode provocar a alteração na esfera jurídica de outrem, ou "uma simples subordinação inelutável a uma modificação na esfera jurídica de outrem, por ato de outrem".[8]

É o que se conhece por direitos potestativos, cujos exemplos sempre estão voltados a conferir ao titular do direito um poder modificativo na esfera jurídica de outra pessoa que assume uma qualidade de sujeição. Exemplo disso é a hipótese legal em que o mandante tem a obrigação de

---

[5] MELLO, Marcos Bernardes de. *Teoria do fato jurídico* – plano da existência. 12. ed. São Paulo: Saraiva, 2003. p. 9.

[6] VARELA, J. M. Antunes. *Direito das obrigações*. Rio de Janeiro: Forense, 1977. p. 54.

[7] RAO, Vicente. *O direito e a vida dos direitos*. 5. ed. (Anot. e atual. por Ovídio Rocha Barros Sandoval). São Paulo: Revista dos Tribunais, 1999. p. 191.

[8] VARELA, J. M. Antunes. Op. cit. p. 55.

DIREITO DAS OBRIGAÇÕES

aceitar a renúncia do mandatário (art. 682 do CC), ou do contratante que pleiteia a resolução de contrato na hipótese de inadimplemento da outra parte (art. 475 do CC).[9]

Por fim, dentro das categorias já mencionadas, encerra-se a correlação entre obrigação e ônus jurídico, cuja compreensão está bem associada à postura do sujeito para defesa de um interesse próprio, o que ordinariamente ocorre quando qualquer dos sujeitos do processo (autor ou réu) é estimulado à prática de um determinado ato sem o qual perderá a faculdade, que não poderá posteriormente ser exercida como atividade, a qual fica inviável desenvolver por um obstáculo jurídico.

Diretamente associada a essa categoria está a noção de preclusão, que de forma lapidar foi conceituada por Antonio Alberto Alves Barbosa como "o instituto que impõe a irreversibilidade e a auto-responsabilidade no processo e que consiste na impossibilidade da prática de atos processuais fora do momento e da forma adequados, contrariamente à lógica, ou quando já tenham sido praticados válida e invalidamente".[10]

Superadas, então, as categorias associadas à obrigação, parte-se para sua noção mais específica.

O sentido que se quer atribuir à palavra *obrigação* é mais técnico e restrito, justamente para identificá-la como a relação creditória ou pessoal estabelecida entre duas partes distintas, credor e devedor.

Destoa dessa simples noção a conexão entre dois sujeitos, consagrando a noção de relação jurídica obrigacional que pressupõe, necessariamente, uma correlação de poderes e deveres, os quais, por sua vez, qualificam os elementos pessoais ativos e passivos dos direitos que formam a relação e lhe dão essência.

A relação jurídica, para determinados autores, deve estar permeada pela norma jurídica, mas, para outros, a sua noção está essencialmente interligada entre duas pessoas.

No primeiro caso, Tercio Sampaio Ferraz Junior bem afirma:

---

[9] Para uma abordagem no âmbito do direito do consumidor, consulte-se José Geraldo Brito Filomeno – Resolução contratual e o art. 53 do Código do Consumidor. *Uma vida dedicada ao Direito* – homenagem a Carlos Henrique de Carvalho. São Paulo: Revista dos Tribunais, 1995. p. 351.

[10] *Da preclusão processual civil*. 2. ed. São Paulo: Revista dos Tribunais, 1992. p. 52.

NOÇÕES INTRODUTÓRIAS E FUNDAMENTAIS

"Kelsen, por exemplo, diz-nos que relações jurídicas não são relações entre seres humanos concretos, entre pessoas no sentido do senso comum, mas entre normas; isto é, desde que entendamos que o credor e o devedor, entre os quais se estabelece uma relação, são sujeitos e sujeito é o ponto geométrico da confluência de normas e que credor é o sujeito de um direito, o qual nada mais é que o correspondente comportamento prescrito por normas ao devedor (x deve pagar sob pena de z) e que o devedor é o sujeito da obrigação (conduta prescrita na norma e que evita a sanção), então o que chamamos de relação jurídica nada mais é do que relação entre normas (normas que qualificam os sujeitos, ativo e passivo, normas que lhes prescrevem condutas). A posição de Kelsen, na sua integralidade, nem sempre aceita pela doutrina, mostra, no entanto, que a qualificação jurídica das relações, mesmo que não se adote a tese normativista, implica normas e deve ser definida com a ajuda delas."[11]

Já para Pontes de Miranda, nas relações jurídicas com sujeitos passivos totais, o dever é de todas as demais pessoas; e a posição passiva nas pretensões e nas ações, ou exceções, depende de algum fato que atualiza o dever, isto é, que caracteriza, no presente, a posição passiva, que o enche de obrigação, que é o correlato de pretensão. Assim, tratando-se de direitos com sujeitos passivos totais, todos têm de abster-se de negar a relação jurídica em que se contêm, ou de que são expressões ativas, ou têm de abster-se de intromissão no espaço que eles ocupam no mundo jurídico. Os deveres que acompanham tais direitos com sujeitos passivos totais, diz Pontes, são deveres que vão dirigidos a alguém, titular do direito, dependendo de algum fato o ser perante A ou perante B, ou perante outrem a pretensão, ou a ação, ou a exceção.[12]

Entre a maioria dos autores, consagra-se, na verdade, a relação jurídica obrigacional entre pessoas, muito embora a regulação dos deveres e direitos dos sujeitos que a integram decorra da norma jurídica.

Por envolver direitos de crédito, a noção do caráter patrimonial suscitou considerável controvérsia na doutrina, isto é, se a prestação deveria possuir um valor e natureza patrimonial ou se seria possível admitir que o objeto da relação obrigacional não tivesse necessariamente tal caráter.

---

[11] *Introdução ao estudo do Direito*: técnica, decisão, dominação. 2. ed. São Paulo: Atlas, 1994. p. 165.

[12] *Tratado de direito privado* – parte geral. 4. ed. São Paulo: Revista dos Tribunais, 1983, t. V. p. 441.

A importância do âmbito patrimonial refere-se à possibilidade de conversão da obrigação não cumprida em perdas e danos, normalmente seu equivalente em dinheiro mensurado pelo correspondente daquela obrigação.

Assim, parte dos bens jurídicos que são exteriores ao homem possuem valor econômico e representam os direitos patrimoniais que se dividem em reais e obrigacionais (ou pessoais ou de crédito).

De forma tradicional sempre se defendeu a patrimonialidade como requisito da prestação, cuja avaliação era reduzida a uma quantia. A revisão de tal doutrina admitiu que desde o Direito Romano era possível a defesa de bens imateriais, de tal forma que o objeto da obrigação poderia também compreender interesses de qualquer natureza, desde que fossem dignos e merecedores de proteção em face da ordem jurídica. A esse respeito o Código Civil Alemão é expresso em seu art. 241 ao pontuar que a obrigação não exige a patrimonialidade da prestação.

Registre-se, no entanto, orientação doutrinária e legislativa recente na qual dispensa-se o requisito voltado ao valor econômico da prestação. Torna-se necessário por tal sentido, apenas, que o interesse do credor seja digno de proteção legal – de acordo com o Código Civil português (art. 398, nº 2) – e que, na verdade, se haja pretendido formalizar um autêntico vínculo jurídico.

A menção ao direito comparado é necessária, isto porque o atual Código Civil brasileiro não contém disposição legal definindo a questão sobre a natureza patrimonial exclusiva do Direito das Obrigações.

A evolução do pensamento jurídico a respeito do tema promoveu a distinção entre o interesse do credor e prestação, aquele apresentando-se, às vezes, desprovido de interesse econômico, e esta sempre tendo conotação pecuniária porque faculta ao credor uma vantagem em termos de utilidade passível de conversão em dinheiro.

Essa orientação foi expressamente adotada pelo Código Civil italiano (art. 1.174), mas, por certo, não define a questão porque submetida a fatores de política legislativa.

Parece então que se pode encontrar um consenso no ponto, pois como bem esclarece prestigiosa doutrina, *"não sendo a patrimonialidade uma característica necessária das obrigações, ela é, no entanto, uma característica tendencial"*. A grande maioria das obrigações tem natureza patrimonial e o Direito das Obrigações é um Direito Patrimonial, a cujos princípios obedece. A margem para obrigações não patrimoniais, que não se limitem ao campo

NOÇÕES INTRODUTÓRIAS E FUNDAMENTAIS

dos Direito da Personalidade e do Direito de Família, por exemplo, é extremamente pequena. Mas existe: os particulares podem, dentro dos seus respectivos interesses, utilizar as faculdades jurígenas, sujeitando-se, no entanto, às regras da constituição patrimonial privada e subsequente desenvolvimento normativo, num fenômeno de absorção estrutural [...].[13]

Bem a respeito, Bruno Miragem esclarece corretamente que "Poderá ser objeto de relações obrigacionais prestação que vise atender a interesses não patrimoniais, existenciais. Isso não ignora que se possa estimar economicamente a própria prestação, ou as consequências de sua violação[14].

O Superior Tribunal de Justiça já se posicionou sobre o assunto conforme julgado com a seguinte ementa:

> *"PROCESSUAL CIVIL. RECURSO ESPECIAL. HONORÁRIOS ADVOCATÍCIOS DE SUCUMBÊNCIA. FIXAÇÃO. AÇÃO DE PRESTAÇÃO. OBRIGAÇÃO DE FAZER. CONDENAÇÃO SEM CUNHO ECONÔMICO PREVALENTE. APLICAÇÃO DO ART. 20, § 3º, DO CPC. INVIABILIDADE. CONDENAÇÃO EM VALOR INDETERMINADO. APLICAÇÃO DO ART. 20, § 4º, DO CPC.*
>
> *1. No caso em apreço, embora não se tenha propriamente uma ação constitutiva, a condenação imposta à ré é claramente uma obrigação de fazer, de prestar, sem conteúdo patrimonial prevalente, consistente na obrigação de arcar com as despesas de tratamento médico-hospitalar da filha do promovente.*
>
> *2. Com a propositura da presente demanda, busca o promovente a proteção de um bem da vida de maior dimensão, no caso, a saúde da sua filha. E foi com base no sopesar dos valores em liça que se entendeu haver abuso em determinada cláusula do contrato de seguro de saúde, a qual foi afastada para que se chegasse ao resultado de procedência da ação.*
>
> *3. Portanto, nessas hipóteses, descabe, quando da fixação da verba honorária de sucumbência, tratar-se a demanda como se fora de cunho patrimonial predominante, com aplicação pura e simples da regra do art. 20, § 3º, do CPC, quando a ação, em verdade, tem um valor inestimável, decorrente da nobreza do bem que visa tutelar.*
>
> *4. Outrossim, ao julgar procedente o pedido formulado na exordial, ficou determinado que a ré arcasse com os custos despendidos com o tratamento da filha do autor, desde 4 de julho de 1995, "até alta final", não se podendo, assim, estabelecer o termo ad quem da*

---

[13] CORDEIRO, António Menezes. *Direito das Obrigações*. Lisboa: Edição da Associação Acadêmica da Faculdade de Direito de Lisboa, 1999 (reimpressão), p. 241. (com grifo no original)

[14] *Direito Civil. Direito das Obrigações*. São Paulo: Saraivajur, 2017, p. 57.

obrigação da recorrente, o que dificulta, se não impossibilita, a definição do valor total a ser despendido com o tratamento da menor.

5. Assim, em não havendo um valor certo e definitivo de condenação, não há uma base de cálculo líquida sobre a qual deva incidir a verba honorária, o que torna inviável, além de injusta, a fixação dos honorários nos termos do art. 20, § 3º, do CPC, mostrando-se mais adequada a determinação dessa verba honorária por meio de apreciação equitativa, nos termos do art. 20, § 4º, do CPC.

6. Recurso especial conhecido e provido." (REsp 545.058/SP, Rel. Ministro RAUL ARAÚJO, QUARTA TURMA, julgado em 22/11/2011, DJe 19/12/2011)

Adotada, ou não, a conclusão para uma natureza exclusivamente patrimonial (valor econômico), não se pode afastar que o crédito envolve um direito subjetivo que assenta em um interesse voltado à expectativa de uma prestação, ou, como afirma Betti, citado por Eduardo A. Zanoni, "de igual modo que, em geral, a satisfação de um interesse típico constitui a função econômico-social do direito subjetivo privado, a satisfação da expectativa do credor, é a função econômico-social do direito das obrigações".[15]

Tem-se como certo, assim, que uma vez estabelecido o vínculo entre aqueles dois sujeitos, o encerramento natural da obrigação é o cumprimento, ou seja, a forma pela qual o titular da relação creditória é satisfeito. A obrigação, como já afirmou Barassi, é um meio para alcançar um fim, justamente a satisfação do credor.[16]

Sobre tal aspecto, Clóvis do Couto e Silva já teve a oportunidade de abordar a obrigação como processo e, assim vista, "compõe-se, em sentido largo, do conjunto de atividades necessárias à satisfação do interesse do credor".[17]

Esse aspecto chama atenção para a necessária contextualização do direito das obrigações na medida em que os temas fundamentais associados a essa disciplina passam por uma revisão de paradigmas, ou seja, o conceito de relação jurídica e obrigação devem atualmente estar associados ao "cumprimento da prestação concretamente devida, presente a realização dos deveres derivados da boa-fé que se fizeram instrumentalmente necessários

---

[15] *Elementos de la obligación.* Buenos Aires: Astrea, 1996. p. 94.

[16] BARASSI, Lodovico. *Istituzioni di Diritto Civile.* 4. ed. Milão: Giuffrè, 1948. p. 80.

[17] *A obrigação como processo.* São Paulo: José Bushatsky, 1976. p. 10.

NOÇÕES INTRODUTÓRIAS E FUNDAMENTAIS

para o atendimento satisfatório do escopo da relação, em acordo ao seu fim e às suas circunstâncias concretas".[18]

Não sem razão se registra desde o conceito de obrigação advindo do Direito Romano, logo a seguir lembrado, o desenvolvimento e construção moderna da doutrina acerca daqueles temas centrais, passando-se desde a doutrina "pessoalista" (a ideia de obrigação representa um direito a uma atividade humana), com seguimento àquela chamada de "realista" (o direito do credor está associado à vantagem econômica representada pelo objeto da prestação – uma relação entre patrimônios) e a sua mitigação com a chamada doutrina mista, cuja consagração maior encontrou-se no desenvolvimento da estruturação voltada à noção de débito e responsabilidade.[19]

Com efeito, associado ao momento histórico em que a ciência jurídica deve ser essencialmente aberta e influenciada por valores culturais, privilegia-se a construção da obrigação como processo, cujo desenvolvimento maior na doutrina nacional foi dado por Clóvis V. do Couto e Silva.

Na verdade, se a estruturação da obrigação está envolta não só por deveres chamados principais, há outros que não se pode ignorar que estão diretamente associados e denominados secundários ou acessórios.

Tenha-se como exemplo as obrigações simples derivadas de um contrato de compra e venda. O comprador tem a obrigação de pagar o preço acordado, enquanto o vendedor o de entregar a coisa. Mas, junto com essas obrigações, estipula a disciplina legal a respeito do dever do vendedor de cuidar da coisa com diligência até o ato de entrega, sob pena de ser responsabilizado pela sua perda se houver culpa (art. 234, segunda parte, do CC); obrigação do vendedor assegurar ter a coisa as qualidades que a elas correspondem caso a venda seja feita à vista de amostras (art. 484 do CC); obrigação do vendedor, salvo convenção em contrário, de obrigar-se por todos os débitos que gravem a coisa até o momento da tradição (art. 502 do CC), e mesmo o direito de recusar a sua prestação enquanto o credor não cumprir a sua, com direito de resolver o contrato (art. 476 do CC).[20]

---

[18] Judith Martins-Costa. *Comentários ao novo Código Civil*. Rio de Janeiro: Forense, 2003. v. V, t. II. p. 67.

[19] Sobre o assunto, consulte-se Eduardo A. Zanoni. Op. cit. p. 12; HATTTENHAUER, Hans. *Conceptos fundamentales del derecho civil*. Barcelona: Ariel, 1987. p. 78 passim.

[20] Trata-se da conhecida regra *Exceptio non adimpleti contractus*. Sobre o assunto, a obra fundamental de Serpa Lopes, *Exceções substanciais*: exceção do contrato não cumprido. Rio de Janeiro: Freitas Bastos, 1959.

DIREITO DAS OBRIGAÇÕES

Desponta desses deveres secundários o princípio cardeal que deve embasar todo o direito das obrigações, qual seja, o da boa-fé, considerada em seu aspecto objetivo e não subjetivo.

Caso fosse possível alguma dúvida sobre a configuração da boa-fé na vigência do CC de 1916, atualmente o legislador expressamente consagrou o princípio ou cláusula geral (arts. 113, 187 e 422 do CC), que, na essência, diz respeito com orientação voltada à necessidade de um comportamento justo, leal, reto nas relações intersubjetivas.

A boa-fé tem como suporte uma série de deveres acessórios de conduta que, antes de se situar na tipologia do contrato especificamente considerado, traduz deveres mais amplos, como o de informação, de prevenção, de esclarecimento ou de acesso a determinados elementos, que gravitam em torno do núcleo central da obrigação, justificando, então, a noção de relação obrigacional sobre a qual envolve "verdadeiros processos intersubjetivos que, englobando normalmente vários poderes e deveres se desenrolam no tempo, para satisfação do interesse de uma pessoa, mediante a cooperação de uma outra".[21]

Enquadra-se nessa ideia, portanto, a concepção de relação obrigacional como "relação de cooperação", toda ela voltada para possibilitar, mensurar e qualificar o adimplemento,[22] não se ignorando a própria revitalização do princípio da confiança diante da sociedade de massa na qual vivemos, em que as relações jurídicas cada vez mais se encontram despersonalizadas, como é o caso, por exemplo, do comércio eletrônico.[23]

Assim, por qualquer conceito que se enverede, torna-se imperativo lógico entender a obrigação em sentido técnico (ou a relação jurídica obrigacional) tal como consta na sua estrutura externa (um credor, um devedor, vínculo jurídico e prestação), mas também na sua estrutura interna centrada nas pessoas concretamente consideradas, o relevo da confiança na regularidade de certa conduta acaso suscitada pelos usos e costumes e o peso do dirigismo econômico privado,[24] justificando a possibilidade de intervenção do Estado na contratação para promover o seu reequilíbrio na busca da função social (art. 421 do CC).

---

[21] VARELA, Antunes. Op. cit. p. 64.

[22] MARTINS-COSTA, Judith. *Comentários...* Op. cit. p. 26.

[23] Sobre o assunto, a recente obra de MARQUES, Cláudia Lima. *Confiança no comércio eletrônico e a proteção do consumidor*. São Paulo: Revista dos Tribunais, 2004.

[24] MARTINS-COSTA, Judith. *Comentários...* Op. cit. p. 10.

NOÇÕES INTRODUTÓRIAS E FUNDAMENTAIS

Considerando esses novos posicionamentos, compreende-se, portanto, que no direito das obrigações sempre haverá uma relação entre no mínimo duas partes distintas, sendo uma delas com o dever de prestar o devido conforme avençado. Por isso que se diz direitos pessoais, isto é, o vínculo essencialmente jurídico estabelecido entre um credor e devedor.

Vem do Direito Romano a preferência pelo sentido expresso na famosa definição das *Institutas: obligatio est vinculum iuris quo necessitatis adstringimur alienus solvendae rei, secundum nostrae civitatis iura*, isto é, o vínculo de direito que nos constrange à necessidade de pagar algo.

Coloca-se nesse conceito a presença dos dois sujeitos de direito, referindo-se, por consequência, à relação jurídica que entre eles se estabelece. Obrigação, nesse aspecto, é igual a relação jurídica obrigacional.

Logo,

"a palavra *obrigação* adquire predominantemente um significado estrito ou técnico, designando uma das grandes classes de relações jurídicas – as chamadas relações obrigacionais ou creditórias – em que se divide o direito civil, nos termos da divulgada sistematização germânica".[25]

1.2. Importância do direito das obrigações

Antunes Varela sustenta que por se tratar o direito das obrigações de um ramo do direito civil menos sensível do que outros à influência de fatores políticos, morais e religiosos, acabou-se por contribuir para grande cooperação entre a doutrina de vários países, mesmo entre diferentes famílias jurídicas, formando-se uma verdadeira teoria geral das obrigações.

Assim, o tratamento generalizado atribuído a esse ramo do direito pode ser encontrado em várias outras disciplinas, como no direito comercial, no direito tributário, no direito administrativo e até mesmo no direito internacional.

Em quaisquer ramos que tenha incidência o direito das obrigações, pode-se afirmar que há uma imperativa necessidade da existência de relações obrigacionais, decorrente essencialmente da lei, para que o indivíduo, vinculado a prestação, venha a se conduzir nos limites previstos pela ordem jurídica, prevendo-se inclusive as consequências das convenções ajustadas para observar os interesses recíprocos como razão última do

---

[25] COSTA, Mário Júlio de Almeida. *Direito das obrigações*. Coimbra: Almedina, 1979. p. 45-46.

DIREITO DAS OBRIGAÇÕES

desenvolvimento da sociedade, abstraindo-se o individualismo e valorizando--se o bem comum, que deve prevalecer.

A relevância do direito das obrigações, em verdade, foi a base de toda construção dogmática do Direito Romano que, como se sabe, acabou influenciando modernamente toda a família jurídica romano-germânica.

Mostrando-se inequívoco que o direito das obrigações tem direta referência com o crédito, sua extraordinária importância tende a superar aquela da propriedade e dos direitos reais sobre a coisa, ou seja, como bem aponta Vicenzo Roppo, assim ocorre em razão do processo de desmaterialização da riqueza cuja consequência está associada aos processos produtivos que passaram a depender sempre mais do conhecimento e do uso das tecnologias (invenções de novos métodos produtivos ou de novos produtos) ou do emprego de criações do engenho humano[26].

É possível afirmar, portanto, que toda nossa vida se desenvolve sob a influência do direito das obrigações, porquanto retrata

> "a estrutura econômica da sociedade. Manifesta-se ainda sua importância prática pelo fenômeno, hoje frequente, da constituição de patrimônios compostos quase exclusivamente de títulos de crédito correspondentes a obrigações (Gaudemet)".[27]

Ressalte-se, igualmente, que é nas relações creditórias, muito mais do que através de quaisquer outras, que se verifica, entre os homens, o indispensável fenômeno da colaboração econômica. As obrigações permitem o tráfico jurídico, isto é, a troca de bens, a prestação de coisas ou de serviços, realizada segundo as normas de direito, e constituem, inclusive, o meio adequado para consegui-las.

De fato, atento à realidade do viver diário, tem-se a frequência das relações obrigacionais dirigidas à prestação recíproca de bens e serviços e ao agrupamento de recursos para a dimensão de objetivos comuns. É, sem dúvida, um instrumento básico que o direito faculta à vida econômica, não apenas operante no capítulo da circulação de riqueza, mas até mesmo quanto à sua produção e repartição.

---

[26] *Istituzioni di Diritto Privato*. Bologna: Monduzzi Editore, 2008, p. 259.

[27] GOMES, Orlando. *Obrigações*. Rio de Janeiro: Forense, 1994. p. 3.

NOÇÕES INTRODUTÓRIAS E FUNDAMENTAIS

De fato, atento à realidade do viver diário, tem-se que o direito das obrigações representa instrumento básico que o direito faculta à vida econômica, não apenas operante no capítulo da circulação de riqueza, mas até mesmo quanto à sua produção e repartição. Daí porque é o ramo jurídico mais influenciado pelo princípio da autonomia privada (com ênfase na disciplina do negócio jurídico), notando-se crescente ingerência publicística sobre alguns setores das relações creditórias dotadas de forte interesse social como se percebe na edição do Código de Defesa do Consumidor, que representa verdadeiro microssistema disciplinador das relações de consumo.

Entende-se nesse aspecto que o Estado, por meio do chamado dirigismo contratual, busca alcançar sua função de atender aos reclamos de uma sociedade marginalizada, defendendo o mais fraco e a própria coletividade como um todo, em razão do não-acesso aos bens de consumo tão úteis para a manutenção da vida.

Trata-se de um corretivo social ou então uma regra de consecução de justiça distributiva visando pôr em equilíbrio os interesses conflitantes, sempre tendo como direcionamento o bem comum.

É inevitável reconhecer, nessa linha, que se a edição do Código do Consumidor deu novo impulso para abordagens e interpretações socializantes na aplicação do direito, o fato não era e nunca foi estranho ao nosso ordenamento jurídico.

Com efeito, mesmo antes do atual Código Civil, a jurisprudência e doutrina reconheciam a função social do contrato como forma de intensificar a limitação da liberdade contratual, objetivando distribuir, de maneira justa, as prestações e contraprestações decorrentes do negócio jurídico.[28]

Aliás, em termos legais, já observamos em outro lugar que "muito embora a renovação da jurisprudência, sob as ideias da função social do contrato seja atualmente a tônica, por influência direta do art. 421 do Código Civil, a questão não era estranha no sistema do Código Civil de 1916, que, integrado à Lei de Introdução ao Código Civil, estipula, em seu art. 5º, que

---

[28] Sirva de exemplo o julgado em que foi relator o Desembargador Jacobina Rabelo (Ap. Cível nº 296.618-400-SP, j. em 4-12-03, 4ª Câmara de Direito Privado do Tribunal de Justiça de São Paulo) e na doutrina um dos pioneiros artigos da Profª Giselda Maria Fernandes Novaes Hironaka (*Direito civil – Estudos*, Belo Horizonte: Del Rey, 2000, p. 101, passim).

na 'aplicação da lei, o juiz atenderá aos fins sociais a que ela se dirige e às exigências do bem comum'".

Por incrível que possa parecer, tal dispositivo não tinha a concretização esperada, tanto que grande parte da doutrina necessitou, sob o influxo da nova codificação, despertar para a função social do contrato, cláusula geral que, em última instância, não visa a "impor" como se afirma equivocadamente, "uma finalidade social e solidária", mas combinar o individual com o social de maneira complementar, segundo as regras ou cláusulas abertas propícias a soluções equitativas e concretas.[29]

Ganha, então, importância a abordagem sobre a evolução contratual e sua interpretação em função das disposições legais a respeito do tema.

1.3. Evolução contratual e sua interpretação pelo Código Civil e Código do Consumidor

1.3.1. Visão tradicional do contrato. Evolução até a massificação

Fruto de concepção privatística advinda desde o direito romano, o contrato na visão tradicional era considerado como um vínculo contratual unindo duas partes que manifestavam suas vontades, das quais originava-se uma vontade comum.

Afirmava a doutrina tradicional que a teoria dos contratos era considerada tanto nos sistemas derivados do direito romano como nos derivados da *common law* uma das partes mais estáveis e perfeitas do direito civil, notadamente em razão da desvinculação com os particularismos de cada época e sociedade, propiciando em qualquer contexto adequada adaptação às novas exigências e às diferentes condições impostas pelo convívio social.

A evolução que se operou desde a fase romana acentuou já na época moderna a valorização da manifestação da vontade, erigindo a concepção subjetivista adotada pelo Código de Napoleão e expressada pela regra "quem diz contrato diz justo". Justamente em razão de tal concepção, a base dos códigos modernos era dos "três pilares do direito" – a propriedade, a família e o contrato –, que então conferiam proteção às relações na nova

---

[29] REALE, Miguel. Função social do contrato. *O Estado de S. Paulo*, edição de 22-11-2003, p. 2 (cf. nosso artigo A ideologia das decisões judiciais em matéria de contratos in *A outra face do Poder Judiciário*, Coord. Giselda Maria Fernandes Novaes Hironaka, Belo Horizonte: Del Rey/ EPD, 2005, p. 168).

sociedade instaurada, especialmente fruto da Revolução Francesa, sob o império da igualdade.

Ainda no tocante à dita evolução, é fato que o direito contratual teve seu momento culminante no fim do século XVIII, e traduziu-se nas codificações do século seguinte, as quais deram normas ao surto econômico do capitalismo moderno. Inevitável reconhecer, nesse quadro, que o contrato foi um dos instrumentos mais eficazes da expansão capitalista, com o direito das sociedades, especialmente das sociedades por ações, caracterizada pela concentração econômica e pelo desenvolvimento pleno do mercado de capitais das grandes empresas.

Nada obstante a existência de tipos contratuais específicos, disciplinados pelo CC de 1916, dois princípios bem justificavam a visão tradicional, ou seja, o da liberdade contratual segundo a qual as partes poderiam celebrar as avenças dentro de seu poder amplo de vontade, determinando o conteúdo e a forma, logicamente respeitados os bons costumes e a ordem pública. O outro, chamado de obrigatoriedade do contrato, representava a vinculação das partes ao que foi estipulado, isto é, o contrato faria lei entre as partes e qualquer modificação só poderia ocorrer ou mediante vontade dos próprios contratantes ou sob intervenção judicial quando presente algum dos vícios do consentimento ou social. Decorrência dessas ideias era o conhecido princípio do *pacta sunt servanda*.

Estes dois princípios estão ligados ao princípio da autonomia da vontade, segundo o qual alguém só pode ser vinculado pelas obrigações que lícita e voluntariamente tenha contraído.[30]

Neste aspecto, Enzo Roppo bem esclareceu que a vontade humana era "a fonte primária de todo o efeito jurídico, a energia criadora dos direitos e das obrigações legais".[31]

Como todo ato jurídico ou negócio jurídico (conforme a prevalência da teoria adotada), o contrato na visão do direito privado estava subordinado aos conhecidos pressupostos essenciais, quais sejam, objeto lícito, partes capazes e forma prescrita ou *não defesa em lei*, tudo por aplicação do art. 82 do CC de 1916.

---

[30] Para uma adequada e completa abordagem sobre a autonomia da vontade, confira-se artigo do Prof. Francisco dos Santos Amaral Neto. A autonomia da vontade como princípio fundamental da ordem jurídica. Perspectivas estrutural e funcional. *Revista de Direito Civil*, São Paulo, v. 46, p. 10 passim, out./dez. 1988.

[31] *O contrato*. Coimbra: Almedina, 1988. p. 297-298.

DIREITO DAS OBRIGAÇÕES

Tendo o legislador do CC revogado adotado a teoria subjetivista, centrada particularmente na autonomia da vontade ou da intenção, ignorou os avanços doutrinários realizados na Alemanha, que desenvolveu um novo conceito de contrato voltado à teoria do negócio jurídico, na qual o papel da vontade foi afastado como elemento primordial na relação jurídica. Cresceu a importância do aspecto confiança e do princípio da boa-fé, diante da transformação das relações econômicas que se direcionavam para o aspecto massivo, havendo, portanto, uma forte preocupação com a segurança do tráfico jurídico.[32]

Nesta perspectiva, acentuou-se, de forma evolutiva, a ideia de que a exteriorização da vontade humana não tinha tanta importância frente a necessidade de se observar a mudança que era conferida ao seu relevo pelo ordenamento jurídico.

Acrescente-se, igualmente, que a comparação entre a legislação civil e comercial do início do século XIX com a que se veio a editar no fim do século e, sobretudo, no início do seguinte, possibilitou o aumento quantitativo e qualitativo das normas imperativas, principalmente por meio do direito especial, vale dizer, sob condições sociais diferentes das que cercaram o primeiro surto do capitalismo industrial no Ocidente, em que o princípio da autonomia da vontade cedeu passo ao da supremacia da ordem pública.

É nesse ponto que tem importância a doutrina da autonomia da vontade, da qual origina-se a fonte da própria existência do contrato. Tal concepção, bem adequada ao princípio do liberalismo econômico então reinante no final do século, justificava a noção de que o Estado deveria ter uma intervenção mínima nos negócios celebrados porque as partes, sendo capazes, poderiam vincular-se e proteger-se de quaisquer abusos, notadamente diante da igualdade presumida que entre elas existia.

Conferia-se, portanto, um valor acentuado à autonomia da vontade.

No entanto, tal ideia começou a ser revista em decorrência da Revolução Industrial, assumindo o direito certa concepção social com o início da intervenção do Estado de forma crescente na economia, o que justificou

---

[32] Não se ignore, no entanto, que o legislador do Código Comercial criou norma que valorizava o papel da boa-fé, mas consoante informa a doutrina, a regra do art. 31, 1, não passou de "letra morta" (cf. AGUIAR JÚNIOR, Ruy Rosado de. A boa-fé na relação de consumo. *Revista de Direito do Consumidor*, São Paulo, nº 14, p. 21, abr./jun. 1995).

NOÇÕES INTRODUTÓRIAS E FUNDAMENTAIS

inclusive uma ideia de que, junto com a propriedade imóvel, o próprio contrato assumiria uma função social,[33] principiologia expressamente adotada pelo novo CC em seu art. 421.

Nesse aspecto, cabe lembrar que,

"na vida do contrato, o princípio de que a lei não pode interferir para derrogá-lo ou modificá-lo, porque *pacta sunt servanda*, era proclamado há menos de dois séculos por Robespièrre, Rousseau e Fouillée, pretendendo este, ao interpretar o pensamento de Kant, dizer que contrato importa em dizer justo. Isto soa hoje em nossos ouvidos, poluídos pelos decibéis da indústria, tão râncido como já anacrônico soava aos jurisconsultos romanos clássicos o *ius esto* do *pater familias*, insculpido na histórica lei de decênviros".[34]

Logo, as transformações subsequentes da política dos Estados democráticos, como reflexo no direito contratual, foram inspiradas pelo princípio da solidariedade social, que, desde meados do século XIX, tendem a prevalecer por influência de noções socialistas sobre o individualismo puro do período anterior. Nasce a tese da proteção social dos mais fracos, destinada a corrigir as consequências desumanas do liberalismo jurídico.

De fato, os próprios franceses, entre os quais Ripert, começaram a analisar o papel da autonomia privada nas contratações, questionando a presumida igualdade que existia quando duas pessoas capazes se vinculavam. Contribuiu à nova concepção o direcionamento do Estado para uma visão protetora do indivíduo, potencialmente considerado mais fraco, e bem assim a crescente massificação da sociedade, o que faria surgir um gigantismo em todos os setores da economia, seja na indústria, comunicação, relações de trabalho e especialmente nas relações entre adquirentes e fornecedores de produtos e serviços.

Teria início, então, a ideia do dirigismo contratual, visando ao equilíbrio nas contratações por imposição estatal.

Institutos antigos com nova roupagem foram ganhando corpo, como o da lesão, o da imprevisão, o do abuso de direito e o do enriquecimento sem causa, fazendo com que os princípios tradicionais e individualistas

---

[33] Cf. HIRONAKA, Giselda M. Fernandes Novaes. A função social do contrato. *Revista de Direito Civil*. São Paulo, v. 45, p. 141 passim, jul./set. 1988.

[34] OTHON SIDOU, J. M. *Proteção ao consumidor*. Rio de Janeiro: Forense, 1977. p. 63.

DIREITO DAS OBRIGAÇÕES

fossem enfraquecendo em proveito da justiça contratual e equilíbrio nas relações sob intervenção estatal.[35]

São exemplos da intervenção do Estado na regulamentação dos contratos a edição de leis voltadas à proteção do inquilino, do compromissário comprador e, mais recentemente, do consumidor.

Surgiram ainda práticas de contratação, como os contratos de adesão, e as condições gerais dos contratos, como métodos de padronização, fato inevitável na sociedade de consumo.

De fato, sendo inviável o tratamento legal de forma individualizada, a configuração dos conjuntos humanos ou massas fez perder a identidade e padronização do estilo de vida considerados em função do momento cultural da época. Doravante na sociedade de massa há necessidade de intervenção do Estado nas relações econômicas visando impor proteção àqueles considerados potencialmente mais fracos em um dos polos da contratação, com especial referência ao consumidor.

Mas se a massificação é algo inevitável, como adequá-la à principiologia tradicional, baseada na autonomia da vontade, ou seja, o voluntarismo encontra-se reduzido somente às figuras contratuais tradicionais do direito civil (os particulares contratando-se entre si), ou trata-se de instituto em desuso diante das novas tendências contratuais? O direito civil, como afirmou-se há mais de 20 anos, tende a desaparecer?[36]

A autonomia da vontade, nesse quadro, inevitavelmente sofre influências, a ponto de afirmar-se que pela maioria dos contratos[37] o elemento volitivo simplesmente deixou de existir, ou melhor, que as relações decorrentes dos serviços e prestações de massa não representam figuras contratuais.[38]

Sob o influxo da economia de mercado, é verdade, ditou-se a necessidade da praticidade, celeridade e confiança nas relações dos contratos de massa (incluam-se nessa categoria as conhecidas figuras do contrato de adesão, contratos-tipos e condições gerais dos contratos), o que

---

[35] Cf. GOMES, Orlando. *Contratos*. Rio de Janeiro: Forense, 1994. p. 7; VINAGRE, Marta Maria. A outra face do contrato. *Revista de Direito Civil*. São Paulo, v. 44, p. 111 passim, abr./jun. 1988.

[36] Esta a pergunta que fazia Antônio Junqueira de Azevedo há mais de 20 anos em artigo inserto na *RT* 472/15, 1975. O direito civil tende a desaparecer?

[37] Excluam-se os já citados modelos previstos no Código Civil que, ao que parece, tendem a ser minoria.

[38] VINAGRE, Marta Maria. Op. cit. p. 120.

NOÇÕES INTRODUTÓRIAS E FUNDAMENTAIS

acarretou importância reduzida ao papel da vontade, chegando autores de renome a construir teorias explicando o fenômeno dentro da ideia do chamado comportamento social típico ou conduta socialmente típica.[39]

Segundo tal teoria, o indivíduo, nas várias situações em que se coloca no cotidiano, não estaria obrigado a emitir uma declaração de vontade para aceitar os termos do contrato justamente porque somente sua conduta seria suficiente para manifestar tacitamente a prestação do serviço ou a aquisição do produto. É o caso, por exemplo, do usuário do serviço de transporte público ou fornecimento de energia pelo concessionário, ou até mais modernamente os efeitos decorrentes da publicidade veiculada ao consumidor.[40]

Outras concepções também foram criadas, como é o caso da preconizada pelo jurista tedesco Gunter Haupt, que em 1941 criou a doutrina das relações contratuais de fato, segundo a qual, nas condições do comércio jurídico moderno, certas relações contratuais se formam sem as correspondentes declarações de vontade, configurando-se três grupos principais de situações, quais sejam: o contato social (a caracterização assume um aspecto antecedente a qualquer vínculo estabelecido); a participação em relações comunitárias, societárias ou de trabalho (vínculo estabelecido por um regulamento prévio que determina a base contratual); e os deveres resultantes da prestação de bens e serviços essenciais (certos contratos são tidos como necessários em função da realidade em que vivemos, por exemplo, prestação de serviço de eletricidade).[41]

Não obstante, seja qualquer das construções concebidas, o princípio da autonomia da vontade diante das crescentes posturas contratuais não está em declínio, notadamente porque a sua noção

---

[39] LARENZ, Karl. *Derecho civil*: parte general. Madri: Editorial Revista de Derecho Privado, 1978. p. 737. Tradução de M. Izquierdo e Macias-Picavea. Anote-se, a bem da atualidade, que o autor abandonou seu pensamento inicial passando a equiparar esses comportamentos sociais aos fatos típicos de declaração com efeitos normativos, retirando o respectivo subtítulo do seu livro Direito das Obrigações a partir da 11ª edição (cf. CORDEIRO, Antonio Menezes. *Da boa-fé no direito civil*. Coimbra: Almedina, 1984. v. 1, p. 562).

[40] PASQUALOTTO, Adalberto. *Os efeitos obrigacionais da publicidade no Código de Defesa do Consumidor*. São Paulo: Revista dos Tribunais, 1997. p. 58.

[41] Idem, ibidem. p. 40.

DIREITO DAS OBRIGAÇÕES

"não é atemporal, nem imutável. Ela ganha autonomia e relevo conceitual ligada à concepção jurídica do liberalismo económico, como pressuposto da noção de negócio jurídico e vai sofrendo uma desvalorização que acompanha o transformar deste último conceito".[42]

Trata-se de entendê-lo, como num período de transformação e de reelaboração dogmática, fruto da intervenção estatal, tendo como base, de um lado, os atos de planificação e os formativos de direitos privados, e de outro, o declínio das ideias privatistas próprias do século passado.

Bem por isso, é útil colher a advertência de renomado jurista que, sobre o papel da autonomia da vontade, afirma que

"ela continua a ocupar lugar de relevo dentro da ordem jurídica privada, mas, a seu lado, a dogmática moderna admite a jurisdicização de certos interesses, em cujo núcleo não se manifesta a aspecto volitivo. Da vontade e desses interesses juridicamente valorizados dever-se-ão deduzir as regras que formam a dogmática atual".[43]

Sob tal aspecto, a mentalidade na aplicação e interpretação do direito contratual também teve forte modificação de postura, o que acabou determinando a ampla proteção do consumidor por meio de preceito constitucional (art. 5º, inc. XXXII) que foi complementado e regulamentado pelo chamado Código do Consumidor.

1.3.2. Os contratos de consumo e a nova sistemática

a) *sujeitos;*
b) *proteção na formação e execução do contrato;*
c) *princípios da transparência, equidade e boa-fé.*

Identifica a doutrina que o cerne da problemática da proteção dos consumidores refere-se ao conteúdo essencial do contrato, que por sofrer

---

[42] Cf. PRATA, Ana. Op. cit. p. 25. Referida autora ainda esclarece: "Autonomia privada e negócio jurídico são hoje, como sempre, meio e instrumento de composição jurídica de interesses de natureza essencialmente privada, mas, diferentemente do que antes acontecia, não são um meio e um instrumento deixados na exclusiva disponibilidade das partes. Ao Estado incumbem deveres que ele há de prosseguir (também) através deste meio e deste instrumento."
[43] SILVA, Clóvis V. do Couto e. *A obrigação como processo.* São Paulo: José Bushatsky, 1976. p. 27.

um balizamento legal ou possibilidade de liberdade, acaba interferindo na regulação da qualidade e preço dos produtos e serviços.[44]

A recente Lei de Consumo foi editada com o objetivo básico de não só proteger a parte considerada potencialmente mais fraca na relação contratual (art. 4º, inc. I, da Lei nº 8.078/90) como também contrabalançar os desequilíbrios entre fornecedores de produtos e serviços (art. 3º) e os consumidores (art. 2º).

O cenário da economia de mercado provocou a grande produção de massa e, como consequência, o consumo, que, por sua vez, gerou estímulo a novas necessidades duvidosas em face do artificialismo de certos bens e serviços então inexistentes em tempos passados. Inevitavelmente, o fato colocou o consumidor em posição de desvantagem frente aos fornecedores e caracterizou a sua vulnerabilidade, que não se limitou somente ao aspecto econômico, mas igualmente ao técnico-profissional, dada a impossibilidade de dispor dos conhecimentos técnicos necessários para a elaboração de produtos ou para a prestação de serviços no mercado.

> "O novo direito em verdade, não se limita a editar essas regras de interpretação ou de forma dos contratos realizados em massa. Vai mais além, impondo a inserção de determinadas cláusulas de proteção da parte considerada mais fraca, ou anulando, ou tornando ineficazes as estipulações pouco equitativas; instaurando, em suma, um autêntico dirigismo contratual."[45]

Não se pode afirmar que, pela nova sistemática contratual, o papel da vontade tornou-se sem importância, mas sua função possui, doravante, de acordo com o CDC, um novo aspecto voltado a conferir adequado equilíbrio a que se referiu anteriormente, aliás como fruto das exigências da ordem pública, econômica e social.

De fato, a maneira de atuação dos contratos às necessidades empresariais justificou o aparecimento e aumento de cláusulas contratuais consideradas leoninas (mais modernamente, pelo sistema do Código do Consumidor, tidas como abusivas), em prejuízo do consumidor. A ocorrência sugeriu então a necessidade de criar formas de controle das cláusulas contratuais

---

[44] ALMEIDA, Carlos Ferreira de. *Os direitos dos consumidores*. Coimbra: Almedina, 1992. p. 103.

[45] COMPARATO, Fábio Konder. A proteção do consumidor: importante capítulo do direito econômico: *RDM* 15/16, p. 95.

abusivas, que se fundamentem nas relações contratuais de massa e não nas trocas individualizadas do passado.

Assim, nos contratos de consumo importa valorizar a sua manutenção, em prol da regra clássica da intangibilidade, instituir o princípio da boa-fé, vincular a manifestação da vontade à oferta anunciada por publicidade, estabelecer execução específica da oferta e deixar a resolução do contrato com consequentes perdas e danos como medida excepcional.

A proteção e o consequente equilíbrio envolvem duas fases relacionadas àquela contratação, quais sejam: formação e execução do contrato. Cada uma delas refere-se a aspectos únicos que, agregados em um ato complexo, geram efeitos contratuais.

Destarte, no que concerne à formação, justifica-se o reconhecimento do princípio da transparência relacionado com a questão da oferta e o dever de informar sobre o produto ou serviço, ou mesmo de conferir oportunidade ao consumidor para que tenha acesso às informações necessárias visando à contratação, aspecto que também diz respeito com a existência de redação clara nos contratos.[46]

Nesse sentido, quanto à oferta ou proposta, os arts. 30 e 31 do CDC impõem o dever de clareza e correção sobre as qualidades do produto e condições do contrato, sob pena de o fornecedor responder pela falha da informação (art. 20) ou ser forçado a cumprir a oferta nos termos em que foi feita (art. 35). Pelo dispositivo por primeiro invocado, toda informação, mesmo a publicidade, constitui uma oferta e vincula o fornecedor. As informações prestadas integram o futuro contrato.[47]

Ainda no campo da formação, também tem importância o princípio basilar da boa-fé, o qual representa, no dizer de respeitável doutrina, um dos pilares fundamentais das relações de consumo visando a equidade e equilíbrio que devem presidir qualquer relação de consumo. Dentro desse princípio, encontram-se outros princípios direcionados a publicidade, práticas comerciais abusivas e possibilidade de arrependimento do consumidor.

---

[46] Sobre o assunto, de forma mais ampla confira-se MARQUES, Cláudia Lima. *Contratos no código de defesa do consumidor*. São Paulo: Revista dos Tribunais, 1999. p. 283-390 passim.

[47] Sobre o assunto, com maiores detalhes, PASQUALOTTO, Adalberto. Op. cit. p. 99; ROCHA, Silvio Luiz Ferreira da. *A oferta no código de defesa do consumidor*. São Paulo: Lemos Editorial, 1997. p. 145 passim.

NOÇÕES INTRODUTÓRIAS E FUNDAMENTAIS

No que se refere à proteção e equilíbrio do contrato em sua fase de execução, identificam-se os princípios do equilíbrio contratual e o da confiança.[48]

Quanto ao primeiro, é norma fundamental do CDC que toda interpretação a ser realizada deve ter como ideia norteadora o favorecimento do consumidor (art. 47), além de proibir a inserção de cláusulas abusivas e possibilitar o controle judicial dos contratos de consumo. O princípio da confiança envolve aspecto voltado à configuração de vícios de qualidade no serviço ou no produto. A instituição de tal princípio visou a garantir ao consumidor a adequação do produto e do serviço para evitar riscos e prejuízos decorrentes, e assegurar o ressarcimento em caso de insolvência, de abuso ou desvio da pessoa jurídica-fornecedora. Cuida-se, enfim, de estabelecer um mínimo de expectativa do consumidor acerca do produto ou serviço que será adquirido ou prestado.

A análise que se propõe refere-se ao princípio básico do equilíbrio contratual, o qual deve ser alcançado sempre que se verifique a necessidade de interpretação dos contratos de consumo. Logo, a busca da interpretação configura-se sempre que alguns dos direitos básicos do consumidor, previstos no art. 6º e incisos do CDC, estejam por ser potencial ou efetivamente violados.

1.3.3. Interpretação pelo Código Civil em comparação ao Código do Consumidor

A interpretação tem por objetivo determinar o significado e o alcance de uma vontade manifestada, e justamente em função de tal aspecto é que representa uma operação lógica voltada a extrair o real significado do que se declarou. Trata-se de uma ação cujo evento útil é o entender e compreender de forma clara e inequívoca.

Envolve um processo triangular, em que de um lado está o espírito pensante do intérprete e, do outro, uma manifestação do espírito, que se objetivou numa forma representativa. Estes dois aspectos se unem por meio da mediação da forma representativa, impondo-se a manifestação do espírito diante do intérprete. Em poucas palavras, interpretar é reconhecer e repensar o pensado.[49]

---

[48] MARQUES, Cláudia Lima. *Contratos no código...* Op. cit. p. 573.

[49] MIRANDA, Custódio da Piedade Ubaldino. *Interpretação e integração dos negócios jurídicos.* São Paulo: Revista dos Tribunais, 1989. p. 87 passim.

DIREITO DAS OBRIGAÇÕES

É com a interpretação que se fixa o sentido e o alcance decisivo do negócio, conforme as respectivas declarações integradoras nas quais encontram-se o conteúdo das vontades manifestadas e os efeitos decorrentes. Na busca do sentido, há que se ter como essencial a fixação genérica voltada à distinção entre o que é pessoal a cada figurante ou destinatário, notadamente porque a visão pessoal não é cogitada no conteúdo dos negócios jurídicos, vale dizer, o ato de interpretar não se destina ao senso empírico de cada intérprete, pois deve fundamentar-se em regras e princípios norteadores do texto legal, do sistema ou da experiência.[50]

Segundo pensamos, as regras de interpretação destinam-se básica e essencialmente à atividade jurisdicional que goza de ampla discricionariedade na aplicação e a elas se vincula de forma obrigatória, muito embora o elastério esteja submetido ao interesse social, pelos princípios da justiça e das regras especiais de hermenêutica.[51]

Quando a interpretação é feita em função de um determinado negócio jurídico, diz concreta, enquanto dirigida para exprimir o sentido da lei, será abstrata.[52]

Nada obstante parte da doutrina entender que as regras de interpretação seriam meros conselhos dados aos tribunais, notadamente porque as partes podem afastá-las, o fato é que são normas obrigatórias que devem ser seguidas pelos juízes.

Igualmente questiona-se para quem são dirigidas as normas sobre interpretação. Parte da doutrina afirma que se direcionam somente ao juiz que, em última análise, apreciará o caso concreto diante da controvérsia fixada entre as partes contratantes. Outra afirma que o direcionamento se dá também às partes que podem necessitar dos critérios e métodos de interpretação para apuração de uma vontade comum.[53]

---

[50] MIRANDA, Pontes de. *Tratado de direito privado*. São Paulo: Revista dos Tribunais, 1974. t. 3, p. 305. No mesmo sentido, afirma Manuel A. de Andrade: "O tino ou o senso natural do intérprete, apurado pela prática, pode permitir-lhe fazer boa interpretação de modo empírico, sem reflectidamente se orientar por qualquer teoria. Mas, *ceteris paribus*, a actividade interpretativa (como qualquer outra), quando presidida por uma teoria acertada, será mais feliz e segura nos seus resultados" (Cf. *Teoria geral da relação jurídica*. Coimbra: Almedina, 1974. v. 2, p. 306).

[51] MAXIMILIANO, Carlos. *Hermenêutica e aplicação do direito*. Rio de Janeiro: Forense, 1990. p. 341.

[52] ANDRADE, Manuel A. Domingues de. Op. cit. p. 306.

[53] BITTAR, Carlos Alberto. *O direito civil na Constituição de 1988*. São Paulo: Revista dos Tribunais, 1990. p. 40.

NOÇÕES INTRODUTÓRIAS E FUNDAMENTAIS

Cite-se quanto ao ponto que atualmente ganha força útil e apreciável forma de controle e interpretação contratual, no âmbito das relações de consumo, o uso do inquérito civil, que, por meio de diligências do Ministério Público (essencialmente reunião entre as partes envolvidas), possibilita o controle de cláusulas abusivas.[54]

Quanto à natureza das regras de interpretação, a doutrina bem esclarece que se trata de normas de direito material, pois voltadas à fixação da real intenção das partes na celebração do negócio jurídico. Nesse aspecto, identifica-se estrita relação com o art. 112 do CC, de inspiração objetivista, o qual deve ser considerado em consonância ao art. 5º, da LICC, segundo o qual "na aplicação da lei, o juiz atenderá aos fins sociais a que ela se dirige e às exigências do bem comum".

Assim, conforme afirma-se com autoridade, o art. 112 do CC tem por finalidade guiar o intérprete para uma interpretação concreta do negócio, fugindo a uma leitura abstrata do texto.[55]

A pesquisa da intenção das partes na formação de uma vontade real e comum (contratual) deve envolver o postulado da boa-fé objetiva, princípio este que foi expressamente privilegiado pelo CC de 2002, importando-se não só com a intenção nas declarações de vontade (art. 112), mas também com direcionamento interpretativo, nos negócios jurídicos (os contratos por excelência), conforme a boa-fé e os usos do lugar e de sua celebração (art. 113).

A regra fica confirmada no art. 422 do CC, ao estabelecer: "Os contratantes são obrigados a guardar, assim na conclusão do contrato, como em sua execução, os princípios de probidade e boa-fé."

A verificação daquela vontade representa a chamada interpretação subjetiva caracterizada pelas seguintes regras: (a) deve-se indagar a intenção comum das partes; (b) não deve o intérprete limitar-se ao sentido literal da linguagem, mas sim apurar o espírito do contrato; (c) tal como a lei, impõe-se que o contrato seja interpretado sistematicamente; (d) as cláusulas dos contratos de adesão ou as predeterminadas por um dos contraentes são interpretadas, na dúvida, em favor do outro,[56] regra que foi positivada pelo

---

[54] Acerca do inquérito civil, consulte-se MAZZILLI, Hugo Nigro. *A defesa dos interesses difusos em juízo*. São Paulo: Revista dos Tribunais, 1992. p. 235 passim.

[55] COMPARATO, Fábio K. *Ensaios e pareceres de direito empresarial*. Rio de Janeiro: Forense, 1978. p. 180.

[56] GOMES, Orlando. *Contratos*. Rio de Janeiro: Forense, 1981. p. 236-237.

DIREITO DAS OBRIGAÇÕES

novo CC, ao prever que "quando houver no contrato de adesão cláusulas ambíguas ou contraditórias, dever-se-á adotar a interpretação mais favorável ao aderente" (art. 424), chegando-se mesmo a fulminar de nulidade as cláusulas, no citado tipo contratual, que estipulem a renúncia antecipada do aderente a direito resultante da natureza do negócio (art. 425).

Na hipótese de tais regras falharem, leva-se em conta a interpretação objetiva, caracterizada pelas seguintes regras: (a) o contrato deve ser interpretado conforme a boa-fé; (b) a interpretação deve conduzir à conservação do contrato, em homenagem ao *pacta sunt servanda*; (c) na hipótese de obscuridade, caso aplicadas as referidas regras, justifica-se a interpretação do contrato gratuito de maneira menos gravosa para o devedor e quanto ao oneroso interpretar-se de forma que possibilite concluir pelo equilíbrio das prestações.[57]

A interpretação pelo CC sempre se dá quando as cláusulas contratuais geram ambiguidade, obscuridade ou dúvida no espírito do intérprete, pois quando o texto contratual é claro não há necessidade de interpretar-se (*in claris cessat interpretatio*). Justifica-se, portanto, reconhecer que a operação voltada à interpretação só se mostra necessária quando entre as partes surge controvérsia a respeito de uma determinada cláusula ou de todo o conteúdo do texto contratual. Não pode ser diferente se partirmos do pressuposto de que no mais das vezes a dúvida pode justificar o não-cumprimento do contrato e por via de consequência a discussão de seus termos no âmbito judicial. É possível que um contratante cumpra integralmente suas obrigações e, após, venha a discutir as cláusulas. Mas o fato é raro, registrando-se na esfera judicial justamente o inverso.[58]

Diferentemente da interpretação considerada de forma exclusiva, há também a interpretação integrativa, que é voltada à captação das regras que, embora não sejam expressas, encontram-se no contexto implícito do texto contratual.[59]

---

[57] Idem, ibidem. p. 237.

[58] Registre-se que respeitável doutrina entende, com referência às relações de consumo, que a questão não comporta distinção quanto à ocorrência de dúvida ou obscuridade, devendo sempre em qualquer contrato interpretar-se as cláusulas com direcionamento a favor do consumidor (cf. NERY JÚNIOR, Nelson. *Código de processo civil Comentado*. São Paulo: Revista dos Tribunais, 1995. p. 1.375).

[59] MIRANDA, Custódio de Piedade Ubaldino. Op. cit. p. 135.

NOÇÕES INTRODUTÓRIAS E FUNDAMENTAIS

Cuida-se, enfim, de procedimento voltado a preencher a declaração que foi registrada como incompleta, tendo como referência o suporte fático, e aplicada quando as partes não foram capazes de desenvolver toda a sua potencialidade voltada à fixação do conteúdo contratual.

Por outro lado, quando se fala de interpretação com fundamento no CDC, a base deve levar em conta os postulados da CF referentes ao princípio da dignidade humana (art. 1º, III), do trabalho e livre iniciativa (inc. IV), o conceito de Estado de Direito, os princípios da liberdade, justiça e solidariedade (art. 3º, II) e igualdade (art. 5º), bem como as diretrizes da política nacional de consumo, dentro das quais a regra norteadora do princípio da boa-fé.

Destarte, a interpretação pelo CDC justifica uma visão finalística voltada a favorecer a parte mais fraca na relação contratual, que é o consumidor, de tal forma que mesmo que o texto contratual não apresente dúvida ou seja obscuro, interpretação sempre haverá e voltada naquele sentido (art. 47 do CDC).

Nesse ponto, em relação ao novo CC, falar em função social do contrato (art. 421) é referir-se a função econômico-social e a preocupação com a eficácia social do instituto de modo a promover o controle da autonomia privada por parte do Estado toda vez que os particulares se desviem dessa função, que deve sempre atender ao bem comum e à igualdade material.

É, em última análise, conferir função corretiva e de equilíbrio sempre que os ditames superiores não sejam atendidos ou deles desviados, tomando-se como base o valor jurídico da pessoa humana dentro de sua esfera de dignidade.

A ideia central do que se deve entender por função contratual e sua interpretação está relacionada aos ditames constitucionais da CF a respeito da ordem econômica (art. 170), ou seja, cumpre-se tal função quando são observados os postulados erigidos pelo legislador constitucional em consonância com os objetivos fundamentais da República Federativa do Brasil (art. 3º).

Assim, atenta-se para a real justiça contratual direcionada para o equilíbrio das prestações e a equidade de vantagens que são, na verdade, o ideal da sadia circulação de riquezas e fecunda cooperação entre o capital e a atividade individual.

Portanto, os contratantes devem ser considerados como sócios em franca cooperação com os objetivos perseguidos pela contratação em busca

DIREITO DAS OBRIGAÇÕES

do bem comum, pois os efeitos dos contratos na sociedade também não podem ser ignorados.

A boa-fé, como princípio inerente à principiologia contratual do CDC,[60] deve acompanhar todas as fases do contrato, ou seja, desde a sua formação até a execução.

Partindo da noção mais generalizada, ter fé é aspecto subjetivo da intenção humana voltada à confiança. Todavia, pode ser falsa a fé, pois diante de qualquer desilusão, por pequena que seja, advém da infidelidade ou incredulidade. Esse tipo de fé difere do estado de fé, no qual há modificações profundas na personalidade. A fé não é um ato convencional que se expressa apenas por um momento, em casa, nos negócios ou no templo. É um sentimento de confiança e amor, atuante e permanente, que deve ser praticado, não só nessas ocasiões, mas principalmente no cotidiano.[61]

Nada obstante às várias espécies de fé, a que verdadeiramente nos importa é a voltada à interpretação dos contratos de consumo.

Diversamente da boa-fé subjetiva prevista nos vários artigos do CC (art. 1.268, § 1º, 1.201, 1.211),[62] a boa-fé de que trata o CDC e também o novo CC (art. 422) sempre será objetiva e voltada à regra de conduta entre as partes. Diz respeito aos chamados deveres anexos ou secundários, que são funções direcionadas à regra de conduta voltada para ética e como causa limitadora do exercício dos direitos subjetivos de contratar.[63]

Trata-se de enveredar pela linha de que o sujeito de direito deve atuar como pessoa leal e honesta, configurando-se

"a crença num 'princípio geral de conduta', numa 'ética ou moral social' destinados a estabelecer padrões genéricos de conduta pelos quais devem pautar-se

---

[60] NERY JÚNIOR, Nelson et al. *Código brasileiro de defesa do consumidor*. Rio de Janeiro: Forense Universitária, 1995. p. 291.

[61] As idéias desse parágrafo foram retiradas do artigo *O fenômeno da fé* do Prof. Luiz Miller de Paiva, Titular de Psiquiatria Forense da Escola Paulista de Medicina.

[62] A chamada boa-fé subjetiva refere-se a um estado de ignorância sobre a verdadeira situação jurídica que se coloca, justificando a possibilidade de prejuízo aos direitos de outrem. Considera-se o estado de aparência que coloca o indivíduo numa situação de confiança, acreditando ser legítima a titularidade do direito.

[63] "Os deveres derivados da boa-fé ordenam-se, assim, em graus de intensidade, dependendo da categoria dos atos jurídicos a que se ligam" (Clóvis do Couto e Silva. Op. cit. p. 31). Com maiores detalhes acerca da boa-fé objetiva, confira-se Teresa Negreiros. Op. cit. p. 224 passim.

NOÇÕES INTRODUTÓRIAS E FUNDAMENTAIS

os indivíduos ou grupos de indivíduos. Essa perspectiva ganha ainda uma outra dimensão quando se transfere aquela acepção para o âmbito da 'ordem econômica e social' ".[64]

Tal espécie de boa-fé deve ser compreendida em função de certos deveres considerados pela doutrina como anexos, que especificamente são: (a) dever de informar a contraparte; (b) dever de avisar imediatamente a perda do interesse no negócio.

Com efeito, ambos podem ser entendidos como obrigação voltada à transparência na formação e execução do contrato, mas não se pode olvidar de que a aplicação do princípio não está imune a abusos que se prestam à aplicação prática, razão a mais para que o intérprete não esteja adstrito unicamente à letra do que foi escrito, mas principalmente ao espírito da relação contratual.

Na verdade, o princípio da boa-fé tem grande importância quando se sabe que a manifestação de vontade quase inexiste em contratos de adesão, podendo mesmo afirmar-se que aqueles deveres anexos, existem sem que se questione a vontade, observando-se que, muito embora trate-se de deveres anexos, não há como exigir da parte contratante (no mais das vezes o fornecedor de produtos e serviços) o cumprimento judicial de observância do preceito, remanescendo, no entanto, a hipótese legal prevista no art. 51, inc. IV, do CDC, que possibilita ao consumidor demandar a nulidade da cláusula que viole o princípio da boa-fé.

A correlação de tais deveres está prevista no art. 46 do CDC, que chega a negar efeitos ao contrato de consumo no qual não foi dada oportunidade de conhecimento prévio de seu conteúdo, ou cujo instrumento foi redigido de "modo a dificultar a compreensão de seu sentido e alcance".

Logicamente que a avaliação da efetiva compreensão da cláusula pelo consumidor depende do caso concreto, aspecto que diz respeito ao grau de cultura do consumidor.[65]

Tal regra tem sintonia exata com a posterior (art. 47) porque o legislador, quando referiu-se à dificuldade de compreensão do sentido e alcance,

---

[64] FONSECA, João Bosco Leopoldino da. *Cláusulas abusivas nos contratos*. Rio de Janeiro: Forense, 1995. p. 120.
[65] NERY JÚNIOR, Nelson. Op. cit. p. 326.

DIREITO DAS OBRIGAÇÕES

atribuiu a necessidade de perquirir-se no caso concreto qual texto contratual (ou cláusula) mostre-se eivado de tal vício.

Referido texto legal justifica o reconhecimento de que a interpretação deve ser sempre guiada a favorecer a parte hipossuficiente na relação contratual de consumo, de modo a adequar o primado da igualdade não meramente formal, mas substancial, é dizer, tratar desigualmente os desiguais na exata medida de suas desigualdades.[66]

Logicamente que a busca do equilíbrio nas relações contratuais de consumo será alcançada unicamente a partir da análise conjunta de todo o contrato, evitando-se a particularização da cláusula tida como nula ou abusiva, de forma a exigir do intérprete uma nova postura, não mais formalista, mas finalística, enfatizando o objetivo das normas jurídicas incidentes no caso concreto (art. 1º do CDC).

Seja como for, não se pode ignorar que o princípio da boa-fé tem direta relação com a regra de interpretação[67] propugnada pelo CDC, que de seu conjunto direciona para a questão do controle das cláusulas consideradas pelo legislador como abusivas, relacionando todas aquelas que pelas regras ordinárias de experiência são as de maior utilização (cf. art. 51).[68]

O instituto das chamadas cláusulas abusivas impõe considerá-las em três aspectos, vale dizer, os sistemas de proibição e controle de tais cláusulas dizem respeito ao âmbito judicial, administrativo e legislativo.[69]

Por abusiva deve-se entender toda cláusula que restrinja ou exclua qualquer dos direitos básicos do consumidor previstos no art. 6º, do CDC, em consonância com o art. 51 já citado. Em outras palavras e assumindo um

---

[66] Sobre o assunto, consulte-se BANDEIRA DE MELLO, Celso Antônio. *O conteúdo jurídico do princípio da igualdade*. São Paulo: Revista dos Tribunais, 1984. p. 47 passim.

[67] Não se desconheça que a boa-fé, além de função interpretativa, também tem outros alcances como aspecto integrativo e de controle da justiça contratual. Sobre o assunto, a obra de Fernando Noronha é de leitura necessária. *O direito dos contratos e seus princípios fundamentais*. São Paulo: Saraiva, 1994, p. 147 passim.

[68] Conforme a melhor doutrina, o rol do citado dispositivo legal é meramente exemplificativo (cf. NERY JÚNIOR, Nelson. *CPC comentado*. São Paulo: Revista dos Tribunais, 1997. p. 379).

[69] Sobre o controle genérico, veja-se DALL' AGNOL JUNIOR, Antonio Janyr. Cláusulas abusivas: opção brasileira. In: MARQUES, Cláudia Lima (Coord.). *A proteção do consumidor no Brasil e no Mercosul*. Porto Alegre: Livraria do Advogado, 1994. p. 41. Quanto ao exercido pelo Ministério Público, consulte-se Paulo Valério Dal Pai Moraes. O Ministério Público e o controle prévio e abstrato dos contratos de massa. *Revista do Consumidor*, São Paulo, v. 26/166, abr./jun. 1998.

NOÇÕES INTRODUTÓRIAS E FUNDAMENTAIS

aspecto mais genérico, cláusula abusiva é aquela que coloca o consumidor em posição de excessiva desvantagem com relação ao fornecedor, causando demasiada onerosidade e desequilíbrio contratual.

Conforme informa Paulo Luiz Neto Lobo, "a cláusula abusiva tem fonte inspiradora próxima à do abuso do direito, bem como, evidentemente, do princípio da boa-fé".[70]

Portanto, é possível considerar que a interpretação voltada a reconhecer uma cláusula abusiva deve sempre ter como norte o exercício abusivo do poder de contratar, que efetivamente acarreta o referido desequilíbrio na relação de consumo, sempre devendo-se encontrar um patamar de harmonização dos interesses em jogo.

O poder de contratar sempre fica evidente quando se tem em conta que o fornecedor, no mais das vezes, detém o controle das técnicas de produção e prestação de serviços, em alguns casos considerados essenciais ao consumidor (ex.: prestação de serviço de água ou energia), ou não, mas neste caso suficiente para ensejar uma certa dependência direcionada à qualidade de vida (ex.: aquisição de produtos medicinais).

É importante ressaltar que equilíbrio na contratação tem sido procurado com fundamentos doutrinários diversos, como é o caso, por exemplo, das teorias da lesão,[71] da causa,[72] do abuso de direito,[73] e logicamente, com especial atenção para o princípio da boa-fé.

De fato, a aplicação de qualquer destes institutos leva em conta a experiência diuturna da doutrina e da jurisprudência na identificação de cláusulas abusivas, geralmente aquelas que exoneram e limitam a responsabilidade contratual, possibilitam ao fornecedor rescisão unilateral do contrato, garantias desproporcionais, determinação e alteração do preço e prazos exagerados de execução do contrato. De forma genérica, inclusive, o próprio

---

[70] *Condições gerais dos contratos e cláusulas abusivas.* São Paulo: Saraiva, 1991. p. 156.

[71] Sobre o assunto, AGUIAR JR., Ruy Rosado de. Cláusulas abusivas no código do consumidor. In: MARQUES, Cláudia Lima (Coord.). *A proteção do consumidor no Brasil e no Mercosul.* Porto Alegre: Livraria do Advogado, 1994. p. 15; GOMES, Orlando. *Transformações gerais do direito das obrigações.* São Paulo: Revista dos Tribunais, 1980. p. 27 passim. Reflexões sobre a lesão.

[72] Para uma abordagem no Direito Civil que com algumas alterações metodológicas pode ser aplicada ao microssistema do CDC, consulte-se CAMPOS FILHO, Paulo Barbosa de. *O problema da causa no código civil brasileiro.* São Paulo: Max Limonad, s.d. p. 103 passim.

[73] Cf. CUNHA DE SÁ, Fernando Augusto. *Abuso de direito.* Coimbra: Almedina, 1997. p. 285 passim.

DIREITO DAS OBRIGAÇÕES

CDC considera cláusula abusiva qualquer outra que esteja em desacordo com o sistema de proteção ao consumidor (art. 51, inc. XV).

Confira-se a respeito o entendimento jurisprudencial:

"APELAÇÃO – AÇÃO DE COBRANÇA DE SALDO RESIDUAL – COOPERATIVA HABITACIONAL – Relação de consumo caracterizada – Precedentes do E. Superior Tribunal de Justiça. SALDO RESIDUAL – Ausência de aprovação em assembleia geral – Réu não constituído em mora. Permitir a cobrança de saldo residual, advindo de posteriores rateios, autoriza a fixação do preço do imóvel ao alvedrio do fornecedor, o que coloca o consumidor em exagerada desvantagem (art. 51, inciso IV) – Prestígio a insegurança jurídica em detrimento dos cooperados (consumidores), que, depois de arcarem com os custos pertinentes à construção de seu imóvel, se veem obrigados a prorrogar a dívida por tempo indeterminado. LITIGÂNCIA DE MÁ-FÉ – Conduta da autora em cobrar dívida ainda não constituída que viola a boa-fé. Ratificação da r. sentença por seus próprios fundamentos – Artigo 252 do Regimento Interno deste Tribunal – Primado pela celeridade e economia processuais. HONORÁRIOS SUCUMBENCIAIS – Valor fixado em demasia pelo juízo de primeiro grau – Redução para R$ 1.500,00 (mil e quinhentos reais), valor que se mostra equânime e adequado à hipótese. Recurso parcialmente provido." (Apel 0628828-76.2008.8.26.0001, 14ª Câm. Extraordinária de Direito Privado, rel. Dr. Fábio Podestá, j. 20.05.2015; sem destaques no original)

"COMPRA E VENDA – Sentença de parcial procedência. APELO DA RÉ – Recurso interposto antes da publicação do julgamento dos embargos declaratórios – É intempestivo o recurso interposto antes do início do prazo recursal – Necessária a reiteração ou ratificação do apelo, no respectivo prazo recursal, após a publicação do julgamento dos embargos de declaração – RECURSO NÃO CONHECIDO. APELO DA AUTORA. ILEGALIDADE DA CLÁUSULA DE TOLERÂNCIA – Admissibilidade – Caso em que o dispositivo contratual permite à vendedora o atraso por período indeterminado na entrega da obra – Abusividade caracterizada – Inteligência do art. 51, do CDC. LUCROS CESSANTES – Admissibilidade – Danos materiais presumidos – Condenação que era de rigor. CORREÇÃO MONETÁRIA pelo índice "CUB Sinduscon" – Possibilidade de cobrança, durante o período de construção até a mora da ré (data avençada para entrega do bem) – Sua cobrança durante o período de atraso configura medida reconhecidamente abusiva, por transferir o ônus da mora da promitente vendedora ao consumidor, que acaba por ter um aumento substancial de sua dívida. DANOS MORAIS – Admissibilidade – Reconhecimento, in re ipsa – Requerente que já havia alienado o imóvel em que residia a terceiros, tendo de morar na casa da sogra enquanto aguardava a entrega do bem adquirido

NOÇÕES INTRODUTÓRIAS E FUNDAMENTAIS

junto à ré. MULTA MORATÓRIA – Inadmissibilidade – Penalidade correspondente a perdas e danos – Ante a fixação dos lucros cessantes, não se admite a sua aplicabilidade, sob pena de bis in idem. TAXAS DE REGISTRO E INDIVIDUALIZAÇÃO DA MATRÍCULA – Ausência de demonstração da cobrança – Recurso não conhecido, por falta de interesse recursal. RESTITUIÇÃO EM DOBRO DOS VALORES INDEVIDOS – Inadmissibilidade – Ausência de má-fé. Sentença parcialmente reformada – RECURSO DA AUTORA PARCIALMENTE PROVIDO, NA PARTE DELE CONHECIDA, RECURSO DA RÉ NÃO CONHECIDO." (Apel 0011995-66.2012.8.26.0009, 5ª Câm. Direito Privado, rel. Dr. Fábio Podestá, j. 05.03.2015)

Mas cabe investigar o seguinte ponto: As chamadas cláusulas abusivas seriam privativas dos contratos de consumo? Ou a sua denominação não passaria de um modernismo que substituiu a velha e vetusta cláusula leonina?

De fato, a compreensão do aparecimento das cláusulas abusivas tem referência direta com a proliferação dos contratos de adesão,[74] bem como das chamadas condições gerais dos contratos que, conforme já assinalado, trata-se de institutos relacionados com o fenômeno da contratação de massa.

> "Todavia, se foi a difusão dos contratos de adesão que forçou o legislador a regulamentar a cláusula abusiva, isto não significa que ela seja privativa deles, nem que só possa aparecer em contratos de consumo. Cláusulas abusivas podem surgir em contratos de consumo que não sejam de adesão, ou mesmo figurar em contratos não de consumo."[75]

Com o auxílio do citado argumento de autoridade, a pergunta formulada fica respondida, observando-se, no entanto, que o ponto não fica imune a críticas que deságuam na questão da aplicabilidade do CDC a determinados tipos contratuais cuja interpretação envolve o enquadramento, ou não, nas normas conceituais dos principais sujeitos da relação de consumo, ou seja, consumidor e fornecedor de produtos e serviços.

---

[74] Cuja expressão legal é tida por cláusulas que "tenham sido aprovadas pela autoridade competente ou estabelecidas unilateralmente pelo fornecedor de produtos ou serviços, sem que o consumidor possa discutir ou modificar substancialmente seu conteúdo" (art. 54 do CDC).

[75] NORONHA, Fernando. Op. cit. p. 5.

DIREITO DAS OBRIGAÇÕES

Talvez a maior controvérsia a respeito da aplicação ou não do CDC esteja relacionada aos contratos bancários, registrando-se na doutrina e jurisprudência opiniões em ambos os sentidos. Justamente em razão da definição finalística dada pelo Código a respeito do que se considera consumidor (aquele considerado destinatário final do produto ou serviço), certos posicionamentos sustentam que, sendo o principal produto dos bancos a concessão do crédito (nada obstante o crescimento de outras atividades geradas pelos chamados bancos múltiplos), o tomador do empréstimo seria considerado um mero intermediário do crédito, no pressuposto de que certamente o utilizará para o incremento de sua atividade negocial ou mesmo para pagamento de outra dívida.[76]

Com outros fundamentos, Waldirio Bulgarelli, propugnando por uma interpretação não unicamente positivista,

> "mas deve ser aberta, na parte de qualificação, para fundamentação socioeconômica, que se colhe na lei, principalmente através da sua função, o que implica naturalmente, se buscar na configuração dos aspectos da realidade a explicação da norma",

considerando que "a análise da linguagem empregada estará presa a uma visão compreensiva do mundo real e não meramente nominalista", afirma que existe incompatibilidade das operações creditícias com as relações de consumo porque diante da onipotência do legislador, não foi sua intenção incluir a disciplina bancária... disposições do CDC, pois "se quisesse poderia tê-lo feito".[77]

Por outro lado, há opiniões em sentido contrário afirmando que a aplicação do CDC aos contratos bancários seria decorrência da norma prevista no art. 29 do citado Código, que possibilita a extensão do tratamento protetivo

---

[76] Nesse sentido, manifesta-se Arnoldo Wald, ao afirmar que "A nova lei também não se aplica às operações de empréstimos e outras análogas realizadas pelos bancos, pois o dinheiro e o crédito não constituem produtos adquiridos ou usados pelo destinatário final, sendo, ao contrário, instrumentos ou meios de pagamento, que circulam na sociedade e em relação aos quais não há destinatário final" (*O Direito do consumidor e suas repercussões em relação às instituições financeiras*. São Paulo: Revista dos Tribunais 666/07).

[77] Cf. *Questões atuais de direito empresarial*. São Paulo: Malheiros, 1995. p. 83-85.

NOÇÕES INTRODUTÓRIAS E FUNDAMENTAIS

aos chamados consumidores por equiparação,[78] ou então, outro fundamento legal estaria na hipótese legal do art. 3º, parágrafo 2º, do mesmo Código, ao mencionar "inclusive as de natureza bancária".[79]

Evidentemente que a tomada de posição não afasta uma análise interpretativa sobre os vários conceitos que envolvem o microssistema das relações de consumo, como também a própria natureza do serviço prestado pelas instituições financeiras.

Praticamente não divergem os autores quanto à existência de relação de consumo quando a instituição financeira presta serviços em favor do consumidor, como é o caso típico do contrato de depósito ou de conta corrente, afirmando respeitável autor que

"os serviços oriundos das atividades bancárias, financeiras, creditícias e securitárias, que são objeto da proteção da lei em foco, são assim, exclusivamente aqueles que são prestados no específico campo do mercado de consumo de bens e serviços, não se estendendo aos outros segmentos do processo econômico onde essas atividades são desenvolvidas".[80]

A divergência realmente verifica-se na hipótese já cogitada, isto é, quando a instituição financeira concede crédito ao consumidor, sendo que os autores que negam a existência de relação de consumo na hipótese utilizam-se da construção, por nós considerada artificial e aberta a críticas, de que o consumidor que toma dinheiro emprestado (exemplo: contrato de mútuo) seria apenas um intermediário na relação contratual, no pressuposto de que o bem consumível será utilizado para o incremento da atividade negocial como algo necessário para o processo produtivo. O consumidor, portanto, não sendo o recebedor final do crédito, não poderia invocar as normas do CDC.

Posto a questão estar eivada de dificuldades, é necessário considerar que o crédito (representado pelo dinheiro) diz respeito com a ideia de

---

[78] Cf. SILVA, Luiz Renato Ferreira. Causas de revisão judicial dos contratos bancários. *Revista do Consumidor*, v. 26/126.

[79] ALVIM, Arruda et al. *Código do consumidor comentado*. São Paulo: Revista dos Tribunais, 1995. p. 39.

[80] LEÃES, Luiz Gastão Paes de Barros. Apud LUCCA, Newton de. O código de defesa do consumidor: discussões sobre o seu âmbito de aplicação. *Revista do Consumidor*, v. 6/64.

produto nos precisos termos do CDC, que em seu art. 3º, § 1º, afirma que "é qualquer bem, móvel ou imóvel, material ou imaterial". Acrescente-se que se não há dúvida quanto à qualificação jurídica de consumidor, o mesmo art. 3º, *caput*, também reitera a ideia de que a instituição financeira pode ser considerada como fornecedora de produto quando estabelece a "comercialização de produtos ou prestação de serviços".

Entendemos, pela análise de todos os posicionamentos consultados, não ser possível concluir que o CDC tem aplicação irrestrita a todo contrato bancário, assumindo-se, de acordo com Newton de Lucca, uma interpretação restritiva.[81] Mas é necessário observar que, muito embora a pessoa jurídica possa ser considerada pela lei como consumidora,[82] o melhor norte a ser considerado é distinguir a pessoa formal (cuja atividade, em regra, realmente é voltada para o lucro) da pessoa física.

Destarte, é mesmo pela finalidade à maneira decisiva de apurar a aplicação do CDC aos contratos de bancários, pois,

> "na prática, ter-se-á que presumir que as operações de crédito se destinam ao consumo sempre que o beneficiário não tenha natureza comercial ou profissional (assim na proposta de directiva da Comissão ao Conselho da CEE, art. 1º, publicada na JOCE nº C80, de 27-3-79)".[83]

A considerar-se a tendência da jurisprudência, tudo indica não haver dúvidas de que o Código do Consumidor se aplica a atividade bancária, sem qualquer restrição, conforme se constata da recente Súmula 297 do

---

[81] Op. cit. p. 67.

[82] O fato foi objeto de crítica, aliás com razão, por parte de José Geraldo Brito Filomeno, ao afirmar que "o critério conceitual do Código brasileiro discrepa da própria filosofia consumerista, ao colocar a pessoa jurídica como também consumidora de produtos e serviços. E isto exatamente pela simples razão de que o consumidor, geralmente vulnerável enquanto pessoa física, defronta-se com o poder econômico dos fornecedores em geral, o que não ocorre com esses que, bem ou mal, grandes ou pequenos, detêm maior informação e meios de defender-se uns contra os outros, quando houver impasse e conflitos de interesses. Aliás, é basicamente o Código Comercial o repositório desses interesses e direitos, e não propriamente o Código do Consumidor" (*Manual de direitos do consumidor*. São Paulo: Atlas, 1999. p. 34).

[83] ALMEIDA, Carlos Ferreira de. Op. cit. p. 142, nota 179. No mesmo sentido é a lição de Nelson Nery Jr., ao afirmar que "a pessoa física que empresta dinheiro ou toma crédito de banco o faz para sua utilização pessoal, como destinatário final, existe presunção *hominis, juris tantum*, de que se trata de consumo, quer dizer, de que o dinheiro será destinado ao consumo" (op. cit. p. 313).

NOÇÕES INTRODUTÓRIAS E FUNDAMENTAIS

STJ com o seguinte conteúdo: "O Código de Defesa do Consumidor é aplicável às instituições financeiras."

Recentemente a questão foi definida pelo Supremo Tribunal Federal que conferiu inequívoca efetividade a norma constitucional que protege os direitos do consumidor (art. 5º, inc. XXXII).

Pelo interesse do tema, transcrevemos a ementa do julgado:

"CÓDIGO DE DEFESA DO CONSUMIDOR. ART. 5º, XXXII, DA CB/88. ART. 170, V, DA CB/88. INSTITUIÇÕES FINANCEIRAS. SUJEIÇÃO DELAS AO CÓDIGO DE DEFESA DO CONSUMIDOR, EXCLUÍDAS DE SUA ABRANGÊNCIA A DEFINIÇÃO DO CUSTO DAS OPERAÇÕES ATIVAS E A REMUNERAÇÃO DAS OPERAÇÕES PASSIVAS PRATICADAS NA EXPLORAÇÃO DA INTERMEDIAÇÃO DE DINHEIRO NA ECONOMIA [ART. 3º § 2º, DO CDC]. MOEDA E TAXA DE JUROS. DEVER-PODER DO BANCO CENTRAL DO BRASIL. SUJEIÇÃO AO CÓDIGO CIVIL. 1. As instituições financeiras estão, todas elas, alcançadas pela incidência das normas veiculadas pelo Código de Defesa do Consumidor. 2. "Consumidor", para os efeitos do Código de Defesa do Consumidor, é toda pessoa física ou jurídica que utiliza, como destinatário final, atividade bancária, financeira e de crédito. 3. O preceito veiculado pelo art. 3º, § 2º, do Código de Defesa do Consumidor deve ser interpretado em coerência com a Constituição, o que importa em que o custo das operações ativas e a remuneração das operações passivas praticadas por instituições financeiras na exploração da intermediação de dinheiro na economia estejam excluídas da sua abrangência. 4. Ao Conselho Monetário Nacional incumbe a fixação, desde a perspectiva macroeconômica, da taxa base de juros praticável no mercado financeiro. 5. O Banco Central do Brasil está vinculado pelo dever-poder de fiscalizar as instituições financeiras, em especial na estipulação contratual das taxas de juros por elas praticadas no desempenho da intermediação de dinheiro na economia. 6. Ação direta julgada improcedente, afastando-se a exegese que submete às normas do Código de Defesa do Consumidor [Lei nº 8.078/90] a definição do custo das operações ativas e da remuneração das operações passivas praticadas por instituições financeiras no desempenho da intermediação de dinheiro na economia, sem prejuízo do controle, pelo Banco Central do Brasil, e do controle e revisão, pelo Poder Judiciário, nos termos do disposto no Código Civil, em cada caso, de eventual abusividade, onerosidade excessiva ou outras distorções na composição contratual da taxa de juros. ART. 192, DA CB/88. NORMA-OBJETIVO. EXIGÊNCIA DE LEI COMPLEMENTAR EXCLUSIVAMENTE PARA A REGULAMENTAÇÃO DO SISTEMA FINANCEIRO. 7. O preceito veiculado pelo art. 192 da Constituição

do Brasil consubstancia norma-objetivo que estabelece os fins a serem perseguidos pelo sistema financeiro nacional, a promoção do desenvolvimento equilibrado do País e a realização dos interesses da coletividade. 8. A exigência de lei complementar veiculada pelo art. 192 da Constituição abrange exclusivamente a regulamentação da estrutura do sistema financeiro. CONSELHO MONETÁRIO NACIONAL. ART. 4º, VIII, DA LEI Nº 4.595/64. CAPACIDADE NORMATIVA ATINENTE À CONSTITUIÇÃO, FUNCIONAMENTO E FISCALIZAÇÃO DAS INSTITUIÇÕES FINANCEIRAS. ILEGALIDADE DE RESOLUÇÕES QUE EXCEDEM ESSA MATÉRIA. 9. O Conselho Monetário Nacional é titular de capacidade normativa – a chamada capacidade normativa de conjuntura – no exercício da qual lhe incumbe regular, além da constituição e fiscalização, o funcionamento das instituições financeiras, isto é, o desempenho de suas atividades no plano do sistema financeiro. 10. Tudo o quanto exceda esse desempenho não pode ser objeto de regulação por ato normativo produzido pelo Conselho Monetário Nacional. 11. A produção de atos normativos pelo Conselho Monetário Nacional, quando não respeitem ao funcionamento das instituições financeiras, é abusiva, consubstanciando afronta à legalidade.[84]

1.4. Comparação e aspectos comuns entre o direito das obrigações e os direitos reais

A doutrina é unânime em afirmar que para o estudo do direito das obrigações é imprescindível estabelecer-se sua distinção com os direitos reais, os quais formam o gênero denominado direitos patrimoniais, conforme já afirmado.

Basicamente, tem-se que o segundo sempre envolve uma noção de afetação, ou seja, o titular de um direito real pode reivindicar a coisa de quem quer que seja em razão de sua qualidade, o que se denomina direito de sequela. Portanto, dentro dessa noção, direitos reais definem-se como o poder jurídico, direto e imediato do titular sobre a coisa, com exclusividade e contra todos. Consiste em última análise numa relação entre pessoa e coisa, afirmação que se faz somente para entendimento do conceito, pois a rigor somente há relação entre dois sujeitos de direito.[85]

Tal afirmação, em verdade, é de grande utilidade, posto que visa a atender ao caráter didático que deve prevalecer no ensino do direito.

Logo, o sujeito passivo do direito real é toda a coletividade que deve abster-se de violá-lo, o que em doutrina identificou-se a hipótese como

---

[84] Cf. ADin 2.591, sendo o relator o Min. Eros Grau.
[85] GONÇALVES, Carlos Roberto. *Direitos das coisas*. Marília: Seleções Jurídicas, 1979. p. 13.

NOÇÕES INTRODUTÓRIAS E FUNDAMENTAIS

sendo o caráter *erga omnes*, vale dizer, consiste numa atitude de abstenção imposta à coletividade. A individualização do sujeito só ocorre quando de forma específica há transgressão daquele dever genérico de abstenção.

Trata-se da

"chamada obrigação negativa universal (dever geral de abstenção), que corresponde aos direitos absolutos, como o de propriedade, pois todas as outras pessoas devem respeitar esses direitos, coibindo-se de os ofender ou perturbar por qualquer forma".[86]

O direito pessoal é entendido como uma relação jurídica pela qual o sujeito ativo pode exigir do sujeito passivo determinada prestação. No direito das obrigações somente se vinculam aqueles que fizeram parte do que contrataram e anuíram para comprometer-se a prestar ou exigir algo.

Esse princípio, conhecido como o da relatividade das obrigações, é enfatizado pela doutrina com especial atenção para a análise dos efeitos do contrato, não sendo por outro motivo que

"a força vinculante do contrato restringe-se às partes contratantes, isto é, às pessoas que, em virtude de sua declaração de vontade, o estipularam direta ou indiretamente, pois, em nosso direito, não é necessária a intervenção direta do contraente, já que nada impede que se contrate por meio de representante, mesmo sob a forma de mandato ou de gestão de negócios, hipótese em que a ratificação posterior pelo 'dominus negotti' produz as mesmas conseqüências jurídicas do mandato, equiparando-lhes".[87]

Bem delineado, no entanto, tal princípio comporta temperamentos ou exceções.

Com efeito, podem ocorrer situações em que a eficácia interna da relação jurídica obrigacional provoque efeitos gerando prejuízos para terceiros alheios à figura do credor, devedor ou terceiro interessado, ou

---

[86] ANDRADE, Manuel A. Domingues de. *Teoria geral da relação jurídica*. Coimbra: Almedina, p. 1992. v. 1, p. 16.

[87] DINIZ, Maria Helena. *Curso de direito civil brasileiro*. São Paulo: Saraiva, 2002. v. 3, p. 105. No mesmo sentido, SERPA LOPES, Miguel Maria de. *Curso de direito civil*. Rio de Janeiro: Freitas Bastos. v. III, 1991. p. 104-105; RODRIGUES, Silvio. *Direito civil*. São Paulo: Saraiva, 1999. v. 3, p. 17.

DIREITO DAS OBRIGAÇÕES

mesmo cogitando-se da hipótese em que a conduta de um terceiro cause prejuízos ao credor. Toda essa concepção representa o que em doutrina denomina-se eficácia externa das obrigações.

De fato, atento à circunstância de que nenhum dos nossos atos se circunscreve, em seus efeitos, a nós mesmos ou aos que neles intervieram diretamente, a existência de uma obrigação, de um contrato ou de qualquer outro negócio ou ato jurídico representa um fato social, e que, como tal, produz os seus efeitos num meio social, com repercussões e reações em face de terceiros, que delas não podem escapar.[88]

Parte-se do pressuposto, portanto, que, uma vez objetivado o vínculo jurídico obrigacional, concretizado no direito do credor, é esse direito que deve ser respeitado por todos, tomando-se como fundamento legal o art. 186 do CC quando se utiliza do vocábulo *violar direito* que, na essência, envolve um direito subjetivo da vítima, que tanto pode ser de natureza real, pessoal, patrimonial ou não, absoluto ou relativo.[89]

Em termos práticos, a jurisprudência já se ocupa sobre a mitigação do princípio da relatividade dos efeitos do contrato em discussão sobre a legitimidade passiva das companhias de seguros em ação ajuizada, não pelo segurado, mas pelo terceiro vitimado, variando o fundamento das decisões quanto à responsabilização, ora com base nos princípios da solidariedade humana e função social do contrato (arts. 3º da CF e 421 do CC – REsp. nº 444.716-BA, 3ª T., Rel. Min. Nancy Andrighi, j. 11-5-04), ora invocando a vedação do enriquecimento indevido da seguradora e a efetividade do processo, defendendo-se que se opera a transferência ao lesado do direito ao exercício da pretensão indenizatória, destacando que, se o segurado causador de dano dispõe de direito de regresso contra a seguradora, será a instituição securitária, em última instância, quem arcará com a reparação do dano (REsp. nº 444.716-BA, 3ª T., Rel. Min. Nancy Andrighi, j. 11-5-04), ou que o contrato de seguro não é feito para beneficiar a vítima, mas para garantir o patrimônio do próprio segurado, caso tenha ele que responder por dano causado a terceiro. Admite-se a ação direta, todavia, para evitar o enriquecimento sem causa da seguradora (REsp. nº 228.840-RS, 3ª T., Rel. Min. Ari Pargendler, j. 26-6-00).

[88] LOPES, Serpa. Op. cit. p. 109.
[89] AZEVEDO, Antonio Junqueira de. *Estudos e pareceres de Direito Privado*. São Paulo: Saraiva, 2004. p. 221-222.

NOÇÕES INTRODUTÓRIAS E FUNDAMENTAIS

Na verdade, a relação jurídica obrigacional nada mais é do que a disciplina da vontade das partes (credor e devedor) ou poder conferido ao sujeito passivo de exigir determinada atividade em função do plano de cumprimento estabelecido, o qual, se violado, impõe a reparação pelo patrimônio do sujeito ativo.[90]

Aplica-se a respeito a norma do art. 389 do Código Civil, ao estabelecer:

> "Não cumprida a obrigação, responde o devedor por perdas e danos, mais juros e atualização monetária segundo índices oficiais regularmente estabelecidos, e honorários de advogado."

Daí por que correta a observação de Lafayette Rodrigues Pereira ao afirmar que

> "os direitos reais e pessoais aumentam o poder da nossa vontade sobre o mundo exterior; constituem, por assim dizer, um prolongamento artificial das nossas faculdades, originais: recaem sobre externos (a coisa, natureza não livre, atos de terceiros, natureza livre) e podem se converter em valor pecuniário. São estes os caracteres comuns entre os direitos reais e os pessoais".[91]

Ambos, em verdade, têm uma diferença essencial relacionada a seu exercício, a sua maneira de ser, sem, contudo, ater-se à sua essência ou à natureza das coisas, pois enquanto o titular do direito real envolve um poder que a sociedade reconhece no titular sobre a coisa do mundo externo, o direito das obrigações tem em si momentânea limitação da liberdade de outrem do qual se exige determinada prestação.

Outros aspectos ainda merecem ser abordados em relação às diferenças entre direitos pessoais e direitos reais.

Com efeito, a relação jurídica obrigacional possui caráter provisório, já que o seu nascimento é direcionado tendencialmente para a extinção (adimplemento), momento em que a prestação é satisfeita pelo devedor. Aliás, a criação de obrigações entre os sujeitos está associada a autonomia privada de que gozam (art. 425 do CC), respeitados os limites legais.

O direito real por envolver o exercício sobre a coisa, perpetua-se no tempo, e só se pode cogitar de sua existência desde que haja previsão legal

---

[90] CHAVES, Antonio. *Tratado de direito civil*. São Paulo: Revista dos Tribunais, 1984. v. 2, t. 1, p. 37.
[91] *Direitos das coisas*. Rio de Janeiro: Freitas Bastos, 1956. p. 21.

(art. 1225 do CC), a qual envolve uma listagem de caráter fechado ('numerus clausus"). Não se ignore, aliás, que vigora sobre a temática o princípio do "prior tempore potior in jure" (primeiro no tempo, poderoso no direito), segundo o qual recaindo sobre a mesma coisa direitos reais de diversos titulares, contraditórios ou incompatíveis entre si, gozará de preferência aquele promover temporalmente em primeiro lugar a sua constituição, o que vale inclusive para a determinação de penhora em bem executado judicialmente.

Sobre o assunto, confira-se a jurisprudência:

> *PROCESSO CIVIL. EXECUÇÃO. PENHORA. DIREITO DE PREFERÊNCIA. ANTERIORIDADE DA PENHORA. AVERBAÇÃO. NATUREZA DESSE ATO.*
>
> *I – No processo de execução, recaindo mais de uma penhora sobre o mesmo bem, terá preferência no recebimento do numerário apurado com a sua arrematação, o credor que em primeiro lugar houver realizado a penhora, salvo se incidente outro título legal de preferência. Aplicação do brocardo prior tempore, potior iure.*
>
> *II – Quando incidente sobre bens imóveis, deve-se proceder a averbação da penhora no Registro de Imóveis a fim de dar publicidade à constrição realizada e gerar presunção absoluta de seu conhecimento em relação a terceiros.*
>
> *III – Tal providência não constitui requisito integrativo do ato de penhora e, portanto, não interfere na questão relativa à preferência temporal das penhoras realizadas que, para esse efeito, contam-se a partir da data da expedição do respectivo termo de penhora.*
>
> *IV – Recurso Especial improvido. (STJ – REsp 829980 SP 2006/0056644-0, rel. Min. Sidnei Beneti, j. 18.06.2010).*

1.5. Princípios fundamentais do direito das obrigações
1.5.1. A importância dos princípios no Direito

A necessidade de compreensão dos princípios parte do pressuposto de que em toda sociedade há o imperativo lógico voltado à eleição de certos valores, que representam os postulados pelos quais se guiam e devem guiar-se todos os membros do agrupamento coletivo. Se o direito visa conformar e disciplinar as condutas em busca da realização da justiça, fica evidente a importância da consagração desses valores.

Mas observe-se que qualquer apreciação que se faça sobre a teoria dos princípios, é exigência prévia a compreensão da noção de sistema.

NOÇÕES INTRODUTÓRIAS E FUNDAMENTAIS

Modernamente, não mais se sustenta a idéia de sistema jurídico como algo dotado de plenitude, auto-suficiência e formalismo. A complexidade do mundo atual e a evolução do pensamento jurídico exigem o direcionamento para a compreensão do denominado sistema aberto visto na sua essência como dotado de função axiológica e teleológica, vale dizer, o sistema assim concebido é algo em contínua mudança pela maneira de articulação das suas variáveis e a sua relação com um determinado ambiente onde esteja inserido.[92]

Evidente que não se pode ignorar o dado histórico na compreensão do chamado sistema aberto e a influência da Constituição Federal considerada como o ápice do sistema de direito voltado a modelar a ordem jurídica e sua concreta vinculação com o fato social.

Desponta, então, que a perseguição de metas na busca do bem comum centra-se sempre na consagração de princípios, notadamente os de natureza jurídica, que bem a gosto de Dworkin constituem as proposições primárias do direito, porque vinculados àqueles valores fundantes da sociedade.[93]

Como decorre da sua própria estrutura, essencialmente voltado a generalidade, o princípio não possui nenhum suposto de fato particular nem indica nenhuma consequência jurídica, como regra, mas serve essencialmente de elo condutor destinado a orientar concretizações posteriores como se percebe, por exemplo, na norma fundamental do art. 1º, III, da CF, que consagra o princípio da livre iniciativa e vai encontrar precisa concretização na norma do arts. 421 e 425 do CC. Mas antes mesmo de falar-se em norma constitucional que privilegia a livre iniciativa e o seu uso concretamente considerado nas normas infraconstitucionais, há antes o valor fundamental da liberdade (ou autodeterminação) que na sua essência não pode ser considerado como norma jurídica.[94]

---

[92] CANARIS, Claus-Wilhelm. *Pensamento sistemático e conceito de sistema na ciência do direito*. Lisboa: Calouste Gulbenkian, 1989. p. 25-26.

[93] DWORKIN, Ronald. *Los derechos en serio*. Tradução de Marta Guastavino. Barcelona: Ariel, 1989. p. 72.

[94] Não é por outro motivo que o estudo da liberdade encontra fecundo eco na filosofia do direito por se tratar de um fenômeno da existência. Assim, "A liberdade é vivenciada pelos homens em todas as formas descritas pelos filósofos (clássicos ou não) e de maneira simultânea. A liberdade é uma grande complexidade captada, sentida e vivenciada como complexidade permanente, tendo em vista as múltiplas possibilidades automáticas e simultâneas que sua experimentação

DIREITO DAS OBRIGAÇÕES

Pode-se, então, identificar uma escala de intensidade formada por valores eleitos pela ordem jurídica como fundamentais para a busca do bem comum, seguindo-se os princípios que envolvem o posicionamento concreto daquelas valorações tidas como a base do sistema e, enfim, as normas jurídicas que pela sua própria natureza possuem uma constituição mais fixa e rígida e representam a aplicação, o desenvolvimento ou a concretização do princípios.

Com mais precisão ensina Zagrebelsky: "La realidad, al ponerse en contacto con el principio, se vivifica, por así decirlo, y adquire valor. En lugar de presentarse como materia inerte, objeto meramente passivo de la aplicación de reglas, caso concreto a encuadrar en el supuesto de hecho normativo previsto en la regla – como razona el positivismo jurídico –, la realidad iluminada por los principios aparece revestida de cualidades juridicas propias. El valor se incorpora al hecho e impone la adopción de tomas de posición jurídica conformes con él (al legislador, a la jurisprudencia, a la administracion, a los particulares y, en general, a los interpretes del derecho). El 'ser' iluminado por el principio aún no contiene en sí el 'deber ser', la regla, pero sí indica al menos la dirección en la que deberia colocarse la regla para no contravenir el valor contenido en el principio[95]."

Toda essa análise não pode ignorar que atualmente encontra-se vencida a tese acerca da ausência do caráter normativo dos princípios, o que certamente inaugurou uma nova fase no constitucionalismo moderno de modo a consagrar-se a estrutura segundo a qual no conceito de norma, enquanto mandamento dotado de juridicidade, deve ser entendido como regra e como princípio, vale dizer, enquanto o gênero é a norma, desta há duas espécies, a regra (mais densa e menos abstrata) e o princípio (menos denso e mais abstrato).[96]

---

ou avaliação fenomenológica oferecem" (NUNES, Luiz Antonio. *Liberdade*: norma, consciência, existência, São Paulo: RT, 1995. p. 18).

[95] ZAGREBELSKY, Gustavo. *El derecho dúctil*: ley, derechos y justicia. Tradução de Marina Grecón. Madri: Trotta, 1995. p. 114.

[96] Sobre o assunto, remetemos a literatura do direito constitucional. BONAVIDES, Paulo. *Curso de direito constitucional*. São Paulo: Malheiros, 1998. p. 28, passim. ÁVILA, Humberto. *Teoria dos princípios*: da definição à aplicação dos princípios jurídicos. São Paulo: Malheiros, 2006. p. 35, passim.

NOÇÕES INTRODUTÓRIAS E FUNDAMENTAIS

1.5.2. Princípios gerais do direito e princípios fundamentais

Por decorrência da própria evolução do direito constitucional, percebeu-se a identificação de duas classes de princípios, um tradicional (princípios gerais de direito) e o moderno (princípios fundamentais, princípios constitucionais, normas de otimização, ordenações que se irradiam, cânones não explícitos).

O estudo dos chamados "princípios gerais de direito" tem campo fértil na teoria das fontes na qual a doutrina vai buscar sua conexão lógica com a regra do art. 4º da Lei de Introdução do Código Civil e art. 126 do Código de Processo Civil.

Não há consenso entre os doutrinadores sobre a própria divisão das fontes, registrando-se, aliás, que Miguel Reale afirma ser a dicotomia entre fontes formais e materiais "(...) fonte de grandes equívocos nos domínios da Ciência jurídica, tornando-se indispensável empregarmos o termo 'fonte de direito' para indicar apenas os processos de produção de normas jurídicas".[97]

Pode-se dizer que é de extrema importância a determinação do que se deve entender por "princípios gerais de direito", a tal ponto que a repercussão do assunto identifica duas correntes de pensamento: uma que entende que a expressão significa princípios que estão no direito positivo ou a origem decorre do próprio ordenamento jurídico; outra sustenta que a referência é com os chamados princípios suprapositivos, que informam e conferem fundamento ao direito positivo, vale dizer, uma normatividade jusnaturalista que expressa o elemento constante e permanente do direito, o fundamento de toda legislação positiva.[98]

Sob pena de desvio do principal tema da presente abordagem, pode-se dizer que a referência aos princípios gerais de direito passa por dois aspectos: um referente a seu conceito e outro às suas funções.

No primeiro caso, pode-se dizer que os princípios gerais de direito são exigências feitas a todo e qualquer ordenamento jurídico se este quer ser coerente com sua própria pretensão de legitimidade e validade, vale dizer, são transcendentes às decisões positivadoras do legislador e por isso

---

[97] *Lições preliminares de direito.* São Paulo: Saraiva, 2002. p. 139.

[98] COUSELO, José Maria Díaz. *Los princípios generales del derecho.* Buenos Aires: Plus Ultra, 1971. p. 72, passim.

mesmo são válidas de per si num Estado de Direito porque representam postulações eliciadas da própria "idéia de Direito".[99]

Enquanto funções, os princípios gerais de direito são utilizados como preenchimento das lacunas (art. 4º da LICC) e sustentáculo do próprio ordenamento jurídico, noção que tem direta referência com o fundamento das normas jurídicas, que as desenvolvem e especificam sucessivamente, até chegar a norma individual.

Em face dessa abordagem, notadamente tradicional, é que se separou a ideia de princípio, enquanto voltada à noção da teoria geral do direito, para moldá-la a moda do chamado "pós-positivismo", separando-se dos marcos da dogmática do positivismo para conferir uma atribuição valorativa e histórica com a proclamação de sua normatividade e total hegemonia e preeminência.[100]

1.5.3. Os princípios fundamentais do direito das obrigações

A necessidade de estruturação dos princípios fundamentais do direito das obrigações parte da noção de que o universo das relações pessoais deve nortear-se por postulados considerados essenciais pela ordem jurídica, especialmente, a ordem jurídico-privada, em face da própria compreensão que justifica o meio pelo qual as pessoas promovem a circulação econômica de bens e serviços.

O que está em pauta é que essas trocas, fundamentalmente realizadas por meio dos contratos, só podem ser justificadas quando as operações mostrarem-se úteis e justas, voltadas não só a esfera individual, mas também a social.

Centrados nessas noções é que se pode justificar a reunião dos princípios a seguir analisados.[101]

1.5.4. Da autonomia privada

A autonomia privada já foi tratada em outra passagem desta obra (ver 1.3.1).

---

[99] MACHADO, João Baptista. *Introdução ao direito e discurso legitimador*. Coimbra: Almedina, 2004. p. 163.

[100] BONAVIDES, Paulo. Ob. cit. p. 265.

[101] Sobre o assunto, confira-se o artigo de Jorge Cesa Ferreira da Silva. Princípios de direito das obrigações no novo Código Civil. *O novo Código Civil e a Constituição*. Ingo Wolfgang Sarlet (org). Porto Alegre: Livraria do Advogado, 2003, p.99, passim.

NOÇÕES INTRODUTÓRIAS E FUNDAMENTAIS

Cabe presentemente a análise de pontos específicos.

Tema eminentemente típico do direito privado, a autonomia privada representa o primeiro dos princípios fundamentais do direito das obrigações.

A premissa que norteia a concepção da autonomia privada está diretamente associada à liberdade de ação e pensamento do homem na prática dos seus direitos, condicionando-se o exercício a sua autodeterminação e auto-responsabilidade. Assim, a autonomia privada abriga ambos os termos, pois enquanto a autodeterminação representa o reconhecimento jurídico da possibilidade de dar nascimento a consequências jurídicas ou de impedi--las, conforme previsão do ordenamento jurídico, a auto-responsabilidade designa a assunção das consequências dos próprios atos ou comportamentos frente a terceiros, mas também a respeito de si mesmo.[102]

É sintomática a lição de Karl Larenz ao afirmar que "O indivíduo só pode existir socialmente como personalidade quando lhe seja reconhecida pelos outros não apenas a sua esfera da personalidade e da propriedade, mas também quando, além disso, possa em princípio regular por si mesmo as suas questões pessoais e, na medida em que isso seja afetada a outra pessoa, possa regulamentar as suas relações com ela com caráter juridicamente obrigatório mediante um acordo livremente estabelecido."[103]

O vocábulo "autonomia" tem origem grega (*auto* = próprio e *nomos* = regra) e associado à sua esfera "privada" consiste "[...] num espaço de liberdade, já que desde que sejam respeitados certos limites, as partes podem livremente desencadear os efeitos jurídicos que pretenderem".[104]

Essa noção bem confere a percepção genérica e comum de estipulação de regras para o próprio sujeito, ou seja, o poder que as pessoas têm de se dar as leis a si próprias e de se reger por elas.

E concretamente, a ordem jurídica disponibilizou aos particulares a categoria do negócio jurídico como instrumento eficaz voltado a promover e colocar em prática a autonomia privada "[...] por meio do qual a vontade

---

[102] Sobre o assunto, consulte-se: BETTI, Emílio. *Teoria geral do negócio jurídico*. Tomo I, Coimbra: Coimbra Editora, 1969. p. 85, passim. REZZÓNICO, Juan Carlos. *Princípios fundamentales de los contratos*. Buenos Aires: Astrea, 1999. p. 59, passim. PRATA, Ana. *A tutela constitucional da autonomia privada*. Coimbra: Almedina, 1982. p. 14, passim.

[103] *Derecho de obligaciones*, tomo 1, Madri: Editoriales de Derecho Reunidas, 1958, p. 65.

[104] LEITÃO, Luiz Manuel Teles de Menezes. *Direito das obrigações*. Coimbra: Almedina, 2002, v. 1, p. 20.

DIREITO DAS OBRIGAÇÕES

dos indivíduos adquiriu significação jurídica, o fato propulsor dos direitos e obrigações em que se convertiam os interesses".[105]

Como diz Betti, a manifestação precípua da autonomia "[...] é o negócio jurídico, o qual, precisamente, é concebido como um acto de autonomia privada, a que o direito liga o nascimento, a modificação ou a extinção de relações jurídicas entre particulares. Estes efeitos jurídicos produzem-se na medida em que são previstos por normas que, tomando por pressuposto de facto o acto e autonomia privada, os ligam a ele como sendo a 'fatispécie' necessária e suficiente".[106]

Do contexto histórico no qual o voluntarismo jurídico conferia à vontade o papel de fonte exclusiva da criação do Direito (precisamente a fase das chamadas codificações oitocentistas da qual destaca-se o Código Civil francês), passou-se a reconhecer que a vontade individual não representava mais que um fio condutor que dava passagem a uma corrente cuja fonte estava prevista no direito positivo.

Foi então pelo influxo da doutrina alemã e após italiana que a teorização do negócio jurídico passou a conceber não mais uma autonomia da vontade, mas uma autonomia privada impregnada de sentido social, a ponto de concebê-la como uma auto-regulamentação dos interesses particulares conferindo-se ao ordenamento jurídico uma função secundária de mero reconhecimento dos efeitos queridos pelas partes.

Todo esse contexto assume certamente uma dimensão ideológica em face da evolução que se operou a respeito das transformações da concepção de um "Estado liberal", para um "Estado social" e atualmente para o que se denomina por "Estado regulador" de forma a interferir diretamente na possibilidade de intervenção nos negócios jurídicos, já que a autonomia privada, enquanto espaço de liberdade, "[...] não é absoluta e tem como limites os ditames da Lei e da Moral, e as limitações impostas pela Natureza. Dentro deste espaço, as pessoas têm a liberdade de se auto-reger e de criar Direito".[107]

Conforme conhecida passagem a respeito, "O problema da autonomia privada é, portanto e somente, um problema de limites como, por

[105] GOMES, Orlando. *Transformações gerais do direito das obrigações*. 2. ed. São Paulo: Revista dos Tribunais, 1980. p. 9.
[106] Op. cit. p. 98-99.
[107] VASCONCELOS, Pedro Pais de. Teoria geral do direito civil: relatório. *Revista da Faculdade de Direito de Lisboa*. Lisboa: Coimbra Editora, 2000. p. 61.

NOÇÕES INTRODUTÓRIAS E FUNDAMENTAIS

exemplo, o dever ou a proibição de contratar, a necessidade de aceitar regulamentos predeterminados, a inserção ou substituição de cláusulas contratuais, o princípio da boa-fé, os preceitos de ordem pública, os bons costumes, a justiça contratual, as disposições sobre abuso de direito etc., tudo isso a representar as exigências crescentes de solidariedade e de socialidade."[108]

O ponto tem referência com os chamados limites negativos da autonomia privada no pressuposto de que nenhuma vontade, por mais séria e responsável que seja, pode ser considerada onipotente.

Há interesses maiores que se sobrepõem à vontade das partes, notadamente envolvendo os próprios contratantes (limites internos) e terceiros alheios a contratação (limites externos), temática que tem direta referência com a análise do princípio da função social endereça ao instituto do contrato, cuja abordagem será feita adiante.

Igualmente como fator de limitação da autonomia privada deve-se considerar o princípio da boa-fé na sua vertente objetiva na medida em que as partes devem conduzir-se com probidade tanto nas tratativas anteriores à celebração do negócio jurídico, como na própria celebração e em sua interpretação e execução.

Integra a autonomia privada a liberdade de contratar, a liberdade de escolher seus contratantes e a liberdade de determinar o conteúdo desse contrato.

A autonomia privada é reconhecida em nível constitucional pelos art. 1º, III, e art. 170 da Constituição Federal, justificando o atual posicionamento de que o princípio deve ser funcionalizado porque submetido aos princípios constitucionais consagrados nas referidas normas.

Talvez a maior expressão da autonomia privada, dentro do Código Civil, é a previsão do art. 425, segundo a qual "É lícito às partes estipular contratos atípicos, observadas as normas fixadas neste Código."

1.5.5. Da boa-fé objetiva

A boa-fé já foi abordada em item anterior (1.3.3), especialmente considerando a sua função interpretativa.

---

[108] AMARAL NETO, Francisco dos Santos. A autonomia privada como princípio fundamental da ordem jurídica. Perspectivas estrutural e funcional. *Revista de Direito Civil*, ano 12, out./dez. 1988. v. 46, p. 20.

DIREITO DAS OBRIGAÇÕES

Presentemente, cabe analisá-la com enfoque igualmente mais específico enquanto princípio do direito das obrigações com o qual tem exata conexão.

Muito embora se identifiquem duas espécies de boa-fé (objetiva e subjetiva), na verdade não representam elas mais que duas realidades distintas, sobretudo porque figuram-se na hipótese apenas duas perspectivas diversas, sob diferentes pontos de partida.

O que se pode dizer é que há em comum entre as duas a submissão de uma conduta jurídica que deve orientar-se para um padrão de honradez, retidão ou decência, existindo na essência uma consciência de não lesar direito de outrem.

Há, nessa linha, a concretização de um juízo ético, tanto que independentemente da positivação da boa-fé (arts. 113, 422 e 765), o princípio está associado à própria noção maior de uma temática moral pela compreensão de que em toda relação humana devem os sujeitos vincular-se a palavra dada e o comportamento estar referido a padrões de honradez.

A boa-fé é passível de ser considerada ora como princípio, ora como norma positiva, e tanto num caso como no outro é um requisito epistemológico como a compreensão total do direito e para a avaliação dos conteúdos dogmáticos.

Como bem se esclarece, "O alcance significativo da boa-fé em sentido amplo é vasto. Um critério para estabelecê-lo pode ser o próprio desenvolvimento da vida do sujeito de referência. Por isso, vincula-se com a noção de atos próprios. Às vezes, em troca, se relaciona mais com a colocação social que devem ter os atos e então se refere a exclusão da fraude a lei ou a terceiros. Quando sua noção é construída em relação com a posição de terceiros, apresenta-se como exclusão do abuso de direito. Na medida em que se vincula com o cumprimento de certas 'leis', se associa mais à 'lealdade'."[109]

Assim, a validade do princípio é imanente e a previsão legal somente direciona-se às formas organizativas de sua realização,[110] tanto que no campo

---

[109] CALDANI, Miguel Angel Ciuro. Aspectos filosóficos da boa-fé. *Tratado de la buena fe en el derecho*. Marcos M. Córdoba (dir.).; Lídia M. Garrido Cordobera e Viviana Kluger (Coord.). Buenos Aires: La Ley, 2004. t. I, p. 7.

[110] BAPTISTA MACHADO, João. *Introdução ao direito e ao discurso legitimador*. Coimbra: Almedina, p. 286, passim.

NOÇÕES INTRODUTÓRIAS E FUNDAMENTAIS

próprio de sua atuação obrigam-se os contratantes a guardar, assim na conclusão do contrato, como em sua execução, os princípios de probidade e boa-fé (art. 422 do CC).

Centrando-se na própria perspectiva da boa-fé objetiva, compreende-se que no seu âmago configura-se para os contratantes (ou até mesmo antes de sê-los) um dever de agir não só nas obrigações, mas também nas áreas dominadas por permissões genéricas de atuação com objetivo necessário de respeitar valores fundamentais do sistema jurídico, com realce para a tutela da confiança e a materialidade de situações subjacentes, avultando ainda um determinado equilíbrio entre a posição das partes.[111]

Ora, se no direito das obrigações o fundamento é voltado à regulamentação de condutas humanas tendo por objeto relações econômicas, essencialmente voltadas a um dever de prestar, nada mais lógico do que exigir entre os sujeitos uma colaboração inerente aos interesses próprios, ou seja, com mais precisão, o fundamento refere-se a uma colaboração intersubjetiva, pois "(...) para que a obrigação se concretize, é necessário que as partes se entendam, ou aceitem comumente, uma data, um local e uma forma de cumprimento, por exemplo. Nada disso será possível se as pessoas envolvidas se tratarem como entidades isoladas e estranhas".[112]

Em geral, se o efeito normal da boa-fé está associado às duas perspectivas já mencionadas, será no campo das funções as variações com igual poder de alcance.

Podem-se então identificar três funções básicas:[113]

a) A boa-fé como saneadora de nulidades ou vícios e integradora de capacidades, ou seja, o princípio é considerado como função de equidade e instrumento legislativo ou judicial (*v. g.* arts. 309, 1.561, 1.242, todos do CC).

b) A boa-fé como critério de moralidade e retidão no cumprimento das obrigações (art. 422 do CC).

c) A boa-fé como princípio interpretativo da norma jurídica e da vontade das partes (art. 113 do CC) e como função voltada à integração do

---

[111] Menezes Cordeiro, António. *Da boa fé no direito civil*. Coimbra: Almedina, 2001. p. 1170-1171.

[112] Menezes Cordeiro, António. *Direito das obrigações*. Lisboa: AAFDL, 1999. v. 1. p. 143.

[113] Silveira, Alípio. *A boa-fé no código civil*. São Paulo, 1972, p. 61, passim; Martins-Costa, Judith. *A boa-fé no direito privado*. São Paulo: Revista dos Tribunais, 2000, p. 427, passim.

negócio jurídico, vale dizer, atividade voltada a captar o conteúdo não explícito das declarações das partes mediante o recurso a normas supletivas ou dispositivas.

Essa última função ganha corpo com a compreensão da relação jurídica não mais vista como um vínculo jurídico constituído pelo direito subjetivo do credor em exigir uma determinada prestação do devedor (relação crédito-débito), sobretudo em consideração a uma relação de natureza complexa representada por deveres primários e secundários (cf. itens 1.1. e 15.1).

Não havendo dúvidas de que os chamados deveres primários (ou de prestação) estão associados ao objetivo final da relação obrigacional, visando à efetiva satisfação do credor, os chamados deveres acessórios (laterais ou anexos) têm exata conexão com a noção de obrigação como processo,[114] e, como tal, "[...] a cláusula geral de boa-fé como norma de comportamento, cria, para as partes, deveres positivos e negativos; estão, entre os primeiros, os deveres de colaboração, inclusive de informação – ou seja, as partes, no contrato, formam como um microcosmo, ou pequena sociedade, como já dizia Demogue, na década de 30 –, e, entre os segundos, os deveres de lealdade, especialmente o de manter sigilo".[115]

É bom que se registre que esses deveres acessórios necessariamente não estão previstos na lei, por isso somente no caso concreto da contratação é que se pode apurar o dever exigível para as partes como forma de condução leal e proba durante todas as etapas do contrato, isto é, desde sua formação, desenvolvimento, execução e até após.

Nessa linha, a matriz fundamental desses deveres acessórios é a cláusula geral de boa-fé e não se trata, portanto, de elementos da relação contratual, existente desde o início, com elenco e conteúdo fixo, ou seja, "O seu surgimento, melhor, a sua concretização, depende da verificação de pressupostos variáveis que, à luz do fim do contrato, adquirem essa eficácia.

---

[114] COUTO E SILVA, Clóvis do. *A obrigação como processo.* São Paulo: José Bushatsky, 1976; MOTA PINTO, Carlos Alberto. *Cessão da posição contratual.* São Paulo: Saraiva, 1985.

[115] AZEVEDO, Antonio Junqueira. *Estudos e pareceres de direito privado.* São Paulo: Saraiva, 2004, p. 177; FRADA, Manuel A. Carneiro. *Contrato e deveres de proteção.* Coimbra: Separata do volume XXXVIII do Boletim da Faculdade de Direito de Coimbra, 1994.

NOÇÕES INTRODUTÓRIAS E FUNDAMENTAIS

E não só o seu aparecimento: também o seu conteúdo interno, intensidade e duração dependem das circunstâncias atuais."[116]

A informação é um dos deveres acessórios mais comuns nas relações contratuais, o que fatalmente acaba gerando litígios judiciais por inadimplemento da cláusula geral de boa-fé, conforme manifestações da jurisprudência.

Confira-se as ementas:

RECURSO ESPECIAL – PROCESSUAL CIVIL – INSTITUIÇÃO BANCÁRIA – EXIBIÇÃO DE DOCUMENTOS – CUSTO DE LOCALIZAÇÃO E REPRODUÇÃO DE DOCUMENTOS – ÔNUS DO PAGAMENTO. O dever de informação e, por conseguinte, o de exibir a documentação que a contenha é obrigação decorrente de lei, de integração contratual compulsória. Não pode ser objeto de recusa nem de condicionantes, face ao princípio da boa-fé objetiva. Se pode o cliente a qualquer tempo requerer da instituição financeira prestação de contas, pode postular a exibição dos extratos de suas contas correntes, bem como as contas gráficas dos empréstimos efetuados, sem ter que adiantar para tanto os custos dessa operação (STJ – REsp. 330261 – Rel. Min. Fátima Nancy Andrighi – J. 6-12-2001).

"AGRAVO REGIMENTAL NO AGRAVO DE INSTRUMENTO. OMISSÃO. INEXISTÊNCIA. AÇÃO DE PRESTAÇÃO DE CONTAS. INTERESSE DE AGIR DO CORRENTISTA. CONFIGURAÇÃO. PEDIDO GENÉRICO. AUSÊNCIA.

1. Inexiste omissão no julgado quando o Tribunal local, malgrado não ter acolhido os argumentos suscitados pelo recorrente, manifestou-se expressamente acerca dos temas essenciais ao deslinde da questão.

2. A jurisprudência desta eg. Corte pacificou-se no sentido de que "a ação de prestação de contas pode ser proposta pelo titular de conta-corrente bancária" (Súmula 259/STJ).

3. Não se caracteriza pedido genérico em ação de prestação de contas quando o autor aponta o vínculo jurídico existente com o réu e especifica o período que demanda esclarecimento.

*4. **O dever de informação e, por conseguinte, o de exibir a documentação que a contenha é obrigação decorrente de lei, de integração contratual compulsória. Não pode ser objeto de recusa nem de condicionantes, em face do princípio da***

---

[116] Mota Pinto, op. cit. p. 288. No mesmo sentido Ribeiro, Joaquim de Sousa. *A boa fé como norma de validade. Direito dos contratos – Estudos.* Coimbra: Coimbra Editora, 2007. p. 216.

boa-fé objetiva 5. *Agravo regimental a que se nega provimento." (AgRg no Ag 1055258/ GO, Rel. Ministro RAUL ARAÚJO, QUARTA TURMA, julgado em 07/08/2012, DJe 03/09/2012).*

"DIREITO DO CONSUMIDOR. RECURSO ESPECIAL. VÍCIO DO PRODUTO. AUTOMÓVEIS SEMINOVOS. PUBLICIDADE QUE GARANTIA A QUALIDADE DO PRODUTO. RESPONSABILIDADE OBJETIVA. USO DA MARCA. LEGÍTIMA EXPECTATIVA DO CONSUMIDOR. MATÉRIA FÁTICO-PROBATÓRIA. SÚM. 7/STJ.

1. O Código do Consumidor é norteado principalmente pelo reconhecimento da vulnerabilidade do consumidor e pela necessidade de que o Estado atue no mercado para minimizar essa hipossuficiência, garantindo, assim, a igualdade material entre as partes. Sendo assim, no tocante à oferta, estabelece serem direitos básicos do consumidor o de ter a informação adequada e clara sobre os diferentes produtos e serviços (CDC, art. 6º, III) e o de receber proteção contra a publicidade enganosa ou abusiva (CDC, art. 6º, IV).

2. É bem verdade que, paralelamente ao dever de informação, se tem a faculdade do fornecedor de anunciar seu produto ou serviço, sendo certo que, se o fizer, a publicidade deve refletir fielmente a realidade anunciada, em observância à principiologia do CDC. Realmente, o princípio da vinculação da oferta reflete a imposição da transparência e da boa-fé nos métodos comerciais, na publicidade e nos contratos, de forma que esta exsurge como princípio máximo orientador, nos termos do art. 30.

3. Na hipótese, inequívoco o caráter vinculativo da oferta, integrando o contrato, de modo que o fornecedor de produtos ou serviços se responsabiliza também pelas expectativas que a publicidade venha a despertar no consumidor, mormente quando veicula informação de produto ou serviço com a chancela de determinada marca, sendo a materialização do princípio da boa-fé objetiva, exigindo do anunciante os deveres anexos de lealdade, confiança, cooperação, proteção e informação, sob pena de responsabilidade.

4. A responsabilidade civil da fabricante decorre, no caso concreto, de pelo menos duas circunstâncias: a) da premissa fática incontornável adotada pelo acórdão de que os mencionados produtos e serviços ofertados eram avalizados pela montadora através da mensagem publicitária veiculada; b) e também, de um modo geral, da percepção de benefícios econômicos com as práticas comerciais da concessionária, sobretudo ao permitir a utilização consentida de sua marca na oferta de veículos usados e revisados com a excelência da GM.

NOÇÕES INTRODUTÓRIAS E FUNDAMENTAIS

5. Recurso especial não provido." (REsp 1365609/SP, Rel. Ministro LUIS FELIPE SALOMÃO, QUARTA TURMA, julgado em 28/04/2015, DJe 25/05/2015)

Ainda em termos práticos, não é possível demonstrar a totalidade do alcance da boa-fé objetiva, mas pode-se identificar sua presença no campo da revisão e resolução dos contratos, teoria do abuso do direito (art. 187), contratos de adesão (e o controle das cláusulas abusivas), contrato de seguro e especialmente na responsabilidade pré-contratual,[117] sem prejuízo de sua orientação voltada às relações de consumo[118] e outras disciplinas do direito, por exemplo, direito processual civil e direito constitucional.

1.5.6. Função social e justiça contratual
1.5.6.1. A evolução do estudo do direito. Da estrutura à função

Exceção feita a poucos doutrinadores nacionais,[119] preocupação com o estudo introdutório ao Direito sempre esteve associada, de forma exclusiva, com a sua estrutura enfocando-se as normas jurídicas, princípios jurídicos, as diferentes maneiras de produção das normas jurídicas e a estrutura que estas formam como decorrência de reconhecer em todas um fundamento comum em razão de sua validez, ao que se chama de "ordenamento jurídico".

De forma específica, certos doutrinadores já se preocupavam com o assunto com ênfase na funcionalização dos institutos de direito privado significando que "[...] o direito em particular e a sociedade, em geral, começaram a interessar-se pela eficácia das normas e dos institutos vigentes, não só no tocante ao controle ou disciplina social, mas também no que diz respeito à organização e direção da sociedade, através do exercício de funções distributivas, promocionais ou inovadoras, abandonando-se a costumeira função repressiva, principalmente na relação do Direito com a

---

[117] Especificamente sobre o assunto, consulte-se ZANETTI, Cristiano de Souza. *Responsabilidade pela ruptura das negociações*. São Paulo: Editora Juarez de Oliveira, 2005.

[118] AGUIAR JR., Ruy Rosado de. A boa-fé na relação de consumo. *Revista de Direito do Consumidor*. v. 14, abr./jun. 1995. São Paulo: RT, p. 20.

[119] As obras de introdução ao estudo do direito, em geral, ignoram a importância da análise funcional do direito. Destaque-se, no entanto, em linha contrária: FERRAZ JR., Tércio Sampaio. *Introdução ao estudo do direito*. 4. ed. São Paulo: Atlas, 2003 e AMARAL, Francisco. *Direito civil*: introdução. 5. ed. Rio de Janeiro: Renovar, 2003.

DIREITO DAS OBRIGAÇÕES

Economia. Daí falar-se na função econômico-social dos institutos jurídicos, inicialmente em matéria de propriedade e, depois, de contrato".[120]

A compreensão de função estará situada em um determinado sistema social em vista da tarefa que o direito deve exercer, considerando uma direção ideológica.[121] Cogitando-se dos fins do direito, a conexão é feita com o(s) objeto(s) a respeito do(s) qual(is) ele se orienta, ou seja, os objetivos que a sociedade designa por meio das instituições jurídicas.

Nessa linha, portanto, dentro de um posicionamento não limitado e em consideração a compreensão que a doutrina faz a respeito,[122] pode-se dizer que atualmente o direito tem como funções: (a) orientação de comportamentos no sentido de que deve dirigir a conduta dos membros do grupo social, valendo-se das normas e outros princípios ou valores jurídicos (onde estaria inserida a confiança) que podem ser vistos como mensagens que tratem de influir naquele mesmo comportamento; (b) resolução de conflitos, ou seja, por meio de um ordenamento dado, o direito deverá regular e resolver os litígios promovendo uma solução pacífica sem que a questão se submeta à lei do mais forte; (c) promoção e configuração das condições de vida, ou seja, a obtenção de comportamentos socialmente desejáveis não mais pode se dar pelas chamadas sanções negativas, mas também contribui para o objetivo o oferecimento de sanções positivas ou incentivos considerando o direito como ordenamento diretivo visando estimular, provocar ou solicitar uma vantagem àquele que observa a norma;[123] (d) distribuição no sentido de destinar recursos aos setores sociais mais débeis e melhorar as suas condições materiais de vida; (e) organização e legitimação do poder social em consideração à visão que os membros de uma comunidade jurídica tenham a respeito das decisões do poder, não como ordens arbitrárias impostas pela força, mas como mandatos legítimos

---

[120] AMARAL NETO, Francisco dos Santos. A autonomia privada como princípio fundamental da ordem jurídica: perspectivas estrutural e funcional. *Revista de Direito Civil*, ano 12, out./dez. 1988. v. 46, p. 21.

[121] Cf. sobre o assunto nosso artigo: A ideologia das decisões judiciais em matéria de contratos. *A outra face do Poder Judiciário*: decisões inovadoras e mudanças de paradigmas. Giselda Maria Fernandes Novaes Hironaka (Coord.). Belo Horizonte: Del Rey/EPD, 2005. p. 46, passim.

[122] NARDUCCI, Agustín Squella. *Introdución al derecho*. Santiago: Editorial Jurídica de Chile, 2004. p. 514.

[123] BOBBIO, Norberto. *Da estrutura à função*. São Paulo: Manole, 2007. p. 77, passim.

NOÇÕES INTRODUTÓRIAS E FUNDAMENTAIS

e válidos que devem ser observados; (f) precaução com a aplicação do direito que se relaciona com a chamada função social do jurista no modo como este procura conciliar as demandas sociais em face da utilidade das leis ou desenvolvimento do Direito.

Quanto aos fins, pode-se dizer que ao Direito cabe a promoção da paz social, a segurança jurídica e a busca da justiça, valores essenciais em qualquer sociedade organizada.[124]

Todo esse contexto apresenta-se com uma determinante voltada a reconhecer que na própria evolução do Direito ressentiu-se a necessidade de promover a sua socialização, sendo a reação ao capitalismo desenfreado e irracional um dos ingredientes essenciais para que surgissem doutrinas sociais.

Foi então a partir do século XIX que surgiu com bastante força a dimensão funcional do Direito, devido principalmente, ainda que não exclusivamente, ao trânsito do Estado liberal de direito ao Estado social de direito, este com características muito mais intervencionistas e voltadas ao bem-estar da sociedade como um todo. Outro fator importante foi o desenvolvimento experimentado pela sociologia do direito posterior a Segunda Guerra mundial, não sendo por outro motivo que a dimensão funcional do Direito se orienta para uma análise das relações entre Direito e a Sociedade, adotando principalmente uma perspectiva de tipo sociológico e destacando o papel do Direito como instrumento de controle e organização social. Observe-se, no entanto, que o enfoque funcionalista não é incompatível com os estudos tradicionais do Direito do tipo estrutural, notadamente em razão da inter-relação existente entre estrutura e função.[125]

Assim, na contextualização da sociedade, o Direito não poderia ficar alheio às incessantes alterações nas relações sociais e econômicas, com mudanças nas técnicas de produção, administração e comercialização. Esse mesmo contexto não poderia ignorar o valor mais fundamental para qualquer sociedade: a dignidade da pessoa humana e suas relações decorrentes. E dessa evolução, primeiro com relação ao instituto da propriedade,

---

[124] Idem, p. 531, passim.
[125] ROLDÁN, Luis Martinez; SUÁREZ, Jesús A. Fernández. *Curso de teoria del derecho*. Barcelona: Ariel Derecho, 2006. p. 5.

DIREITO DAS OBRIGAÇÕES

promover-se-ia um novo conceito, o de direito com relevante função social, lançado por Leon Duguit.[126]

Mesmo que as ideias do referido autor tenham sido desenvolvidas para o instituto da propriedade, com as adaptações necessárias ao mundo atual, também se aplica ao contrato a noção de que nas sociedades modernas deve prevalecer a consciência natural da interdependência social, assim como a liberdade é o dever do indivíduo de empregar sua atividade física, intelectual e moral no desenvolvimento dessa interdependência. Como a propriedade é para todo possuidor uma riqueza, o dever, a obrigação de ordem objetiva, será o de empregá-la visando manter e aumentar a interdependência social,[127] ao passo que no contrato (negócio jurídico) essa correlação é orientada para considerar os contratantes como parceiros, ainda que com objetivos diversos.

Mas, no todo, é notória a evolução da teoria do contrato na passagem da concepção clássica do voluntarismo jurídico para o entendimento moderno da sua função social.

A influência para o sentido funcional do direito, com atenção para o instituto contratual pode-se ver na doutrina nacional, em nada menos do que autores de envergadura como Clóvis Bevilaqua ao considerar o "[...] contrato como um conciliador dos interesses colidentes, como um pacificador dos egoísmos em luta. É certamente esta a primeira e mais elevada função social do contrato. E, para avalizar-se de sua importância, basta dizer que, debaixo deste ponto de vista, o contrato corresponde ao direito, substitui a lei no campo restrito do negócio por ele regulado. Ninguém dirá que seja o contrato o único fator de pacificação dos interesses, sendo o direito mesmo o principal deles, o mais geral e o mais forte; mas impossível será desconhecer que também lhe cabe essa nobre função civilizadora".[128]

Na verdade, a tese da socialização do contrato não pode representar algo novo porque a preocupação com a socialização do Direito e dos três pilares do direito civil (propriedade, família e contrato, podendo até acrescentar-se

---

[126] *Las transformaciones del derecho*: público y privado. Buenos Aires: Heliastra, 2001. p. 235, passim.

[127] COSTA, Moacyr Lobo da. A propriedade na doutrina de Duguit. *Revista Forense*, 1947. p. 153-132.

[128] *Direito das obrigações*. Rio de Janeiro: Livraria Francisco Alves, 1954, p. 130. Também Serpa Lopes manifestou-se sobre o tema: *Curso de direito civil*. Rio de Janeiro: Freitas Bastos, 1991. p. 17. Mais recentemente, Giselda Maria F. Novaes Hironaka. A função social do contrato. *Direito civil*: *estudos*. Belo Horizonte: Del Rey, 2000.

NOÇÕES INTRODUTÓRIAS E FUNDAMENTAIS

um quarto – a pessoa) ficou demonstrada com a edição da Lei de Introdução ao Código Civil, pois "Na aplicação da lei, o juiz atenderá aos *fins sociais* a que ela se dirige e às exigências do bem comum". (grifamos)[129]

1.5.6.2. Pequena notícia histórica e evolutiva do conceito de contrato. A função social concretamente considerada

É absolutamente claro que a noção de negócio jurídico (com especial atenção para sua principal espécie, o contrato) em face do direito civil, tal como concebe-se atualmente, não está intimamente ligada à de autonomia da vontade, mas o seu fundamento ideológico está no Estoicismo, de forma a engendrar o fundamento ético (*fides*)" [...] para expressar o princípio que mais diretamente diz respeito ao negócio jurídico, a exigência social de fidelidade à palavra dada".[130]

Propriamente em relação à noção de contrato, registra-se o início da evolução na Idade Média por conta do direito canônico e da chamada "escola de direito natural", segmentos que privilegiavam a vontade em detrimento da forma.[131]

A ideologia produzida justificou a inserção do princípio voluntarístico nos Códigos chamados "oitocentistas", de onde se sobressai o Código Civil francês (*Code*), que representa o ponto mais alto da evolução do jusracionalismo.[132]

---

[129] Esse, na verdade, era o entendimento de Miguel Reale na vigência do Código Civil de 1916. *Diretrizes de hermenêutica contratual. Questões de direito privado*. São Paulo: Saraiva, 1997. p. 1. Lembre-se, aliás, que a Lei de Introdução ao Código Civil foi editada no princípio da década de 40 do século passado.

[130] AZEVEDO, Antônio Junqueira de. *Negócio jurídico e declaração negocial*. São Paulo: [s./e.], 1986. p. 71, passim.

[131] DANTAS, San Tiago. *Programa de direito civil*, 1978. v. 2, p. 152. Bem a respeito, "[...] a noção de contractus pouco ou nada tem a ver com aquela fixada nos Códigos modernos que ainda nos regem, hoje dita 'em crise': no direito romano o termo, com conotação objetiva, era utilizado para designar certos tipos especiais de 'acordo', reconhecidos como obrigatórios e providos de 'actio' – vale dizer, a possibilidade de recurso à autoridade estatal para fazer valer a força do acordado – discernindo-o, esse termo, de outros acordos, não obrigatórios e nomeados precisamente 'pacta'" (MARTINS-COSTA, Judith. A noção de contratos na história dos pactos. *Uma vida dedicada ao direito*: homenagem a Carlos Henrique de Carvalho – O editor dos juristas. São Paulo: RT, 1995. p. 499.

[132] Sobre o assunto, já tivemos oportunidade de demonstrar a evolução a respeito em outro trabalho: A ideologia das decisões judiciais em matéria de contratos, op. cit. p. 146.

No suporte de toda essa concepção, está a doutrina do contrato social, cuja expressão maior está na função da liberdade originária, justificando o facto social, identificado pela classe emergente (burguesia), que se manifesta pela vontade, fonte jurígena de direitos e deveres, cuja tutela maior é a lei centrada no Código.[133]

A noção de sistema jurídico para o início da codificação moderna tinha seu apoio absoluto na lei, que, por sua racionalidade, clareza e, portanto, não carente de interpretação, assegurava uma falsa segurança nas relações jurídicas, o que não surpreendia a total impossibilidade de criação judicial de modo a revisar o contrato, a não ser que a vontade estivesse viciada pelos conhecidos institutos da coação, dolo ou erro, denotando-se com tal visão nítida subjetivação do vínculo contratual.

Nesse período, a força da lei chegava a ponto de ser considerada até uma garantia contra o arbítrio judicial, não sendo por outro motivo que em França os juízes eram tidos como uma classe sujeita a corrupção e vinculada aos interesses da burguesia, havendo, para as razões históricas, reserva particular para com o chamado "direito dos juízes", o que ainda encontra ressonância naquele país.[134]

Mas a evolução para a transformação e redução do paradigma voluntarista não tardou.

Atualmente assiste-se à mitigação do papel da vontade nas relações jurídicas (notadamente contratuais), ganhando corpo a chamada "objetivação do vínculo contratual"[135] por força de profundas modificações socioeconômicas na sociedade. Mas observe-se que apesar da evolução operada, inviável ignorar que o processo jurígeno não pode e não deve exaurir-se na norma jurídica, isto porque ela mesma suscita, no seio do ordenamento e no meio social, um complexo de reações estimativas, de novas exigências fáticas e axiológicas.[136]

As novas exteriorizações do contrato, estandartizadas (especialmente os chamados contratos de adesão), acabaram por confirmar o declínio da

---

[133] Consulte-se sobre esse e outros aspectos: BARROS, Sérgio Rezende. *Liberdade e contrato*: a crise da licitação. 2. ed. Piracicaba: Editora Unimep, [s./d.], p. 19, passim.

[134] MARTINS-COSTA, Judith. *A boa-fé no direito privado*. São Paulo: RT, 2000. p. 184 (notas nºs 42 a 44).

[135] O consenso já não é mais o ponto nodal da regulação dos direitos e deveres dos contratantes, mas produto da lei que autolimita os efeitos contratuais em busca da justiça contratual.

[136] REALE, Miguel. *Pluralismo e liberdade*. São Paulo: Saraiva, 1963. p. 31, passim.

NOÇÕES INTRODUTÓRIAS E FUNDAMENTAIS

liberdade contratual e a relatividade da força dos contratos, impondo-se a proteção do mais fraco economicamente mediante o exame da legitimação do vínculo em termos de justiça da contratação.

Não é sem razão que já foi formulada a indagação alternativa em função da qual se em face da função atual do contrato, seria ele uma instituição "morta ou renascente".[137]

Evidente que retirado o exagero na afirmação sobre a possibilidade da morte do contrato, o que se verifica na atual quadra é a assunção de novas feições, com as quais renascem de suas passadas estruturas.

Por isso, a identificação do conceito e ideia de contrato está bastante vinculado ao momento histórico considerado, aspecto que não passou despercebido por parte de Ricardo Luis Lorenzetti que bem apontou as várias concepções do contrato desde o Direito Romano, passando pela noção liberal, social, neoliberalista até chegar ao fenômeno da globalização.[138]

Na esteira do que se denomina por "utilidade social" e "justiça comutativa", as análises efetuadas por Guido Alpa, associado à doutrina de Jacques Ghestin, mostra que a força obrigatória do contrato se justifica menos no princípio da autonomia da vontade (ou para outros autonomia privada), e mais na procura do "útil e do justo",[139] o que leva a distinguir, ao lado da utilidade individual e do interesse privado, a finalidade social.

O contrato não deve atender apenas ao preexistente equilíbrio dos patrimônios, porém, proporcionar o exato ou pelo menos aproximado equilíbrio das prestações e contraprestações assumidas pelas partes.

Esse contexto coincide com a concepção formulada por Massimo Bianca,[140] afirmando que a disciplina legislativa do contrato não projeta a relevância jurídica da vontade interna das partes, pois que o contrato não é valorizado "como fenômeno psíquico, mas como um fenômeno social".

Então falar-se em função social, na esteira da doutrina de Betti, é referir--se à função econômico-social e a preocupação com a eficácia social do instituto "contrato" de modo a promover relativo controle da autonomia

---

[137] Exemplo do que se afirma é a obra de Grant Gilmore in *"The death of contract"*. Columbus, Ohio State University Press, 1974.

[138] *Tratado de los contratos*: parte general. Buenos Aires: Rubinzal – Culzoni, 2004. p 19, passim.

[139] Outros autores preferem denominar a hipótese como "sério e útil" para referir-se a balizas que se devem considerar para aquilatar o interesse do credor digno de tutela. Cf. NORONHA, Fernando. *Direito das obrigações*. São Paulo: Saraiva, 2003. p. 3.

[140] *Diritto civile*: il contratto. Milão: Giuffrè, 1987. nº 8, p. 20.

DIREITO DAS OBRIGAÇÕES

privada por parte do Estado-juiz toda vez que os particulares desviem dessa função que deve sempre atender o bem comum e igualdade material e não apenas formal.

É, em última analise, conferir uma função corretora e de equilíbrio sempre que os ditames superiores, notadamente constitucionais (art. 1º, III e IV, c. c. art. 170 e incisos), não sejam atendidos ou deles desviados, tomando-se como base sempre a valor jurídico da pessoa humana dentro de sua esfera de dignidade.

Assim, se concretamente o contrato encontra sua base constitucional no princípio da livre iniciativa econômica, "[...] a liberdade de contratar não existe 'em si', mas 'para algo', isto é, está permanentemente polarizada e conformada para os *fins a que se destina*. Esses fins não são apenas concretizar a liberdade de iniciativa econômica, mas, por igual, os princípios estruturantes do art. 1º, as diretrizes ou 'normas objetivo' traçadas no art. 3º e art. 170, bem como nas liberdades, garantias e direitos dos arts. 5º e 7º, todos da Constituição. Nessas normas (e ainda em outras que a Constituição produz) estão desenhados modelos de caráter conformador para o Estado e a sociedade [...]".[141]

A exemplo do que a doutrina cogita a respeito dos chamados limites externos e internos da autonomia privada,[142] o modelo eficacial ganhou igual consagração para fundamentar a cláusula geral da função social do contrato.

No entanto, registra-se entre os doutrinadores que analisaram a questão considerável divergência entre a possibilidade da cláusula geral sob comento limitar-se somente à eficácia externa ou, além desta, também configurar-se uma eficácia interna que justifique o controle das cláusulas contratuais, notadamente pelo juiz.[143]

No primeiro caso propugna-se para um controle eficacial somente em relação a terceiros, pois "O princípio da função social, nessa perspectiva, não se volta para o relacionamento entre as partes contratantes,

---

[141] MARTINS-COSTA, Judith. Reflexões sobre o princípio da função social dos contratos. *Revista Direito FGV*, São Paulo, v. 1, nº 1, maio 2005. p. 45.

[142] REZZONICO, Juan Carlos. *Princípios fundamentales de los contratos*. Buenos Aires: Astrea, 1999. p. 202, passim.

[143] Sobre a questão consulte-se THEODORO JR. Humberto. *O contrato e sua função social*. Rio de Janeiro: Forense, 2003. p. 4, passim; NALIN, Paulo. *Do contrato*: conceito pós-moderno. Curitiba: Juruá, 2001. p. 226.

NOÇÕES INTRODUTÓRIAS E FUNDAMENTAIS

mas para os reflexos do negócio jurídico perante terceiros (isto é, no meio social). É o que se deduz do próprio nome com que o princípio se identifica."[144]

Esta visão considera que a função social do contrato não representaria um elemento voltado a equiparar os contratantes já que "Esse alargamento da cláusula geral, contudo, não deve ser prestigiado, como ressaltado por outros tecnólogos que trataram do tema (SALOMÃO FILHO, 2003; THEODORO JR., 2003, p. 37-41), porque importaria a distorção do instituto."[145]

Logo, no caso, a ocorrência de uma disfunção social, isto é, quando contrato venha a perder sua razão de ser porque não mais passível de atender a(s) necessidade(s) básica(s) do(s) contratante(s), estaria configurada quando o contrato venha a violar, por exemplo, o princípio da concorrência no direito empresarial, normas referentes ao meio ambiente ou aquelas que visem proteger o consumidor.

Entendemos, porém, não ser essa a melhor compreensão do tema.

Não é possível limitar o entendimento da função social do contrato somente aos chamados "efeitos externos" para compreender a sua não verificação quando forem violados interesses metaindividuais ou outros decorrentes da ordem econômica, isto porque a atual tônica é o estudo conjunto do Código Civil e do Código do Consumidor como forma de complementaridade visando atender a justiça do caso concreto.

Como se sabe, o Código do Consumidor disciplinou de forma sistemática, com a utilização até de conceitos legais, a proteção do consumidor nos seus interesses individuais e coletivos. Por ser uma lei de ordem pública (art. 1º), nem poderia ser diferente a preocupação, mas a partir de momento que se queira fazer a leitura no Código Civil da função social limitando-se à esfera externa, restaria compreendido que por um passe de mágica o referido Código teria se manifestado pela tutela de interesses coletivos e não privados, como deveria ser contrariamente sua orientação inicial decorrente da própria natureza das relações disciplinadas.[146]

---

[144] THEODORO JR., Humberto. Op. cit. p. 13.

[145] COELHO, Fábio Ulhoa. *Curso de direito civil.* São Paulo: Saraiva, 2005, v. 3, p. 38.

[146] Observe-se, aliás, que a jurisprudência mostra tendência a aplicação conjunta do Código Civil e Código do Consumidor conforme se lê do Recurso Especial nº 200.827-SP, j. 26-8-2002 (*DJU* 9-12-2002, p. 17), do qual se destaca que "[...] importa ponderar o fato de o CDC ter regulado duas novas categorias de responsabilidade – o vício e do fato do produto – não exclui aquelas

Veja-se o seguinte exemplo:[147]

Uma grande empresa multinacional propõe a uma alta executiva a colocação imediata num importante posto de chefia com a cláusula de proibição de gravidez durante dez anos. Uma proibição desse tipo poderia ser questionada frente à função social? No caso positivo, o âmbito não estaria relacionado à projeção interna?

Ora, um contratante que cause prejuízo a outro, por violação da boa-fé objetiva ou que provoque a limitação de sua esfera de autodeterminação, pode (e deve) interessar à sociedade. Mas não existirá nessa hipótese uma eficácia interna dentro dos valores individuais que tenha projeções para a sociedade?

Cremos que sim, justamente porque não nos parece que tenha sido intenção do novo Código Civil minimizar o princípio da relatividade ignorando a confiança que as partes colocaram reciprocamente por conta da projeção que decorre da dignidade da pessoa humana,[148] sem considerar que para as relações de consumo impõe-se a proteção da confiança do contratante mais fraco em face do contratante mais forte.

---

previstas no CC. Ao contrário, havendo multifárias formas de gerar o dano, a coexistência de diferentes responsabilidades é medida que se impõe como pressuposto de justiça [...] há que se invocar por extensão o Código Civil para que se cumpra o postulado ético 'onde há dano deve haver dever de reparação'. É à luz dessas diretrizes hermenêuticas que deve ser interpretado o caso em apreço".

Igualmente: "O contrato de incorporação, no que tem de específico, é regido pela lei que lhe é própria (Lei nº 4.591/64), mas sobre ele também incide o Código de Defesa do Consumidor, que introduziu no sistema civil princípios gerais que realçam a justiça contratual, a equivalência das prestações o princípio da boa-fé objetiva" (STJ – RESp. 80.036-SP – rel. Min. Ruy Rosado de Aguiar – j. 12-2-1996 – *DJU* – 25-3-1996).

[147] Foram consideradas as posições de Canotilho, que manifesta reservas e dúvidas sobre a viabilidade do chamado "direito civil constitucional" – Cf. Civilização do direito constitucional. In: *Estudos em homenagem a Paulo Bonavides*. GRAU, Eros; GUERRA FILHO, Willis Santiago. (Coord.). São Paulo: Malheiros, 2003. p. 111-112.

[148] Aliás, nas primeiras leituras sobre o assunto deixou-se assentado a combinação da eficácia interna e externa: "A função social do contrato, prevista no art. 421 do novo Código Civil, não elimina o princípio da autonomia contratual, mas atenua ou reduz o alcance desse princípio, quando presentes interesses metaindividuais ou interesse individual relativo à dignidade da pessoa humana" (Enunciado 23 das "Jornadas de Direito Civil" – "Conselho da Justiça Federal").

NOÇÕES INTRODUTÓRIAS E FUNDAMENTAIS

A Profª Cláudia Lima Marques representa um dos pouquíssimos doutrinadores que relaciona a função social ao princípio da confiança quando comenta os verbetes das Súmulas 308[149] e 214[150] do STJ.

No primeiro caso, sustenta-se acertadamente que a visão do conjunto contratual, de conexidade dos contratos, de necessidade de proteção da *fides* do contratante mais fraco na fidelidade futura da atuação do contratante mais forte leva a que se considere sem efeito uma garantia real frente ao consumidor-terceiro ao contrato conexo, mas primeiro em relação ao contrato principal de acesso à moradia, cuja função social é valorada como suficientemente forte para reduzir *inter partes* o acordo secundário de garantia real. No segundo caso, isto é, em se tratando de fiança prestada por contratante mais fraco em face de outro também fraco, a necessidade de proteção da *fides* na fidelidade futura da atuação dos outros contratantes impede que a garantia possa estender-se a mais de sua declaração inicial, em que pode agora confiar, sendo ineficazes os acordos e nulas as cláusulas que afirmem o contrário.[151]

"Estabelece-se assim, com muita clareza o vínculo entre a confiança despertada na sociedade, a visão plural e de conjunto dos contratos, a sua revisitada eficácia frente a terceiros e a agora muito citada função social dos contratados."[152]

Assim, caso se privilegie somente os efeitos externos e deixe-se a regulação das partes prejudicadas somente aos institutos da lesão, estado de perigo ou onerosidade excessiva (além das tradicionais formas de vício do negócio jurídico), conferir-se-á um sentido individualístico à contratação, ignorando-se que no centro de toda ela há uma lealdade que deve ser perseguida. O ser social não é só projeção externa, mas envolve as justas expectativas de as partes atenderem ao fixado dentro dos limites ditados pela autonomia privada e os princípios aplicáveis.[153]

---

[149] A hipoteca firmada entre a construtora e o agente financeiro, anterior ou posterior à celebração da promessa de compra e venda, não tem eficácia perante os adquirentes do imóvel."

[150] "O fiador na locação não responde por obrigações resultantes de aditamento ao qual não anuiu."

[151] MARQUES, Cláudia Lima. Novos temas na teoria dos contratos: confiança e conjunto contratual. *Revista da Ajuris – Edição Histórica*, Porto Alegre, Ano XXXII, nº 100, dez. 2005. p. 93-94.

[152] Idem, p. 94.

[153] A vinculação entre a função social e projeção interna é conferida pela análise que se faz dos princípios do equilíbrio contratual e da conservação do contrato (v. Enunciado nº 22 das

DIREITO DAS OBRIGAÇÕES

Nessa linha bem observa Franz Wieacker que "O 'pathos' da sociedade de hoje, comprovado em geral por uma análise mais detida das tendências dominantes da legislação e da aplicação do direito [...], é o da solidariedade: ou seja, da responsabilidade, não apenas dos poderes públicos, mas também da sociedade e de cada um dos seus membros individuais, pela existência social (e mesmo cada vez mais pelo bem-estar) de cada um dos outros membros da sociedade."[154]

Pode-se dizer que se o contrato deve ter como principal direcionamento a justa, útil[155] e sadia circulação de riquezas, qualquer disfunção que atinja à legítima confiança depositada na autonomia privada, sob bases objetivas,[156] justificará o reconhecimento de inobservância do princípio da função social.

E por ser assim, cumprida a função social, a decorrência será a observância do princípio da justiça contratual entendida como a justa equivalência que deve imperar na contratação em consideração aos ônus e riscos que dela decorre.

O legislador atribui relevância a tal princípio ao positivar, por exemplo, normas que consagram a lesão (art. 157 do CC), possibilitam a revisão do contrato quando por motivos imprevisíveis sobrevier desproporção manifesta entre o valor da prestação devida e o do momento da sua execução, de modo a assegurar o valor real da prestação (art. 317 do CC), autorize ao juiz a redução equitativa da cláusula penal (art. 413 do CC) ou mesmo da prestação a fim de evitar onerosidade excessiva (art. 480 do CC).

"Jornadas"). Prova disso são os julgados citados por Cristiano de Sousa Zanetti no artigo já referido, onde, de forma elogiável, faz um mapeamento da tendência dos tribunais na aplicação daquela cláusula geral. Confira-se A respeito da releitura jurisprudencial da função social do contrato. *A outra face...* op. cit. p. 127, passim.

[154] *História do direito privado moderno.* Lisboa: Calouste Gulbenkian, 2004. p. 718.

[155] Emprestamos a noção criada por Jacques Ghestin e Christohe Jamin. Lê juste et l'utile dans les effets du contrat. *Contratos: actualidade e evolução.* Porto: Universidade Católica Portuguesa, 1997. p. 123, passim.

[156] Esta confiança não releva da averiguação de quaisquer aspectos psicológicos do seu portador, ou seja, não se trata daquela concreta confiança que a parte, em razão das suas características psicológicas ou anímicas, depositou no outro sujeito, antes é averiguado por uma objetiva consideração das condutas e condição relativa das partes, ajustadas à compreensão do mercado em que o contrato foi celebrado.

NOÇÕES INTRODUTÓRIAS E FUNDAMENTAIS

Pode-se dizer com a doutrina que "A justiça contratual será, portanto, uma modalidade da justiça comutativa. Se a justiça costuma ser representada pela balança de braços equilibrados, a justiça contratual traduz precisamente a noção de equilíbrio que deve haver entre direitos e obrigações das partes contrapostas numa relação contratual."[157]

Em termos práticos, onde mais se verifica a presença da função social do contrato são nas modalidades de contratações voltadas a preservação de interesses/direitos indisponíveis onde a razão determinante da prestação do serviço é a saúde do contratante.

Assim, a existência de uma lei especial (Lei nº 9.656/98), não implica no afastamento das normas do Código Civil (art.421), sem prejuízo das disposições do Código do Consumidor.

Sobre o assunto os seguintes julgados:

PLANO DE SAÚDE – Manutenção de dependente viúva em plano de saúde a partir do falecimento do beneficiário titular – Possibilidade – Princípios da preservação e da função social do contrato – Incoerente que a vinculação da requerente somente se justifique a título de dependente, enquanto seu companheiro fosse vivo – Rescisão do contrato coloca a consumidora em situação de desvantagem exagerada – Manutenção do contrato sem limitação temporal – Apelo da autora provido – Recurso da ré improvido.(TJSP – Rel. Des. Fábio Podestá, Apelação nº 1000716-06.2017.8.26.0037, j. 22.01.18).

– Recusa indevida de cobertura para procedimento prescrito por médico cooperado – Negativa de cobertura que implicaria quebra do sinalagma do contrato, pois o prêmio seria pago sem a correspondente cobertura de sinistro –Ilicitude da exclusão contratual da cobertura para o procedimento cirúrgico de videolaparoscopia – Forma especial de cirurgia, com diversas vantagens, tanto para a paciente quanto para a seguradora – Exclusão contratual da cobertura que afrontaria a própria função social do contrato de plano de saúde, impedindo o acesso da segurada ao tratamento de moléstia coberta pelo contrato – Método cirúrgico recomendado pelo profissional que assiste a paciente – Ação procedente –Honorários fixados com observância dos critérios do art. 20, par.4º. do CPC –Recursos principal e adesivo improvidos.(TJSP – rel. Des. Francisco Loureiro, APL 990102274438 SP, j. 12.08.10).

---

[157] NORONHA, Fernando. *O direito dos contratos e seus princípios fundamentais*. São Paulo: Saraiva, 1994, p. 215. No mesmo sentido, ITURRASPE, Jorge Mosset. *Justicia contractual*. Buenos Aires: Ediar, p. 11, passim.

2.
Aspectos e Inovações sobre o Novo Código Civil

2.1. Premissas fundamentais sobre o tema. Metodologia comparativa entre o novo e o velho sistema das relações privadas

Como decorrência da própria evolução humana, as alterações legislativas representam inevitável contingência do progresso jurídico de qualquer país, especialmente considerando o momento atual no qual as relações sociais se apresentam cada vez mais complexas, exigindo do legislador e operadores do direito contínua reflexão e adaptação para um mundo novo que se apresenta.

Por essa razão a reformulação de muitos princípios, abolição de determinadas normas, criação de institutos complementares, que não se faz notar apenas no âmbito do CC, mas amplia-se para outros setores do Direito.

Fala-se mesmo numa releitura do Direito Civil à luz da Constituição Federal e como decorrência a repersonalização das relações jurídicas privadas para afastar a excessiva doutrina liberal privilegiada pelo CC de 1916 ou buscar uma nova raiz antropocêntrica.[158]

Especificamente em relação ao CC projetado por Clóvis Beviláqua, a doutrina é unânime em reconhecer que sua principiologia não mais se

---

[158] Sobre o assunto, Luiz Edson Fachin. *Teoria crítica do direito civil*. Rio de Janeiro: Renovar, p. 174, passim; na mesma linha, TEPEDINO, Gustavo. Premissas metodológicas para a constitucionalização do Direito Civil. In: _____.*Temas de direito civil*. Rio de Janeiro: Renovar, p. 1 passim.

DIREITO DAS OBRIGAÇÕES

coadunava com a atual fase da sociedade brasileira, ou seja, editado em um período em que a maioria da população encontrava-se vivendo na área rural e herdando princípios que abdicavam posturas sociais, já era necessário um direcionamento para sua reforma.[159]

Restando inviabilizada a manutenção da maior parte do CC de 1916, a Comissão Revisora e Elaboradora do CC, criada em 1969, definiu as seguintes diretrizes que foram mantidas pelo novo CC:

a) preservação do Código vigente sempre que possível;

b) impossibilidade de mera revisão do Código Beviláqua, dada sua falta de correlação com a sociedade contemporânea;

c) alteração geral do atual Código com principiologia voltada a eticidade, socialidade e operabilidade;

d) aproveitamento de anteriores trabalhos de reforma da Lei Civil elaborado por eminentes jurisconsultos;

e) firmar a orientação de somente inserir no código matéria já consolidada ou com relevante grau de experiência crítica, transferindo-se para legislação especial questões ainda em sedimentação ou que extrapolem a matéria do CC;

f) dar nova estrutura ao código com manutenção da parte geral (Teixeira de Freitas);

g) unificação do direito das obrigações com derrogação do Código Comercial criando o chamado "Direito de Empresa".[160]

Assim é que finalmente após 26 anos de tramitação, o novo CC foi sancionado pelo Presidente Fernando Henrique Cardoso em 10 de janeiro de 2001.[161] O longo tempo assinalado foi objeto de críticas da doutrina que

---

[159] É o mesmo Luiz Edson Fachin que esclarece: "*O código patrimonial imobiliário* dava conta do individualismo oitocentista num modelo único de sociedade. Adotou, por essa mesma razão, um *standard* de família, de vínculo e de titularidade, e promoveu a exclusão legislativa das pessoas, bens, culturas e símbolos *estrangeiros* a essa definição" (cf. A Reforma no Direito Brasileiro: novas notas sobre um velho debate no direito civil. *RT* 757/65).

[160] Cf. REALE, Miguel. Código Civil: diretrizes na elaboração do anteprojeto. *O Estado de S. Paulo*, 19 ago. 2001, p. A14.

[161] A Lei nº 10.406, de janeiro de 2002, que instituiu o novo Código Civil, foi publicada no *Diário Oficial da União* de 11 de janeiro de 2002, e pelo art. 2.044 haverá um período de *vacatio legis*, entrando em vigor 1 (um) ano após sua publicação.

ASPECTOS E INOVAÇÕES SOBRE O NOVO CÓDIGO CIVIL

negou a proclamada visão progressista do novo diploma, sobretudo porque determinados avanços foram conquistados pela CF de 1988 e edição de leis ordinárias que modificaram parcialmente o CC de 1916.

Destacam-se as alterações no campo do Direito de Família com o término da distinção entre homem e mulher (notadamente entre os cônjuges), direitos e obrigações na sociedade conjugal, igualdade dos filhos concebidos ou não na constância do casamento, criação da denominada entidade familiar como gênero não só formada pelo casamento, como igualmente pela união estável e famílias monoparentais, todas por contingências no Texto Maior.[162] Também foram editadas a Lei do Divórcio (Lei nº 6.515/77), que provocou significativas mudanças no sistema de dissolução do casamento e sociedade conjugal, Estatuto da Criança e do Adolescente (Lei nº 8.069/90) que disciplinou a adoção e outros assuntos relativos a proteção do menor, bem como a legislação regulamentadora da união estável (Leis nºs 8.971/94 e 9.278/96).[163]

Sintomático, aliás, é a recente decisão do Supremo Tribunal Federal que se antecipando a alteração legislativa, reconheceu a legalidade de união entre pessoas do mesmo sexo (união homoafetiva).

Pelo interesse do assunto, transcreve-se a ementa do julgado.

E M E N T A: "UNIÃO CIVIL ENTRE PESSOAS DO MESMO SEXO – ALTA RELEVÂNCIA SOCIAL E JURÍDICO-CONSTITUCIONAL DA QUESTÃO PERTINENTE ÀS UNIÕES HOMOAFETIVAS – LEGITIMIDADE CONSTITUCIONAL DO RECONHECIMENTO E QUALIFICAÇÃO DA UNIÃO ESTÁVEL HOMOAFETIVA COMO ENTIDADE FAMILIAR: POSIÇÃO CONSAGRADA NA JURISPRUDÊNCIA DO SUPREMO TRIBUNAL FEDERAL (ADPF 132/RJ E ADI 4.277/DF) – O AFETO COMO VALOR JURÍDICO IMPREGNADO DE NATUREZA CONSTITUCIONAL: A VALORIZAÇÃO DESSE NOVO PARADIGMA COMO NÚCLEO CONFORMADOR DO CONCEITO DE FAMÍLIA – O DIREITO À BUSCA DA FELICIDADE, VERDADEIRO

[162] Para uma análise aprofundada sobre as alterações, consulte-se: COLTRO, Antônio Carlos Mathias (Org.). *O direito de família após a Constituição Federal de 1988*. São Paulo: Celso Bastos Editor, 2000; BITTAR, Carlos Alberto (Coord.). *O direito de família e a Constituição de 1988*. São Paulo: Saraiva, 1989.

[163] Para uma visão da união estável ante o novo Código Civil, consulte-se Antônio Carlos Mathias Coltro – A união estável no direito projetado – Código Civil. *Repertório de doutrina sobre Direito de Família*. v. 4. São Paulo: Revista dos Tribunais, 1999. p. 27 passim.

POSTULADO CONSTITUCIONAL IMPLÍCITO E EXPRESSÃO DE UMA IDÉIA-FORÇA QUE DERIVA DO PRINCÍPIO DA ESSENCIAL DIGNIDADE DA PESSOA HUMANA – ALGUNS PRECEDENTES DO SUPREMO TRIBUNAL FEDERAL E DA SUPREMA CORTE AMERICANA SOBRE O DIREITO FUNDAMENTAL À BUSCA DA FELICIDADE – PRINCÍPIOS DE YOGYAKARTA (2006): DIREITO DE QUALQUER PESSOA DE CONSTITUIR FAMÍLIA, INDEPENDENTEMENTE DE SUA ORIENTAÇÃO SEXUAL OU IDENTIDADE DE GÊNERO – DIREITO DO COMPANHEIRO, NA UNIÃO ESTÁVEL HOMOAFETIVA, À PERCEPÇÃO DO BENEFÍCIO DA PENSÃO POR MORTE DE SEU PARCEIRO, DESDE QUE OBSERVADOS OS REQUISITOS DO ART. 1.723 DO CÓDIGO CIVIL – O ART. 226, § 3º, DA LEI FUNDAMENTAL CONSTITUI TÍPICA NORMA DE INCLUSÃO – A FUNÇÃO CONTRAMAJORITÁRIA DO SUPREMO TRIBUNAL FEDERAL NO ESTADO DEMOCRÁTICO DE DIREITO – A PROTEÇÃO DAS MINORIAS ANALISADA NA PERSPECTIVA DE UMA CONCEPÇÃO MATERIAL DE DEMOCRACIA CONSTITUCIONAL – O DEVER CONSTITUCIONAL DO ESTADO DE IMPEDIR (E, ATÉ MESMO, DE PUNIR) "QUALQUER DISCRIMINAÇÃO ATENTATÓRIA DOS DIREITOS E LIBERDADES FUNDAMENTAIS" (CF, ART. 5º, XLI) – A FORÇA NORMATIVA DOS PRINCÍPIOS CONSTITUCIONAIS E O FORTALECIMENTO DA JURISDIÇÃO CONSTITUCIONAL: ELEMENTOS QUE COMPÕEM O MARCO DOUTRINÁRIO QUE CONFERE SUPORTE TEÓRICO AO NEOCONSTITUCIONALISMO – RECURSO DE AGRAVO IMPROVIDO. NINGUÉM PODE SER PRIVADO DE SEUS DIREITOS EM RAZÃO DE SUA ORIENTAÇÃO SEXUAL. – Ninguém, absolutamente ninguém, pode ser privado de direitos nem sofrer quaisquer restrições de ordem jurídica por motivo de sua orientação sexual. Os homossexuais, por tal razão, têm direito de receber a igual proteção tanto das leis quanto do sistema político-jurídico instituído pela Constituição da República, mostrando-se arbitrário e inaceitável qualquer estatuto que puna, que exclua, que discrimine, que fomente a intolerância, que estimule o desrespeito e que desiguale as pessoas em razão de sua orientação sexual. RECONHECIMENTO E QUALIFICAÇÃO DA UNIÃO HOMOAFETIVA COMO ENTIDADE FAMILIAR. – O Supremo Tribunal Federal – apoiando-se em valiosa hermenêutica construtiva e invocando princípios essenciais (como os da dignidade da pessoa humana, da liberdade, da autodeterminação, da igualdade, do pluralismo, da intimidade, da não discriminação e da busca da felicidade) – reconhece assistir, a qualquer pessoa, o direito fundamental à orientação sexual, havendo proclamado, por isso mesmo, a plena legitimidade ético-jurídica da união homoafetiva como entidade familiar, atribuindo-lhe, em conseqüência, verdadeiro estatuto de cidadania, em ordem a permitir que se extraiam, em favor de parceiros homossexuais, relevantes conseqüências no plano do Direito, notadamente no campo previdenciário, e, também, na esfera das relações sociais e familiares. – A extensão, às uniões homoafetivas, do mesmo regime jurídico aplicável à união estável entre pessoas de gênero distinto justifica--se e legitima-se pela direta incidência, dentre outros, dos princípios constitucionais da igualdade, da liberdade, da dignidade, da segurança jurídica e do postulado constitucional implícito que consagra o direito à busca da felicidade, os quais configuram, numa estrita dimensão que privilegia o sentido de inclusão decorrente da própria Constituição da República (art. 1º, III, e art. 3º, IV), fundamentos autônomos e suficientes aptos a conferir suporte legitimador à qualificação das conjugalidades entre pessoas do mesmo sexo como espécie do gênero entidade familiar. – Toda pessoa tem o direito fundamental de constituir família, independentemente de sua orientação sexual ou de identidade de gênero. A família resultante da união homoafetiva não pode sofrer discriminação, cabendo-lhe os mesmos direitos, prerrogativas, benefícios e obrigações que se mostrem acessíveis a parceiros de sexo distinto que integrem uniões heteroafetivas. A DIMENSÃO CONSTITUCIONAL DO AFETO COMO UM DOS FUNDAMENTOS DA FAMÍLIA MODERNA. – O reconhecimento do afeto como valor jurídico impregnado de natureza constitucional: um novo paradigma que informa e inspira a formulação do próprio conceito de família. Doutrina. DIGNIDADE DA PESSOA HUMANA E BUSCA DA FELICIDADE. – O postulado da dignidade da pessoa humana, que representa – considerada a centralidade desse princípio essencial (CF, art. 1º, III) – significativo vetor interpretativo, verdadeiro valor-fonte que conforma e inspira todo o ordenamento constitucional vigente em nosso País, traduz, de modo expressivo, um dos fundamentos em que se assenta, entre nós, a ordem republicana e democrática consagrada pelo sistema de direito constitucional positivo. Doutrina. – O princípio constitucional da busca da felicidade, que decorre, por implicitude, do núcleo de que se irradia o postulado da dignidade da pessoa humana, assume papel de extremo relevo no processo de afirmação, gozo e expansão dos direitos fundamentais, qualificando-se, em função de sua própria teleologia, como fator de neu-tralização de práticas ou de omissões lesivas cuja ocorrência possa comprometer, afetar ou, até mesmo, esterilizar direitos e franquias individuais. – Assiste, por isso mesmo, a todos, sem qualquer exclusão, o direito à busca da felicidade, verdadeiro postulado constitucional implícito, que se qualifica como expressão de uma idéia-força que deriva do princípio da essencial dignidade da pessoa humana. Precedentes do Supremo Tribunal Federal e da Suprema Corte americana. Positivação desse princípio no plano do direito comparado. A FUNÇÃO CONTRAMAJORITÁRIA DO SUPREMO TRIBUNAL FEDERAL E A PROTEÇÃO DAS MINORIAS. – A proteção das minorias e dos grupos vulneráveis qualifica-se como fundamento imprescindível à plena legitimação material do Estado

Democrático de Direito. – Incumbe, por isso mesmo, ao Supremo Tribunal Federal, em sua condição institucional de guarda da Constituição (o que lhe confere "o monopólio da última palavra" em matéria de interpretação constitucional), desempenhar função contramajoritária, em ordem a dispensar efetiva proteção às minorias contra eventuais excessos (ou omissões) da maioria, eis que ninguém se sobrepõe, nem mesmo os grupos majoritários, à autoridade hierárquico-normativa e aos princípios superiores consagrados na Lei Fundamental do Estado. Precedentes. Doutrina." (RE 477554 AgR, Relator(a): Min. CELSO DE MELLO, Segunda Turma, julgado em 16/08/2011, DJe-164 DIVULG 25-08-2011 PUBLIC 26-08-2011 EMENT VOL-02574-02 PP-00287 RTJ VOL-00220- PP-00572).

Importante igualmente foi a edição de leis de cunho protetivo e intervencionista que provocaram não só fragmentação na unidade do CC como igualmente enfraqueceram a regra da autonomia da vontade passando a criar verdadeiros microssistemas de relações jurídicas entre locadores-locatários (inquilinato), promitentes vendedores-promissários compradores (promessa de compra e venda) e mais recentemente consumidor-fornecedor de produtos ou serviços (proteção ao consumidor).[164]

A dita fragmentação por muitos autores de renome foi identificada como uma das fases da descodificação do direito, porque o CC teria deixado de representar o "centro geométrico" de toda ordem jurídica constituída. A esse fato agregou-se o primado das Constituições Federais que passaram a lançar base de uma nova sociedade, ideologicamente comprometida, regulando não só a organização do Estado e tutelando as liberdades políticas do cidadão, como conferindo poderes aos grupos intermédios com forte influência em instituições fundamentais da sociedade liberal, como a família, a propriedade e a liberdade contratual.[165]

Tornando-se realidade a nova Codificação Civil, entendemos prejudicado o denominado "Movimento de Descodificação do Direito Civil" iniciado

---

[164] Para uma abordagem sobre o fenômeno da criação dos microssistemas, veja-se GOMES, Orlando. A caminho dos microssistemas. In: ____.*Estudos jurídicos em homenagem ao Prof. Caio Mário da Silva Pereira*. Rio de Janeiro: Forense, 1984. p. 160 passim; PEREIRA, Caio Mário da Silva. *Direito civil*: alguns aspectos da sua evolução. Rio de Janeiro: Forense, 2001. p. 103 passim.

[165] Sobre o assunto, a obra de Pietro Perlingieri (*Perfis do direito civil*: introdução ao direito civil constitucional. Tradução de Maria Cristina De Cicco. Rio de Janeiro: Renovar, 1997).

ASPECTOS E INOVAÇÕES SOBRE O NOVO CÓDIGO CIVIL

na Europa e que ganhou adeptos de expressivos doutrinadores nacionais, entre eles Orlando Gomes e mais recentemente Gustavo Tepedino.[166]

A afirmação tem relevo quando se registra pelas palavras de Pontes de Miranda a seguinte advertência:

> "Quando alguma Constituição ou alguma lei entra em vigor, o que mais importa do que feri-la é interpretá-la conforme os princípios da civilização em que ela se tem de inserir e de ser aplicada."[167]

Na verdade, conforme informa um dos integrantes da Comissão que elaborou o projeto do CC, a ideia norteadora na nova legislação foi a de realizar um "Código Central", hipótese que não desfigura a existência de leis extravagantes nem recusa a ideia de sistema, sobretudo porque

> "a linguagem é outra, e nela se contêm 'cláusulas gerais', um convite para uma atividade judicial com novos princípios e normas. O juiz é, também, um legislador para o caso concreto. E, nesse sentido, o CC adquire progressivamente maiores dimensões do que os códigos que têm a pretensão, sempre impossível de ser atingida, de encerrar em sua disposição o universo do Direito".[168]

Já por isso, denota-se que a exemplo do emprego e utilização das cláusulas gerais[169] exigir-se-á maior preparo não só dos operadores do direito, mas também especificamente da magistratura, para o desempenho da função,

---

[166] Este eminente Autor, aliás, sustenta que a edição do novo Código Civil representará um retrocesso político, social e jurídico. Cf. O velho projeto de um revelho Código Civil. In: ____. *Temas de direito civil*. Op. cit. p. 437 passim.

[167] In: ____.Comentários à Constituição de 1967 com a Emenda nº 1 de 1969, (arts. 1º – 7º). Rio de Janeiro: Forense, 1987, t. 1, p. 3.

[168] SILVA, Clóvis do Couto e. O direito civil brasileiro em perspectiva histórica e visão de futuro. In: FRADERA, Vera Maria Jacob (Org.). *O direito privado brasileiro na visão de Clóvis do Couto e Silva*. Porto Alegre: Livraria do Advogado, 1997. p. 31.

[169] Na precisa lição de Judith Martins-Costa, a caracterização da cláusula geral verifica-se quando da "ocorrência de normas cujo enunciado, ao invés de traçar pontualmente a hipótese e as suas consequências, é intencionalmente desenhado como uma vaga moldura, permitindo, pela abrangência de sua formulação, a incorporação de valores, princípios, diretrizes e máximas de conduta originalmente estrangeiros ao *corpus* codificado, bem como a constante formulação de novas normas" (cf. *A boa-fé no direito privado*. São Paulo: Revista dos Tribunais, 2000. p. 286).

DIREITO DAS OBRIGAÇÕES

impondo, de certo, necessária reformulação de conceitos e da mentalidade, no caso dos juízes, não mais chamados a decidir a lide pela técnica da subsunção (aplicação da norma ao fato), mas emitir para situação litigiosa a criação da própria regra concreta do caso.

Enganam-se aqueles que, *data venia*, entendem que o novo CC seja "conservador" ou "desatualizado" com a atual sociedade globalizada, sobretudo quando se tem em conta, nos dizeres do Supervisor da Comissão Revisora, os três princípios fundamentais do "Codex" denominados "Eticidade", "Socialidade" e "Operacionalidade", todos eles com reflexos nas divisões de cada divisão estrutural do novo texto.[170]

A reunião desses três princípios aponta pela adequada adaptação do novo Código para a atual fase da sociedade brasileira, não se podendo, obviamente, esperar que uma nova lei traga suficientes perfeições ou grande dose de satisfação de toda comunidade jurídica, especialmente porque como obra humana erros e desacertos serão detectados, mesmo antes, quando se comentava o projeto.

2.2. Estrutura do novo CC. Parte geral e seus principais aspectos

A nova legislação manteve a *Parte Geral* por influência das lições herdadas de Teixeira de Freitas, disciplinando as *pessoas naturais e pessoas jurídicas, domicílio, bens* e *fatos jurídicos.*

A seguir, abre a Parte Especial versando o Livro I com a denominação *"Do Direito das Obrigações"*, suas *modalidades, transmissão, adimplemento, extinção e inadimplemento.* Dentro ainda das relações jurídicas obrigacionais, cuida da *teoria geral dos contratos e suas espécies, dos atos unilaterais, títulos de crédito, responsabilidade civil,* encerrando o referido Livro com o tratamento das *preferências e privilégios creditórios.*

O Livro II representa inovação no direito brasileiro diante da assumida unificação do direito das obrigações, que não mais serão divididas em civis e comerciais; vale dizer, pela própria dicção legal, a Parte Primeira

---

[170] Conforme afirma Miguel Reale, a "eticidade" representa a indeclinável participação dos valores éticos do ordenamento jurídico, enquanto a "socialidade" a superação do caráter individualista no Código Bevilaqua e, por fim, a "operabilidade" conferir soluções normativas de modo a facilitar a interpretação e aplicação do texto legal pelo operador do direito (cf. *O Estado de S. Paulo*, edições de 19, 20 e 21 ago. 2000, p. A14, A9 e A7, respectivamente).

ASPECTOS E INOVAÇÕES SOBRE O NOVO CÓDIGO CIVIL

do Código Comercial (arts. 1º a 456) restou expressamente revogada (art. 2.045), criando-se o chamado *"Direito de Empresa"*.[171]

Nessa seara, o Código cuida da figura do *empresário, das sociedades não personificadas e sociedades personificadas, do estabelecimento* e, por fim, *dos institutos complementares* relacionados ao tema.

Em continuação, passa-se ao Livro III, que trata do *"Direito das Coisas"*, amoldando-se o Direito Real com um novo conceito de propriedade pela própria regra constitucional direcionada a sua função social (art. 5º, incisos XXII e XXIII).

Cuida-se de início da *Posse* compreendida pela Teoria de Ihering como exteriorização da propriedade e com disciplina autônoma sem considerá-la como um direito real. Trata ainda dos outros direitos reais, entre eles *superfície, servidões, usufruto, uso, habitação, direito do promitente comprador* e, por fim, os chamados direitos reais de garantia, ou seja, *penhora, hipoteca* e *anticrese*.

Por se tratar de assunto envelhecido e superado, a *enfiteuse*, entendida como aquisição do domínio útil de imóvel mediante o pagamento de uma pensão ou foro anual, foi substituída pelo *direito de superfície* (art. 1.369), instituto consistente na concessão a um terceiro, por parte do proprietário, do direito de construir ou de plantar em seu terreno, por tempo determinado, mediante escritura pública devidamente registrada no Cartório de Registro de Imóveis.

Já no Livro IV em seguida o legislador disciplinou o *"Direito de Família"*, versando inicialmente sobre o *Direito Pessoal* e suas relações decorrentes (*casamento e parentesco*) e o *"Direito Patrimonial"* (*regime de bens, usufruto e administração dos bens dos filhos menores, alimentos e bem de família*). Encerra o assunto com o tratamento da *união estável, tutela* e *curatela*.

Enfim, o legislador tratou da última disciplina do Direito Civil abordando o *"Direito das Sucessões"* (Livro V), dividindo em *Teoria Geral* e as espécies *sucessão legítima, sucessão testamentária* e a disciplina envolvendo a divisão da herança relacionada ao *inventário* e *partilha*.

---

[171] Como tem observado a doutrina, nos tempos atuais o Código Comercial é insuficiente para reger as relações empresariais e financeiras, razão pela qual o chamado "Direito de Empresa" "diz respeito a situações em que as pessoas se associam e se organizam a fim de, em conjunto, dar eficácia e realidade ao que pactuam. O Direito de Empresa não figura, como tal, em nenhuma codificação contemporânea, constituindo, pois, uma inovação original" (cf. Miguel Reale. *Projeto do Novo Código Civil*. São Paulo: Saraiva, 1999. p. 6).

DIREITO DAS OBRIGAÇÕES

Como não poderia deixar de ser, diante do longo tempo de vigência do CC de 1916, necessariamente o legislador teve que disciplinar questões relacionadas ao direito intertemporal, nominando a hipótese como *"Livro Complementar"*, sob o título *"Das Disposições Finais e Transitórias"*.

Essa é, em síntese, a estrutura do novo CC.

Por outro lado, julgamos importante para a compreensão do novo Texto Legal a abordagem de alguns aspectos inovadores da Parte Geral, sobretudo diante da estreita relação com o assunto especificamente abordado nesta obra.

Em termos comparativos com a Parte Geral do CC de 1916, no Livro dedicado às pessoas, o novo texto legislativo exclui o art. 1º, que estabelecia: *"Este Código regula os direitos e obrigações de ordem privada concernentes às pessoas, aos bens e às suas relações."*

Compreende-se tal omissão em razão da principiologia assumida pelos redatores do *Projeto* em afastar a noção totalizadora do Código com pretensão de plenitude lógica ou completude legislativa, vale dizer,

> "o Direito Civil atual não se funda em uma só lei codificada; ao contrário, há muitas leis para distintos setores de atividade e de cidadãos. A igualdade legislativa é um sonho esquecido, na medida em que as normas jurídicas são particularizadas e com efeitos distributivos precisos. A ideia de ordenar a sociedade ficou sem efeito a partir da perda do prestígio das visões totalizadoras; O Direito Civil se apresenta antes como estrutura defensiva do cidadão e de coletividades do que como 'ordem' social".[172]

Assim, nem todo Direito Civil é esgotado pelo CC, assumindo-se a postura de que, ao lado do chamado *"Código Central"*, outros assuntos não tratados em seu texto podem ser disciplinados por leis extravagantes.[173]

Outro aspecto inovador foi a redução do limite de menoridade, de 21 para 18 anos, alteração que toma como base o atual estágio da sociedade altamente desenvolvida e informada pelos meios de comunicação e que

---

[172] LORENZETTI, Ricardo Luis. *Fundamentos do direito privado.* São Paulo: Revista dos Tribunais, 1998. p. 45.

[173] Exemplo dessa afirmativa são as chamadas leis de cunho protetivo, como a Lei nº 8.245/91 (Lei do Inquilinato) e a Lei nº 6.766/79 (Promessa de Compra e Venda e Parcelamento do Solo Urbano).

ASPECTOS E INOVAÇÕES SOBRE O NOVO CÓDIGO CIVIL

certamente terá influências em institutos como o da *emancipação*, que poderá ser concedida pelos pais ao menor que possuir 16 anos completos, e afastamento da intervenção do Ministério Público (art. 82, inciso I, do CPC), quando uma das partes no processo for maior de 18 anos.

Diversificando o instituto da ausência, expressamente criou-se a figura da *"morte presumida"* (art. 7º), que pode ser declarada sem a decretação da ausência e desde que seja extremamente provável a morte de quem estava em perigo de vida ou se alguém, desaparecido em campanha ou feito prisioneiro, não for encontrado até dois anos depois da guerra.

Com efeito, pela citada norma não mais se exige a prévia declaração de ausência para que uma pessoa seja considerada morta, especialmente porque pelo sistema do CC de 1916 somente nas hipóteses do arts. 469, 481 e 482 é que se poderia, após regular processo, declarar a presunção de falecimento com reflexos na sucessão dos bens deixados pelo *de cujus*. Por óbvio, portanto, a norma terá reflexos no *"Direito das Sucessões"*.

Importante, por outro lado, foi o tratamento conferido aos chamados *"Direitos da Personalidade"*, que de forma original foram consagrados pela Constituição de 1988 (art. 5º, inciso X).

Conforme abordamos em outra oportunidade, a personalidade enquanto aptidão para adquirir direitos e contrair obrigações não se confunde com a hipótese ora tratada, pois a referência "é feita quanto a direitos que projetam a própria existência do ser humano, ou com mais precisão, direitos essenciais que formam a medula da personalidade *(jus in se ipsa)*".[174]

O legislador privilegiou determinadas espécies, como direito ao próprio corpo, direito às partes separadas do corpo (arts. 13, parágrafo único, 14 e 15),[175] direito ao nome e suas derivações (arts. 16 a 19) e ainda imagem e vida privada (arts. 20 e 21).

Especificamente quanto ao nome, cuidou-se de cingir sua composição nos dois básicos elementos designativos, ou seja, "prenome-sobrenome", compreendendo-se o primeiro como a designação que se dá a uma pessoa natural para identificação dentro do seio familiar, enquanto o segundo,

---

[174] PODESTÁ, Fábio Henrique. Direito à intimidade. Liberdade de imprensa. Danos por publicação de notícias. *Constituição Federal de 1988*: dez anos – 1988 – 1998. COLTRO, Antônio Carlos Mathias (Coord.). São Paulo: Editora Juarez de Oliveira, 1999. p. 199.

[175] Sobre o assunto, Antônio Chaves. *Direito à vida e ao próprio corpo*. 2. ed. São Paulo: Revista dos Tribunais, 1994.

DIREITO DAS OBRIGAÇÕES

também conhecido como patronímico, a mesma identificação, mas considerada perante a sociedade.

Pode-se definir o nome civil, então, como "a designação pela qual se identificam e se distinguem as pessoas naturais, nas relações concernentes ao aspecto civil da sua vida jurídica".[176]

No caso do art. 17, o legislador conferiu expressa proteção ao nome proibindo sua utilização por outrem em publicações ou representações que exponham o titular ao desprezo público, ainda que não haja intenção de difamar.

Por outro lado, direcionando o uso para a destinação comercial, somente com autorização do titular fica permitida a utilização em propaganda (art. 18).

Diversamente do sistema a ser revogado, o legislador positivou o direito ao pseudônimo (art. 19), entendido como "o nome, diverso do nome civil, usado por alguém, licitamente, em certa esfera de ação, com o fim de, nessa esfera, projetar uma face especial da própria personalidade".[177]

A referida norma conferiu então proteção ao pseudônimo (igual a que se confere ao nome) desde que adotado para atividades lícitas, aspecto que se relaciona diretamente com a finalidade do uso, que pode ser: (a) literário e artístico em geral; (b) guerra; (c) monacal ou religioso; (d) incógnito; (e) político.

Pela noção dada, afirma-se que o pseudônimo, além de proporcionar maior popularidade para a pessoa, desempenha duas funções: a primeira, de ocultamento dos demais aspectos da personalidade do titular que não aqueles que o próprio deseja projetar por meio do pseudônimo: outra, de identificação do mesmo titular, pela correlação que se estabelece entre o nome adotado e as particularidades pessoais por intermédio deste projetadas.[178]

Quanto aos demais direitos da personalidade, compreende-se o direito à imagem como aquele que

---

[176] FRANÇA, Rubens Limongi. *Do nome civil das pessoas naturais*. São Paulo: Revista dos Tribunais, 1975. p. 22.

[177] _____.O Direito ao Pseudônimo. *Estudos jurídicos em homenagem ao Prof. Caio Mário da Silva Pereira*. Vários autores. Rio de Janeiro: Forense, 1984. p. 223.

[178] Idem. p. 226.

"a pessoa tem sobre a sua forma plástica e respectivos componentes distintos (rosto, olhos, perfil, busto) que a individualizam no seio da coletividade. Incide, pois, sobre a conformação física da pessoa, compreendendo esse direito um conjunto de caracteres que a identifica no meio social";[179]

o direito à vida privada, igualmente positivado (art. 21), não se confunde com o direito à intimidade, pois este

"envolve um campo mais restrito da vida privada, isso porque diz respeito com o interior da pessoa que normalmente se defronta com situações indevassáveis ou segredo íntimo cuja publicidade justifica o constrangimento. É em poucas palavras o estar-só, recolhido a sua própria individualidade. Quanto à vida privada, tenha-se que sua ideia parte da proteção de formas exclusivas de convivência onde a comunicação é inevitável, mas a esfera é restrita a pessoas do estrito relacionamento, afastando, por assim dizer, terceiros alheios àquela interação".[180]

Ainda quanto aos aspectos gerais, além de atribuir características essenciais aos *Direitos da Personalidade*,[181] o novo texto legislativo disciplina a vedação de limitação voluntária quanto a seu exercício (art. 11), bem como hipóteses de legitimação para recebimento das perdas e danos (arts. 12, parágrafo único; 20, parágrafo único) e estabelece casos de proteção legal (arts. 19, 20 e 21).

Com referência ao Livro III, que cuida "*Dos Fatos Jurídicos*", não se pode afirmar abandonada a noção do CC de 1916, que privilegiava a doutrina do ato jurídico.

No entanto, a primeira grande inovação do novo texto legislativo foi a adoção da teoria do negócio jurídico. Privilegia de forma clara e definitiva o instituto inspirado pela doutrina alemã e italiana e põe fim à controvérsia sobre a bipartição do ato jurídico, que a doutrina com muito esforço criou

---

[179] BITTAR, Carlos Alberto. Os direitos da personalidade. Rio de Janeiro: Forense Universitária, 1995. p. 87.

[180] PODESTÁ, Fábio Henrique. Op. cit. p. 207.

[181] Note-se que as hipóteses legais não se esgotam diante de outros caracteres reconhecidos pela doutrina (cf. Carlos Alberto Bittar. *Os direitos da personalidade*. Rio de Janeiro: Forense Universitária, 1995. p. 11).

DIREITO DAS OBRIGAÇÕES

para poder explicar o sistema do CC revogado, o qual, a rigor, só regula o ato jurídico.

Esse ponto foi bem detectado pela doutrina ao criar depois as expressões *ato jurídico estrito senso* e *ato jurídico em geral*, para poder explicar um fenômeno, que mais tarde a doutrina italiana capitulou, disciplinou e mostrou como negócio jurídico.

Pela citada inovação, separa-se o negócio jurídico do ato jurídico, e admite-se a compreensão do contrato como negócio jurídico do qual este é uma das espécies.

Nessa linha então entende expressiva doutrina que negócio jurídico representa

> "todo fato jurídico consistente em declaração de vontade, a que o ordenamento jurídico atribui os efeitos designados como queridos, respeitados os pressupostos de existência, validade e eficácia, impostos pela norma jurídica que sobre ele incide".[182]

Muito embora em nível doutrinário seja útil a menção dos referidos pressupostos, não foi seguido pelo legislador a tricotomia *existência-validade--eficácia* do negócio jurídico, colocado no Brasil por Pontes de Miranda em seu *Tratado de direito privado*, mais se considerando os requisitos do ato jurídico do antigo CC (agente capaz, objeto lícito, possível, determinado ou determinável e forma prescrita ou não defesa em lei) (art. 104).

Veja-se que o instituto do *"Ato Jurídico"* com o qualificativo *"Lícito"* foi mantido manifestando-se distinção com *"Negócios Jurídicos"*, muito embora todo tratamento a ele conferido aplique-se subsidiariamente no que couber (art. 185).

Em tema de preservação da manifestação da vontade, o legislador do novo Código determinou sua subsistência mesmo em caso de *reserva mental*, salvo se dela o destinatário tinha conhecimento (art. 110).

O instituto da *reserva mental* constava do projeto primitivo do CC de 1916, mas então abolido agora se torna positivado expressamente. De acordo com clássica e única obra monográfica nacional a respeito do assunto, define-se "como sendo a emissão de uma declaração não querida em seu

---

[182] AZEVEDO, Antônio Junqueira de. *Negócio jurídico*: existência, validade e eficácia. São Paulo: Saraiva, 1986. p. 20.

conteúdo, tampouco em seu resultado, tendo por único objetivo enganar o declaratário".[183]

Por outro lado, atribuiu-se valor ao *silêncio* que será considerado como anuência quando as circunstâncias ou os usos o autorizarem, e não for necessária a declaração de vontade expressa (art. 111).[184]

Em tema de *interpretação*, os *negócios jurídicos* sempre serão considerados com base na *boa-fé*[185] e os *usos* do lugar de sua celebração. Em se tratando dos considerados benéficos ou dotados de renúncia, a interpretação será estrita (arts. 113 e 114).

Ainda, cuidou-se de institutos desconhecidos pelo Código Beviláqua no relacionado com os defeitos do negócio jurídico, tais como *estado de perigo* (art. 156 e parágrafo único) e *lesão* (art. 157 e parágrafos).

Enquanto no primeiro a hipótese decorre de alguém, premido da necessidade de salvar-se, ou a pessoa de sua família, de grave dano conhecido pela outra parte, assume obrigação excessivamente onerosa, no outro (a lesão) a ocorrência dá-se quando uma pessoa, sob premente necessidade, ou por inexperiência, obriga-se a prestação manifestamente desproporcional ao valor da prestação oposta.

O reconhecimento dessas causas acarreta a anulabilidade do negócio jurídico.[186]

Por fim, o Código resolveu a falta de sistematização do anterior no que se refere aos prazos prescricionais e decadenciais, separando os primeiros em capítulo específico (arts. 205 e 206) e disseminando os outros ao longo de todo o texto legal, fixando em cada dispositivo o prazo que se refira à caducidade. Para os direitos pessoais, diminuiu-se o prazo excessivo de 20 para 10 anos "quando a lei não lhe haja fixado prazo menor" (art. 205).

---

[183] NERY JR., Nelson. *Vícios do ato jurídico e reserva mental*. São Paulo: Revista dos Tribunais, 1983. p. 18.

[184] LOPES, Miguel Maria de Serpa. *O silêncio como manifestação da vontade nas obrigações*. Rio de Janeiro: Suissa: Walter Roth, 1944.

[185] Trata-se da chamada boa-fé objetiva – que não se confunde com a subjetiva consagrada pelo Direito das Coisas – compreendida como *"regra de conduta* fundada na honestidade, na retidão, na lealdade e, principalmente, *na consideração para com os interesses do 'álter', visto como um membro do conjunto social que é juridicamente tutelado"* (MARTINS-COSTA, Judith. Op. cit. p. 412).

[186] Sobre a distinção e caracterização dessas figuras, consulte-se Ruy Rosado de Aguiar Jr. Projeto do Código Civil: obrigações e contratos, *RT* 775/22-23.

DIREITO DAS OBRIGAÇÕES

Passemos agora para o tema de maior interesse referente às modificações operadas dentro do Direito das Obrigações e Responsabilidade Civil.

2.3. Semelhanças e inovações registradas no direito das obrigações e responsabilidade civil

No capítulo das obrigações, o novo CC guarda, em relação à lei de 1916, certas semelhanças – que na verdade representa a maioria, chegando-se mesmo a repetir literalmente vários dispositivos legais – e algumas diferenças. Iniciemos pelas primeiras.

A rigor, detecta-se que o legislador preservou as modalidades básicas das obrigações classificadas pela forma da prestação, subdividindo-as em *obrigações de dar (coisa certa e coisa incerta)* (arts. 233 a 246), com inserção da modalidade *restituir* (arts. 238 a 240); *obrigações de fazer* (247 a 249 e parágrafo único); *obrigações de não fazer* (arts. 250 a 251 e parágrafo único); *obrigações alternativas* (arts. 252 a 256); *obrigações divisíveis e indivisíveis* (arts. 257 a 263); e *obrigações solidárias (ativa e passiva)* (arts. 264 a 285).

Em cada uma dessas espécies, basicamente, foram repetidas as disciplinas anteriormente existentes, sobretudo na caracterização, nos efeitos e na responsabilidade do devedor na hipótese de perecimento ou deterioração do objeto da prestação (cf. *v.g.* 234, 236 e 240).

Quanto às inovações e diferenças, impõe-se inicialmente registrar aspectos gerais que nortearam a nova legislação.

Registra Ruy Rosado de Aguiar Jr. que a concepção da reforma no capítulo ora sob comento norteou-se por quatro aspectos, quais sejam:

a) abandono da posição individualista para balizar a liberdade de contratar que será exercida em razão e nos limites da *função social do contrato* (art. 421), ou seja, "Em vez de considerar a intenção das partes e a satisfação de seus interesses, o contrato deve ser visto como instrumento de convívio social e de preservação dos interesses da coletividade, onde encontra sua razão de ser e de onde extrai sua força – pois o contrato pressupõe a ordem estatal para lhe dar eficácia";[187]

---

[187] Op. cit. p. 19. Sobre o assunto, confira-se também o estudo de HIRONAKA, Giselda Maria F. Novaes. A função social do contrato. In: *Direito civil*: estudos. Belo Horizonte: Del Rey, 2000. p. 101.

ASPECTOS E INOVAÇÕES SOBRE O NOVO CÓDIGO CIVIL

b) utilização das chamadas *cláusulas gerais* que já foram mencionadas anteriormente e que representam "normas jurídicas legisladas,
incorporadas de um princípio ético orientador do Juiz na solução
do caso concreto, autorizando-o a que estabeleça, de acordo com
aquele princípio, a conduta que deveria ter sido adotada no caso".
São exemplos de *cláusulas gerais* dentro da teoria geral dos contratos
a orientação de que as partes devem guardar, assim na conclusão do
contrato, como em sua execução, os princípios de *probidade e boa-fé*
(art. 422);[188]
c) preocupação com hipótese de desvalorização da moeda, referindo-se
mais de uma vez à *correção monetária* (arts. 389 e 418) e aos acessórios
legais como juros e parcela corresponde a perdas e danos;[189]
d) unificação do direito das obrigações civis e comerciais, assunto sobre
o qual já nos adiantamos linhas atrás.

Fixadas essas premissas, ainda merece atenção a consagração da possibilidade de *resolução* (art. 478) ou *revisão judicial* (arts. 479 e 480) do contrato
por *onerosidade excessiva*, instituto que na vigência do Código Civil de 1916
somente foi admitido no âmbito das relações privadas por iniciativa da
jurisprudência ou por leis especiais (*v. g.*, Decreto-lei nº 24.150/34 e Lei
nº 8.078/90).

Um dos primeiros partidários e clássicos autores a versar sobre o tema
foi Arnoldo Medeiros da Fonseca, que sustentou a possibilidade da revisão judicial do contrato desde que o evento extraordinário seja genérico,
gerando a impossibilidade absoluta ou objetiva para o contratante supostamente prejudicado.[190]

Na verdade, a Teoria da Revisão Contratual com base em ínsita cláusula
rebus sic stantibus surgiu como forma de mitigar a rigidez do princípio contratual conhecido por *pacta sunt servanda* e que hodiernamente encontra-se
com sua força enfraquecida em razão da consagração da função social do
contrato. Muito se tentou sua utilização em face de planos econômicos
que de uma forma ou outra desfiguraram a base e o equilíbrio das prestações contratuais, provocando impossibilidade de execução. No entanto,

---

[188] Ibidem. p. 20.
[189] Ibidem. p. 20-21.
[190] *Caso fortuito e teoria da imprevisão*. Rio de Janeiro: Imprensa Nacional, 1943. p. 309.

DIREITO DAS OBRIGAÇÕES

a jurisprudência repeliu tais prestações sob o argumento de que em um país dotado de constante inflação, a tentativa de estancá-la por medidas governamentais não representava fato imprevisível (*v. g.*, *RT* 624/110; 632/117; 634/83 e 635/226).

Presentemente, o novo Código Civil fixa a possibilidade de adoção da revisão ou resolução por sentença com efeitos *ex tunc* desde que o contrato seja de execução continuada ou diferida e verifiquem-se acontecimentos extraordinários e imprevisíveis que provoquem a prestação excessivamente onerosa com extrema vantagem para a outra parte contratante.[191]

Passemos então para o tema de relevo.

Inicialmente, o novo CC alterou a posição topológica do Livro do *Direito das obrigações* que antes vinha inserido na Parte Especial, mas após os Livros do *Direito de família e direitos reais*. Agora, o tratamento das obrigações que emergem dos direitos pessoais encontra-se após a *Parte geral* que na concepção de Miguel Reale referem-se à projeção natural após enunciados os direitos e deveres dos indivíduos.[192]

Pode-se dizer que a nova legislação se encontra mais bem sistematizada do que a anterior porque, além de identificar as fontes das obrigações (contratos, atos unilaterais, títulos de crédito e responsabilidade civil), passa a disciplinar as modalidades das obrigações e as transmissões que podem sofrer, seja na hipótese de cessão de crédito, seja na de assunção de dívida, instituto este inexistente no Código Beviláqua.[193]

Como modo normal de execução das obrigações (pagamento direto – *Adimplemento e Extinção das Obrigações*), o legislador assumidamente reconheceu após como modos indiretos de extinção das obrigações o *pagamento por consignação, pagamento por sub-rogação, imputação do pagamento, dação em pagamento, novação, compensação, confusão* e *remissão de dívidas*.

A *promessa de fato de terceiro* – antes no CC de 1916, previsto no art. 929 e efetivamente deslocado – agora integra a Teoria Geral dos Contratos com tratamento nos arts. 439 a 440. Da mesma forma, ocorreu com a *transação* e o *compromisso* que anteriormente eram categorizados como uma das formas

---

[191] Sobre o assunto, SIDOU, J. M. In: _____. *A revisão judicial dos contratos*. Rio de Janeiro: Forense, 1984. p. 26, passim; KLANG, Marcio. In: _____. *A teoria da imprevisão e a revisão dos contratos*. São Paulo: Revista dos Tribunais, 1991. p. 16 passim.

[192] Op. cit. p. 5-6.

[193] As duas modalidades de transferência das obrigações serão analisadas no Capítulo 30.

ASPECTS E INOVAÇÕES SOBRE O NOVO CÓDIGO CIVIL

indiretas das obrigações e, presentemente, entendeu-se por defini-los como natureza contratual, inserindo no capítulo dos *contratos em espécie* (arts. 840 a 850 e 851 a 853).[194]

Registre-se ainda que o *Pagamento Indevido* (CC de 1916 – arts. 964 a 971 tratado dentro do Título – *Dos Efeitos das Obrigações*) passou a ser considerado como *Dos Atos Unilaterais* e ganhou menção de seu gênero entendido por *Enriquecimento sem Causa*, o que no texto anterior não figurava (arts. 876 a 883 e 884 a 886).

Posteriormente, são cuidadas as hipóteses decorrentes do *Inadimplemento das Obrigações* (inclusive contratos), abordando o descumprimento das obrigações tanto no aspecto absoluto (arts. 389 a 393) como no relativo (arts. 394 a 401), sendo expressamente excluído o texto legal anterior, que supunha a existência de mora nas obrigações negativas (art. 961 do Código Beviláqua), para conferir tratamento mais técnico ao assunto (art. 390), o que efetivamente gerava certa incompreensão.

Em continuação, cuida-se das consequências dos efeitos principais do inadimplemento das obrigações (*perdas e danos* – arts. 402 a 405 e *cláusula penal* – arts. 408 a 416) e acessórios – *juros legais* e, por fim, do regime das *arras ou sinal* (arts. 417 a 420).

No que se refere a *Responsabilidade Civil*, são as seguintes inovações ou diferenças.

Conforma-se o novo texto com a menção dos *atos ilícitos em geral* prevendo-se a hipótese na *Parte Geral* (arts. 186 e 187) e causas excludentes do dever de indenizar como *legítima defesa, exercício regular de um direito reconhecido* (art. 188, inciso I) e *estado de necessidade* (188, II), condicionando, contudo, a que o ato seja legítimo desde que as circunstâncias se apresentem necessárias, sem que haja excesso nos limites do indispensável para a remoção do perigo (art. 188, parágrafo único).

Dedicado um capítulo específico para a *Responsabilidade Civil*, o legislador sistematizou a matéria tratando inicialmente sobre a *obrigação de indenizar* (Capítulo I – arts. 927 a 943) e da *indenização* (Capítulo II – arts. 944 a

---

[194] Na mesma linha, quanto a transação é a visão de Everaldo Cambler in *Curso avançado de direito civil*: direito das obrigações. São Paulo: Revista dos Tribunais, 2001. v. 2, p. 185. Entendemos, por outro lado, que a inserção do instituto do Compromisso não se fazia necessária diante do tratamento específico conferido pela Lei nº 9.037, de 23 de setembro de 1996, que dispõe sobre a arbitragem.

DIREITO DAS OBRIGAÇÕES

954, parágrafo único), similar ao que se entendia no regime anterior como liquidação das obrigações.

Foi mantida a regra geral da responsabilidade subjetiva que pressupõe a prova da culpa para gerar o dever de indenizar (arts. 186 e 927), sendo, no entanto, digno de nota a efetiva consagração do *Dano Moral* (cuja doutrina negativista foi definitivamente abolida pela Constituição de 1988 – art. 5º, inciso V e X),[195] responsabilidade civil por *abuso do direito*[196] e possibilidade de obrigação de reparar o dano, independentemente de culpa, nos casos especificados em lei, ou quando a atividade normalmente desenvolvida pelo autor do dano implicar, por sua natureza, risco para os direitos de outrem (art. 927, parágrafo único).

Já versado o tema *Dano Moral e responsabilidade civil por abuso de direito*[197] – que no Código anterior não possuía consagração expressa –, cabem algumas considerações acerca da *responsabilidade objetiva* na modalidade de *risco atividade*.

Historicamente, a vingança foi a primeira forma de reparação do dano e punição de seu autor, caracterizada como medida direta de reação contra o mal sofrido, mais como causalidade material relacionada a conduta humana infringente da ordem jurídica e o dano, do que o elemento intencional do agente.

No entanto, a evolução operou-se de forma a reparar o dano mediante o pagamento de certa soma em dinheiro que, não obstante, continuava com o caráter simultâneo da punição. Os abusos perpetrados demandaram a intervenção de autoridade pública para impor a justa atribuição ressarcitória, seguindo-se posteriormente, por obra dos juristas bizantinos da

---

[195] Registre-se de antemão que o legislador perdeu especial oportunidade para fixar parâmetros ou critérios na quantificação do dano moral, fato que determinará a continuidade das premissas eleitas pela jurisprudência tais como repercussão do dano, gravidade da culpa e condição social das partes envolvidas.

[196] Conforme informa Ruy Rosado de Aguiar Jr. "o abuso não é uma nova categoria; é, também ele, um ato ilícito que se caracteriza pelo exercício que o título de um direito faz além dos limites permitidos pelo fim econômico e social do contrato, pela boa-fé e pelos bons costumes. É uma nova hipótese de responsabilidade civil, mas não uma categoria autônoma de ilicitude, pois se entende que o direito deixa de existir quando excedidos seus limites" (op. cit. p. 23).

[197] Confiram-se, respectivamente, itens 29.11 e 29.12.4 desta obra.

ASPECTOS E INOVAÇÕES SOBRE O NOVO CÓDIGO CIVIL

época pós-clássica, as "verdadeiras preocupações e esforços doutrinais de análise psicológica da culpa".[198]

A evolução tendeu para a responsabilidade subjetiva e individual (consagrada pela maioria dos códigos, *v. g.* francês e alemão), o que por muito tempo foi a tônica das legislações do início do século XIX até meados do século XX.

No entanto, o progresso tecnológico, científico e a alta industrialização (fatores originados com a Revolução Industrial), aliados à evolução do pensamento humano para o sentido coletivo e social do direito, provocaram a mitigação da teoria da culpa para privilegiar uma concepção objetiva da causação do dano.

Bem esclarece sobre o assunto Carlos Alberto Bittar ao afirmar:

> "Verificou-se, desde logo – e, inicialmente, no campo dos acidentes de trabalho – que insuficiente se mostrava a concepção da responsabilidade civil embasada na subjetividade, para a perfeita satisfação do lesado, em especial pelo aumento dos riscos que as máquinas acarretaram, pela sucessão de acidente com elas ocorridos, e pela aceleração do hiato entre o empresário (dono das fábricas e de grandes capitais) e o trabalhador (hipossuficiente e sem mecanismos de defesa adequadas). De fato, devendo ser provada em concreto a culpa (ou o dolo), a concretização dessa indenização tornava-se difícil nesses acidentes, gerando injustiças em concreto."[199]

Nesse contexto, então, sem abandonar a noção clássica da culpa, foi ganhando corpo inicialmente um subterfúgio que, por via de interpretação, atingiu efeito que seria próprio da teoria objetiva, qual seja, a *culpa presumida* que somente poderia ser elidida mediante prova em contrário.[200]

Reservando parte da doutrina intensos ataques à noção de culpa, vários foram os processos técnicos postos em jogo para atender à praticabilidade da responsabilidade, entre eles: a admissão fácil da existência de culpa pela aplicação da teoria do abuso do direito e da culpa negativa; o reconhecimento

---

[198] COSTA, Mario Júlio de Almeida. *Direito das obrigações.* Coimbra: Almedina, 1979. p. 355.

[199] A objetivação da Teoria da Responsabilidade Civil: posição das atividades perigosas. *O direito civil na Constituição de 1988.* São Paulo: Revista dos Tribunais, 1990. p. 166.

[200] PEREIRA, Caio Mário da Silva. *Responsabilidade civil.* Rio de Janeiro: Forense, 1993. p. 262.

DIREITO DAS OBRIGAÇÕES

de presunções de culpa; a aceitação da teoria do risco; e a transformação da responsabilidade aquiliana em contratual.[201]

Consagrou-se então a responsabilidade objetiva e a responsabilidade pelo risco, precisamente em razão de atividades consideradas perigosas entendidas como a

> "que contenha em si uma grave probabilidade, uma notável potenciali-dade danosa, em relação ao critério da normalidade média, e revelada por meio de estatísticas, de elementos técnicos e da própria experiência comum".[202]

Assim, para que ocorra o dever de indenizar, prescinde-se da culpa, bastando a vítima provar o nexo causal e o dano verificado.

Nessa trilha andou bem o legislador em adotar conceito jurídico inde-terminado (atividade do autor, por sua natureza, implicar riscos para os direitos de outrem) para justificar, fora das hipóteses legais, casos de responsabilidade objetiva, não sendo procedente, *data venia*, a observação de Everaldo Cambler ao considerar que a hipótese representará "fonte de perene insegurança jurídica para aqueles que desenvolvem qualquer tipo de atividade econômica", sobretudo porque o devido balizamento será dado pela jurisprudência para considerar o que seja ou não atividade perigosa.[203]

Evidente que, considerada a questão dentro de uma interpretação restritiva, inviável a possibilidade de admitir a conclusão de que toda a atividade econômica venha apresentar algum risco, o qual, na verdade, tem caráter hierarquicamente diferenciado e de tal magnitude que importa em tratamento especial.

Dessa forma, justo que se considere que as atividades não perigosas são identificadas por via de exclusão, pois

---

[201] LIMA, Alvino. *Culpa e risco*. São Paulo: Revista dos Tribunais, 1963. p. 43.

[202] Idem. p. 170.

[203] Op. cit. p. 275. Observe-se, aliás, que, na esteira de Carlos Alberto Bittar, a identificação de atividades perigosas segue um critério natural, em razão de sua condição ou pelos meios empregados (substâncias, aparelhos, máquinas e instrumentos perigosos), e um critério jurí-dico, considerando a prática legislativa e, nos países em que se discutiu a respeito, as assim reconhecidas pela jurisprudência (op. cit. p. 170).

ASPECTOS E INOVAÇÕES SOBRE O NOVO CÓDIGO CIVIL

"são todas atividades exercidas pelo homem que não se enquadrem dentre as contempladas em leis especiais, para efeito de responsabilização particular, ou que, intrinsecamente, ou em razão das matérias-primas ou dos meios empregados, revelam menor periculosidade objetiva, como anotam, dentre outros, Comporti, Bonvicini, Benucci, Alpa e Bessone e Di Martino".[204]

Como não poderia deixar de ser, portanto, adotando-se a teoria da responsabilidade objetiva (em que, insista-se, não se cogita da investigação de culpa), direciona-se para o fato de que quem aufere vantagens no desenvolvimento de uma atividade perigosa deve, necessariamente, arcar com os ônus decorrentes, pois tais atividades, com frequência, ocasionam danos, daí a razão de sujeitar seus titulares à reparação pela simples criação e introdução de coisas perigosas na sociedade.

Podem-se, em termos exemplificativos, considerar atividades perigosas todas as que de alguma forma possuam acentuada probabilidade ou considerável potencialidade danosa, levando em conta a normalidade média a dados estatísticos, sem ignorar que a dita atividade gere *proveito* para o autor do dano ou, como prefere Caio Mário da Silva Pereira, alguém que venha a colocar em funcionamento qualquer atividade que provoque *risco--criado*.[205] Então, inserem-se na hipótese os prejuízos materiais ou pessoais decorrentes de acidentes verificados por circulação de veículos[206] e acidentes de trabalho submetidos às regras do direito comum.

Considere-se ainda o art. 931 do CC com a seguinte redação:

---

[204] BITTAR, Carlos Alberto. *Responsabilidade civil nas atividades nucleares*. São Paulo: Revista dos Tribunais, 1985. p. 40.

[205] Op. cit. p. 268.

[206] Conforme o critério de exclusão, nem todos os acidentes de trânsito envolvendo veículo poderão ser inseridos na teoria da responsabilidade objetiva. Assim, por exemplo, um acidente que envolva o atropelamento de um transeunte não é o mesmo que a colisão entre dois veículos. Francamente admissível o afastamento da investigação da culpa na primeira hipótese.
Essa também é uma tese da Profª Maria Celina Bodin de Moraes ao sustentar: "A aplicação da responsabilidade objetiva aos condutores de automóveis, seja por interpretação extensiva da jurisprudência, seja por iniciativa do legislador especial, deve, todavia, levar em consideração a tese, antes referida, acerca da reciprocidade ou da não reciprocidade do risco. Assim, mantém-se para relação entre condutores (que configura hipótese de risco recíproco) a teoria da culpa, e adota-se para a relação condutor-pedestre (hipótese de risco não recíproco) a teoria do risco [...]" (cf. Risco, solidariedade e responsabilidade objetiva – artigo publicado na *Revista dos Tribunais*, v. 854/34 – Dez. 2006 – 95º ano).

DIREITO DAS OBRIGAÇÕES

"Ressalvados outros casos previstos em lei especial, os empresários individuais e as empresas respondem independentemente de culpa pelos danos causados pelos produtos postos em circulação."

Entendemos que a disposição é salvo melhor juízo, sem razão e inútil e pode gerar confusões fruto de insuficiente reflexão.

Ao atribuir o dever de indenizar "independentemente de culpa" aos empresários individuais e às empresas pelos danos causados por produtos postos em circulação, repetiu o que já consta no Código de Defesa de Consumidor (arts. 12 e 14), que afasta a investigação da culpa na causação dos danos submetidos à relação de consumo e sem qualquer distinção quanto a ser empresário ou pessoa jurídica, exceto os profissionais liberais que seguem regime próprio (art. 14, § 4º, do CDC).[207]

Em tema de liquidação do dano, o legislador adotou a regra geral segundo a qual a indenização mede-se pela extensão do dano (art. 944). No entanto, assumindo postura inovadora, possibilitou a redução equitativa da indenização por parte do juiz, se houver excessiva desproporção entre a gravidade da culpa e o dano.

Por fim, inspirando-se em norma do direito italiano (CC – art. 2.054, 2ª alínea), estabeleceu-se expressamente a previsão da culpa concorrente (art. 945) que somente era privilegiada por obra da jurisprudência e da doutrina.[208]

---

[207] Com mais detalhes, reportamos o leitor ao Capítulo 32, em que se cuida da responsabilidade civil no Código de Defesa do Consumidor.

[208] DIAS, José de Aguiar. *Da responsabilidade civil*. Rio de Janeiro: Forense, 1983. p. 771; *JTACivSP* 72/97 e 100/110.

3.
Obrigação e seus Aspectos

3.1. Generalidades e conceito

Visando conferir adequado entendimento do conceito de obrigação, há que se fazer inicialmente algumas considerações que bem delimitam o assunto.

Sabe-se que a vida em sociedade impõe diversos deveres: do cidadão para com sua pátria, na órbita política; do indivíduo para com o grupo, na ordem social; de um para com os outros, dentro da estrutura familiar. Alguns deveres nem integram a órbita jurídica, tendo apenas cunho moral ou de mera cortesia. No entanto, quando determinada relação assume aspecto jurídico, isto é, tem referência com um dever de natureza patrimonial, configura-se na espécie a obrigação em sentido técnico-jurídico, cuja força vicejante opera efeitos com previsão legal.

Advirta-se, ainda, que nem sempre aquele dever tem referência com um aspecto patrimonial ou econômico, posto que existem relações obrigacionais que podem assumir natureza diversa.

É o caso das relações dos chamados direitos da personalidade, que propriamente não têm caráter econômico e por isso, diante do aspecto absoluto que assumem, envolvem uma prestação de natureza negativa universal de tal modo que todas as pessoas do meio social têm a obrigação de respeitar ou de não violar as formas pelas quais a pessoa física ou jurídica tem sua expressão.

Tome-se como exemplo o direito de imagem ou honra. Inequivocamente, não se pode dizer que há, nesses casos, uma relação econômica ou patrimonial. O detentor daqueles direitos e a afetação plena e exclusiva decorrentes estabelecem a favor do titular um feixe de poderes jurídicos de exigir dos demais sujeitos jurídicos o respeito de sua personalidade, impondo pois a todas as demais pessoas deveres genéricos de abstenção.

É útil mencionar que a maioria dos tratadistas nacionais ignoram que a relação obrigacional necessariamente não precisa possuir um cunho econômico, a ponto mesmo de sugerirem que a prestação pessoal, quer seja positiva ou negativa, só pode ter o mencionado caráter patrimonial.

Com efeito, toda obrigação envolve idéia de submissão que possui natureza voltada para a autonomia da vontade ou mesmo pode decorrer de algum texto legal. Num ou noutro caso uma pessoa chamada sujeito passivo ou devedor está adstrita a uma prestação positiva ou negativa em favor de outra pessoa que se diz sujeito ativo ou credor, este adquirindo a faculdade de exigir seu cumprimento.

Portanto, já se podem identificar os três elementos que formam a estrutura obrigacional:

a) partes: credor – sujeito ativo; devedor – sujeito passivo;
b) vínculo jurídico: estabelece-se entre as partes com o objetivo de fazer o credor exigir a prestação;
c) prestação: forma de cumprimento da obrigação que pode ser de dar, fazer ou não fazer. Assim, sendo a prestação de coisa, ter-se-á uma obrigação de dar; sendo prestação de um ato, uma obrigação de fazer; por fim, a prestação de abstinência, que envolve uma obrigação de não fazer. A prestação que o credor aguarda ver cumprida, forma o que se considera como objeto, ou com relação ao interesse, ao conteúdo da obrigação.

Sobre este assunto voltaremos adiante.

Assim expostas as ideias, sugere-se um conceito de obrigação que inevitavelmente não tem a pretensão de ser completo, mas certamente reunirá todos os elementos suficientes para caracterizá-lo.

Entende-se, portanto, que a obrigação é o vínculo de natureza jurídica cuja prestação patrimonial ou extrapatrimonial pode ser exigida (direito subjetivo) pelo credor em relação ao devedor.

Essa conceituação, sem pretensão de cientificidade de esgotamento, deve ser permeada pela noção de função como forma de

OBRIGAÇÃO E SEUS ASPECTOS

compreensão de que o crédito envolve um direito subjetivo assentado em um interesse.

De fato, conforme já adiantamos no Capítulo 1, repete-se presentemente que o direito subjetivo que se associa a um interesse diz respeito com a justa expectativa de prestação, já que "de igual modo que, em geral, a satisfação de um interesse típico constitui a função econômico-social do direito subjetivo privado, a satisfação da expectativa do credor, é a função econômico-social do direito das obrigações".[209]

Nessa linha, portanto, pode-se afirmar que a satisfação do interesse diz respeito ao objeto da relação jurídica obrigacional, e seu conteúdo, no que se refere ao devedor, representa o dever jurídico de cumprimento do débito, enquanto no que toca ao credor, o poder jurídico de obter a satisfação do interesse vinculado ao bem ou utilidade que o constitui.[210]

3.2. Obrigação e responsabilidade

Parte da doutrina costuma considerar a obrigação por seu aspecto estrutural, assumindo assim natureza complexa e dualista dada a existência de dois momentos, quais sejam: o primeiro é o que se denomina momento da obrigação; o segundo refere-se ao momento da responsabilidade.

A principal característica do vínculo entre as partes é seu aspecto simultâneo, transitório e sucessivo, ou, em outras palavras, no momento em que as partes vinculam-se, naturalmente que há por parte do credor uma expectativa quanto ao recebimento da prestação, a qual converte-se em pretensão para que o devedor pratique determinado ato em seu benefício. Pode esse ato consistir em dar, fazer e não fazer. Se, porém, no momento próprio da exigibilidade da prestação o devedor não pratica o ato esperado, verifica-se aquilo que se denomina lesão ao direito de crédito.

A partir daí, naturalmente que de alguma forma ao credor assistirá o direito de reparação em razão do não-cumprimento do avençado.

Mas como será feita essa reparação?

O sentido da palavra *responsabilidade* envolve a ideia de que, não sendo cumprida a obrigação primária – aquela que originou o vínculo –, haverá necessariamente conversão daquela prestação, que se transforma, para estabelecer o elo não mais entre as partes originárias, mas entre o credor e o

---

[209] BETTI, Emílio. *Teoría general de las obligaciones*. Madri: Revista de Derecho Privado, 1970. p. 43.
[210] ZANONI, Eduardo A. *Elementos de la obligación*. Buenos Aires: Astrea, 1996. p. 94-95.

DIREITO DAS OBRIGAÇÕES

patrimônio do devedor. Logo, o credor fica munido do direito de ingressar no patrimônio do devedor para buscar os bens necessários à satisfação de seu crédito.

Por exemplo: o fiador ou avalista não tem obrigação, mas tem responsabilidade. Como garantidores acessórios da obrigação, somente serão responsabilizados caso o devedor principal não observe aquele primeiro momento, vale dizer, cumpra o que foi estipulado.

O inquilino tem responsabilidade, mas também tem obrigação de pagar os aluguéis devidos. Existindo um fiador, sua obrigação e responsabilidade serão subsidiárias, mas, em geral, somente há de sua parte responsabilidade.

Outro exemplo: o tutor que assume a administração dos bens do pupilo tem somente responsabilidade, pois deve dar hipoteca de seus bens caso ocorra obrigação em nome do pupilo. O débito será eventual, mas deve haver garantia por parte do tutor.

Foram os doutrinadores germânicos que estabeleceram a concepção da obrigação como relação complexa integrada pelo débito, a obrigação que tem o devedor de satisfazer: *Schuld*; e a responsabilidade, poder que tem o credor sobre o patrimônio do devedor: *Haftung*.

Existe, neste aspecto, um fim imediato, ligado ao direito de crédito (prestação) e outro remoto justamente relacionado com a sujeição dos bens do devedor pela obrigação não adimplida (cumprida). Este último momento, em verdade, é considerado pela doutrina como um direito real de garantia, identificado como direito de penhor a afetar de forma genérica o patrimônio do devedor, ou seja, uma universalidade.[211]

Vale esclarecer, no entanto, que a doutrina dualista sofreu sérias objeções quanto a sua utilidade, notadamente porque não haveria necessidade de desmembrar a relação creditória em dois momentos para explicar conceitualmente os dados facultados pelo sistema jurídico.[212]

Assim, para buscar a satisfação de seu crédito no patrimônio do devedor, o credor deve necessariamente possuir um título que legitime a expropriação coativa daqueles bens, quando o cumprimento, portanto, não ocorra de forma espontânea.

Daí por que o CPC só concede a tutela executiva caso o devedor não cumpra com a obrigação voluntariamente. São as palavras da lei:

---

[211] ROCCO, Alfredo. *Il fallimento*. Milão: Giuffrè, reedição de 1962, nº 15 ss.
[212] VARELA, João de Matos Antunes. *Das obrigações em geral*. Coimbra: Almedina, 1993. p. 151.

OBRIGAÇÃO E SEUS ASPECTOS

"Art. 786. A execução pode ser instaurada caso o devedor não satisfaça a obrigação certa, líquida e exigível consubstanciada em título executivo. Parágrafo único. A necessidade de simples operações aritméticas para apurar o crédito exequendo não retira a liquidez da obrigação constante do título."

Fala-se então em título executivo, que pode ser extrajudicial ou judicial. O primeiro fruto de negócio jurídico celebrado entre as partes (*v. g.*, confissão de dívida, nota promissória) e o outro resultado da condenação imposta por parte do Estado-juiz, que por meio do devido processo legal declara o direito incidente no litígio entre as partes, impondo ao devedor o já citado dever que não foi observado espontaneamente.

O novo CPC dispõe sobre o assunto no artigo 784:

"Art. 784. São títulos executivos extrajudiciais:

I – a letra de câmbio, a nota promissória, a duplicata, a debênture e o cheque;

II – a escritura pública ou outro documento público assinado pelo devedor;

III – o documento particular assinado pelo devedor e por 2 (duas) testemunhas;

IV – o instrumento de transação referendado pelo Ministério Público, pela Defensoria Pública, pela Advocacia Pública, pelos advogados dos transatores ou por conciliador ou mediador credenciado por tribunal;

V – o contrato garantido por hipoteca, penhor, anticrese ou outro direito real de garantia e aquele garantido por caução;

VI – o contrato de seguro de vida em caso de morte;

VII – o crédito decorrente de foro e laudêmio;

VIII – o crédito, documentalmente comprovado, decorrente de aluguel de imóvel, bem como de encargos acessórios, tais como taxas e despesas de condomínio;

IX – a certidão de dívida ativa da Fazenda Pública da União, dos Estados, do Distrito Federal e dos Municípios, correspondente aos créditos inscritos na forma da lei;

X – o crédito referente às contribuições ordinárias ou extraordinárias de condomínio edilício, previstas na respectiva convenção ou aprovadas em assembleia geral, desde que documentalmente comprovadas;

XI – a certidão expedida por serventia notarial ou de registro relativa a valores de emolumentos e demais despesas devidas pelos atos por ela praticados, fixados nas tabelas estabelecidas em lei;

DIREITO DAS OBRIGAÇÕES

XII – todos os demais títulos aos quais, por disposição expressa, a lei atribuir força executiva.

§ 1º A propositura de qualquer ação relativa a débito constante de título executivo não inibe o credor de promover-lhe a execução.

§ 2º Os títulos executivos extrajudiciais oriundos de país estrangeiro não dependem de homologação para serem executados.

§ 3º O título estrangeiro só terá eficácia executiva quando satisfeitos os requisitos de formação exigidos pela lei do lugar de sua celebração e quando o Brasil for indicado como o lugar de cumprimento da obrigação."

Rege a matéria, na essência, o princípio pelo qual o patrimônio do devedor responde pelo não-cumprimento das obrigações, ou seja, na dicção legal "O devedor responde com todos os seus bens presentes e futuros para o cumprimento de suas obrigações, salvo as restrições estabelecidas em lei" (art. 789 do CPC).[213]

A redação do citado artigo pode causar certa perplexidade se promovida a sua aplicação a todas as modalidades das obrigações que envolvem a prestação do devedor. Assim, torna-se necessário esclarecer que a disposição legal "[...] se destina, com os cabíveis temperamentos, à tutela das obrigações de entrega de coisa e pecuniária. Ele não se estende, porém, à generalidade das obrigações e, respectivamente, não abrange a totalidade do fenômeno executório".[214]

Caso não seja devedor, mas responsável pela dívida com função de garanti-la, os bens do fiador ficarão, porém, sujeitos à execução, se os do devedor forem insuficientes à satisfação do direito do credor (art. 794, § 1º, do CPC).

Por outro lado, pelo princípio de que os bens dos sócios não respondem pelas dívidas da pessoa jurídica, salvo os casos legalmente previstos, confere o art. 596 do CPC um verdadeiro benefício de ordem aos sócios estipulando o §1º do art. 795 do novo CPC: "§ 1º O sócio réu, quando responsável pelo pagamento da dívida da sociedade, tem o direito de exigir que primeiro sejam excutidos os bens da sociedade.")

---

[213] No Código Civil identifica-se regra similar com a seguinte redação: "Art. 391. Pelo inadimplemento das obrigações respondem todos os bens do devedor."

[214] Assis, Araken. *Manual da execução*. São Paulo: Revista dos Tribunais, 2007. p. 201-202.

OBRIGAÇÃO E SEUS ASPECTOS

Ainda, cuidando-se de dívida do espólio, estipula o art. art. 796. "O espólio responde pelas dívidas do falecido, mas, feita a partilha, cada herdeiro responde por elas dentro das forças da herança e na proporção da parte que lhe coube."

Com a edição do novo CPC, as novas disposições sobre cumprimento de sentença, no que concerne à condenação em obrigações, encontram-se nos artigos 523 a 527 e de 536 a 538.

"DO CUMPRIMENTO DEFINITIVO DA SENTENÇA QUE RECONHECE A EXIGIBILIDADE DE OBRIGAÇÃO DE PAGAR QUANTIA CERTA

Art. 523. No caso de condenação em quantia certa, ou já fixada em liquidação, e no caso de decisão sobre parcela incontroversa, o cumprimento definitivo da sentença far-se-á a requerimento do exequente, sendo o executado intimado para pagar o débito, no prazo de 15 (quinze) dias, acrescido de custas, se houver.

§ 1º Não ocorrendo pagamento voluntário no prazo do caput, o débito será acrescido de multa de dez por cento e, também, de honorários de advogado de dez por cento.

§ 2º Efetuado o pagamento parcial no prazo previsto no caput, a multa e os honorários previstos no § 1º incidirão sobre o restante.

§ 3º Não efetuado tempestivamente o pagamento voluntário, será expedido, desde logo, mandado de penhora e avaliação, seguindo-se os atos de expropriação.

Art. 524. O requerimento previsto no art. 523 será instruído com demonstrativo discriminado e atualizado do crédito, devendo a petição conter:

I – o nome completo, o número de inscrição no Cadastro de Pessoas Físicas ou no Cadastro Nacional da Pessoa Jurídica do exequente e do executado, observado o disposto no art. 319, §§ 1º a 3º;

II – o índice de correção monetária adotado;

III – os juros aplicados e as respectivas taxas;

IV – o termo inicial e o termo final dos juros e da correção monetária utilizados;

V – a periodicidade da capitalização dos juros, se for o caso;

VI – especificação dos eventuais descontos obrigatórios realizados;

VII – indicação dos bens passíveis de penhora, sempre que possível.

DIREITO DAS OBRIGAÇÕES

§ 1º Quando o valor apontado no demonstrativo aparentemente exceder os limites da condenação, a execução será iniciada pelo valor pretendido, mas a penhora terá por base a importância que o juiz entender adequada.

§ 2º Para a verificação dos cálculos, o juiz poderá valer-se de contabilista do juízo, que terá o prazo máximo de 30 (trinta) dias para efetuá-la, exceto se outro lhe for determinado.

§ 3º Quando a elaboração do demonstrativo depender de dados em poder de terceiros ou do executado, o juiz poderá requisitá-los, sob cominação do crime de desobediência.

§ 4º Quando a complementação do demonstrativo depender de dados adicionais em poder do executado, o juiz poderá, a requerimento do exequente, requisitá-los, fixando prazo de até 30 (trinta) dias para o cumprimento da diligência.

§ 5º Se os dados adicionais a que se refere o § 4º não forem apresentados pelo executado, sem justificativa, no prazo designado, reputar-se-ão corretos os cálculos apresentados pelo exequente apenas com base nos dados de que dispõe.

Art. 525. Transcorrido o prazo previsto no art. 523 sem o pagamento voluntário, inicia-se o prazo de 15 (quinze) dias para que o executado, independentemente de penhora ou nova intimação, apresente, nos próprios autos, sua impugnação.

§ 1º Na impugnação, o executado poderá alegar:

I – falta ou nulidade da citação se, na fase de conhecimento, o processo correu à revelia;

II – ilegitimidade de parte;

III – inexequibilidade do título ou inexigibilidade da obrigação;

IV – penhora incorreta ou avaliação errônea;

V – excesso de execução ou cumulação indevida de execuções;

VI – incompetência absoluta ou relativa do juízo da execução;

VII – qualquer causa modificativa ou extintiva da obrigação, como pagamento, novação, compensação, transação ou prescrição, desde que supervenientes à sentença.

§ 2º A alegação de impedimento ou suspeição observará o disposto nos arts. 146 e 148.

§ 3º Aplica-se à impugnação o disposto no art. 229.

§ 4º Quando o executado alegar que o exequente, em excesso de execução, pleiteia quantia superior à resultante da sentença, cumprir-lhe-á declarar de

OBRIGAÇÃO E SEUS ASPECTOS

imediato o valor que entende correto, apresentando demonstrativo discriminado e atualizado de seu cálculo.

§ 5º Na hipótese do § 4º, não apontado o valor correto ou não apresentado o demonstrativo, a impugnação será liminarmente rejeitada, se o excesso de execução for o seu único fundamento, ou, se houver outro, a impugnação será processada, mas o juiz não examinará a alegação de excesso de execução.

§ 6º A apresentação de impugnação não impede a prática dos atos executivos, inclusive os de expropriação, podendo o juiz, a requerimento do executado e desde que garantido o juízo com penhora, caução ou depósito suficientes, atribuir-lhe efeito suspensivo, se seus fundamentos forem relevantes e se o prosseguimento da execução for manifestamente suscetível de causar ao executado grave dano de difícil ou incerta reparação.

§ 7º A concessão de efeito suspensivo a que se refere o § 6º não impedirá a efetivação dos atos de substituição, de reforço ou de redução da penhora e de avaliação dos bens

§ 8º Quando o efeito suspensivo atribuído à impugnação disser respeito apenas a parte do objeto da execução, esta prosseguirá quanto à parte restante.

§ 9º A concessão de efeito suspensivo à impugnação deduzida por um dos executados não suspenderá a execução contra os que não impugnaram, quando o respectivo fundamento disser respeito exclusivamente ao impugnante.

§ 10. Ainda que atribuído efeito suspensivo à impugnação, é lícito ao exequente requerer o prosseguimento da execução, oferecendo e prestando, nos próprios autos, caução suficiente e idônea a ser arbitrada pelo juiz.

§ 11. As questões relativas a fato superveniente ao término do prazo para apresentação da impugnação, assim como aquelas relativas à validade e à adequação da penhora, da avaliação e dos atos executivos subsequentes, podem ser arguidas por simples petição, tendo o executado, em qualquer dos casos, o prazo de 15 (quinze) dias para formular esta arguição, contado da comprovada ciência do fato ou da intimação do ato.

§ 12. Para efeito do disposto no inciso III do § 1º deste artigo, considera-se também inexigível a obrigação reconhecida em título executivo judicial fundado em lei ou ato normativo considerado inconstitucional pelo Supremo Tribunal Federal, ou fundado em aplicação ou interpretação da lei ou do ato normativo tido pelo Supremo Tribunal Federal como incompatível com a Constituição Federal, em controle de constitucionalidade concentrado ou difuso.

§ 13. No caso do § 12, os efeitos da decisão do Supremo Tribunal Federal poderão ser modulados no tempo, em atenção à segurança jurídica.

DIREITO DAS OBRIGAÇÕES

§ 14. A decisão do Supremo Tribunal Federal referida no § 12 deve ser anterior ao trânsito em julgado da decisão exequenda.

§ 15. Se a decisão referida no § 12 for proferida após o trânsito em julgado da decisão exequenda, caberá ação rescisória, cujo prazo será contado do trânsito em julgado da decisão proferida pelo Supremo Tribunal Federal.

Art. 526. É lícito ao réu, antes de ser intimado para o cumprimento da sentença, comparecer em juízo e oferecer em pagamento o valor que entender devido, apresentando memória discriminada do cálculo.

§ 1º O autor será ouvido no prazo de 5 (cinco) dias, podendo impugnar o valor depositado, sem prejuízo do levantamento do depósito a título de parcela incontroversa.

§ 2º Concluindo o juiz pela insuficiência do depósito, sobre a diferença incidirão multa de dez por cento e honorários advocatícios, também fixados em dez por cento, seguindo-se a execução com penhora e atos subsequentes.

§ 3º Se o autor não se opuser, o juiz declarará satisfeita a obrigação e extinguirá o processo.

Art. 527. Aplicam-se as disposições deste Capítulo ao cumprimento provisório da sentença, no que couber."

"Seção I
Do Cumprimento de Sentença que Reconheça a Exigibilidade de Obrigação de Fazer ou de Não Fazer

Art. 536. No cumprimento de sentença que reconheça a exigibilidade de obrigação de fazer ou de não fazer, o juiz poderá, de ofício ou a requerimento, para a efetivação da tutela específica ou a obtenção de tutela pelo resultado prático equivalente, determinar as medidas necessárias à satisfação do exequente.

§ 1º Para atender ao disposto no caput, o juiz poderá determinar, entre outras medidas, a imposição de multa, a busca e apreensão, a remoção de pessoas e coisas, o desfazimento de obras e o impedimento de atividade nociva, podendo, caso necessário, requisitar o auxílio de força policial.

§ 2º O mandado de busca e apreensão de pessoas e coisas será cumprido por 2 (dois) oficiais de justiça, observando-se o disposto no art. 846, §§ 1º a 4º, se houver necessidade de arrombamento.

OBRIGAÇÃO E SEUS ASPECTOS

§ 3º O executado incidirá nas penas de litigância de má-fé quando injustificadamente descumprir a ordem judicial, sem prejuízo de sua responsabilização por crime de desobediência.

§ 4º No cumprimento de sentença que reconheça a exigibilidade de obrigação de fazer ou de não fazer, aplica-se o art. 525, no que couber.

§ 5º O disposto neste artigo aplica-se, no que couber, ao cumprimento de sentença que reconheça deveres de fazer e de não fazer de natureza não obrigacional.

Art. 537. A multa independe de requerimento da parte e poderá ser aplicada na fase de conhecimento, em tutela provisória ou na sentença, ou na fase de execução, desde que seja suficiente e compatível com a obrigação e que se determine prazo razoável para cumprimento do preceito.

§ 1º O juiz poderá, de ofício ou a requerimento, modificar o valor ou a periodicidade da multa vincenda ou excluí-la, caso verifique que:

I – se tornou insuficiente ou excessiva;

II – o obrigado demonstrou cumprimento parcial superveniente da obrigação ou justa causa para o descumprimento.

§ 2º O valor da multa será devido ao exequente.

§ 3º A decisão que fixa a multa é passível de cumprimento provisório, devendo ser depositada em juízo, permitido o levantamento do valor após o trânsito em julgado da sentença favorável à parte ou na pendência do agravo fundado nos incisos II ou III do art. 1.042.

§ 4º A multa será devida desde o dia em que se configurar o descumprimento da decisão e incidirá enquanto não for cumprida a decisão que a tiver cominado.

§ 5º O disposto neste artigo aplica-se, no que couber, ao cumprimento de sentença que reconheça deveres de fazer e de não fazer de natureza não obrigacional.

Seção II
Do Cumprimento de Sentença que Reconheça a Exigibilidade de Obrigação de Entregar Coisa

Art. 538. Não cumprida a obrigação de entregar coisa no prazo estabelecido na sentença, será expedido mandado de busca e apreensão ou de imissão na posse em favor do credor, conforme se tratar de coisa móvel ou imóvel.

§ 1º A existência de benfeitorias deve ser alegada na fase de conhecimento, em contestação, de forma discriminada e com atribuição, sempre que possível e justificadamente, do respectivo valor.

§ 2º O direito de retenção por benfeitorias deve ser exercido na contestação, na fase de conhecimento.

§ 3º Aplicam-se ao procedimento previsto neste artigo, no que couber, as disposições sobre o cumprimento de obrigação de fazer ou de não fazer."

3.3. Elementos da obrigação

Conforme já mencionado anteriormente, as obrigações têm seus elementos próprios para entendê-las dentro do aspecto técnico-jurídico que se expõe. Levando em conta o requisito subjetivo, fala-se então das partes da relação obrigacional (credor/devedor). Quando se tem em análise o requisito objetivo, a consideração é feita quanto ao vínculo entre aquelas partes e a prestação.

Logo, há:

3.3.1. Sujeitos da obrigação

Configura a ideia do elemento subjetivo da obrigação; pelo lado passivo fala-se em devedor ou débito e pelo lado ativo diz-se credor ou crédito. Tanto um como o outro pode ser uma pessoa física ou jurídica, mas deve ser determinado, o que não impede que seja indeterminado, mas no mínimo determinável.

Exemplo: quando se emite um cheque ao portador, o banco sacado não sabe quem é o credor do título num primeiro momento, mas assim que apresentado para cobrança, será o credor identificado. Outro exemplo: despesas de condomínio. Tenha-se a hipótese do apartamento que é vendido e não se identifica o proprietário. A obrigação é transeunte, ambulatória, transfere-se ao novo dono, quando será então identificado o proprietário.[215]

Das noções referentes à Teoria Geral do Direito Civil não se pode ignorar que os sujeitos da relação jurídica sejam capazes, como, de regra, exige-se para a constituição de toda relação jurídica. Na mesma linha, a necessária distinção entre capacidade negocial e capacidade delitual, "tendo em vista

---

[215] Cf. artigo do autor deste livro sob o título Obrigações *propter rem*. *Revista de Direito das Faculdades Metropolitanas Unidas*, São Paulo, ano 9, nº 12, p. 245, nov. 1995.

que a obrigação tanto pode resultar de um negócio jurídico como de um ato ilícito, sendo imposta, neste caso, pela lei".[216]

3.3.2. Elemento objetivo da obrigação

É o componente físico material, o objeto que se apresenta na prestação e é sempre de conteúdo econômico, mas não obrigatório.

De acordo com a teoria geral do direito civil, para um ato jurídico ser válido devem-se reunir os requisitos do art. 104, I a III, do CC, que na verdade são os próprios requisitos da prestação, isto é, deve esta ser possível, lícita e determinada.

A possibilidade deve ser natural e jurídica. Se alguém assume o compromisso de construir uma ponte entre Santos e a Cidade do Cabo, percebe-se logo a impossibilidade física, uma impossibilidade natural. Outras vezes a impossibilidade pode ser jurídica, hipóteses ditadas em função da manutenção da moral, costumes ou da lei. Imagine-se o caso, por exemplo, de um indivíduo que coloca a venda determinadas substâncias nocivas à saúde.

O objeto da prestação deve ser por fim determinado ou no mínimo determinável. O credor, para que possa exigir uma prestação, deve saber em que consiste, pelo menos de maneira aproximada; o devedor, por sua vez, para que assuma o compromisso válido, precisa ter consciência de sua natureza e subsistência. Exemplo: alguém se obriga a comprar todo o peixe que vier na rede; ou o credor promete adquirir o resultado da colheita feita pelo devedor.

3.3.3. Relação jurídica – vínculo

Representa este elemento objetivo o elo que liga o credor ao devedor a ponto de possibilitar a exigência da prestação.

O vínculo caracteriza a própria obrigação civil (em oposição à obrigação moral ou natural), e por isso que o devedor tem sua atividade disciplinada pelo plano da obrigação convencionado com o credor, diversamente do que ocorre na obrigação natural, como será visto adiante.

Logo, a compreensão deste elemento diz respeito aos dois lados diversos da relação, um de sujeição e o outro o direito subjetivo de exigir a prestação.

---

[216] GOMES, Orlando. *Obrigações*. Rio de Janeiro: Forense, 2004. p. 21.

DIREITO DAS OBRIGAÇÕES

"Trata-se de um vínculo jurídico entre pessoas determinadas, por virtude do qual uma delas – o devedor (podem ser vários) – deve realizar em benefício de outra – credor (também pode haver mais de um) – uma dada actividade positiva ou negativa (prestação debitória)."[217]

Não se ignore, no entanto, que se o vínculo obrigacional é efetivamente uma zona reservada a credores e devedores, nada impede que a prestação seja efetuada por terceiro, isto é, o vínculo jurídico não é perfeitamente estanque, antes permitindo a intromissão, no sentido débito-crédito, de terceiros que, substituindo-se ao devedor, satisfazem o interesse do credor.[218]

Essa colocação fica evidente ao considerar que terceiros (interessados ou não) podem executar a prestação, desde que nos termos da lei, o credor se oponha ou se o devedor não tinha meios para ilidir a ação do credor (art. 304, parágrafo único e art. 306 do CC).

Deve-se registrar a existência de parcela da doutrina que analisa a relação jurídica obrigacional tomando-se como base a teoria da situação jurídica, de tal modo que:

"À luz dessa nova concepção, a expressão *situação jurídica* deixa de significar uma simples etapa genética na formação de relação jurídica (segundo Kohler), ou mera posição de sujeito como parte dessas relações (conforme Carnelutti), para corresponder a toda e qualquer situação de fato sobre que incida norma de direito."[219]

---

[217] ANDRADE, Manuel A. Domingues de. *Teoria geral da relação jurídica*. Coimbra: Almedina, 1994. v.1, p. 16.

[218] MENEZES CORDEIRO, António. *Direito das obrigações*. Lisboa: AAFDL, 1999. v. 1, p. 266.

[219] COSTA JUNIOR, Olímpio. *A relação jurídica obrigacional*. São Paulo: Saraiva, 1994. p. 4.

4.
Evolução Histórica do Conceito de Obrigação

No curso da evolução histórica, noção de obrigação divide-se em três etapas: fase pré-romana, depois o conceito romano e após a noção moderna.

Atualmente, certa doutrina, centrada na leitura civil-constitucional da teoria geral do contrato (bem associada à teoria geral das obrigações), refere-se a uma concepção pós-moderna, ou seja, o contrato hoje seria uma relação jurídica subjetiva, nucleada na solidariedade constitucional, destinada a produção de efeitos jurídicos existenciais e patrimoniais, não só entre os titulares subjetivos da relação, como também perante terceiros.[220]

Primitivamente, não havia direito das obrigações, pois o vínculo para tal fim era destituído de confiança, campeando a hostilidade que prejudicava o contato entre os povos, somente feito por movimentos bélicos e aliado a inexistência de direitos individuais.

A noção de obrigação surgiu com o caráter coletivo, quando todo grupo empreendeu negociações e estabeleceu o comércio. O desenvolvimento de tal prática passou da obrigação coletiva para a individual, mas sempre tendo um caráter punitivo na hipótese de descumprimento do avençado.

Ingressando no conceito romano, não confere segurança a ideia de desenvolvimento da noção de obrigação ter como pressuposto a importância da declaração de vontade como elemento gerador de direitos e obrigações.

---

[220] NALIN, Paulo. *Do contrato*: conceito pós-moderno. Curitiba: Juruá Editora, 2001. p. 255.

DIREITO DAS OBRIGAÇÕES

Nesse período como no anterior, o não-cumprimento da obrigação implicava para o devedor o pagamento com o próprio corpo ou, então, no caso de insolvência, levá-lo para além do Tibre, quando sua vida era tirada e seu corpo dividido, com entrega das partes aos credores.

Tratava-se do conceito primitivo da denominada *obligatio*, um vínculo de caráter eminentemente pessoal, a ligar o devedor ao credor, vale dizer, o vínculo obrigacional caracterizava-se por sua rigorosa e absoluta "pessoalidade", abstraindo-se qualquer idéia de "patrimonialidade", ao contrário do conceito moderno, conforme já exposto.

A assimilição ou incorporação da *obligatio* aos deveres jurídicos, como categoria da teoria geral do direito, ocorreu definitivamente no século XVII, conforme demonstra Hans Hattenhauer ao invocar passagem de Paulus, jurista romano do século III da era cristã com o seguinte conteúdo em Digesto 44, 7, 3:

> "A essência das obrigações não consiste em que alguém nos faça proprietário de alguma coisa ou de uma servidão, mas em obrigar alguém a dar-nos alguma coisa, a fazer ou a não fazer."

Com a *Lex Poetelia Papiria* de 428 a.C. aboliu-se a execução com o próprio corpo para daí desenvolver o conceito de obrigação tal como se acha sedimentado atualmente, ou seja, um vínculo jurídico sob o qual uma pessoa pode exigir da outra uma prestação economicamente apreciável.[221]

Ainda, grande ressonância teve o conceito para a idade moderna da história.

Dentro da noção de que as obrigações representam meios para realizar a troca de bens ou de serviços, com a Revolução Industrial, capitalismo e com o desenvolvimento dos negócios, agigantou-se sua importância.

O século XIX e a primeira década do atual foram governados pelo contrato-lei entre as partes. A importância das obrigações livremente estabelecidas e do contrato ganhou considerável dimensão que marcou de forma decisiva a vida social da nossa civilização no século passado e em nossa época. Depois da Primeira Guerra Mundial, porém, principalmente após a Grande Depressão de 1929, assistimos à subversão dos princípios e

---

[221] Cf. AzEVEDO, Álvaro Villaça. *Teoria geral das obrigações*. São Paulo: Revista dos Tribunais, 1990. p. 26 ss.

EVOLUÇÃO HISTÓRICA DO CONCEITO DE OBRIGAÇÃO

regras gerais construídos pelo liberalismo e pelo individualismo, que até então haviam sido observados rigorosamente no comércio jurídico.

Essa concepção, bem afinada pela ideologia do Código Civil francês de 1804, traduzia-se pelo tripé das relações privadas calcadas pela valorização dos institutos contrato, propriedade e família.

No primeiro caso (contrato), o suporte era dado pela ideia-base, concebendo as pessoas contratantes com igualdade meramente formal, com ampla liberdade contratual (autonomia da vontade), isto é, não só de escolher o tipo contratual, como também de formular as cláusulas. Nesse contexto, o Estado, conforme já observamos no Capítulo 2, limitava-se a disciplinar e expor as regras de um jogo do qual não participava diretamente.

Assim, qualquer intervenção estatal nas relações privadas era tida como um sacrifício da vontade dos particulares, mais interessando que, por meio dos jogos de forças, a própria sociedade saberia auto-regulamentar seus interesses.

Acontecimentos historicamente reconhecidos como fundamentais justificaram o aparecimento de problemas para os quais a ideologia dominante e os ordenamentos legais não encontravam solução satisfatória, e todos eles relacionados, na sua essência, com a ideia de que os fatos novos exigiam uma nova postura. A verificação de transformações quantitativas e qualitativas da sociedade, a partir de contradições internas do seu modo de produção, com a acumulação do capital em grandes empresas, as crises de sobreprodução e depois as crises de inflação, a desposse dos trabalhadores dos meios de produção e do seu próprio trabalho e a produção em massa vieram pôr em questão os postulados fundamentais do modelo liberal.[222]

Em última análise, tem-se o início de um tempo de minimização do poder do voluntarismo (a vontade como determinante das relações jurídicas), com limitações da autonomia privada, em suma, com franca intervenção do Estado, o que justificou a concepção da publicização do direito civil para alguns autores e, mais modernamente, sob o influxo da chamada globalização, a necessidade de socialização do direito, o que certamente provoca a alteração do conceito de obrigação, atualmente mais importando um modelo de cooperação entre as partes (credor e devedor e contratantes) do que a noção clássica e simples de mera relação entre o crédito e o

---

[222] FIGUEIRA, Eliseu. *Renovação do sistema de direito privado.* Lisboa: Caminho Editora, 1989. p. 89.

DIREITO DAS OBRIGAÇÕES

débito considerados, que se esgotam no dever de prestar e no correlato direito de exigir a prestação.

Diretamente influenciado por esta concepção é que o novo Código Civil privilegia as chamadas cláusulas gerais no desenvolvimento da relação obrigacional tendente ao seu cumprimento, como o caso da boa-fé objetiva, probidade, função social, usos e costumes e possibilidade de revisão da contratação em razão de fatos imprevisíveis ou extraordinários que provoquem excessiva onerosidade ao devedor, possibilitando-se a revisão do contrato.

Nada obstante, conforme já afirmado, as obrigações e os contratos se encontram entre os capítulos mais importantes do direito civil ocidental diante da circulação de riquezas inerente a esses institutos.

Não é por outra razão que o contrato, (onde enquadra-se a obrigação), compreendido em seu contexto jurídico, também representa uma operação econômica, cuja "formalização jurídica nunca é construída (com seus caracteres específicos e peculiares) como fim em si mesma, mas sim, com vista e em função da operação econômica, da qual representa, por assim dizer, o involucro ou a veste exterior, e prescindindo da qual resultaria vazia, abstrata e, consequentemente, incompreensível: mais precisamente, com vista e em função do arranjo que se quer dar às operações econômicas, dos interesses que no âmbito das operações econômicas se quererem tutelar e prosseguir."[223]

---

[223] ROPPO, Enzo. *O contrato*, Coimbra: Almedina, 1988, p.9.

5.
Fontes e Classificação das Obrigações

5.1. Conceito

Vem das lições da parte geral do Código Civil a identificação das fontes do direito que certamente podem assumir, em termos de conceito, diversas visões, vale dizer, certa doutrina demonstra a existência de seis acepções da locução "fontes do direito", começando com aquela que remete a uma ordem natural ou divina; uma forma de organização humana que pressupõe o direito para existir e desenvolver-se; um órgão de criação do direito conforme as normas de competência de um dado ordenamento jurídico; o fundamento da validez de uma norma jurídica; aquela que alude a fatores políticos, econômicos, sociais, científicos que presentes numa determinada sociedade influenciam a produção das normas; e uma última que se refere ao conhecimento jurídico, ou simplesmente, fontes cognitivas como manifestações externas reveladoras de normas jurídicas ou fatos com significados ou importância jurídica.[224]

Em edições anteriores afirmávamos que a lei é a fonte mais importante entre todas, porquanto decorre da vontade superior, que é o Estado, e isto fica bem evidente quando o art. 5º, II, da CF, estipula que "[...] ninguém será obrigado a fazer ou deixar de fazer alguma coisa senão em virtude

---

[224] NARDUCCI, Agustín Squella. *Introdución al derecho*. Santiago: Editorial Jurídica Chile, 2004. p. 206-207.

de lei".[225] Os exemplos são recorrentes, podendo-se citar a obrigação de prestar alimentos (art. 1.694 do CC) ou aquela relacionada com o dever de reparar (art. 186 do CC).

Não é esse o campo próprio para o aprofundamento de discussões doutrinárias acerca da superação do positivismo e o surgimento de um pós--positivismo caracterizado pela publicização do direito privado e hegemonia dos princípios, uma vez que passam a ser constitucionalizados.

Em rigor, nos tempos atuais, o impacto da globalização e seus efeitos decorrentes seguramente atingiu um dos setores do Estado que é precisamente a produção de normas jurídicas. O desenvolvimento da sociedade que assiste cada vez mais a complexidade das relações jurídicas certamente justifica, no mínimo, o questionamento do chamado monismo jurídico dotado de pretensa totalidade, certeza e exclusividade na compreensão e aplicação do direito.

Hoje não se pode mais falar que o Estado detém o monopólio da produção jurídica como se a visão positivista do direito pretendesse que a discrição e explicação das normas de direito representassem o único procedimento digno de cientificidade.

A evolução de uma concepção do direito permeada por fatores sociais e econômicos abre caminho para o que se denominou por "pluralismo jurídico", ou seja, "As hipóteses mais comuns procuram demonstrar que para além das formas jurídicas, positivas e dogmaticamente herdadas, é necessário reconhecer a existência de outras manifestações normativas não derivadas dos canais estatais, emergidas dos conflitos sociais, das alterações econômicas e das flutuações de um processo histórico-social complexo e em rápida transformação".[226]

No campo da aplicação do direito, entende-se que a tônica atual é não ignorar que a lei deve ser interpretada de forma a alcançar a solução mais

---

[225] Nesse ponto, parece que o legislador ao se referir a lei quis, na verdade, falar em norma, pois no magistério de Vicente Ráo, "[...] quando falamos em norma, não queremos aludir a lei tão-somente, senão a todo direito normativo, costumeiro ou escrito, e, também aos princípios gerais que, fundamentando e inspirando o ordenamento jurídico, nele ao mesmo tempo se incorporam, suprindo-lhe as falhas e omissões" (cf. *Ato jurídico*. São Paulo: Revista dos Tribunais, 1997. p. 25).

[226] FEITOSA, Maria Luiza Pereira de Alencar Mayer. *Paradigmas inconclusos*: os contratos entre a autonomia privada, a regulação estatal e a globalização dos mercados, Coimbra: Coimbra Editora, 2007. p. 235-236.

FONTES E CLASSIFICAÇÃO DAS OBRIGAÇÕES

justa, vez que o rigor excessivo na interpretação literal pode conduzir a pratica de injustiça, ou seja, conforme manifesta-se a jurisprudência: "A melhor interpretação da lei e a que se preocupa com a solução justa, não podendo o seu aplicador esquecer que o rigorismo na exegese dos textos legais pode levar a injustiça."[227]

Na mesma linha, outro julgado reconhece que a interpretação das leis não deve ser formal, mas sim, antes de tudo, real, humana, socialmente útil [...] Se o juiz não pode tomar liberdades inadmissíveis com a lei, julgando contra 'legem', pode e deve, por outro lado, optar pela interpretação que mais atenda as aspirações da justiça e do bem comum.[228]

Desconsiderando a identificação de uma tradicional classificação de fontes formais (aquelas que se referem aos fatores que influenciam na produção, modificação ou derrogação de normas) e materiais (os diferentes procedimentos de criação de normas jurídicas e o modo pela qual elas exteriorizam-se dentro de uma determinada sociedade), interessa-nos de perto as chamadas fontes das obrigações.

No campo das classificações das obrigações, certamente há diferentes perspectivas entre os autores que trataram do tema, não sendo possível afirmar que um critério é melhor, ou pior do que outro, ou se há um mais completo ou menos incompleto.

Mas há outros aspectos que dificultam a compreensão do tema.

Existe uma série de fatos a atos humanos que são considerados, pelo direito legislado, como hábeis para produzir relações jurídicas obrigacionais, levando-se em conta também a complexidade do enquadramento dessa diversidade de fatos e atos humanos em categorias conceituais que os abarquem, dada a heterogeneidade dos mesmos. Há ainda o componente da omissão legislativa para certas hipóteses que podem causar a criação de relações jurídicas obrigacionais, como é o caso da chamada relação contratual de fato ou dever de reparar decorrente de atos lícitos.[229]

---

[227] Rel. Min. Sálvio de Figueiredo – RSTJ, v. 4/154.

[228] RSTJ, v. 26/384.

[229] ADIERS, Moacir. *Fontes das obrigações no novo Código Civil* in *Ajuris* – nº 97, Porto Alegre: ano XXXII, março de 2005. p. 203-204. A chamada relação contratual de fato não é categoria jurídica que tem adesão total da doutrina em termos de aceitação. Pode-se, no entanto, dizer que é uma relação obrigacional, de aparente origem contratual, mas que não tem, na sua base, as necessárias declarações de vontade, derivando de puros comportamentos materiais ou os chamados comportamentos socialmente típicos que caracterizam o nascimento de uma relação

DIREITO DAS OBRIGAÇÕES

Com efeito, toda obrigação legalmente constituída tem uma fonte jurídica, ou seja, há um fato ou um direito que, sendo jurídico, é a causa geradora (fato jurígeno) das obrigações. Nessa linha, pode-se afirmar que o nascimento de uma relação jurídica obrigacional está associado à investigação de um fato jurídico em relação ao qual a lei atribui o efeito de suscitá-la, nas palavras de Orlando Gomes.

Assim, ensina o mestre, "é que entre a *lei*, esquema geral e abstrato, e a obrigação, relação singular entre pessoas, *medeia* sempre um *fato*, ou se configura uma *situação*, considerado idôneo pelo ordenamento jurídico para determinar o *dever de prestar*. A esse fato, ou a essa situação, denomina-se fonte ou causa geradora da obrigação".

Para outros autores, identificam-se duas fontes, uma primeira que é a "(...) vontade humana, que as cria espontaneamente, por uma ação ou omissão oriunda do querer do agente, efetuado na conformidade do ordenamento jurídico. A segunda é a lei, que estabelece obrigação para o indivíduo, em face de comportamento seu, independentemente de manifestação volitiva".[230]

Há ainda doutrinadores que não consideram a lei como fonte imediata das obrigações, isto porque entre "(...) *a norma e a obrigação está sempre um acontecimento e se ele é o pressuposto (fatispécie, ou suporte fático) da norma, então este é que será fonte de obrigação correspondente. E dizer que cada obrigação tem um pressuposto normado é o mesmo que dizer que toda e qualquer obrigação há de nascer de uma situação fática juridicamente relevante*".[231]

Certamente essa comparação doutrinária demonstra a ausência de consenso, o que, aliás, é refletido na maioria das legislações que ora silenciam-se

---

jurídica obrigacional. Discorreu sobre o assunto António Menezes Cordeiro que citando a lição pioneira de Haupt caracteriza como exemplo os deveres que surgem nas negociações ou simples relações de cortesia, como oferecer transporte gratuito a um transeunte (cf. *Direito das obrigações*. 2º volume, Lisboa: AAFDL, 2001. p. 32. O legislador brasileiro, quanto a este último exemplo, não caracterizou a hipótese como contrato de transporte (cf. art. 736). Ainda sobre a questão, consulte-se o verbete Súmula 130 do STJ. No que tange a responsabilidade por ato lícito, embora de ocorrência rara, atos jurídicos conforme o direito poder gerar indenização como no caso de condutas em estado de necessidade (art. 188, II c.c. art. 929 do CC) ou atos lícitos praticados pelo Estado em nome do interesse público.

[230] PEREIRA, Caio Mario da Silva. *Instituições de direito civil*. V. II, Rio de Janeiro: Forense, 2004. p. 37-38.

[231] NORONHA, Fernando. *Direito das obrigações*. São Paulo: Saraiva, 2003. v. 1, p. 409-410.

FONTES E CLASSIFICAÇÃO DAS OBRIGAÇÕES

a respeito (Código Civil brasileiro), ora se posicionam na espécie. É caso do Código Civil italiano que em seu art. 1.173 arrolou as fontes das obrigações como o contrato, o fato ilícito e todo outro ato ou fato idôneo a produzi-las na conformidade do ordenamento jurídico.

A rigor, o fato idôneo pode ser considerado como fato jurídico concretizado do qual se irradia o dever de prestar suficiente para formar uma relação jurídica obrigacional, ou seja, "(...) as fontes das obrigações se constituem pelos fatos jurídicos tidos como hábeis para produzir o surgimento do *dever de prestar* de alguém em favor de outrem, os quais, em virtude de sua *concretização* passam a *ter existência* no plano da concretude prática, que é onde os efeitos se *dão e se passam*".[232]

Entendemos que sendo inviável esgotar o universo das fontes das obrigações, especialmente porque qualquer classificação que se pense a respeito não pode ter a pretensão de totalidade, pode-se, em consonância com o atual Código Civil identificar-se as seguintes fontes: a) contrato; b) declaração unilateral de vontade; c) ato ilícito; e d) enriquecimento sem causa.

O contrato é o negócio jurídico por excelência. Por meio dele as partes disciplinam suas vontades, funcionando como lei suprema, tendo a virtude de gerar obrigações e direitos na forma pretendida. Em consequência, a característica essencial do contrato pressupõe a existência de um acordo de vontades que concorrem para uma finalidade mútua.

Por declaração unilateral de vontade entende-se o ato jurídico pelo qual o devedor cria obrigações sem, contudo, em um primeiro momento, identificar o credor, que é inicialmente determinável. Tem-se como exemplo clássico o título ao portador ou promessa de recompensa.

Quanto ao enriquecimento sem causa, compreenda-se como toda situação jurídica em que se promove a transferência de um patrimônio de uma pessoa (empobrecido) para outra (enriquecido) sem causa autorizada da lei; trata-se de uma operação jurídica considerada ilícita porque sem respaldo legal.

Observe-se, aliás, que a confirmar que nenhuma classificação sobre as fontes das obrigações é completa, demonstra o tratamento legal do silêncio (art. 111 do CC).

O ato ilícito, em verdade, enquadra-se na noção de fonte imediata porque decorre da lei, como visto. Assim, sempre que se verifica lesão a qualquer

---

[232] ADIERS, Moacir. Op. cit. p. 213.

DIREITO DAS OBRIGAÇÕES

tipo de direito protegido pela ordem jurídica, o causador do dano tem a obrigação de reparar o prejuízo sofrido pelo ofendido.

Com tratamento diverso do CC de 1916 (Parte Geral – art. 94) sobre o silêncio, o legislador do atual Código expressamente conferiu efeitos ao dispor que "o silêncio importa anuência, quando as circunstâncias ou os usos o autorizarem, e não for necessária a declaração de vontade expressa".

Assim, o mero silêncio, por si só, não pode gerar efeitos em um contrato (notadamente a aceitação de quem se espera) sem que estejam presentes as circunstâncias ou os usos que autorizem nesse sentido, ou seja, por exemplo, ante uma proposta de negócio, não se pode exigir que a não-concordância implique aperfeiçoamento contratual, como na hipótese de "se você nada disser estará comprando meu automóvel por tal preço".[233]

Pode-se afirmar que a lei é a fonte fundamental das obrigações, pois o contrato tem nela sua base. Se considerarem as obrigações surgindo de uma limitação voluntária da liberdade econômica de cada um ou de uma limitação por força de lei, pode-se concluir que a lei e o contrato são as duas fontes fundamentais das obrigações no direito privado. Se levar em conta o contrato resultante de uma declaração de vontade, acaba-se por reduzir as fontes das obrigações à lei e à declaração de vontade, expressa ou tácita; esta última, possível quando a lei não exigir declaração expressa. Até mesmo o silêncio pode ser fonte de obrigações quando assim autorizarem as circunstâncias e a lei não exigir declaração de vontade expressa.[234]

5.2. Classificação das obrigações
5.2.1. Classificação geral

Com o objetivo de facilitar o estudo e melhor compreensão do direito das obrigações, a doutrina as classifica tendo em consideração diversos critérios.

São eles:

---

[233] AZEVEDO, Álvaro Villaça. *Código Civil Comentado*. São Paulo: Atlas, 2003. v. II, p. 70.

[234] LOPES, Serpa. *O silêncio como manifestação da vontade nas obrigações*. Rio de Janeiro: Suíssa – Walter Roth, 1944. p. 111; GUSMÃO, Paulo Dourado de. *Elementos de direito civil*. Rio de Janeiro: Freitas Bastos, 1969. p. 94.

FONTES E CLASSIFICAÇÃO DAS OBRIGAÇÕES

a) *Classificação em razão dos sujeitos:*

Obrigações solidárias

Nesta espécie a relação jurídica obrigacional é composta pela pluralidade de pessoas, o que pode ocorrer tanto do lado ativo como do lado passivo.

Pela própria estrutura de tal obrigação, cada um dos credores pode reclamar por si a totalidade do crédito (fala-se em solidariedade ativa), ou cada um dos devedores está obrigado a satisfazer a dívida inteira (diz solidariedade passiva), sem prejuízo de posterior ressarcimento que a cobrança ou pagamento determinem entre o que o realiza e seus cointeressados.

Conforme será visto com mais detalhes, a solidariedade não se presume, resulta da lei ou da vontade das partes (art. 256).

b) *Classificação em razão do objeto da prestação:*

b 1) Positivas e negativas

Dentre as positivas identificam-se as obrigações de dar (aquelas que têm por objeto a atividade dirigida a entre de uma coisa) ou obrigações de fazer (aquelas que têm por objeto uma prestação consistente em desenvolver uma atividade ou fato diverso da obrigação de dar).

Com relação às negativas, fala-se em obrigação de não fazer, assim entendidas como aquelas em que o comportamento do devedor envolve uma omissão ou abstenção.

b 2) Obrigações de trato único (a prestação sem deve cumprir integralmente em um ato único; Obrigações de trato sucessivo ou duradouras (assim entendidas porque o cumprimento da obrigação desenvolve-se no tempo de acordo com uma série de atos do devedor).

b 3) Obrigações específicas (obrigações em que a coisa objeto da prestação é determinada de forma individual com suas características próprias); Obrigações genéricas (obrigações suscetíveis de substituição por ausência de identificação precisa do objeto).

b 4) Obrigações alternativas (obrigações identificadas por várias prestações pré-definidas e suscetíveis de cumprimento mediante escolha por parte dos sujeitos da relação obrigacional ou um terceiro).

b 5) Obrigações facultativas (espécie mediante a qual o devedor está vinculado ao cumprimento específico de uma determinada prestação, mas tem a faculdade de satisfazer o credor realizando outra previamente estabelecida).

DIREITO DAS OBRIGAÇÕES

b 6) Obrigações divisíveis (aquelas em que a coisa ou fato objeto da prestação são passíveis de fracionar-se e o cumprimento pode ocorrer de forma parcelada); Obrigações indivisíveis (espécie obrigacional em que a coisa ou o fato não admitem fracionamento, seja em razão da natureza, motivo de ordem econômica ou razão determinante do negócio jurídico).

b 7) Obrigações pecuniárias (são aquelas mais frequentes do comércio jurídico porque envolvem o cumprimento da obrigação mediante a entrega de determinada soma em dinheiro).

c) *Classificação em razão do vínculo jurídico:*

c 1) Obrigações principais (são aquelas que têm existência própria e independente) e acessórias (espécie obrigacional em que sua subsistência só tem valor enquanto existir a obrigação principal).

c 2) Obrigações unilaterais (espécie obrigacional mediante a qual uma das partes da relação assume condição isolada de devedor) e bilaterais (assim compreendidas quando há reciprocidade entre os sujeitos que ocupam a posição simultânea de credor e devedor).

c 3) Obrigações puras (quando a relação obrigacional não estiver submetida a nenhuma modalidade do negócio jurídico), condicionais (aquelas em que sua eficácia esteja submetida a um evento futuro e incerto) e a termo (quando a mesma eficácia depender de evento futuro e certo).

5.2.2. Outras espécies

Existem ainda outras espécies de obrigações que comportam classificação isolada.

São elas: (a) com cláusula penal; (b) de meio e resultado; (c) civis; (d) naturais (arts. 882 e 883); (e) obrigações *propter rem*.

Mesmo que de forma resumida, aprecia-se cada uma destas.

As obrigações podem possuir uma garantia acessória que em geral serve para prefixar uma indenização por seu descumprimento. Por possuir um caráter acessório, sua subsistência só tem valor enquanto existir a obrigação principal. Logo, podem as partes estabelecer que no caso de o devedor não satisfazer a obrigação, além do equivalente, incidirá na multa pactuada.

As obrigações de meio e resultado são entendidas pela própria denominação.[235] Pela primeira, o devedor satisfaz a obrigação desde que demonstre

---

[235] MONTEIRO, Washington de Barros. *Curso de direito civil*. São Paulo: Saraiva, 1993. v. 4, p. 52.

FONTES E CLASSIFICAÇÃO DAS OBRIGAÇÕES

que todas as possibilidades possíveis foram utilizadas para atingir o objetivo pretendido, mas não necessário. O advogado não pode prometer ao cliente que será vitorioso em determinada causa, mas cumpre sua obrigação caso demonstre que se utilizou de todos os meios para convencer o juiz da certeza do direito postulado. Já a obrigação de resultado impõe necessariamente que o devedor atinja o que foi avençado. O cirurgião plástico, por exemplo. Tem o profissional, uma vez pactuado, o dever de resolver o defeito estético do paciente.

Esclarece Fábio Konder Comparato que a paternidade da teoria das obrigações de meio e resultado é atribuída a Demogue, que a formulou incidentalmente ao tratar do problema da repartição do ônus da prova em matéria de obrigações contratuais e delituais. Mas nada obstante, registra o mesmo Autor que o seu aparecimento já se verificava de forma mais ou menos explícita na doutrina germânica desde fins do século XIX.[236]

Os exemplos citados podem ser considerados clássicos para a compreensão da dinâmica que envolve tais obrigações, surgindo, no entanto, questão de interesse a respeito do ônus da prova quando o devedor não cumpre a obrigação de meio ou de resultado, isto é, quando pode-se responsabilizá-lo pelo inadimplemento da obrigação. E como se distribuiriam os respectivos ônus das provas em litígio judicial?

Evidentemente que no primeiro caso, isto é, obrigação de meio, se a prestação não consiste em um resultado certo e determinado a ser obtido pelo devedor, mas unicamente numa atividade diligente em benefício do credor, torna-se lógico que a hipótese não autoriza enveredar-se pela adoção da responsabilidade presumida ou objetiva caso o devedor não cumpra eficazmente a obrigação, é dizer, o credor, se pretender obter a reparação, deverá provar (art. 333, inc. I, do CPC) que o advogado ou médico não se conduziram de forma diligente ou com perícia. Já no que concerne à obrigação de resultado, evidentemente que o ônus da prova se desloca para o devedor em função da própria situação em que se coloca, ou seja, o cumprimento da obrigação ocorre quando o resultado econômico advém de sua atividade. Do contrário, se não teve meios de atingi-lo, deverá demonstrar sua isenção de culpa em razão de fatores alheios a sua vontade, por exemplo, caso fortuito ou força maior. Ao credor bastará provar o

---

[236] Obrigações de meios, de resultado e de garantia. *RT* 386/28.

vínculo contratual (ou nexo causal) e que da não-obtenção do resultado lhe adveio prejuízo em razão do inadimplemento.

Não se ignore, por outro lado, que as obrigações ora sob comento não se aplicam somente àquelas que tenham um vínculo contratual, pois, conforme mais uma vez pontifica Fábio Konder Comparato, a matéria também pode ser deslocada para o âmbito das obrigações extracontratuais, ou seja, podem elas ser consideradas como de meio ou resultado. Nesse sentido, o exemplo lembrado é a configuração de concorrência desleal decorrente da anormalidade dos meios empregados na atividade empresarial, presente a hipótese de abuso de direito.[237]

A noção de obrigação civil é a própria negação da obrigação natural, vale dizer, enquanto na primeira há o reconhecimento da ordem jurídica do credor exigir judicialmente o cumprimento da obrigação, a segunda representa apenas um dever moral ou social consubstanciado por um dever jurídico sem poder de coação judicial, tendo como único efeito o direito do credor reter o pagamento se recebido em virtude deste tipo obrigacional.[238]

Abstendo-se das controvérsias a esse respeito, chegando mesmo alguns eminentes doutrinadores, como Clóvis Beviláqua, a afirmar que não passam de meros deveres de consciência, embora com conteúdo econômico, o CC trata da obrigação natural nos arts. 882 e 883, inclusive com desdobramentos (por exemplo, arts. 814 e 564).

Registra Sérgio Carlos Covelho que a doutrina dedicou pouca atenção ao tratamento das obrigações naturais, existindo uma única obra específica sobre o assunto desde a edição do CC, exceção feita aos comentários e cursos de autores conhecidos.[239]

Destarte, tomando-se como base a obra do referido Autor, invoca-se o ajuste do conceito da obrigação natural pelo aspecto externo e interno, isto é, no primeiro caso o direcionamento é dado a conferir a impossibilidade de exigir seu cumprimento (negativo), mas, se cumprida espontaneamente, autoriza o ordenamento a retenção do que foi pago (positivo). Pela noção interna, afirma-se, com base no Código Civil português, que a questão está relacionada à natureza jurídica deste tipo obrigacional, de tal forma que

---

[237] A proteção do consumidor: importante capítulo do direito econômico. *RDM* 15/16, p. 32.

[238] LOPES, Serpa. *Curso de direito civil*. Rio de Janeiro: Freitas Bastos, 1989. p. 34 ss.

[239] *A obrigação natural*: elementos para uma possível teoria. São Paulo: Leud, 1996. p. 64.

FONTES E CLASSIFICAÇÃO DAS OBRIGAÇÕES

se trata de um vínculo jurídico desprovido de ação, como também de toda e qualquer exigibilidade.[240]

Pode-se, então, afirmar que as obrigações naturais possuem quase todos os elementos para considerá-la como verdadeira relação creditória, mas sua peculiaridade encontra-se justamente no fato de a ordem jurídica não conferir ao credor o poder de cobrar seu cumprimento em juízo, por isso então que se diz obrigação meramente pagável.

Com tais elementos, pode-se afirmar que a obrigação natural é aquela em que o sujeito ativo se encontra numa posição de inexistente poder de exigibilidade da prestação com relação ao sujeito passivo, muito embora, se este venha a cumprir a obrigação de forma espontânea, possibilite-se àquele a retenção do que foi pago, aspecto que confirma a ideia de que obrigação realmente existe, pois do contrário o *solvens* poderia alegar falta de causa e repetir o que pagou indevidamente.

Em nível estrutural e de características, afirma-se no primeiro caso que se trata de dívida constituída por uma relação com sujeitos certos, com quase todas as consequências e efeitos de uma obrigação civil. Pelo segundo aspecto, deduz-se os seguintes caracteres:

a) não se trata de obrigação moral;[241]
b) acarreta inexigibilidade da prestação;
c) se for cumprida espontaneamente por pessoa capaz, ter-se-á a validade do pagamento;
d) produz irretratabilidade do pagamento feito em seu cumprimento;
e) seus efeitos dependem de previsão normativa.[242]

Pela abordagem dos efeitos, afirma-se ainda que as obrigações naturais são insuscetíveis de novação, dado que esta forma de extinção da obrigação pressupõe dívida anterior válida (exigível); não podem ser compensadas em função do que estipula o art. 369 do CC; além do que inviável ser

---

[240] Idem. p. 73 passim.

[241] Não julgamos importante a menção à chamada obrigação moral, muito embora respeitável doutrina entenda que, apesar de representar um mero dever de consciência, uma vez que a execução decorre de princípios, "não deve permanecer totalmente alheio ao direito no momento de seu espontâneo cumprimento, pois a ordem jurídica o tornará irrevogável", conferindo a retenção (Cf. DINIZ, Maria Helena. *Curso de direito civil brasileiro*. São Paulo: Saraiva, 1999. v. 2, p. 62).

[242] DINIZ, Maria Helena. Op. cit. p. 65 ss.

garantida por fiança (a obrigação principal deve ser civil) e não estarem submetidas à disciplina do CC no que se refere aos vícios redibitórios (a prestação deve ser exigível).[243]

Por fim, os estudiosos sobre o assunto são unânimes em citar como exemplos clássicos a dívida de jogo e aposta, o empréstimo para jogo ou aposta, a dívida de juros não estipulados e as dívidas prescritas.[244]

Feitas estas distinções, passa-se a apreciar as obrigações *propter rem*.

Certos ônus reais vivem acessoriamente presos às relações obrigacionais, estas figurando como elemento principal.

É o caso da obrigação em estudo, ou seja, trata-se de tipo obrigacional com caráter misto cuja força vicejante se manifesta tendo em vista a situação do devedor em face de determinada coisa, isto é, quem a ela se vincula o faz em razão de sua situação jurídica de titular de domínio ou de uma relação possessória sobre determinada coisa, que é a base desse débito, conforme nos informa Serpa Lopes. Assim, o devedor é determinado de acordo com a relação que o mesmo venha a ter em face de uma coisa que é conexa com o débito. Nascem tais obrigações da posse ou propriedade da coisa sendo transmissíveis ainda que a título particular, a quem quer que exerça o domínio do imóvel, causa última da obrigação.

A colocação deste entendimento inicial não representa ponto inequívoco sobre a espécie, tendo em vista a existência de posicionamento diametralmente oposto, que considera tratar-se as obrigações *propter rem* uma figura de natureza real, ou seja, um direito real *in faciendo*.

A escolha de um ou outro entendimento, ou mesmo um intermediário, poderia levar em conta a necessidade de impor um conceito de direito real e distingui-lo do conceito de obrigação.

Visando à complementação do que já foi dito,[245] sabe-se que, em tema de conceito de direito real, a doutrina menciona a existência de determinadas teorias, quais sejam, a denominada tradicional, que identifica a noção daquele direito como um poder direto e imediato de uma pessoa sobre uma coisa (*ius in re*), ou seja, uma relação jurídica entre o sujeito do direito e o respectivo objeto. Mas após o século XIX considerou-se então tal teoria insuficiente, partindo do pressuposto de que, se toda relação

---

[243] Idem, ibidem. p. 66.
[244] COVELHO, Sérgio Carlos. Op. cit. p. 119 passim.
[245] Ver Capítulo 1, item 1.4.

FONTES E CLASSIFICAÇÃO DAS OBRIGAÇÕES

jurídica possui uma natureza personalista, o núcleo do direito subjetivo seria sempre uma pretensão, essencialmente dirigida a um comportamento humano, de tal forma que o titular teria o poder de excluir todas as demais pessoas de qualquer ingerência ou violação na coisa que constitui seu objeto, traduzindo-se, assim, uma relação jurídica universal.[246]

Muito embora a matéria esteja pinçada de certa complexidade, o critério de distinção perfilhado não atingirá de forma satisfatória a necessidade de caracterizar, em nível de natureza jurídica, a obrigação real, registrando-se sobre a hipótese considerável conflito doutrinário.

Destarte, temos que o melhor posicionamento é aquele que direciona a questão para compreender as obrigações *propter rem* como uma figura autônoma (*tertium genus*) situada entre o direito real e o pessoal, "já que contém uma relação jurídico-real em que se insere o poder de reclamar certa prestação positiva ou negativa do devedor".[247]

Então, se a relação creditória se configura em função da qualidade do titular do direito real, não há como dissociar as duas ideias próprias de cada disciplina do direito civil, devendo-se excluir a possibilidade de vislumbrar nas obrigações *propter rem* um de seus conteúdos de direito real. Este somente confere uma causa para o nascimento da obrigação (direito pessoal), mas essa obrigação não forma parte de sua essência, a qual supõe uma relação direta e imediata entre o titular e a coisa, com vista a extrair dela o aproveitamento da utilidade que é capaz de oferecer.

Logo, pelo aspecto conceitual, afirma-se tratar de uma obrigação com caráter acessório dotada de um direito real, separada num mesmo grau. Sua principal característica é estar ligada a um direito real do qual decorre. Assim, considera-se obrigação real a do proprietário do apartamento em unidade condominial (art. 1.334, I, do CC); a do condômino quanto à obrigação de contribuir para a conservação da coisa comum (art. 1.315 do CC); a do proprietário de imóveis confinantes de concorrer para as despesas de construção e conservação de tapumes divisórios (art. 1.297, § 1º, do CC); a obrigação tributária decorrente da propriedade de imóvel urbano

---

[246] Para uma abordagem sobre as teorias ora mencionadas, consulte-se CORDEIRO, Menezes. *Direitos reais*. Lisboa: Almedina, 1979. v. 1, nº 147 e 164-166.

[247] DINIZ, Maria Helena. Op. cit. p. 14. Contra, direcionando a questão para as relações jurídicas de vizinhança, consulte-se ALVES, Vilson Rodrigues. *Direito de construir nas relações de vizinhança*. São Paulo: Lex, 1999. p. 40 passim.

DIREITO DAS OBRIGAÇÕES

(IPTU); e a indenização decorrente do tombamento (art. 216, § 1º da CF, e Decreto-lei nº 25/37).[248]

Das obrigações reais decorrem várias questões próprias das situações jurídicas que envolvem sua estrutura, entre elas, a mais comum refere-se a sua transmissão.

Já afirmamos linhas atrás que, diante de sua natureza ambulatória, é da própria essência deste tipo obrigacional acompanhar o titular do direito real, determinando-se a titularidade da obrigação *ob rem*. No entanto, registra-se diverso posicionamento doutrinário, que propugna pela não--configuração daquele aspecto ambulatório, é dizer, as obrigações não ambulatórias se radicam em certa pessoa, ganham autonomia em relação ao direito real de que são conexas, assumindo em função de tal aspecto a estrutura das obrigações em geral.

A adoção exclusiva de um outro posicionamento evidentemente pode configurar certo radicalismo, por isso entendemos que razão assiste a Manuel Henrique Mesquita, que, em preciosa obra sobre o assunto, propugna por solução intermediária, notadamente levando em conta a considerável variedade de modalidades que podem assumir as obrigações reais.

A solução então parte da seguinte classificação:

a) devem considerar-se ambulatórias todas as obrigações reais de *facere* que imponham ao devedor a prática de atos materiais na coisa que constitui o objeto do direito real;

b) devem considerar-se como não ambulatórias todas as demais obrigações *propter rem*, com exceção daquelas cujos pressupostos materiais encontram objetivados na coisa sobre que o direito real incide, ou seja, em regra, as obrigações de dar assumem tal condição.[249]

Notadamente quanto a esta última classificação, o referido autor, no entanto, reconhece que, no fundo, é possível que elas venham a sofrer autonomia quando se verificam os respectivos pressupostos e seguem o

---

[248] Para uma abordagem sobre este e outros pontos a respeito do tema, confira-se deste Autor "Obrigações *propter rem*", artigo inserto na *Revista da Faculdade de Direito das FMU*, nº 12/245.

[249] MESQUITA, Manuel Henrique. *Obrigações reais e ônus reais*. Coimbra: Almedina, 1990. p. 330 passim.

FONTES E CLASSIFICAÇÃO DAS OBRIGAÇÕES

regime geral das relações obrigacionais, podendo-se falar que a denominação real somente é cabível nas obrigações ambulatórias.[250]

Em nível prático, a abordagem e incidência de tal tipo obrigacional verifica-se em situações nas quais o condomínio ajuíza ação de cobrança em face do condômino que descumpre sua obrigação de rateio com as despesas comuns. É comum que o réu venha a juízo arguir sua ilegitimidade passiva sob o fundamento de que o imóvel, tendo sido alienado para terceiro adquirente, não estaria ele obrigado a arcar com as despesas, mesmo considerando a hipótese de o instrumento de contrato não estar registrado no respectivo cartório de imóveis.

A questão quanto à legitimidade passiva da ação, em tais casos, mostra-se eivada de considerável controvérsia na jurisprudência, observando-se da análise dos julgados que ora se confere prevalência ao que consta no registro de imóveis, ora tal formalidade é irrelevante, caso em que a atribuição da responsabilidade pelo pagamento é direcionada ao compromissário-comprador.

Assim, no primeiro caso já se decidiu que,

"na cobrança de encargos condominiais, fundamentais à própria sobrevivência do condomínio, prevalece, como garantia maior, a unidade autônoma, motivo pelo qual o proprietário, constante dos assentamentos registrários, deve sempre ser acionado e figurar no polo passivo da ação de cobrança desses encargos, sendo irrelevante o contrato de compromisso de compra e venda, mormente não registrado".[251]

Confira-se, ainda, o entendimento do Superior Tribunal de Justiça sobre o assunto:

"*RECURSO ESPECIAL. CUMPRIMENTO DE SENTENÇA DE AÇÃO DE COBRANÇA PROMOVIDA PELO CONDOMÍNIO CONTRA O PROMISSÁRIO COMPRADOR. REAQUISIÇÃO DO BEM PELO PROMITENTE VENDEDOR, QUE, CIENTE DOS DÉBITOS CONDOMINIAIS QUE PASSARIAM A SER DE SUA RESPONSABILIDADE, BEM COMO DA RESPECTIVA AÇÃO, REMANESCE INERTE, POR MAIS DE SEIS ANOS, SOMENTE*

---

[250] MESQUITA, Manuel Henrique. Op. cit. p. 330-331, 336 e 346.
[251] Confira-se o julgado inserto na *RT* 739/292; no mesmo sentido *RT* 501/133 e 609/202; *JTA* (Lex) 167/297 e 168/479.

INTERVINDO NO FEITO PARA ALEGAR NULIDADE DA CONSTRIÇÃO JUDICIAL. PROCEDER PROCESSUAL REPETIDO EM OUTRAS SETE AÇÕES CONTRA O MESMO CONDOMÍNIO. PREJUÍZO MANIFESTO DA ENTIDADE CONDOMINIAL. VERIFICAÇÃO. PENHORA SOBRE A UNIDADE IMOBILIÁRIA, POSSIBILIDADE, EXCEPCIONALMENTE. RECURSO ESPECIAL IMPROVIDO.

1. As cotas condominiais, concebidas como obrigações propter rem, consubstanciam uma prestação, um dever proveniente da própria coisa, atribuído a quem detenha, ou venha a deter, a titularidade do correspondente direito real. Trata-se, pois, de obrigação imposta a quem ostente a qualidade de proprietário de bem ou possua a titularidade de um direito real sobre aquele. Por consectário, eventual alteração subjetiva desse direito, decorrente da alienação do imóvel impõe ao seu "novo" titular, imediata e automaticamente, a assunção da obrigação pelas cotas condominiais (as vincendas, mas também as vencidas, ressalta-se), independente de manifestação de vontade nesse sentido. Reconhecida, assim, a responsabilidade do "novo" adquirente ou titular de direito real sobre a coisa, este poderá, naturalmente, ser demandado em ação destinada a cobrar os correspondentes débitos, inclusive, os pretéritos, caso em que se preserva seu direito de regresso contra o vendedor (anterior proprietário ou titular de direito real sobre o imóvel).

2. No caso dos autos, em que pese tenha havido, há muito, a retomada do bem por parte da promitente vendedora, com pleno conhecimento acerca da existência de ação executiva contra o promissário comprador, e, por consectário, dos débitos condominiais (que passariam a ser de sua responsabilidade, preservado, obviamente, o direito de regresso), optou por remanescer inerte, sem intervir no feito para a defesa de seus direitos. Somente após considerável lapso (aproximadamente 6 anos – de 2007 a 2013), por ocasião da designação da hasta pública do bem penhorado, a ora insurgente ingressou no feito, apenas para requerer a nulidade do processo, justamente sob o argumento de que a execução não poderia recair sobre a unidade imobiliária de sua propriedade, sem que tivesse participado da ação de conhecimento. Nesse contexto, de todo inviável reconhecer suposta nulidade, cuja causa, se vício houvesse, teria sido propiciada pela própria suscitante. Aliás, segundo noticiado pelo Tribunal de origem, o censurável proceder processual da parte insurgente, repetiu-se, de modo idêntico, em outras sete demandas, envolvendo unidades imobiliárias no mesmo condomínio recorrido (assentando-se, inclusive, a inadimplência contumaz relativa às correlatas despesas condominiais). O prejuízo à coletividade, representada pelo condomínio, é manifesto.

3. O promitente vendedor, em regra, não pode ser responsabilizado pelos débitos condominiais posteriores à alienação, contemporâneos à posse do promissário comprador,

FONTES E CLASSIFICAÇÃO DAS OBRIGAÇÕES

pois, ao alienar o bem, tem a intenção de justamente despir-se do direito real sobre o bem.

Diversa, todavia, é a situação em que o promitente vendedor (independente da causa) objetiva readquirir – e, de fato, vem a reaver – a titularidade de direito real sobre o bem imóvel anteriormente alienado. Nesse caso, deve, sim, o promitente vendedor responder pelos débitos condominiais contemporâneos à posse do posterior titular (compromissário comprador), sem prejuízo de seu direito de regresso, pois, em virtude da reaquisição do bem, sua condição de proprietário e/ou titular de direito real sobre a coisa, na verdade, nunca se rompeu.

4. Assim delineada a responsabilidade do promitente vendedor, na particular hipótese dos autos, tem-se por descabida a pretensão de infirmar a determinação de penhora sobre a unidade imobiliária, pois, além de a recorrente ser, no plano material, efetivamente responsável pelos débitos objeto da execução, deliberadamente deixou de intervir no feito, embora soubesse, há muito (por mais de seis anos), da existência de tais dívidas (que a ela seriam revertidas em virtude da reaquisição do bem – 2007), assim como da respectiva ação. Inviável, pois, a utilização das regras de processo com o propósito de frustrar o adimplemento de obrigações condominiais que, em última análise, são de sua própria responsabilidade, conclusão que se robustece, a considerar que a conduta processual adotada pela insurgente repetiu-se em mais sete ações contra o mesmo condomínio, tal como assentado pelo Tribunal de origem.

5. O fato de a obrigação perseguida ter natureza propter rem, não limita, por si, que os atos constritivos venham a recair, necessariamente, sobre a unidade imobiliária dela advinda. Aliás, bem acertado, no ponto, o condicionamento da sustação da hasta pública ao depósito do valor exequendo, cuja suficiência e idoneidade seriam avaliadas pelo juízo da execução.

Entretanto, em casos como o dos autos, tem-se que a coletividade representada pelo condomínio, cujas unidades residenciais dele são indissociáveis, não pode ser privada do recebimento das correspondentes quotas-partes destinadas a sua manutenção, em virtude de contratações, a toda evidência, temerárias, levadas a efeito pela empresa recorrente em mais de uma oportunidade, mantendo-se, em cada qual, reprovável comportamento processual. Em situações extremadas como a ora tratada, outra providência não resta, senão a excepcional constrição judicial da própria unidade, cuja defesa a recorrente (responsável no plano material, ressalta-se), por sua iniciativa, optou por renunciar ou fazê-la tardiamente.

6. Recurso especial improvido." (REsp 1440780/RJ, Rel. Ministro MARCO AURÉLIO BELLIZZE, TERCEIRA TURMA, julgado em 17/03/2015, DJe 27/03/2015).

Na outra hipótese, argumenta-se que é inviável atribuir a responsabilidade ao promitente-vendedor pois, embora pelo CC a propriedade de bens imóveis seja passível de transferência por meio de registro do título aquisitivo no cartório competente, não se pode desconsiderar que pelo Decreto-lei nº 58/37 os direitos de propriedade transferem-se ao promissário-comprador. Logo, nessa linha, havendo alienação com caráter irrevogável e irretratável, os encargos condominiais devem ser suportados pelo adquirente, obviamente considerando a data do negócio.

Por tal aspecto, mesmo que se argumente com a necessidade do registro, é fato que a Lei nº 4.591/64, em seu art. 9º e parágrafos, não faz nenhuma menção quanto à hipótese, devendo compreender-se que tal registro se destina a resguardar somente o direito do promissário-comprador na eventualidade de o promitente-vendedor alienar o imóvel a outrem, com vista ao direito real oponível a terceiros.[252]

Observe-se, no entanto, que, com o novo CC, a questão ora apreciada, salvo melhor juízo, perderá interesse, sobretudo porque nos arts. 1.331 a 1.358 o legislador conferiu novos contornos à propriedade horizontal (que agora terá a denominação legal de condomínio *edilício*).[253]

De fato, o art. 1.334, § 2º, ao promover a equiparação legal entre os proprietários e promitentes compradores e cessionários de direitos relativos às unidades autônomas, segundo pensamos, colocou fim à eterna divergência jurisprudencial referente a legitimidade passiva na ação de cobrança de cotas condominiais, ou seja, com tal norma tanto pode ser réu na ação o promitente comprador como o cessionário, desde que obviamente o condomínio tenha conhecimento do negócio (venda ou cessão).

---

[252] Veja-se o julgado adotando tal tese inserto na *RT* 753/180; no mesmo sentido *REsp*. 74.495-RJ (*DJU* 3-6-1996) e o recente artigo do Juiz de Direito carioca Eduardo Sócrates Castanheira Sarmento Filho intitulado "A responsabilidade pelo pagamento de cotas condominiais no regime da propriedade horizontal", in *RT* 767/86.

[253] Os efeitos intertemporais do CC de 2002 frente à Lei nº 4.591/64 justifica o direcionamento para a aplicação do art. 2º § 1º, da LICC, que estabelece, no ponto em que nos interessa, que a lei posterior revoga a anterior quando seja como ela incompatível.

Exatamente este é o caso na nova disciplina legal, porque a rigor prevalecerá o texto no novo CC quando houver incompatibilidade com a antiga lei de condomínio. Caso contrário, havendo omissão do novo texto, pode-se afirmar que continua em vigor a Lei Especial.

Vale ressaltar que a parte referente a incorporações imobiliárias (art. 28 em diante) continuará em vigor por falta de tratamento específico conferido pelo novo CC.

6.
Obrigações de Dar Coisa Certa

6.1. Generalidades e conceito

De acordo com a classificação feita no capítulo anterior, a *obligatio dandi* aparece quando se consideram as obrigações à luz de seu objeto.

As normas relativas às obrigações de dar consideram que o credor da coisa (aquele que tem o direito de recebê-la) ainda não é o proprietário, mas leva-se em conta na condição de futuro dono, vale dizer, o adquirente, ao passo que, tratando-se das obrigações de restituir (espécie da obrigação de dar), ao inverso, já existe um proprietário definido para quem a coisa deve ser devolvida. Mesmo que não seja o proprietário, o credor detém a posse indireta da coisa infungível e o cumprimento da obrigação pelo devedor consistirá na devolução do bem, com a restituição da posse direita. É o caso, por exemplo, do contrato de comodato, depósito ou locação.

Ainda, as regras sob comento, regulam a individualidade da coisa, dependendo de a mesma ser certa ou incerta. No primeiro caso, a entrega da coisa encontra-se individualizada desde o momento da formação da obrigação. No segundo, a individualização exige um procedimento previsto na lei para que se saiba exatamente qual o objeto da ser entregue.

Afirma-se então que a obrigação de dar coisa certa é aquela em virtude da qual o devedor fica com o dever de entregar mediante tradição (móvel) ou pelo registro no cartório competente (imóvel) determinada coisa, seja com o objetivo de ceder novo direito, seja com o de devolver.

DIREITO DAS OBRIGAÇÕES

Clóvis Beviláqua define as obrigações de dar como sendo

"aquela cuja prestação consiste na entrega de uma coisa móvel ou imóvel, seja para constituir um direito real, seja somente para facultar o uso, ou ainda, a simples detenção, seja finalmente para restituí-la ao seu dono".[254]

É exemplo o contrato de compra e venda, precisamente em razão de o vendedor, uma vez recebendo o preço, dever entregar a coisa.

A regra fundamental em tema de obrigações de dar coisa certa refere-se ao art. 313 do CC, que estipula:

"O credor não é obrigado a receber prestação diversa da que lhe é devida, ainda que mais valiosa.

Por tal disposição legal torna-se inviável a substituição, pelo devedor, da coisa prometida, que importaria em alterar o projeto inicial do que foi convencionado com o credor, ressalvada a hipótese da concordância deste, quando então estaria configurada a forma indireta de extinção da obrigação denominada dação em pagamento, a qual será objeto de estudo na ocasião própria.

O art. 313 do CC consagra o chamado princípio da exatidão, cuja relativização é defendida por certa doutrina, respaldada na modernização do direito das obrigações em face da boa-fé objetiva, de tal modo que considerando uma interpretação tópico-sistemática, representaria verdadeiro abuso de direito o credor recusar o recebimento de prestação mais valiosa do que a originalmente contratada, sendo exemplo a hipótese em que o comprador de uma passagem aérea não poderia negar-se a receber o *up grade* e exigir o seu assento em classe econômica.[255]

Para que haja entrega da coisa, mister a menção do instituto da tradição. Por ela deve-se sempre entender o dever do sujeito ativo, aquele que executa o pagamento, de entregar ou devolver algo, e assim pode ser simbólica ou real. No primeiro caso, entrego as chaves como símbolo da

---

[254] *Direito das obrigações*. Rio de Janeiro: Francisco Alves, 1954. p. 54.

[255] FITERMAN, Mauro. "O princípio da exatidão no contexto da relação jurídica obrigacional complexa" in *O direito das obrigações na contemporaneidade – Estudos em homenagem ao Ministro Ruy Rosado de Aguiar Júnior*. Coord. Plínio Melgaré. Porto Alegre: Livraria do Advogado Editora, 2014, p.367, *passim*.

OBRIGAÇÕES DE DAR COISA CERTA

aquisição por parte do comprador da casa ou a fatura como representativa das mercadorias adquiridas. No outro caso, a entrega da coisa se dá de forma efetiva, ou seja, entrego um veículo (a própria coisa no que consistiu o objeto da obrigação).

Impõe-se ainda nesse passo a distinção nas obrigações de dar e os vários direitos que se podem transferir na ocasião em que se cumpre esta obrigação. Assim, por exemplo, obrigação de transferir ao credor os direitos do autor. Aí se tem uma obrigação de dar coisa incorpórea. Nem sempre, porém, a obrigação de dar refere-se à transferência da propriedade, pois pode-se transferir a posse, o uso, a simples guarda ou até restituir-se algo que foi perdido.

Portanto, a obrigação de dar pode envolver todas essas modalidades quando relacionada ao direito correspondente.

A entrega das coisas móveis (art. 1.267, CC) se faz por simples tradição, enquanto os imóveis pelo registro respectivo na matrícula ou transcrição do título no Registro de Imóveis (art. 1.245, do CC, e Lei de Registros Públicos). Nesse ponto, o direito brasileiro seguiu o sistema alemão de transferência da propriedade (em oposição ao sistema francês), segundo o qual além do consentimento formal dos contratantes perante um oficial público, devem promover o registro do título aquisitivo (v.g. Escritura pública de compra e venda, formal de partilha), junto ao Cartório competente.

6.2. Diferença entre perecimento ou deterioração com ou sem culpa do devedor

Para compreensão do que é exposto, torna-se necessária a distinção entre perecimento e deterioração. Ocorre a primeira hipótese quando há perda total do objeto, isto é, seu equivalente econômico desaparece por todo. Exemplo: um veículo é incendiado. No outro caso, tem-se a perda parcial da coisa no sentido que há um desfalque na substância, estrutura ou capacidade de utilização de modo a reduzir o seu valor intrínseco.

Assim, nas obrigações de restituir ou entregar havendo culpa do devedor antes da tradição, no caso de perecimento, o credor tem direito a receber o equivalente (correspondente pecuniário da coisa) mais perdas e danos (art. 234, segunda parte, e art. 239, todos do CC).

Havendo deterioração do objeto, com culpa do devedor, o art. 236 do CC aplica-se a espécie para conferir opção entre o equivalente em dinheiro ou as perdas e danos, ou aceitar a coisa no estado mais indenização.

DIREITO DAS OBRIGAÇÕES

Ocorre o mesmo na obrigação de restituir (art. 240, segunda parte, do CC).

O fundamento, portanto, de toda indenização está na ocorrência de culpa do devedor, sendo que a reposição do equivalente visa evitar o enriquecimento indevido em função do objeto perecido ou deteriorado. Inexistindo culpa por parte do devedor quanto ao perecimento ou deterioração da coisa, não há o dever de indenizar; quando muito o credor poderá recebê-la no estado em que se encontra com abatimento do valor perdido. De qualquer forma, sempre as partes voltarão à primitiva situação. Tal regra é válida tanto na obrigação de dar como na de restituir.

Resumindo, tem-se de forma esquemática: Perecimento – arts. 234 e 238; Deterioração – arts. 235 e 240.

Diretamente relacionado ao tema, colhe-se a proposição sobre o art. 240, editada pelas "Jornadas de Direito Civil", promovida pelo Centro de Estudos Judiciários do Conselho da Justiça Federal com a seguinte redação: "Art. 240. As disposições do art. 236 do novo Código Civil também são aplicáveis à hipótese do art. 240, *in fine.*"

6.3. A regra res perito domino

A premissa deste princípio está no fato de que o devedor adstrito à entrega de coisa certa é obrigado a conservá-la com todo cuidado e zelo (art. 239 do CC). Apesar da diligência, que deve ser ordinária (normal), pode ocorrer a perda ou deterioração da coisa sem culpa do devedor antes da tradição. Neste caso, fica a obrigação resolvida para ambas as partes. Por exemplo: se antes da venda de um veículo este vem a ser roubado, somente sofrerá prejuízo o vendedor, pois até a tradição ele era dono da coisa (cf. art. 492 do CC).

No entanto, se a coisa perece após a tradição, o único culpado será o comprador. Com a entrega, o vendedor está isento de qualquer risco.

6.4. Acessórios nas obrigações de dar

Conforme preceitua o art. 237 do CC:

"Até a tradição, pertence ao devedor a coisa com seus melhoramentos e acrescidos, pelos quais poderá exigir aumento no preço. Se o credor não anuir poderá o devedor resolver a obrigação."

OBRIGAÇÕES DE DAR COISA CERTA

A disposição legal faz menção a duas classes de acessórios, quais sejam: melhoramentos e acrescidos. No primeiro caso, compreende-se todo benefício ou benfeitoria realizada na coisa para torná-la mais útil, perfeita ou agradável. No segundo (acrescido), cuida-se de rendimento ou fruto, vale dizer, indica a ação de acrescentar ou aumentar algo à coisa, gerando aumento quantitativo ou qualitativo.

Destarte, no caso das obrigações de dar, até a entrega, as vantagens decorrentes da coisa pertencem ao proprietário encarregado de efetuar a tradição. Tais melhoramentos e acréscimos permitem exigir aumento de preço, mesmo considerando que o objeto negociado tinha outro valor. Na hipótese de inexistir acordo pontualmente, as partes voltam ao estado anterior como se nada tivessem contratado, vale dizer, a obrigação se resolve.

De acordo, ainda, com o parágrafo único do mesmo artigo, até a entrega da coisa os frutos percebidos que foram retirados pertencem ao devedor, e os pendentes, ao credor, entendidos estes como os que ainda ligados à coisa.

Como norma de encerramento e ainda tratando das obrigações de restituir, o legislador empresta-se das normas aplicáveis ao possuidor de boa ou má-fé no caso de o bem a ser restituído receber alguma benfeitoria (art. 96 do CC) ou existirem frutos percebidos.

Sabe-se das lições da Parte Geral do CC que benfeitorias são obras levadas a efeito na coisa principal, objetivando conservá-la (necessária), melhorá-la (útil) ou simplesmente embelezá-la (voluptuária), razão pela qual resta intuitivo que o acréscimo decorrente antes da devolução justifique indenização em favor do devedor pela valorização da coisa, notadamente quando estiver de boa-fé. Mas para a fiel compreensão, a posse de boa-fé prevista no dispositivo legal é de natureza subjetiva (boa-fé crença), ou seja, estado de ânimo ou fato psicológico da crença voltado a desconhecer ou ignorar estar o devedor agindo contra as normas legais em função de sua situação jurídica. Em síntese, cuida-se do fato de o possuidor (devedor) ter certeza da legitimidade de sua posse, imaginando que o bem possuído lhe pertence. A posse de má-fé será exatamente o oposto desse imaginário, sabendo o devedor que exerce posse sobre bem alheio.

Tome-se como exemplo o sujeito que, de boa-fé, ocupa um imóvel alheio sem saber quem é o verdadeiro proprietário. Por conta de sua ocupação realiza benfeitorias, mas passado algum tempo recebe interpelação do proprietário solicitando a desocupação. O marco divisório que torna devedor conhecedor da intenção do proprietário torna-o possuidor de má-fé

DIREITO DAS OBRIGAÇÕES

com as consequências daí decorrentes se realizar qualquer benfeitoria no imóvel.

Assim, estando o devedor de boa-fé, incide o art. 1.219 do CC, segundo o qual haverá o direito à indenização das benfeitorias necessárias e úteis, como também em relação às voluptuárias e, caso não receba o valor respectivo, não só terá o direito de levantá-las (sem que para isso danifique a coisa), como ainda exercer direito de retenção.

Outra consequência, porém, será se estiver de má-fé, caso em que o art. 1.220 do CC impõe ao credor responder pelo ressarcimento das benfeitorias necessárias, sem possibilidade ao devedor de exercer o direito de retenção, como também levantar as benfeitorias voluptuárias. Tenha-se em conta a possibilidade de compensação se ao mesmo tempo em que existirem melhoramentos o devedor, com culpa, provocar danos à coisa (art. 1.221 do CC).

Por fim, o parágrafo único do art. 242 do CC estabelece que, no caso da coisa possuir frutos, aplicar-se-ão as mesmas regras sobre o possuidor de boa ou má-fé, de modo que, no primeiro caso, haverá o direito aos frutos percebidos (art. 1.214 do CC) e, no segundo, o devedor responderá por todos os frutos percebidos e colhidos, inclusive aqueles que deixaram de ser percebidos por sua culpa.

Com efeito, dispõe o art. 241 do CC: "Se, no caso do art. 238, sobrevier melhoramento ou acréscimo à coisa, sem despesa ou trabalho do devedor, lucrará o credor, desobrigado de indenização", enquanto o art. 238 prevê que "Se a obrigação for de restituir coisa certa, e esta, sem culpa do devedor, se perder antes da tradição, sofrerá o credor a perda, e a obrigação se resolverá, ressalvados os seus direitos até o dia da perda".

Sem dúvida que as disposições legais referem-se à superveniência de circunstâncias não previstas quando da constituição da obrigação de restituir, como tais o fato do não-cumprimento da obrigação sem culpa ou por obstáculo insuperável no desenvolvimento do *processus* da relação obrigacional, o que provoca a liberação daquele a quem cabia adimplir, e, também, a ocorrência de melhoramento ou acréscimo à coisa sem despesa ou trabalho do devedor, provocando lucro ao credor sem a obrigação de indenizar ao devedor.

No segundo caso, isto é, a regra do art. 238 do CC, além da impossibilidade sem culpa, o legislador ressalvou em favor do credor seus direitos até o dia da perda. Como exemplo, colhe-se exemplo tirado da doutrina

OBRIGAÇÕES DE DAR COISA CERTA

segundo o qual alguém aluga ou arrenda determinado bem e este vem a destruir-se por ato inimputável ao devedor. O inquilino ou arrendatário poderá deixar de pagar o aluguel a partir da data da destruição, sem que o credor, o proprietário ou legitimado que o deu em locação possa exigir o que faltar até o término do contrato, supondo que se trate de contrato a termo.[256]

No primeiro caso (art. 241), ou seja, tratando-se de benefícios supervenientes à coisa, considera-se que o credor já é o proprietário da coisa, então será beneficiado com os acréscimos ou melhoramentos sem que para tal tenha contribuído o devedor, como, por exemplo, frutos ou acessões naturais.

Por fim, pela própria interpretação sistemática, o art. 242 do CC estipula que "Se para o melhoramento, ou aumento, empregou o devedor trabalho ou dispêndio, o caso se regulará pelas normas deste Código atinentes às benfeitorias realizadas pelo possuidor de boa-fé ou má-fé".

Os arts. 241 e 238 do CC devem ser interpretados em conjunto. Preveem a regra para evitar o enriquecimento ilícito no pressuposto de que, se a coisa teve melhoramentos ou aumento sem trabalho do devedor, o lucro reverterá em favor do credor.

6.5. O processo judicial para compelir o devedor a entregar coisa certa

Disciplina o CPC (2015) entre os arts. 806 *usque* 810 a chamada "Execução para entrega de Coisa", na qual o devedor inadimplente, conforme conceito da própria lei já invocado, fica obrigado pelos meios judiciais próprios a cumprir a obrigação no prazo de 15 dias, devendo para isso ser devidamente citado.

Pelo interesse, transcrevem-se os dispositivos.

> "Art. 806. O devedor de obrigação de entrega de coisa certa, constante de título executivo extrajudicial, será citado para, em 15 (quinze) dias, satisfazer a obrigação.
>
> § 1º Ao despachar a inicial, o juiz poderá fixar multa por dia de atraso no cumprimento da obrigação, ficando o respectivo valor sujeito a alteração, caso se revele insuficiente ou excessivo.

---

[256] SILVA, Clóvis V. do Couto e. *A obrigação como processo*. São Paulo: José Bushatsky, 1976. p. 154-155.

DIREITO DAS OBRIGAÇÕES

§ 2º Do mandado de citação constará ordem para imissão na posse ou busca e apreensão, conforme se tratar de bem imóvel ou móvel, cujo cumprimento se dará de imediato, se o executado não satisfizer a obrigação no prazo que lhe foi designado.

Art. 807. Se o executado entregar a coisa, será lavrado o termo respectivo e considerada satisfeita a obrigação, prosseguindo-se a execução para o pagamento de frutos ou o ressarcimento de prejuízos, se houver.

Art. 808. Alienada a coisa quando já litigiosa, será expedido mandado contra o terceiro adquirente, que somente será ouvido após depositá-la.

Art. 809. O exequente tem direito a receber, além de perdas e danos, o valor da coisa, quando essa se deteriorar, não lhe for entregue, não for encontrada ou não for reclamada do poder de terceiro adquirente.

§ 1º Não constando do título o valor da coisa e sendo impossível sua avaliação, o exequente apresentará estimativa, sujeitando-a ao arbitramento judicial.

§ 2º Serão apurados em liquidação o valor da coisa e os prejuízos.

Art. 810. Havendo benfeitorias indenizáveis feitas na coisa pelo executado ou por terceiros de cujo poder ela houver sido tirada, a liquidação prévia é obrigatória.

Parágrafo único. Havendo saldo:

I – em favor do executado ou de terceiros, o exequente o depositará ao requerer a entrega da coisa;

II – em favor do exequente, esse poderá cobrá-lo nos autos do mesmo processo."

7.
Obrigações de Dar a Coisa Incerta

7.1. Generalidades, conceito e disciplina legal

O estudo de tal tipo de obrigação envolve a ideia do que seja espécie e quantidade, pois tais elementos devem estar reunidos, para, no mínimo, considerar que a obrigação pode ser indeterminada. Em outras palavras, nos termos do art. 243 do CC, a coisa incerta será indicada no mínimo por aqueles dois elementos (espécie e quantidade).

Em que pese a terminologia do Código ao afirmar que a obrigação de coisa certa é indicada também pelo gênero, melhor dizer que se trata de espécie, por exemplo: quantidade uma saca; gênero – cereal, tal obrigação seria impossível de ser cumprida, pois o objeto não seria determinável. Assim, a determinabilidade está ligada a espécie (arroz) e quantidade (duas sacas).[257]

É certo que a maioria da doutrina não reconhece a procedência desta afirmação, ou seja, conforme esclarece Renan Lotufo, a posição do Prof. Álvaro Villaça Azevedo "parece ser isolada na doutrina nacional ou internacional", já que "A manutenção do texto vigente do termo 'gênero', pela consagração no mundo jurídico, não nos parece ensejadora de confusão, pois há que se lembrar que o Direito constrói suas próprias realidades, que não se confundem com as do mundo real".[258]

---

[257] AZEVEDO, Álvaro Villaça. *Teoria geral das obrigações*. São Paulo: Revista dos Tribunais, 1990. p. 66.

[258] *Código Civil Comentado*. São Paulo: Saraiva, 2003. v. 2, p. 37-38.

DIREITO DAS OBRIGAÇÕES

Pensamos diversamente, porém. Sobretudo porque a terminologia jurídica e o mundo do Direito não podem chegar a ponto de transformar realidades físicas, do mundo natural ou mundo do ser, por meros artificialismos, para o mundo do dever ser, ou seja, por absurdo, é o mesmo que o legislador editar uma lei afirmando que a partir de sua vigência a água não é mais uma substância líquida. Muito embora o Direito seja um sistema complexo de 2ª ordem e possua identidade própria, sua autonomia operacional é apenas relativa e não absoluta.

Assim, se a utilização das palavras envolve noções equívocas, pensamos que o legislador, ao se referir a "gênero", quis dizer "espécie".

Não se ignore que existe projeto de lei do Deputado Ricardo Fiúza visando alterar o artigo para substituir o vocábulo *gênero* por *espécie*.

A obrigação de dar coisa incerta, portanto, é aquela em que a coisa é indicada apenas em razão de suas características gerais, daí a ideia relacionada com obrigação genérica que passa a ser especificada quando uma das partes da relação obrigacional identifica aqueles elementos para impor o cumprimento da prestação.

Desta forma, não se confunde a obrigação de dar coisa incerta com obrigação fungível, pois nesta, pouco importa a qualidade da coisa, a ponto de o devedor cumprir fielmente a obrigação se entregar qualquer das indicadas.

Logo, conforme o art. 244 do CC, em geral a escolha caberá ao devedor para determinar-se o objeto da obrigação, se, do contrário, nada foi convencionado entre as partes. O direito à escolha previsto legalmente impõe que o mesmo recaia com base em qualidade intermediária, ou seja, nem melhor nem pior.

Conforme estabelece o art. 245, cientificado da escolha o credor, vigorará o disposto na seção antecedente, isto é, prevalecem as regras das obrigações de dar porque o objeto foi individuado.

No direito anterior (CC de 1916), a hipótese era diversa porque o art. 876 limitava-se a reportar ao ato de escolha ("Feita a escolha").

Surge então um problema não solucionado pela lei porque não se identifica qual será o regime da obrigação entre o período da escolha e a ciência do credor, parecendo pela exegese certo estado latente que depende efetivamente do conhecimento do credor exigido pelo art. 245 do CC.

Questiona-se: se houve perda ou deterioração da coisa, poderá o devedor alegá-la para eximir-se da obrigação? Não, porque aplica-se a regra do art. 246 do CC. Inexiste, no caso, ainda escolha que justifique a isenção quanto

OBRIGAÇÕES DE DAR A COISA INCERTA

à obrigação estipulada. Assim, não se pode alegar a impossibilidade de cumprimento se o objeto ainda nem foi determinado.

7.2. Processo judicial para cumprimento das obrigações de dar coisa incerta

O assunto é tratado pelos arts. 811*usque* 813 do CPC.

A sistemática adotada pelo processo civil confere inicialmente a opção de escolha da coisa em favor do devedor, valendo ressaltar que a imprecisão terminológica praticada pelo CC é repetida pelo CPC quando faz referência uma vez mais a "gênero" e "quantidade". Por tal aspecto, remetemos o leitor ao que já foi dito a esse respeito neste capítulo (cf. item 6.1).

Não sendo o caso de conferir-se a escolha ao devedor, o próprio credor indicará a hipótese na petição inicial, mas, uma vez efetuada a escolha, qualquer das partes poderá em 15 dias impugnar a escolha feita pela outra, e se não for o caso de decisão judicial de plano, será nomeado um perito para auxiliar o juiz na escolha intermediária, considerando evidentemente a qualidade.

Feita a escolha, e afastado o eventual litígio, manda a lei aplicar a disciplina da execução para entrega de coisa certa (art813 do CPC).

Os dispositivos legais aplicáveis são os seguintes:

> Da Entrega de Coisa Incerta
> Art. 811. Quando a execução recair sobre coisa determinada pelo gênero e pela quantidade, o executado será citado para entregá-la individualizada, se lhe couber a escolha.
> Parágrafo único. Se a escolha couber ao exequente, esse deverá indicá-la na petição inicial.
>
> Art. 812. Qualquer das partes poderá, no prazo de 15 (quinze) dias, impugnar a escolha feita pela outra, e o juiz decidirá de plano ou, se necessário, ouvindo perito de sua nomeação.
>
> Art. 813. Aplicar-se-ão à execução para entrega de coisa incerta, no que couber, as disposições da Seção I deste Capítulo."

8.
Obrigações de Fazer

8.1. Introdução, ideias gerais e conceito

Diversamente das obrigações de dar, cujo objeto da prestação é uma coisa ou direito, algo que já existe, atribuição patrimonial, na obrigação de fazer o objeto envolve a prestação de um ato.[259] Como já afirmado anteriormente, tal tipo de obrigação, além de ser positiva, envolve uma prestação de uma atividade, logicamente tendo cunho patrimonial, que não é essencial. No caso, a prestação sempre envolve uma atividade humana, que pode ser feita pelo próprio devedor ou por terceiro por este contratado; exemplo: subempreitada.

Tem-se dessa forma que o devedor se compromete a realizar alguns serviços ou a desempenhar uma tarefa, dispondo assim de sua energia pessoal em cumprimento da obrigação. É, em verdade, um ato de natureza física (construir um muro) ou intelectual (elaborar um parecer).

O interesse no estudo das obrigações de fazer está ainda relacionado com a idéia da prestação, a qual, se for pessoal, o inadimplemento culposo acarreta simplesmente a indenização pelo equivalente em perdas e danos. Tal aspecto comporta variantes, conforme se verá a seguir.

De grande interesse para o estudo das obrigações de fazer são os contratos de prestação de serviços (arts. 593 a 609 do CC), sobretudo porque o objeto destes contratos leva à extrema generalidade associada à noção

---

[259] SILVA, Clóvis V. do Couto e. *A obrigação como processo*. São Paulo: José Bushatsky, 1976. p. 156.

de serviço, daí por que esse atributo, o da generalidade, tem um alcance formal de constante aplicabilidade a uma série infinita de contratos e um alcance, mais apropriado ainda, na lição de Messineo,[260] de uniformidade, ou seja, na fixação de idêntica disciplina contratual, de qualquer que seja o tipo de contrato em concreto, nominado ou inominado.

A rigor, portanto, generalidade tem o sentido de constância e uniformidade, daí por que no primeiro caso não se verifica o desaparecimento com a essência que envolve o próprio cumprimento da obrigação direcionada a uma atividade humana (de natureza física, intelectual ou as duas integradas) e a uniformidade com a predisposição de cláusulas contratuais que se associam ao universo de serviços específicos, como é o caso, por exemplo, dos contratos de assistência técnica de telefonia, dentro do âmbito privado e também de fornecimento de serviços públicos (água e eletricidade).

Dentro do universo associado à natureza dos serviços, podem-se classificá-los como: (a) serviços de função pública (telefonia, eletricidade, segurança, educação, justiça); (b) serviços de infraestrutura (assistência, gestão financeira, assessoramento, consultoria, hotelaria, limpeza, transporte, informáticos); e (c) serviços profissionais (profissionais liberais, médicos, advogados, dentistas, artistas, escritores, construtores).

Esta classificação, isenta de rigor científico, aponta para a identificação (precisamente no item "c") para serviços considerados não empresariais e que são submetidos à disciplina do Código Civil, ou seja, atividades exercidas por profissionais intelectuais (de natureza científica, literária ou artística), ainda com o concurso de auxiliares ou colaboradores, salvo se o exercício da profissão constituir elemento de empresa (art. 966, parágrafo único).

A matéria, porém, transborda da presente análise, mais interessando a menção por conta da vagueza associada ao objeto das obrigações de fazer (atividade ou serviço).

8.2. Espécies de obrigações de fazer
8.2.1. Imaterial (infungível)
É a prestação relacionada com as qualidades pessoais do devedor, as chamadas obrigações *intuitu personae*. Exemplo: cirurgião plástico famoso é contratado para realizar uma operação.

---

[260] *Il contratto in genere.* Milão, 1973. t. 1, p. 426.

OBRIGAÇÕES DE FAZER

8.2.2. Material (fungível)
Cuida-se da obrigação que pode ser cumprida por qualquer pessoa, pouco importando as qualidades pessoais como determinante da contratação. Exemplo: o credor contrata um advogado qualquer para defender seus interesses em um processo, sem se preocupar com suas qualidades ou renome. O cumprimento pode ser realizado por qualquer profissional da área.

8.3. Inadimplemento das obrigações de fazer
Se a obrigação for imaterial pode surgir por parte do devedor a recusa ou a impossibilidade quanto ao cumprimento da obrigação. Nesse caso aplica-se o art. 247 do CC. Se a obrigação encontrar-se destituída de caráter personalíssimo, pode o credor optar por mandar executar a prestação por obra de terceiro e por custa do devedor, havendo recusa ou mora deste, sem prejuízo da indenização cabível (art. 249 do CC).

O referido *caput* é complementado pelo parágrafo único com a seguinte redação, cujo conteúdo não constava do CC de 1916.

> "Em caso de urgência, pode o credor, independentemente de autorização judicial, executar ou mandar executar o fato, sendo depois ressarcido."

Essa disposição deve ser interpretada de forma razoável, pois a configuração do estado de urgência, autorizador da ação do credor sem intervenção judicial, não pode descer a particularismos ou subjetivismos, notadamente porque a regra é buscar a ameaça ou reparação do prejuízo pelas vias judiciais próprias (art. 5º, inc. XXXV, da CF).

Assim, estado de urgência seria a conclusão, no caso concreto, para qualquer pessoa razoável ou considerada equilibrada como um bom pai de família.

Imagine-se, por exemplo, um empreiteiro contratado para realizar um muro de arrimo que esteja, segundo suspeita do proprietário do imóvel, prestes a desabar. Verificada pelo devedor a recusa ou mora, e também a urgência, estará o proprietário (credor) autorizado a contratar um terceiro para o cumprimento da obrigação, não sem antes promover a notificação para caracterização do estado de inadimplemento relativo ou absoluto.

No entanto, ressalte-se que somente no caso de impossibilidade da execução *in natura* é que o credor se verá forçado a contentar com a indenização pelo equivalente econômico, já que "a execução direta, sempre que possível, é obrigatória para o devedor".

De fato, o Código brasileiro não diz que a obrigação deve ser cumprida fielmente como contratada.

> "Mas, ao consignar o princípio segundo o qual o não-cumprimento da obrigação dá ao credor o direito de exigir perdas e danos (art. 1.056 do CC de 1916, atual art. 389), não excluiu, nem podia excluir o direito que lhe assiste de exigir, antes de tudo, que a obrigação se cumpra tal como se convencionou (cf. Walter Sterner. *Nuovo digesto italiano*, v. VIII, nº 73, p. 1.226). É que ao legislador pareceu dispensável exprimir esta regra, uma vez que, segundo a doutrina, ela é fundamental em matéria de efeitos das obrigações. (Cf. Clóvis Beviláqua. *Direito das obrigações*, p. 93; Polacco. *Il obligazioni nel diritto civile italiano*, v. I, nº 56)."[261]

A doutrina tem sustentado que o pré-contrato é gerador de obrigação de fazer em conjunto a uma obrigação de dar.[262] Cuida-se da conhecida categoria contratual denominada compromisso de compra e venda disciplinado basicamente pelo Decreto-lei nº 58/37, Lei nº 649/49 e Lei nº 6.766/79. Sendo típico negócio jurídico, trata-se de "contrato pelo qual ambas as partes, ou uma delas, se comprometem a celebrar, mais tarde, outro contrato, considerado principal, ou definitivo".[263]

O surgimento desta figura genuinamente brasileira ocorreu em virtude dos abusos que praticavam os vendedores que se utilizavam da norma prevista no art. 1.088 do CC de 1916. Logo, afastado o direito de arrependimento e uma vez registrado o contrato com quitação integral do preço, atualmente assiste ao comprador o direito à adjudicação compulsória, vale dizer, por meio de regular ação, pode o adquirente pleitear a substituição da vontade do devedor inadimplente, adjudicando o imóvel em seu favor (CPC, art. 1.046, § 3º c.c. art. 16 do Decreto-lei nº 58/37; cf. também Súmula 413 do STF).

Recentemente foi editada a Lei nº 9.307/96, a chamada Lei da Arbitragem, que precisamente no art. 7º regula o procedimento pelo qual a parte

---

[261] ALVIM, Agostinho. *Da compra e venda e da troca*. Rio de Janeiro: Forense, 1961. p. 30.

[262] AZEVEDO JÚNIOR, José Osório de. *Compromisso de compra e venda*. São Paulo: Malheiros, 1992. p. 26.

[263] BESSONE, Darcy. *Da compra e venda*. São Paulo: Saraiva, 1988. p. 62.

OBRIGAÇÕES DE FAZER

interessada na execução específica de cláusula compromissória, e havendo resistência quanto à instituição da arbitragem, poderá requerer a citação da outra parte para comparecer em juízo a fim de lavrar-se o compromisso, designando o juiz audiência especial para tal fim.

Trata a hipótese inequivocamente de execução de obrigação de fazer que admite a substituição de vontade por meio de comando judicial no caso de a parte não concordar com a instituição do juízo arbitral.

Por outro lado, pode ocorrer por parte do devedor a impossibilidade no cumprimento da obrigação, devendo distinguir-se a ocorrência de culpa ou não. No primeiro caso, haverá o dever de indenizar decorrente das perdas e danos, no segundo, a obrigação resolver-se-á, tudo conforme o art. 248 do CC.

8.4. Processo de execução nas obrigações de fazer

Segundo as regras já expostas, distinguiram-se as obrigações de fazer infungíveis das fungíveis, e dentro dessas características é que se deve considerar o processo de execução quando o objeto da obrigação é a prestação de um ato.

Tratando-se da execução desta espécie, o CPC confere ao juiz o poder de conceder tutela específica da obrigação ou, se procedente o pedido, determinar providências que assegurem o resultado prático equivalente ao adimplemento (cf. arts. 814 a 820 do novo CPC).

Com efeito, afastada a antiga ideia de que o não-cumprimento das obrigações de fazer ou não fazer comportavam conversão em perdas e danos uma vez verificado o inadimplemento, o que aliás contava com o prestígio da legislação estrangeira (cf. art. 1.142 do Código Civil francês), a adoção pelo legislador processual conferiu amplo espectro ao juiz para impor ao devedor a observância estrita do que foi objeto de convenção entre as partes ou ao comando estatal imposto pela sentença.

A tutela de que se cogita refere-se ao provimento judicial concedido para

"proporcionar a quem tem direito à situação jurídica final que constitui objeto de uma obrigação específica precisamente aquela situação jurídica final que ele tem o direito de obter".[264]

---

[264] Cf. DINAMARCO, Cândido. *A reforma do código de processo civil.* São Paulo: Malheiros, 1995. p. 149.

DIREITO DAS OBRIGAÇÕES

Embora a denominação tenha relação com o processo de execução, não há dúvidas de que a tutela específica envolve a propositura de ação cuja natureza é condenatória e, portanto, de conhecimento.

O exemplo clássico sobre como a tutela específica pode ter aplicação é a ocorrência de dano ao meio ambiente provocado em razão de indústria química que poluiu determinado rio. Em tais casos, o juiz pode muito bem conceder a tutela específica para obstar a prática danosa sob pena de aplicação de multa ou até mesmo paralisação das atividades (cf. art. 11 da Lei nº 7.347/85).

Lembramos, em arremate, que o Código de Defesa do Consumidor estabelece em seu art. 84 e parágrafos norma praticamente idêntica à transcrita, e sua incidência justifica-se quando a relação jurídica material tem direcionamento com os conceitos de consumidor (art. 2º) e fornecedor (art. 3º).

Pelo interesse, transcrevem-se os dispositivos legais aplicáveis:

DA EXECUÇÃO DAS OBRIGAÇÕES DE FAZER OU DE NÃO FAZER
Seção I
Disposições Comuns

Art. 814. Na execução de obrigação de fazer ou de não fazer fundada em título extrajudicial, ao despachar a inicial, o juiz fixará multa por período de atraso no cumprimento da obrigação e a data a partir da qual será devida.

Parágrafo único. Se o valor da multa estiver previsto no título e for excessivo, o juiz poderá reduzi-lo.

Seção II
Da Obrigação de Fazer

Art. 815. Quando o objeto da execução for obrigação de fazer, o executado será citado para satisfazê-la no prazo que o juiz lhe designar, se outro não estiver determinado no título executivo.

Art. 816. Se o executado não satisfizer a obrigação no prazo designado, é lícito ao exequente, nos próprios autos do processo, requerer a satisfação da obrigação à custa do executado ou perdas e danos, hipótese em que se converterá em indenização.

OBRIGAÇÕES DE FAZER

Parágrafo único. O valor das perdas e danos será apurado em liquidação, seguindo-se a execução para cobrança de quantia certa.

Art. 817. Se a obrigação puder ser satisfeita por terceiro, é lícito ao juiz autorizar, a requerimento do exequente, que aquele a satisfaça à custa do executado.

Parágrafo único. O exequente adiantará as quantias previstas na proposta que, ouvidas as partes, o juiz houver aprovado.

Art. 818. Realizada a prestação, o juiz ouvirá as partes no prazo de 10 (dez) dias e, não havendo impugnação, considerará satisfeita a obrigação.

Parágrafo único. Caso haja impugnação, o juiz a decidirá.

Art. 819. Se o terceiro contratado não realizar a prestação no prazo ou se o fizer de modo incompleto ou defeituoso, poderá o exequente requerer ao juiz, no prazo de 15 (quinze) dias, que o autorize a concluí-la ou a repará-la à custa do contratante.

Parágrafo único. Ouvido o contratante no prazo de 15 (quinze) dias, o juiz mandará avaliar o custo das despesas necessárias e o condenará a pagá-lo.

Art. 820. Se o exequente quiser executar ou mandar executar, sob sua direção e vigilância, as obras e os trabalhos necessários à realização da prestação, terá preferência, em igualdade de condições de oferta, em relação ao terceiro.

Parágrafo único. O direito de preferência deverá ser exercido no prazo de 5 (cinco) dias, após aprovada a proposta do terceiro.

Art. 821. Na obrigação de fazer, quando se convencionar que o executado a satisfaça pessoalmente, o exequente poderá requerer ao juiz que lhe assine prazo para cumpri-la.

Parágrafo único. Havendo recusa ou mora do executado, sua obrigação pessoal será convertida em perdas e danos, caso em que se observará o procedimento de execução por quantia certa."

9.
Obrigações de Não Fazer

9.1. Conceito e disciplina legal

Trata-se de obrigação com caráter negativo na qual o devedor compromete--se a abster-se ou omitir-se quanto à prestação de determinado fato. O exemplo clássico relacionado à espécie está no direito de vizinhança, em que o proprietário sempre deve construir o imóvel com o recuo previsto nas posturas municipais (lei do município) em relação ao vizinho, sob pena de embargo administrativo da obra.

De grande interesse para o estudo da obrigação de não fazer, refere-se à teoria da proibição dos atos emulativos, a qual foi formulada na Idade Média e regeu as relações de vizinhança durante longos séculos.

Bem esclarece sobre o assunto o gênio de San Tiago Dantas em obra clássica sobre o assunto:

> "A teoria da emulação é, no seu princípio geral, muito simples. Valendo-se do conhecido aforismo *malitiis non est indulgendum*, estabelece-se que são proibidos todos os atos praticados com a exclusiva intenção de prejudicar a alguém, mesmo que tais atos, quando praticados sem essa intenção, sejam permitidos."[265]

---

[265] Cf. *O conflito de vizinhança e sua composição*. Rio de Janeiro: Forense, 1972. p. 81-82.

DIREITO DAS OBRIGAÇÕES

A regulamentação dada às relações de vizinhança impõe considerar que o vizinho deve-se abster de molestar o outro em razão de uma regra social direcionada para convivência harmoniosa.

No entanto, consigne-se com apoio na doutrina que

"o universo dessas obrigações é extenso, não comportando delimitações, senão aquelas normais impostas pelo ordenamento jurídico ao mundo negocial: pode, assim, a pessoa obrigar-se a não fazer qualquer coisa de interesse econômico, dentro de sua liberdade de contratar, respeitados sempre os limites da lei, dos bons costumes e da boa-fé".[266]

Em razão de tal aspecto, o inadimplemento das obrigações de não fazer ocorre quando, nada obstante existente o dever de abstenção, a conduta do devedor é contrária. A consequência, assim, permite que o credor exija o desfazimento do que foi prestado, sob pena de serem desfeitas às expensas do devedor, com a respectiva indenização das perdas e danos, em ocorrendo culpa. Há casos, no entanto, em que só a indenização pelas perdas e danos repõe o prejuízo do credor. De qualquer forma, não se fala em mora do credor ou do devedor em se tratando de retardamento das obrigações de não fazer; em geral, cumprido o ato proibido, fala-se tão-somente em inadimplemento absoluto.

Os critérios para indenizar, ou não, são os mesmos na obrigação de fazer, vale dizer, havendo culpa ocorre imposição das perdas e danos; caso contrário, a obrigação se extingue, posto que fica resolvida.

O novo CC praticamente repetiu as disposições legais do Código revogado, disciplinando a extinção das obrigações de não fazer, desde que, sem culpa do devedor, se lhe torne impossível abster-se do ato, que se obrigou a não praticar (art. 250). Igualmente previu em favor do credor o direito de exigir do devedor que desfaça o ato a cuja abstenção se obrigara, sob pena de desfazer a sua custa, com ressarcimento das perdas e dos danos (art. 251).

Novidade mesmo fica para a disposição do parágrafo único do último artigo citado, ao conferir a possibilidade de o credor desfazer ou mandar desfazer o ato proibido, sem apreciação judicial, em caso de urgência, noção esta que somente no caso concreto poder-se-á considerá-la em

---

[266] Cf. BITTAR, Carlos Alberto. *Direito das obrigações*. Rio de Janeiro: Forense Universitária, 1990. p. 62.

OBRIGAÇÕES DE NÃO FAZER

termos objetivos, vale dizer, a urgência deve ser apurada levando em conta a conclusão de qualquer homem sensato (*bonus pater familae*), sujeitando-se o credor, no entanto, a eventuais abusos pelo excesso cometido (art. 187 do CC).

9.2. Processo de execução tendo por objeto obrigação de não fazer

Lembrando o que já foi exposto sobre o mecanismo das obrigações de não fazer, sabe-se que, uma vez configurado o inadimplemento, terá o credor as seguintes opções: (a) direito de exigir que o devedor desfaça o ato ou fato realizado e para o qual estava impedido de executar; (b) faculdade de pedir ao juiz que, não ocorrendo o desfazimento do ato pelo devedor pessoalmente, um terceiro possa desfazê-lo à custa do próprio devedor, que arcará com as despesas; (c) sendo impossível o desfazimento, diante da situação fática concreta, impõe-se a conversão da obrigação em perdas e danos.

Todos esses aspectos têm disciplina específica pelas regras do processo civil com o seguinte conteúdo:

Da Obrigação de Não Fazer

Art. 822. Se o executado praticou ato a cuja abstenção estava obrigado por lei ou por contrato, o exequente requererá ao juiz que assine prazo ao executado para desfazê-lo.

Art. 823. Havendo recusa ou mora do executado, o exequente requererá ao juiz que mande desfazer o ato à custa daquele, que responderá por perdas e danos.

Parágrafo único. Não sendo possível desfazer-se o ato, a obrigação resolve-se em perdas e danos, caso em que, após a liquidação, se observará o procedimento de execução por quantia certa."

10.
Obrigações Alternativas e Facultativas

10.1. Noções gerais e conceito de obrigações alternativas

No Capítulo 4, onde as obrigações foram classificadas, identificaram-se as obrigações alternativas como sendo de natureza complexa porque possuem multiplicidade de objetos, ou em outros termos, um dos objetos será escolhido para tornar-se determinado e vincular o devedor na prestação. Exemplo: Prometo-lhe pagar minha dívida entregando um automóvel ou uma casa no valor da obrigação.

Para compreensão desse tipo obrigacional, mister identificar a existência em toda obrigação de dois momentos, quais sejam: (1) momento da obrigação: quando se estabelece o vínculo jurídico; (2) momento do pagamento: a própria execução da obrigação. Mas em se tratando de obrigações alternativas inclui-se uma fase intermediária chamada momento da concentração.

Tal fase é aquele instante em que a obrigação alternativa transforma-se em obrigação simples, pois escolhendo-se um dos objetos, desaparece a idéia da alternatividade. A conjunção alternativa explica o fenômeno para determinar a escolha de um dos objetos a serem prestados. De um lado há uma relação de pluralidade e de outro um tratamento de unicidade, natureza que se adota tendo em vista o cumprimento da obrigação que ocorre de forma unitária.

O que importa nesse tipo de obrigação é o poder de escolha que pode caber ao devedor ou credor. Legalmente cabe de início ao devedor, que é

DIREITO DAS OBRIGAÇÕES

a parte mais interessada na extinção da obrigação. No entanto, as partes podem convencionar de forma diversa (cf. art. 252 do CC).

Não pode o devedor obrigar o credor a receber parte de uma prestação e parte da outra (§ 1º do art. 252), porque o objeto da obrigação, uma vez escolhido, torna-se indivisível e deve ser prestado integralmente.

Se as prestações forem periódicas, o devedor pode escolher findo cada período o objeto da obrigação (§ 2º), pois há por disposição legal renovação quanto ao direito de escolha. Imagine-se que o proprietário arrendou seu imóvel pelo preço anual de cem mil sacas de café ou valor correspondente em dinheiro. Encerrado o primeiro período de um ano, pode o devedor escolher no próximo a forma do pagamento entre aquelas elencadas.

O legislador do novo CC acrescentou duas regras (o que não existia no direito anterior) ao dispor que, na hipótese de pluralidade de optantes, não havendo acordo unânime entre eles, caberá ao juiz a decisão sobre a faculdade de opção para o período a ser iniciado, isto se findo o prazo por este para a deliberação voluntária entre as partes (art. 252, § 3º).

Caberá também ao juiz decidir se a opção foi conferida a terceiro e este, não a exercendo ou não podendo exercê-la, inexistir acordo entre as partes (art. 252, § 4º).

Feita a escolha, torna-se esta irrevogável porque individuado o objeto, salvo se houver direito de arrependimento entre as partes.

A escolha não depende do consentimento da outra parte e, se houver impossibilidade de efetuá-la, recorre-se a um terceiro ou, em último caso, o arbítrio será dado ao juiz em processo judicial próprio para esse fim.

O direito de escolha não pode ficar na eterna expectativa por quem de direito. Em razão disso, a matéria vem regulada no art. 571 do CPC, prevendo que nas execuções de tais obrigações caberá ao devedor o direito de escolha desde que citado para isso no prazo de 10 dias. Não exercido, passará ao credor. O prazo previsto é de decadência do direito de escolha, incidindo todas as regras daí decorrentes, como impossibilidade de paralisação do período, diversamente da prescrição.

Estipula o art. 253 do CC:

> "Se uma das duas prestações não puder ser objeto de obrigação, ou se tornada inexeqüível, subsistirá o débito quanto à outra."

OBRIGAÇÕES ALTERNATIVAS E FACULTATIVAS

De forma específica podem-se identificar as seguintes regras aplicáveis a este dispositivo: (a) a obrigação se torna aparentemente alternativa, convertendo-se em obrigação simples, quando uma só entre as prestações é que apresenta os pressupostos de uma obrigação juridicamente válida; (b) caso haja impossibilidade em uma das prestações, as restantes serão alternativas.

10.2. Impossibilidade superveniente do adimplemento das obrigações alternativas

Distinguem-se, no caso, quatro hipóteses, cada uma com sua disciplina específica:

a) perecimento em razão de caso fortuito ou força maior. Na verificação de um destes institutos (são excludentes da responsabilidade pela coisa), não há culpa para justificar a indenização, razão pela qual resolve-se a obrigação, aplicando-se por assimilação o art. 256 do CC;

b) perecimento de uma das prestações por culpa do devedor. Cabendo a escolha ao credor, a impossibilidade de uma das prestações resultante de culpa do devedor dá ao credor o direito de exigir ou a prestação subsistente ou valor da outra com perdas e danos (art. 255, primeira parte). Se cabe ao devedor, e se houve culpa, a obrigação se transforma em simples;

c) perecimento de ambas as prestações por culpa. Cabendo a escolha ao credor e sendo o devedor culpado pelo perecimento de ambas as prestações, aplica-se o art. 254 do CC. Ainda se o devedor for culpado pelo perecimento de todas prestações incide o art. 255, segunda parte do mesmo Código;

d) o CC não cogitou da culpa do credor.

Neste último caso, quando o perecimento atinge apenas uma das prestações e a escolha não cabe ao credor, o devedor será liberado da obrigação quando não preferir executar a outra obrigação e pedir perdas e danos. Se a escolha cabia ao próprio credor culpado, o devedor será liberado se uma das prestações se tornar impossível por culpa do credor, salvo se este preferir exigir a outra prestação e ressarcir perdas e danos.

10.3. Obrigações facultativas: generalidades e conceito

O CC não regulou a obrigação facultativa, também chamada de faculdades alternativas, mas seu estudo mostra-se útil por ter sido adotada implicitamente em algumas disposições legais, como o art. 1.234 do citado Código, que estabelece:

> "Aquele que restituir a coisa achada, nos termos do artigo antecedente, terá direito a uma recompensa não inferior a cinco por cento do seu valor, e à indenização pelas despesas que houver feito com a conservação e transporte da coisa, se o dono não preferir abandoná-la."

O mecanismo de tal obrigação consiste na possibilidade de o devedor exonerar-se da obrigação prestando outro objeto que não o estabelecido de forma determinada entre as partes, e seu objetivo visa essencialmente à facilitação do pagamento pelo *solvens*, que terá uma opção a mais para desvincular-se da obrigação.

Em nível terminológico, a doutrina rejeita a denominação *obrigações facultativas*,

> "mas a designação pode induzir em erro, por dar a entender que a existência do vínculo dependeria da vontade do devedor, quando o vínculo existe, é certo, desde o momento da constituição da relação. Facultativa é apenas a substituição do objecto devido por um outro".[267]

Não obstante a crítica procedente, o uso correntio de "obrigações facultativas" impõe ser mantido diante da generalidade dos autores que o adotam, notadamente os nacionais. De qualquer forma, o esclarecimento quanto ao mecanismo é útil para evitar confusão com outro tipo obrigacional.

Assim, mais uma vez com auxílio da doutrina afirma-se que

> "elas têm por objecto uma só prestação – a única que o credor tem o direito de exigir –, embora o devedor possa exonerar-se mediante a realização de uma outra prestação, sem necessidade do consentimento do credor".[268]

---

[267] VARELA, João de Matos Antunes. *Das obrigações em geral*. Coimbra: Almedina, 1993. v. 1, p. 841.

[268] COSTA, Mário Júlio de Almeida. *Direito das obrigações*. Coimbra: Almedina, 1979. p. 493.

OBRIGAÇÕES ALTERNATIVAS E FACULTATIVAS

Trata-se, portanto, de tipo obrigacional em que a vontade dirige-se apenas para um específico objeto, que é o principal, mas admite-se (daí a faculdade) que o devedor se exonere caso realize uma outra prestação.

Diferentemente das obrigações alternativas, nas obrigações facultativas o objeto é desde logo determinado. O devedor não deve outra coisa a qual pode sofrer perecimento ou deterioração. Todavia, cabe-lhe o direito de pagar coisa diversa da efetivamente representativa do objeto da dívida. Exemplo: obrigo-me a entregar uma parte da soja, mas, se me convier, poderei substituí-la por tantas outras de café.

Logo, têm-se as seguintes conseqüências: (a) o credor na obrigação facultativa só pode pedir a coisa realmente devida; (b) se o objeto da obrigação facultativa for ilícito, torna-se nula por sua falta; (c) o perecimento da prestação devida não dá ao credor o direito de exigir a outra que se convencionou, e se o perecimento da coisa se produzir sem culpa do devedor, a obrigação se extingue, a despeito de substituir a que era facultada ao devedor; (d) se houver perecimento em razão de culpa do devedor, pode o credor exigir o equivalente mais perdas e danos ou cumprimento da obrigação supletória em substituição.

11.
Obrigações Condicionais e a Termo

11.1. Noções gerais, conceito e aplicação

Sempre invocando o capítulo relativo à classificação das obrigações, apontou-se o tipo mais comum de obrigação na qual um devedor vinculado a um credor deve prestar um objeto determinado. Obrigação pura e simples, portanto. No entanto, a prestação pode estar subordinada a alguma condição, prazo, encargo ou qualquer outro pacto acessório que tenha por função autolimitar a vontade das partes.

Assim, o conceito de condição, segundo o art. 121 do CC, possui relação direta com a noção de obrigação condicional.

> "Obrigação condicional é, pois, a que se acha subordinada a uma condição qualquer. De maneira que, condição é uma modalidade que restringe a declaração principal."[269]

Por este aspecto, sempre haverá ínsita a ideia de um acontecimento futuro e incerto. Um exemplo confere melhor compreensão: entregarei R$ 100,00 ao meu irmão no dia em que completar os estudos superiores.

Do estudo da parte geral, sabe-se que a condição pode ser suspensiva ou resolutiva. No primeiro caso, o cumprimento está suspenso traduzindo-se

---

[269] MENDONÇA, Carvalho de. *Doutrina e prática das obrigações*. Rio de Janeiro: Freitas Bastos, 1938. t. 1, p. 201.

em mera expectativa de direito. Assim, ocorrendo o implemento da obrigação, na mesma data deve ser cumprida. Se a obrigação foi cumprida sob condição suspensiva, o devedor tem direito a repetição; no segundo caso, a obrigação resolutiva produz desde logo seus efeitos. Pode ela ser expressa ou tácita, sendo estipulada no próprio negócio, de tal sorte que concerne sempre a um evento ainda não verificado, mas com hipótese verificável no futuro.

As condições suspensivas, sem tocar na validade do ato, tolhem por inteiro sua eficácia, atribuindo-se durante a pendência apenas a faculdade de praticar atos conservativos, ao passo que a condição resolutiva, ao se verificar, produz a inteira cessação da eficácia, com efeito retroativo.

Igualmente, tanto o termo como a condição, a pressuposição e o modo, institutos relacionados com a teoria geral do direito civil, constituem os elementos acidentais de todo negócio jurídico e por isso podem ser utilizados no âmbito próprio do direito das obrigações.

Para fins de distinção, a ocorrência do evento na condição é incerta e no termo é certa.

Por isso, torna-se necessário conceituar de início o que se entende por obrigações a termo. São obrigações a tempo determinado, vale dizer, é um evento não incerto ao qual as partes submetem o começo ou o término da execução do contrato.

Na lição de Clóvis Beviláqua,

"termo é o dia no qual há de começar ou de extinguir-se o negócio jurídico. Prazo é o lapso decorrido entre a declaração de vontade e a superveniência do termo".[270]

O termo pode ser suspensivo, chamado *dies a quo* (art. 131 do CC), ou extintivo (*dies ad quem*), mas deve ser necessariamente certo porque se for incerto constitui cláusula condicional. Também pode ser determinado e indeterminado. Exemplo do primeiro caso: pagarei esta soma de dinheiro em 1º-1-2016, ou seja, a época de sua expiração fica antecipadamente prevista. No segundo caso, pagarei esta soma de dinheiro quando Paulo morrer.

Termo determinado é previsto quando no contrato há prazo preciso para a execução da obrigação. Indeterminado quando o prazo para o cumprimento

---

[270] *Direito das obrigações*. Rio de Janeiro: Francisco Alves, 1954. p. 63.

é previsto de forma relativamente variável. Exemplo: pagarei quando puder. Esta cláusula é válida, salvo se destrutiva do liame de direito obrigacional ou o credor provar que o devedor possui condições de pagá-la de pronto.[271]

As obrigações a termo geralmente são estudadas em conjunto com as condicionais dada a relação estreita que possuem, chegando mesmo o art. 135 do CC mandar aplicar ao termo inicial, quando o prazo inicia a contagem, quanto à condição suspensiva e resolutiva.

11.2. Efeito da ausência do termo

Como regra, se não for estipulado prazo para cumprimento da obrigação, pode o credor exigi-la desde logo, assunto do qual já tratamos inclusive citando o art. 134 do CC. Há, no entanto, hipóteses previstas excepcionalmente, como o prazo previsto para o mútuo (art. 592 ou art. 1.425, I, ambos do CC).

De qualquer forma, a fixação do termo tem como ideia afastar a regra comum consistente na exigibilidade imediata da obrigação.

Geralmente, tem-se estudado o termo e sua consequência, uma vez verificado seu vencimento, com o instituto da mora do devedor ou do credor, assunto que será objeto de análise adiante.

11.3. Interpretação das obrigações a termo

Caso o ato jurídico seja *causa mortis*, o prazo presume-se em favor do herdeiro e nos contratos (*inter vivos*) em favor do devedor, salvo se for convencionado de modo diferente (ver o art. 133 do CC). A noção tem como pressuposto sempre proteger a parte mais fraca na obrigação, que é o devedor, salvo prescrição legal ou convenção em contrário.

No entanto, a presunção de que o termo beneficia a parte obrigada é relativa, podendo ser alterada por declaração expressa de vontade, por efeito de declaração implícita de vontade que conduza a conclusão diversa ou depender da relação jurídica de que se trate.

Por cuidar de cláusula inserida onde geralmente o objeto do negócio envolve direitos patrimoniais, o termo é passível de renúncia em favor daquele que foi estipulado.

---

[271] LOPES, Serpa. *Curso de direito civil*. Rio de Janeiro: Freitas Bastos, 1989. v. 2. p. 92.

DIREITO DAS OBRIGAÇÕES

11.4. Exigibilidade

Só ocorre quando o termo é expirado (terminado, vencido); antes não pode a obrigação ser exigida. Portanto, só no dia fixado para o cumprimento é que o devedor pode ser compelido a adimplir a obrigação, salvo no caso de concurso creditório (art. 333, I, do CC), se os bens do devedor forem penhorados em execução por outro credor e/ou se cessarem as garantias do crédito (art. cit., incisos II e III).

Quanto à contagem do tempo, o art. 132 do CC estipula:

"Salvo disposição legal ou convencional em contrário, computam-se os prazos, excluído o dia do começo, e excluído o do vencimento.

§ 1º Se o dia do vencimento cair em feriado, considerar-se-á prorrogado até o seguinte dia útil.

§ 2º Meado considera-se, em qualquer mês, o seu décimo quinto dia.

§ 3º Os prazos de meses e anos expiram no dia de igual número do de início, ou no imediato, se faltar exata correspondência.

§ 4º Os prazos fixados por hora contar-se-ão de minuto a minuto."

Por fim cabe salientar que, por ser a obrigação a termo inexigível enquanto não vencido, não prescreve enquanto não sobrevier o fato (art. 199, II, do CC).

A importância do termo diz respeito ainda com a hipótese de a obrigação ser cumprida em dia certo, caso em que se dispensa a notificação ou interpelação do devedor para constituí-lo em mora. No entanto, se não é determinada a época do vencimento, deve-se dar conhecimento sobre a pretensão do credor. Este assunto, como já dito, será melhor tratado no Capítulo 16, relativo à mora nas obrigações.

12.
Obrigações Divisíveis e Indivisíveis

12.1. Introdução, noções gerais e conceito

Costumam-se estudar as obrigações divisíveis e indivisíveis antes das obrigações solidárias por uma razão muito simples. Ambas se constituem exceções à regra na qual existindo mais de um devedor ou credor em obrigação divisível esta presume-se dividida em tantas obrigações, iguais e distintas, quantos os devedores ou credores (art. 257 do CC). Trata-se do chamado aforismo latino *Concursu partes fiunti* (as partes se satisfazem pelo concurso, pela divisão).

A classificação das obrigações em (in)divisíveis não tem em vista o objeto, mas os sujeitos da relação obrigacional, já que seu interesse se manifesta só quando há pluralidade subjetiva, vale dizer, vários credores ou devedores. As obrigações são, em regra, indivisíveis, porque nem o credor é obrigado a receber pagamentos parciais, nem o devedor a fazê-los, salvo se diversa a estipulação entre as partes (art. 314 do CC).

Em linhas gerais, pode-se, em nível de introdução, afirmar que obrigação divisível é aquela que comporta cumprimento fracionado e tratando-se da indivisível ocorre o inverso. A noção quanto à matéria tem relação direta com os arts. 87 e 88 do CC.

Estabelece o art. 87:

> "Bens divisíveis são os que se podem fracionar sem alteração na sua substância, diminuição considerável de valor ou prejuízo do uso a que se destinam."

E a segunda disposição legal (art. 88) preceitua:

"Os bens naturalmente divisíveis podem tornar-se indivisíveis por determinação da lei ou por vontade das partes."

Logo, se me comprometo a entregar uma saca de feijão, tem-se aí uma obrigação divisível. Entretanto, se prometo devolver uma obra de arte famosa, há inequivocamente uma obrigação indivisível.

Os exemplos bem conferem a dimensão da noção ora exposta, pois a indivisibilidade decorre essencialmente da impossibilidade de fracionamento da obrigação. A obra famosa pode muito bem ser dividida em pedaços. Mas qual a consequência? Iremos acarretar um dano de tal monta que a soma das peças separadas não terá nenhuma representação ou valor se comparada ao todo. Sucede então que a divisão é possível pela natureza do objeto que, se fracionado, sem perder sua substância, perde seu valor econômico.

Exemplo clássico tirado da jurisprudência é a possibilidade de cobrança judicial de despesas condominiais em relação à somente um dos condôminos, existindo mais de um proprietário do apartamento.

Confira-se a ementa:

CONDOMÍNIO – DESPESAS CONDOMINIAIS – COBRANÇA – IMÓVEL EM CO-PROPRIEDADE – LITISCONSÓRCIO PASSIVO – INEXIGIBILIDADE – OBRIGAÇÃO INDIVISÍVEL – ACIONAMENTO DE PARTE DOS CONDÔMINOS – POSSIBILIDADE. Sendo dois os proprietários do imóvel objeto da ação de cobrança de despesas de condomínio, desnecessária a integração no pólo passivo de todos os proprietários da unidade condominial, vez que se trata de obrigação indivisível, podendo o condomínio reclamar as despesas por inteiro de um ou de ambos os donos. Ap. s/ Rev. 560.933-00/9 – 8ª Câm. – Rel. Juiz KIOITSI CHICUTA – J. 18-11-99 – do extinto 2º Tribunal de Alçada Cível.

A indivisibilidade pode ser estabelecida pela lei (cf., por exemplo, art. 1.386 do CC) ou pelas partes, dada a livre autonomia de vontade na celebração de negócios jurídicos. A divisibilidade ou indivisibilidade da obrigação decorre principal e diretamente da possibilidade ou não de fracionamento da prestação (da coisa ou fatos devidos).

OBRIGAÇÕES DIVISÍVEIS E INDIVISÍVEIS

A hipótese é bem identificada pela existência de três tipos de indivisibilidade, vale dizer, a material (p. ex.: entrega de um veículo), econômica (*v. g.*, a entrega de uma tela de um pintor famoso) e jurídica (p. ex.: a entrega de lotes de terreno que não pode ser inferior à medida legal de 125 m² – art. 4º, II, da Lei nº 6.766/79.[272]

Observe-se, porém, que o legislador do CC de 2002, inovando a esse respeito, caracterizou as obrigações indivisíveis não só pelo objeto da prestação, como igualmente pelo fato, em razão de sua natureza, por motivo de ordem econômica, ou dada a razão determinante do negócio jurídico (art. 258).

Assim, fixadas essas premissas, conceituam-se ambas as obrigações. No primeiro caso, divisível, quando o objeto da prestação (coisa ou fato), devido pelo devedor ao credor, é suscetível de cumprir-se fracionadamente; é indivisível quando esse mesmo objeto não puder ser cumprido parceladamente, seja em razão de sua própria natureza, seja pela vontade da lei ou das partes.

As duas obrigações, sendo de dar o objeto da prestação, admitem seu fracionamento. Exemplo: A deve entregar a B e C vinte sacas de milho. No mesmo caso em relação às obrigações de fazer, *v. g.*, um escultor pode obrigar-se a fazer uma estátua (indivisível) ou 10 estátuas (divisível).

A obrigação de restituir é, em regra, conforme bem esclarece Caio Mário da Silva Pereira, indivisível, já que o credor não pode ser compelido a receber, *pro parte*, a coisa que se achava na posse alheia, salvo se nisto consentir.[273]

Em relação às obrigações de não fazer, são em princípio indivisíveis, e isto porque qualquer que seja a prática do devedor, mesmo que parcialmente, implicará o descumprimento obrigacional.[274]

12.2. Efeitos

O interesse jurídico nas relações divisíveis e indivisíveis situa-se na possibilidade ou necessidade de fracionar-se o objeto da prestação para ser distribuído entre as partes da relação obrigacional, ante a hipótese de prestação parcial, já que se a obrigação for simples deve ser prestada por inteiro (art. 314 do CC).

---

[272] COELHO, Fábio Ulhoa. *Curso de direito civil*. São Paulo: Saraiva, 2004. v. 2, p. 86.

[273] *Instituições de Direito Civil*. Rio de Janeiro: Forense, 2004. v. 2, p. 54.

[274] CHAVES, Antonio. *Tratado de direito civil*. São Paulo: Revista dos Tribunais, 1984. v. 2, t. 1, p. 87.

DIREITO DAS OBRIGAÇÕES

Distinguem-se os efeitos quanto aos devedores e quanto aos credores. No primeiro caso aplica-se a norma do art. 259 do CC:

"Se, havendo dois ou mais devedores, a prestação não for divisível, cada um será obrigado pela dívida toda."

Quanto à outra hipótese, incide o art. 260 do mesmo Código, pois, existindo pluralidade de credores, "poderá cada um destes exigir a dívida inteira".

Na indivisibilidade, a prestação é exigível por inteiro, por isso que o Código Civil italiano nega que a obrigação é indivisível quando a prestação tem por objeto coisa ou fato que não é suscetível de divisão por sua natureza ou pelo modo por que foi considerado pelas partes. Contudo, se vários forem os credores ou devedores, em face da divisibilidade do objeto da prestação, entre as mesmas partes, far-se-á o concurso, o rateio, a divisão, cumprindo-se o preceito contido no aforismo latino já mencionado no início deste capítulo.

Sendo o objeto da prestação indivisível, cada devedor é obrigado pela dívida toda, ficando, quem pagar, sub-rogado em todos os direitos do credor. Nesse ponto, estabelece o art. 260, I, do CC, que o pagamento pelo devedor ou devedores satisfaz à obrigação se todos os credores receberem o objeto conjuntamente. Ressalva-se somente que se os devedores ou o devedor pagarem a um só dos credores, exigirão deste que preste caução de ratificação visando garantir o outro ou os outros credores (art. 260, inciso II).

A caução mencionada consiste numa garantia real ou pessoal prestada pelo credor que recebe o pagamento integral do qual os outros credores concordam com sua perfeição, renunciando a eventual impugnação do negócio realizado.

Carvalho de Mendonça expõe que essa caução tem por fim desobrigar o devedor solvente para com os demais credores e protegê-lo contra eventual demanda posterior dos mesmos. Exemplifiquemos assim o caso em que, havendo pluralidade de credores, o objeto é indivisível:

A prestação consiste na entrega de um cavalo. A deve um cavalo (valor de R$ 300,00) aos credores B, C e D. O primeiro (B) recebe o animal. Como ficam C e D? B se torna devedor destes últimos pela quantia de R$ 100,00 para cada.

OBRIGAÇÕES DIVISÍVEIS E INDIVISÍVEIS

Imagine-se a hipótese em que A, B e C devem o mesmo cavalo a F, que perdoa a dívida, permanecendo G e H como credores. Os devedores receberão de G e H o valor da cota do credor de F em dinheiro, ou seja, R\$ 100,00 em razão do perdão. O cavalo só será dado se G e H pagarem os R\$ 100,00 a A, B e C.

Cuida este exemplo da norma prevista no art. 262 do CC. Sobre o assunto, a doutrina critica o termo *desconto* que mais propriamente deveria ser indenizar, já que em sendo a obrigação indivisível seria impossível esse desconto.[275]

O parágrafo único deste artigo atribuiu o mesmo efeito da remissão no caso de transação, novação, compensação ou confusão, figuras que serão tratadas adiante.

Com auxílio mais uma vez de Álvaro Villaça Azevedo, pode-se concluir com o seguinte esquema:

Divisibilidade:

a) um credor e um devedor – obrigação indivisível salvo a norma prevista no art. 314;
b) pluralidade de devedor ou credor – art. 257 *concurso partes fiunt.*

Indivisibilidade:

a) pluralidades de devedores (concurso passivo) – cada um é obrigado pela dívida toda;
b) pluralidades de credores (concurso ativo) – cada um pode exigir a dívida toda (art. 260, I).
   – Devedor(es) ou paga(m) a todos conjuntamente (art. 260, I) ou exige(m) do(s) credor(es) caução de ratificação (art. 260, II).

Ainda, estabelece o art. 263 do CC que na hipótese de a obrigação resolver-se em perdas e danos, perderá a qualidade de indivisível.

A razão de tal disposição legal refere-se ao desaparecimento, por perecimento ou deterioração, do objeto, circunstância que justifica o caráter real das obrigações indivisíveis, pois a perda daquela qualidade não pode

---

[275] AZEVEDO, Álvaro Villaça. *Teoria geral das obrigações*. São Paulo: Revista dos Tribunais, 1990. p. 94.

impor ao(s) devedor(es) a manutenção da prestação *in natura* tal como originariamente convencionada.

Por fim, consoante os parágrafos do art. 263 só responderá o culpado por perdas e danos porque o fundamento da responsabilidade é pessoal. O fato não implica, entretanto, exoneração da cota correspondente em relação àqueles devedores que não foram culpados.

12.3. Aplicação prática das obrigações divisíveis ou indivisíveis

A análise da jurisprudência impõe considerar que os tipos obrigacionais em estudo têm incidência comum em casos relacionados a divisão de bens móveis ou imóveis decorrentes de partilha em inventário ou separação judicial.

Assim, invocam-se os seguintes julgados que bem conferem compreensão sobre o assunto:

> "Retificação de plano de partilha – Reposição em dinheiro determinada em virtude da indivisibilidade dos direitos sobre o bem perante a concessionária – Constituição de condomínio sobre direitos referentes à linha telefônica – Viabilidade prática."[276]
>
> *"A meação do cônjuge, casado sob o regime da comunhão universal de bens, sobre o imóvel penhorado por obrigação do consorte, não leva à impenhorabilidade de metade da coisa, apenas reserva ao inocente o direito à meação do produto da arrematação. Provido o recurso, para estender a constrição à totalidade da coisa, com ressalva ao comunheiro da metade do produto da venda em hasta pública."[277]*

Confira-se, antigo julgado do Tribunal de Justiça de São Paulo com a seguinte ementa:

> "Se vários indivíduos se comprometem a vender a uma determinada pessoa, ou a permutar, um imóvel que possuíam em comum, e se os consórcios no dia de ser passada a escritura definitiva não aparecem, não pode um só dos condôminos obrigar a parte contrária a realizar o negócio parceladamente com ele, recebendo a sua quota ideal no imóvel. Pode-se aplicar a esta hipótese o

---

[276] TJSP, Ag. Inst. nº 165.111-1/5, Santo André, Rel. Des. José Osório. *BolAASP* nº 1.760, p. 344.

[277] Cf. TACivRJ – Ag. Inst. nº 716/93 – RJ, Rel. Juiz Murilo Carvalho. *BolAASP* nº 1.881, p. 19.

OBRIGAÇÕES DIVISÍVEIS E INDIVISÍVEIS

preceito do art. 889 (atual art. 314) do Código Civil, segundo o qual, ainda que a obrigação tenha por objeto prestação divisível, não pode o credor ser obrigado a receber por partes, se assim não se ajustou."[278]

Mais recentemente, decidiu o mesmo Tribunal:

"LOCAÇÃO DE BEM IMÓVEL AÇÃO DE DESPEJO C/C COBRANÇA DE ALUGUÉIS Imóvel locado que faz parte do acervo de espólio – Locatária, adimplente, que mantém contrato de locação celebrado com o inventariante do espólio Obrigação de pagar diretamente os aluguéis proporcionais à meeira e parte dos herdeiros Descabimento, face à indivisibilidade do bem locado e da herança, antes de ultimada a partilha – Litigância de má-fé mantida – Ação improcedente – Recurso desprovido." (Apel 0105531-16.2007.8.26.0007, 35ª Câm. Direito Privado, rel. Des. Melo Bueno, j. 09.03.2015).

"AGRAVO DE INSTRUMENTO – DESPESAS DE CONDOMÍNIO COBRANÇA. Cobrança de despesas condominiais. Litisconsórcio passivo necessário entre os cônjuges proprietários. Inexistência. Indivisibilidade da obrigação, que tem natureza "propter rem". Possibilidade de prosseguimento da demandada contra apenas um dos proprietários, que vincula o imóvel gerador da dívida. Decisão mantida. Recurso não provido." (AI 0187710-52.2012.8.26.0000, 25ª Câm. Direito Privado, rel. Des. Marcondes D'Angelo, j. 12.12.2012)

---

[278] Cf. *RT* 64/279.

13.
Obrigações Solidárias

13.1. Introdução, noções gerais e diferenças com as obrigações indivisíveis

Cuida este tipo obrigacional da outra exceção referida no Capítulo 12, isto é, a obrigação solidária foge da regra pela qual, havendo mais de um devedor ou mais de um credor em obrigação divisível, esta presume-se dividida em tantas obrigações, iguais e distintas, quantos os credores, ou devedores. Sua importância, por isso, tem em vista a pluralidade de partes na relação obrigacional. Há autores que chegam ao ponto de afirmar que se constituem em obrigações coletivas, considerando o gênero.

Nas obrigações solidárias sempre se cogita da indivisibilidade do objeto da prestação. Mesmo sendo divisível, cada devedor responde pela totalidade da dívida ou cada credor tem direito à totalidade do débito. Supõe, assim, não a indivisibilidade, mas a pluralidade de credores ou de devedores.

O mecanismo da obrigação solidária impõe levar em consideração a existência de duas ordens de relações: uma interna, entre os devedores solidários; e outra externa, entre estes e o credor ou credores.

O primeiro aspecto justifica-se caso um dos codevedores cumpra sozinho a obrigação, conferindo a lei, posteriormente, direito de regresso contra os demais devedores, isto é, cobrar o excesso pago fora de sua cota proporcional. A outra relação, ou seja, a externa, é a própria noção da obrigação em estudo, porquanto necessariamente deve ser prestada por inteiro, ou

DIREITO DAS OBRIGAÇÕES

seja, na solidariedade, há unidade do vínculo obrigacional, mesmo havendo pluralidade de devedores ou credores.

A situação, retratada como duas ordens de relações (uma interna e outra externa – que deve ser a preocupação inicial porque visa ao cumprimento perfeito da obrigação), também existe nas obrigações indivisíveis, tanto que o art. 259, parágrafo único, do CC, refere-se à possibilidade de ocorrer sub-rogação do devedor, em relação aos outros coobrigados, quando pagar sozinho a dívida ao credor.

Talvez seja um dos poucos pontos de contato entre as obrigações indivisíveis com as solidárias, além, é claro, do fato de serem exceções à regra do princípio *concursu partes fiunti*.

Na substância, as obrigações solidárias diferem das obrigações indivisíveis nos seguintes pontos:

a) a causa na solidariedade é o título, e na indivisibilidade é normalmente a natureza da prestação;

b) na solidariedade cada devedor é obrigado pela dívida inteira, enquanto na indivisibilidade solve-se a totalidade, em razão de repartir as cotas devidas;

c) na obrigação solidária, a relação é subjetiva, tendo em vista a facilitação do pagamento da dívida ou sua cobrança judicial. Quanto a obrigação indivisível, a relação é objetiva porque assegura unidade da prestação;

d) a indivisibilidade se justifica às vezes pela própria natureza da prestação, mas na solidariedade é sempre de origem técnica, vale dizer, resulta da lei ou das vontades das partes;

e) a solidariedade cessa com a morte dos devedores, o que não ocorre na indivisibilidade enquanto a prestação existir;

f) a solidariedade continua nesta condição mesmo se for convertida em perdas e danos (CC art. 271), o que não ocorre na indivisibilidade conforme já visto.

13.2. Conceito

De forma singela pode-se afirmar que obrigações solidárias são aquelas em que há a concorrência de vários credores, cada um com direito à dívida toda, ou pluralidade de devedores cada um obrigado a ela por inteiro.

OBRIGAÇÕES SOLIDÁRIAS

Barbosa de Magalhães ocupou-se detidamente sobre o assunto e assim a definiu considerando o aspecto passivo:

"É solidária a obrigação em que vários indivíduos, ligados por uma representação mútua, se acham constituídos para com um credor comum, que pode exigir de todos conjuntamente, ou de cada um per si, o seu cumprimento integral."[279]

13.3. Características fundamentais

Fixado no tópico anterior que as obrigações solidárias envolvem uma relação unitária visando, como regra, ao cumprimento da prestação de forma integral, essencialmente porque sua configuração relaciona-se com a identidade do objeto e das partes, ressaltam-se de sua ideia duas características essenciais.

São elas:

a) pluralidade subjetiva, isto é, vários devedores ou credores;
b) unidade objetiva, no sentido de que cada um dos credores tem a faculdade de receber a dívida por inteiro e os devedores de pagá-la integralmente.

A solidariedade é de caráter excepcional e anormal, já que se constitui, como dito, exceção ao princípio *concurso partes fiunti*.

Ela não se presume, deve ser expressamente ajustada pelas partes ou ter previsão legal (art. 256 do CC). É justo que assim seja. Não se pode supor que a reunião de vários devedores obrigados em uma única prestação possa decorrer de presunções diante do agravamento e onerosidade direta a que possam estar sujeitos. Portanto, levando em conta que a obrigação solidária confere acentuada garantia de cumprimento da obrigação, se comparada com outros tipos obrigacionais, e diante da própria regra do art. 278 do CC (que deve ser interpretada em complemento), somente existindo consentimento expresso dos demais devedores poderão eles ter sua posição agravada.

Por tal aspecto, enquanto a norma que estabelece a não presunção cuida de estipular o princípio de forma originária, a outra (art. 278) ressalta a

---

[279] *Das obrigações solidárias.* Coimbra: Livraria Central de J. Diogo Pires, 1982. p. 17.

DIREITO DAS OBRIGAÇÕES

regra com aspecto derivado, ou seja, já existente a obrigação solidária e expressa, qualquer onerosidade só pode ser admitida com o consentimento de todos os devedores.

Decorre dessas considerações que a solidariedade é de interpretação restrita pois "na dúvida, como se asseverou anteriormente, presume-se não exista a solidariedade".[280]

Fora isso, a própria lei pode prever solidariedade. Exemplo: relação jurídica entre o fiador e o afiançado, se não for estipulado o contrário; coautores de ato ilícito (art. 932 e incisos c.c. art. 942, parágrafo único, do CC).

Em geral, o objeto da prestação é único para todos os devedores solidários. Nada impede, porém, que a obrigação seja constituída por vínculos diferentes. Imagine-se a hipótese de o devedor A estar obrigado a entregar ao credor B uma soma de dinheiro, ao credor C um veículo e ao credor D construir uma casa.

Cuida-se de obrigações independentes e singulares, embora destinem-se para a consecução de um fim harmônico, vale dizer, satisfação dos credores, a qual alcançada, impõe a extinção da obrigação como um todo.

Se forem, portanto, obrigações independentes, como no exemplo citado, é possível que para um dos credores ou devedores seja pura e simples e para o outro condicional, ou a prazo, admitindo-se também que seja pagável em lugar diferente com relação a uma das partes (art. 266 do CC).

Tais modalidades são acidentais e solidariedade sempre haverá no momento da *solutio*. Na verdade, a obrigação é uma só; a condição e o prazo são cláusulas adicionais que não atingem sua essência. A unidade objetiva não impede, assim, a multiplicidade de vínculos obrigacionais distintos e estes podem ter qualidades diferentes, inclusive fixando-se local diverso para pagamento em relação a uma das partes.

13.4. Natureza jurídica

Quando se diz que o codevedor solidário, que paga, extingue a dívida tanto em relação a si mesmo, quanto aos demais codevedores; ou quando se fala que o credor tem a faculdade de exigir a totalidade da coisa devida de qualquer dos devedores e recebendo o pagamento de um destes, libera-os

---

[280] MONTEIRO, Washington de Barros. *Curso de direito civil*. São Paulo: Saraiva, 1993. v. 4, p. 161.

OBRIGAÇÕES SOLIDÁRIAS

a todos, afirma-se a verdade que encontra-se aceitação pacífica e de certo modo singela.

Por que assim é?

Nada obstante a existência de várias teorias que explicam o fenômeno, originárias da lei ou da convenção das partes, a obrigação solidária só possui uma natureza. Trata-se de obrigação com unidade objetiva e, pois, não pode o credor ser compelido a cindir a *res debita*, nem pode o devedor fracioná-la.

Assim, existindo uma unidade de vínculo, esta se concentra em seu objeto, que é devido e exigível só e uno, independentemente da pluralidade subjetiva.

13.5. Solidariedade ativa

A solidariedade ativa tem referência com o lado ativo da obrigação, pois nesta posição concentram-se os credores cada um com integral direito ao objeto da prestação (art. 267 do CC).

Segundo doutrina dominante, o instituto encontra-se em decadência,[281] e bem assim decorre da vontade das partes, havendo raríssimas hipóteses em que a lei a prevê, como no caso de permitir o não-pagamento do tributo de transmissão *mortis causa* quando do falecimento de um dos credores[282] ou no caso de contrato bancário de conta conjunta entre marido e mulher.

Sobre o assunto, confira-se interessante abordagem feita pela jurisprudência:

> "A solidariedade decorrente da abertura de conta bancária conjunta é solidariedade ativa, pois um dos titulares está autorizado a movimentar livremente a conta; são, pois, credores solidários perante o banco. Todavia, ainda que marido e mulher, os cotitulares não são devedores solidários perante o portador do cheque emitido por qualquer um deles sem suficiente provisão de fundos. Recurso Especial de que não se conhece."[283]

---

[281] WALD, Arnoldo. *Obrigações e contratos*. São Paulo: Revista dos Tribunais, 1990. p. 57.

[282] PEREIRA, Caio Mário da Silva. *Instituições de direito civil*. Rio de Janeiro: Forense, 1994. v. 2, p. 64; no mesmo sentido, COSTA, Mário Júlio de Almeida. *Direito das obrigações*. Coimbra: Almedina, 1979. p. 435.

[283] STJ – Resp. nº 13.680-SP, Rel. Min. Athos Carneiro, j. 15-9-92, *DJU* de 16-11-92.

DIREITO DAS OBRIGAÇÕES

Mais recentemente decidiu o Superior Tribunal de Justiça:

PROCESSO CIVIL. RECURSO ESPECIAL. EMBARGOS DE TERCEIRO. BLOQUEIO DE VALOR DEPOSITADO EM CONTA CONJUNTA. POSSIBILIDADE DE PENHORA DE 50% DO NUMERÁRIO. NÃO OCORRÊNCIA DE SOLIDARIEDADE PASSIVA EM RELAÇÃO A TERCEIROS.

1. A conta bancária coletiva ou conjunta pode ser indivisível ou solidária. É classificada como indivisível quando movimentada por intermédio de todos os seus titulares simultaneamente, sendo exigida a assinatura de todos, ressalvada a outorga de mandato a um ou alguns para fazê-lo. É denominada solidária quando os correntistas podem movimentar a totalidade dos fundos disponíveis isoladamente.

2. Na conta conjunta solidária prevalece o princípio da solidariedade ativa e passiva apenas em relação ao banco – em virtude do contrato de abertura de conta-corrente – de modo que o ato praticado por um dos titulares não afeta os demais nas relações jurídicas e obrigacionais com terceiros, haja vista que a solidariedade não se presume, devendo resultar da vontade da lei ou da manifestação de vontade inequívoca das partes (art. 265 do CC).

3. Nessa linha de intelecção, é cediço que a constrição não pode se dar em proporção maior que o numerário pertencente ao devedor da obrigação, preservando-se o saldo dos demais cotitulares, aos quais é franqueada a comprovação dos valores que integram o patrimônio de cada um, sendo certo que, na ausência de provas nesse sentido, presume-se a divisão do saldo em partes iguais.

4. No caso, a instância primeva consignou a falta de comprovação da titularidade exclusiva do numerário depositado na conta bancária pela recorrida. Contudo, não tendo ela participado da obrigação que ensejou o processo executivo, não há se presumir sua solidariedade com o executado somente pelo fato de ela ter optado pela contratação de uma conta conjunta, a qual, reitera-se, teve o objetivo precípuo de possibilitar ao filho a movimentação do numerário em virtude da impossibilidade de fazê-lo por si mesma, haja vista ser portadora do mal de Alzheimer.

5. Recurso especial não provido." (REsp 1184584/MG, Rel. Ministro LUIS FELIPE SALOMÃO, QUARTA TURMA, julgado em 22/04/2014, DJe 15/08/2014)

Justifica-se essa decadência porque resta insegura a posição dos credores, pois caso um deles venha a receber o objeto da prestação ficam os outros sem garantias quanto a percepção de suas cotas; também porque, se um dos credores demandar o devedor, este deverá pagar tão-somente ao autor da ação (art. 268 do CC).

OBRIGAÇÕES SOLIDÁRIAS

Neste último caso, explica-se a ocorrência em função da prevenção, instituto específico de direito processual civil.[284] Uma vez caracterizada pela citação, ato de chamamento do réu a juízo para se defender, fica o juiz competente para julgar o pedido formulado e os outros credores deverão aguardar o resultado da causa, nada impedindo que se utilizem da norma prevista no art. 119 do CPC.

O pagamento feito integralmente a um dos credores libera o devedor dos laços obrigacionais, como também nas outras figuras de extinção das obrigações (novação, compensação e remissão). Extinguindo a obrigação, não há mais que se falar em solidariedade, daí por que o credor que receber isoladamente responde perante os outros credores (art. 272 do CC).

Estipula o art. 270 do CC que se falecer um dos credores solidários, deixando herdeiros, cada um destes só terá direito de exigir e receber a quota do crédito que corresponder a seu quinhão hereditário, salvo se a obrigação for divisível.

Já se afirmou que o falecimento de qualquer das partes na obrigação solidária não acarreta seu desaparecimento. Sua subsistência tem relação direta para manter intacto o direito dos demais credores. No entanto, o mecanismo com aquela ocorrência impõe a transferência da solidariedade aos herdeiros, perdendo a eficácia e extensão originária, pois os direitos do credor solidário falecido se transmite aos herdeiros em conjunto na parte proporcional, e não só a um deles, isoladamente.

> "Quer isto dizer que a morte de um credor não rompe a solidariedade ativa, mas o vínculo solidário, passando a herdeiros, perde em eficácia e extensão: toda a obrigação solidária, tal como a possuía o defunto, passa aos herdeiros em conjunto, ou ao herdeiro único; não assim e só pro parte, quando separadamente tomados."[285]

---

[284] Segundo doutrina de Arruda Alvim: "Trata-se de um fato processual, através do qual se fixa a competência de um dado juízo, concretamente, dentre diversos juízos que, do ponto de vista abstrato, também são competentes" (*Manual de direito processual civil*. São Paulo: Revista dos Tribunais, 1994. v. I, parte geral, p. 196).

[285] FULGÊNCIO, Tito. *Manual do código civil brasileiro de Paulo de Lacerda*. Rio de Janeiro: Jacintho Ribeiro dos Santos, 1928. v. 10, p. 266.

DIREITO DAS OBRIGAÇÕES

Por decorrência lógica da própria ideia da solidariedade, na hipótese de a obrigação resolver-se em perdas e danos, esta subsiste e em proveito de todos os credores correm juros de mora. Da mesma forma, se um deles for constituído em mora, a ocorrência estende-se aos demais.

Com relação às eventuais defesas (exceções) que o devedor pode opor junto a um dos credores solidários, caso seja cobrado judicialmente pela dívida, o art. 273 do CC ressalva de forma lógica que somente poderá ser alegada aquela de natureza pessoal, isto é, em função do caráter restrito e limitado de uma defesa de tal espécie (por exemplo, vício de vontade na formação do vínculo obrigacional por obra de um só credor), por óbvio que o devedor não poderia estender a alegação aos demais credores.

Por outro lado, caso haja julgamento contrário a um dos credores solidários, o fato não atingirá os demais, e, se favorável, aproveitar-lhe-á, a não ser que se funde em exceção pessoal ao credor que o obteve (art. 274 – Nova redação por força da Lei nº 13.105/2015).

A compreensão da parte final do referido art. 274 leva em conta a possibilidade de um dos credores ser favorecido com a decisão que se fundamentou na configuração de uma característica inerente à sua pessoa, envolvendo uma qualidade pessoal e intransferível aos demais credores e, portanto, não comum a todos. Destarte, não pode ou não deve estender-se aos outros credores tal benesse, porque a decisão judicial atinge exclusivamente a órbita jurídica do credor demandante.

Tal regra, de natureza processual, fixa a ideia de que os efeitos da coisa julgada produzida em relação a um dos credores, não atinge os demais para a hipótese de o julgamento rejeitar a cobrança do crédito, a menos que a exceção reconhecida pelo juiz seja comum (a que se aplica a todos os credores, como, por exemplo, a prescrição – art. 503 do CPC).

13.6. Solidariedade passiva

Trata-se de instituto mais frequente, já que muito maior significado prático manifesta a solidariedade entre devedores, notadamente porque, como se afirmou, é destinada a conferir maior garantia de pagamento em favor do credor.

Verifica-se a solidariedade passiva quando cada devedor é obrigado na prestação da dívida integralmente, como se tivesse contraído a obrigação sozinho. Pela importância que tem, seu estudo em geral é mais detalhado do que a solidariedade ativa.

OBRIGAÇÕES SOLIDÁRIAS

Assim, por três formas distintas pode a solidariedade passiva se constituir: contrato, testamento e previsão legal.

Quanto à primeira hipótese, a existência da solidariedade necessita que haja identidade do objeto, dos credores, do título e estipulação expressa. Quanto a este último requisito, é decorrência da própria norma legal já citada no sentido de que a solidariedade não se presume e sua interpretação é restritiva, favorecendo, pois, na dúvida, os devedores.[286]

Pode a solidariedade igualmente decorrer de disposição testamentária ou manifestação de última vontade.

É razoável imaginar que o testador possa obrigar solidariamente seus herdeiros ou sucessores no cumprimento de um legado que venha a instituir. Fixado o princípio de que o testador deva respeitar as legítimas, pode estabelecer no testamento as cláusulas e condições que bem entender, contanto que não sejam impossíveis, absoluta ou relativamente, nem contrárias à lei. Sua vontade deve ser claramente naquele sentido.

Por fim, a solidariedade pode ser constituída por expressa previsão legal. Entre as hipóteses previstas, confiram-se os arts. 154, 1.460, parágrafo único, 585 e 680 do CC, citações que se fazem a título exemplificativo.

Pelo interesse que desperta, o art. 942, parágrafo único, do CC, reconhece a solidariedade entre as pessoas que contribuíram para a ocorrência do ato ilícito, norma que deve ser estendida aos casos previstos no art. 932 do mesmo Código.

13.6.1. Aspectos comuns

Fixadas as formas de constituição, o art. 275 do CC inaugura o tratamento legal da solidariedade passiva, prescrevendo que o credor tem direito a exigir e receber de um ou de alguns dos devedores, parcial ou totalmente, a dívida comum, ressalvando, no entanto, que, se o pagamento foi parcial, todos os demais devedores continuam solidários pelo resto (inclusive o que efetuou o pagamento em parte, mesmo considerada sua quota ideal na relação interna).

Observe-se ademais que o fato de o credor propor a ação somente contra um ou alguns dos devedores não importará em renúncia da solidariedade, precisamente porque o efeito processual da escolha do devedor-réu, feita

---

[286] MONTEIRO, Washington de Barros. Op. cit. p. 159.

pelo credor para demandar a cobrança da dívida, não interfere na natureza material da solidariedade (art. 275, parágrafo único, do CC).

Em seguida, o art. 276 do mesmo Código estabelece o efeito para a hipótese de morte de alguns dos devedores. Da mesma forma que na solidariedade ativa, o fato igualmente não altera a natureza da obrigação. Como com a herança se transmite aos herdeiros todos os direitos e obrigações de seu autor (art. 1.784 do CC), e a solidariedade não é uma obrigação meramente pessoal, quem suceder a qualquer dos devedores não continua propriamente solidário pela totalidade da dívida.

Assim, distinguem-se duas hipóteses: a primeira versa sobre o falecimento do devedor deixando um único herdeiro, caso em que, para todos os efeitos, seu representante legal ocupará o mesmo lugar na conjunção da dívida, tanto em relação ao credor como em relação aos restantes coobrigados; a segunda, ocorrendo a morte do mesmo devedor que deixa vários herdeiros, impõe reconhecer que a dívida continuará ainda solidária, por força da própria sucessão, e de todos conjuntamente poderá o credor exigir a totalidade da prestação, salvo com relação aos herdeiros.

Advirta-se, assim, que se por princípio os herdeiros respondem pelos débitos do falecido, a lei impõe um limite em função das forças da herança, isto é, a responsabilidade do(s) herdeiro(s) é fixada em torno do alcance proporcionado pela cota hereditária, excluída qualquer possibilidade de o patrimônio pessoal responder pela dívida contraída pelo *de cujus* (arts. 1.792, 1.821 e 1.997 do CC).

O herdeiro, em verdade, representa a pessoa do *de cujus*, mas tão-somente na qualidade de herdeiro e, portanto, dentro dos limites da herança. Obrigar o herdeiro, por sua pessoa e seus bens, a responder por dívidas da herança é obrigá-lo não em sua figura de representante da herança, mas no seu caráter individual.

Sobre a espécie, cabe distinguir, com base na doutrina, a composição das dívidas hereditárias, as quais se dividem em dívidas do defunto e dívidas da herança.[287]

As primeiras são as que já existiam ao tempo da vida do *de cujus* e por morte deste foram transmitidas, nada obstante a possibilidade de que nem todas as obrigações sejam passíveis de transmissão. As segundas representam

---

[287] LOPES DA COSTA, Alfredo de Araújo. *Da responsabilidade do herdeiro e dos direitos do credor da herança*. São Paulo: Saraiva, 1928. p. 15.

OBRIGAÇÕES SOLIDÁRIAS

obrigações que nasceram depois da morte do *de cujus* e gravam o patrimônio deixado. São então dívidas da herança as despesas com funerais, despesas com luto, de arrecadação, a guarda e a administração da massa hereditária, considerada esta última a benefício comum de todos os que tenham algum interesse no espólio: herdeiros, legatários, credores.

Tem-se nessa linha que se as dívidas hereditárias só podem ser pagas pelo espólio, entende-se que não foi criada uma espécie de solidariedade passiva entre os coerdeiros, mantendo-se a herança como patrimônio distinto, separado do patrimônio particular de cada um dos coerdeiros. Com a partilha, no entanto, os herdeiros só respondem "cada qual em proporção da parte que na herança lhe coube" (art. 1.997), o que evidentemente ocorre por meio do inventário ou arrolamento.[288]

Então, antes da partilha e considerada a transmissão da herança por efeito do que dispõe o art. 1.784 do CC, resta o espólio gravado na integralidade, erigindo, conforme esclarece a doutrina, não em uma responsabilidade solidária dos herdeiros, mas propriamente indivisível.[289]

A exceção prevista no art. 276 do CC quanto à indivisibilidade da obrigação é decorrência lógica do caráter real que assume tal tipo de prestação, já que "sendo indivisível não poderia ser prestada por partes, não poderia ser objeto de fracionamento, como, aliás, já preceituara o Código nos artigos 891 e 901 (atuais arts. 259 e 270 do CC)".[290]

No que se refere à remissão, opera-se a extinção da obrigação até a concorrência da parte remitida, ou seja, parte correspondente ao devedor perdoado (CC, art. 388), princípio que se estende para o caso de pagamento parcial (art. 277 do CC).

Se existir entre os codevedores algum insolvente, a quota deste será dividida pelos demais, igualmente (arts. 283 e 284 do CC).

Ainda que proponha a ação contra um dos devedores, os outros não se eximem dos juros de mora (CC, art. 280), salvo se a obrigação for a termo para determinado codevedor, porque a exigibilidade está suspensa a seu favor.

---

[288] Para uma completa abordagem sobre a espécie, consulte-se PACHECO, José da Silva. *Inventários e partilhas na sucessão legítima e testamentária*. Rio de Janeiro: Forense, 1996.

[289] LOPES DA COSTA, Alfredo de Araújo. Op. cit. p. 57.

[290] SANTOS, J. M. de Carvalho. *Código civil brasileiro interpretado*. Rio de Janeiro: Freitas Bastos, 1951. v. 11, p. 232-233.

DIREITO DAS OBRIGAÇÕES

Outro aspecto é o de que perecendo o objeto antes de sua prestação, resolve-se a obrigação, apurando a ocorrência ou não de culpa. Havendo culpa de todos, resolve-se em perdas e danos e somente o culpado pagará a indenização, o que não implica extinção da solidariedade quanto ao equivalente.

O devedor demandado pode opor as exceções pessoais (termo ou condição, defeito do negócio jurídico, confusão etc.) (CC, art. 281), mas não lhe aproveita as pessoais de outro codevedor. A regra tem relação com a norma do art. 177 do CC, já que só os interessados podem alegar as nulidades do art. 171 do mesmo Código, desdobramento que em nível processual tem repercussão no art. 18 do CPC.

O termo *exceção* empregado representa qualquer defesa alegada pelo réu em processo judicial capaz de impedir de alguma forma a pretensão do autor do alegado direito. Dada a multiplicidade de vínculos que pode assumir a obrigação solidária, é possível, por exemplo, que um dos devedores invoque uma defesa pessoal relativa ao defeito de capacidade, impedindo assim que a cobrança judicial tenha êxito por reconhecimento da nulidade relativa ou absoluta, conforme o caso.

Ou então, todos os codevedores aleguem que a obrigação pelo decurso do tempo esteja prescrita, tornando assim inexigível a obrigação. Trata-se de uma exceção comum.

A disciplina das exceções tem campo próprio na parte geral do CC (arts. 166, 171, 177, 140, 125, 193 e 131) e nas causas indiretas de extinção das obrigações.

O art. 282 do CC aponta para a hipótese referente de perda da solidariedade em caso de renúncia. Se o credor renunciar, a dívida passará a ser devida apenas pela quota-parte de cada devedor, ou seja, cada um será responsável por sua parte no todo.

Como bem observou Antonio Chaves,

> "a renúncia diz respeito apenas à solidariedade, não à obrigação em si, que continua inalterada. O credor abre mão apenas do direito de exigir que a prestação seja paga pelo conjunto dos devedores".[291]

---

[291] *Tratado de direito civil*. São Paulo: Revista dos Tribunais, 1984. v. 2, t. 1, p. 116.

OBRIGAÇÕES SOLIDÁRIAS

Esse aspecto diz respeito ao efeito da renúncia parcial, pois a solidariedade subsiste para os outros codevedores, aos quais pode o credor acionar desde que desconte no débito a parte correspondente cuja parte remitiu, mas nada impede que a renúncia envolva o benefício do devedor determinado tornando-se responsável somente por sua parte, caso em que a consequência será a mesma.

Pode ainda a dívida solidária interessar exclusivamente a um dos devedores, hipótese comum na ocorrência de obrigação com garantia decorrente de fiança onde o fiador é mero garante acessório e subsidiário do pagamento, caso o devedor principal (afiançado) não cumpra com seu dever (art. 285 do CC).

14.
Da Transmissão das Obrigações

14.1. Da cessão de crédito
14.1.1. À guisa de explicação
Em edições anteriores, não versamos acerca da transmissão das obrigações e especialmente da cessão de crédito diante da controvertida natureza jurídica reconhecida pela doutrina[292] e posição topológica no CC de 1916, que não situava adequadamente o instituto, muito embora não exista qualquer dúvida de que a hipótese envolva uma forma de transmissão das obrigações.

Autores de renome sequer inseriam o assunto em suas obras, como é o caso de Álvaro Villaça Azevedo.[293]

Observe-se que o referido Autor, já na edição atualizada de sua consagrada obra, incluiu o assunto nos Capítulos 17 *usque* 20, neste último cuidando da cessão da posição contratual.[294]

A questão retoma importância a partir da elogiável sistematização do novo CC, que, após regular as modalidades das obrigações, insere o Título II, denominado *"Da Transmissão das Obrigações"*, no qual regula não só a cessão de crédito, como também a cessão de débito (arts. 286 a 303), a qual não tinha contornos legais no CC de 1916.

---

[292] Ver por todos o estudo de Maria Izolina Schaurich Alster. A cessão de crédito: natureza jurídica, *RT* 682/38.

[293] *Curso de direito civil*: teoria geral das obrigações. 6. ed. São Paulo: Revista dos Tribunais, 1997.

[294] Idem, ibidem. 10. ed. São Paulo: Atlas, 2004. p. 103 passim.

14.1.2. Introdução

Em razão da própria natureza dispositiva das relações jurídicas obrigacionais, não haveria como negar que o credor ou devedor estivesse impedido de transferir suas posições a um terceiro, desde que obedecidas as formalidades legais.

Na verdade, a possibilidade da modificação do vínculo obrigacional pela troca de uma das partes representa conquista moderna, isto porque no direito romano privilegiava-se a noção individualista e personalista dos partícipes, sem qualquer possibilidade de serem substituídos, sob pena de extinção da obrigação.

Com a evolução do conceito de obrigação e afastadas essas noções, a modificação subjetiva das obrigações tornou-se realidade, restando amplamente possível a transferência da posição do credor ou devedor.

A presente hipótese não se confunde com a ideia de sucessão por *causa mortis* (ou a título universal), cuja posição do falecido é assumida pelos herdeiros ou legatários.[295]

Também não se confunde com a transferência de crédito incorporado em títulos de crédito, quando então se fala em endosso.

De fato, há diferenças substanciais, sobretudo porque, em relação ao conteúdo, o endosso é ato unilateral de declaração de vontade, sem referência à *causa traditionis*, ao passo que a cessão é contrato bilateral, pressupondo uma *justa causa cedendi*. Quanto à forma, a cessão segue os princípios gerais dos contratos em geral,[296] podendo concluir-se sem formalidade e até oralmente, bem como vincular-se a formalidades especiais, ao contrário do endosso, no qual basta a mera anotação escrita sobre o próprio título. E, quantos aos efeitos, o endosso confere direitos autônomos, à cessão somente direitos derivados e, por isso mesmo, a nulidade de uma cessão intermediária interfere em toda a transferência do crédito feita posteriormente, o que não acontece com a nulidade de qualquer endosso, que nenhuma influência tem sobre os demais endossos.

Observe-se, aliás, que

---

[295] O assunto é tratado no âmbito do *Direito das sucessões*.

[296] Sobre a forma na cessão de crédito, consulte-se GAINO, Itamar. Transmissão das obrigações. *Revista da Escola Paulista da Magistratura*. São Paulo: Imprensa Oficial, v. 3, p. 25, jul./dez. 2002.

DA TRANSMISSÃO DAS OBRIGAÇÕES

"Estas diferenças significam muito mais garantias para o endossatário que as asseguradas ao cessionário. Por isso, é mais comum, na mobilização do crédito, o emprego de títulos sujeitos ao direito cambiário do que o da cessão civil (Coelho, 1998, 1:406/408). Note-se que estas diferenças nos regimes jurídicos em questão devem continuar existindo, para que os particulares possam encontrar sempre a melhor alternativa jurídica para veicular e amparar os seus interesses."[297]

O instituto do endosso é estudado na disciplina Direito Comercial (ou para outros Empresarial), para onde remetemos o leitor, que, certamente, terá maiores detalhes sobre o assunto, sempre lembrando que, unificadas as obrigações, com revogação parcial do Código Comercial, o legislador do novo Código Civil cuida da matéria nos arts. 910 *usque* 920, sem prejuízo das disposições referentes à Lei Uniforme de Genebra (arts. 15 e 17).

A disposição legal sob comento foi objeto de observações pelas "Jornadas de Direito Civil", com o seguinte conteúdo: "O art. 299 do CC não exclui a possibilidade de assunção cumulativa da dívida quando dois ou mais devedores se tornam responsáveis pelo débito com a concordância do credor."

Essa situação foi bem registrada por Itamar Gaino, ao afirmar que

"O novo Código Civil apenas trata da substituição do devedor. Não cogita do subingresso de um segundo devedor na relação jurídica, para assumir posição paralela à do primitivo devedor. Mas isso é perfeitamente possível, segundo o princípio da liberdade contratual. Forma-se, no polo passivo da relação jurídica, uma solidariedade, de modo que ao credor fica facultado exigir a integralidade do crédito tanto de um quanto de outro devedor, ou de ambos, simultaneamente. Não há, em regra, inconveniência para o credor. Ao contrário, pode caracterizar-se uma vantagem, com aumento da garantia patrimonial, que passa a abranger os acervos de ambos os devedores."[298]

Cuidar-se-á da sucessão singular ou particular de créditos (e mais adiante de dívidas), que, no CC (de 1916), era disciplinada pelos arts. 1.065 a 1.078.

Em nível conceitual e com apoio na doutrina, afirma-se que a cessão de crédito se verifica

---

[297] COELHO, Fábio Ulhoa. *Curso de Direito Civil*. São Paulo: Saraiva, 2004. v. 2, p. 100.
[298] Op. e art. cit. p. 35.

DIREITO DAS OBRIGAÇÕES

"quando o credor, mediante negócio jurídico, transfere para outrem o seu direito. Consiste, portanto, esta figura na substituição do credor originário por outra pessoa, mantendo-se inalterados os restantes elementos da relação obrigacional. Sublinhe-se que não se produz a substituição da relação obrigacional antiga por uma nova, mas a simples transferência daquela pelo lado activo".[299]

Identificam-se do instituto três figuras, quais sejam: cedente (titular do crédito – credor), cessionário (terceiro adquirente do crédito) e cedido (devedor do crédito transmitido).

Figure-se o seguinte exemplo:

> João vendeu um apartamento a Pedro por R$ 150.000,00, com garantia hipotecária, estipulando que o preço seria pago em um ano. João tem necessidade do dinheiro e, decorrido um mês após esse negócio, resolve transferir (onerosa ou gratuitamente) seu crédito a um terceiro por $ 130.000,00, que assume a posição do credor original.

Tem-se então a noção mais importante da cessão de crédito na operação contratual consistente em transmissão do lado ativo da obrigação sem que haja necessidade de consentimento do devedor, e sem que este possa opor-se a sua realização, não sendo, por outro motivo, que o art. 286 faculta o direito à transmissão, exceto se não se opuser a natureza da obrigação (*v. g.*, obrigações personalíssimas – obrigação alimentar), a lei (ex: art.426 e 520 do CC) ou a convenção com o devedor (*pacto de non cedendo*).

Observe-se que o negócio jurídico em que se dispõe do crédito em favor de um terceiro tem natureza causal, isto é, a cessão de crédito não é criadora de obrigações, mas visa transmiti-las, daí porque pode ter por causa um crédito associado a um contrato de compra e venda ou uma confissão de dívida, por exemplo.

Como novidade, o CC em vigor impede que se oponha ao terceiro de boa-fé a cláusula proibitiva da cessão ajustada entre o credor originário e o devedor, caso não conste no instrumento da obrigação.

A boa-fé de se cogita é de natureza subjetiva à medida que envolve o desconhecimento por parte do terceiro de causa impeditiva da cessão.

---

[299] COSTA, Mario Júlio de Almeida. *Direito das obrigações*. Coimbra: Almedina, 1979. p. 557.

Assim, demonstrado que não foi informado do impedimento, pode livremente cobrar o devedor.

14.1.3. Requisitos. Objeto da cessão de crédito

Por se tratar de negócio jurídico celebrado por meio de contrato (consensual), para que a cessão de crédito tenha eficácia, mister respeitar os elementos indispensáveis previstos no art. 104 do CC, tais como agente capaz, objeto lícito e forma prescrita ou não defesa em lei, como ainda outros específicos.

As partes devem, portanto, ser capazes e não pode existir qualquer limitação imposta por lei ou convenção na transmissibilidade do crédito, ou seja, por exemplo, o falido não pode ceder seu crédito e as pessoas incapazes submetidas à curatela ou tutela estão impedidas de se tornarem cessionárias (art. 428, III, do CC de 1916).

Exige-se também a manifestação de vontade do cessionário e cedente para que o negócio tenha validade, submetendo-se aos vícios do negócio jurídico em geral, como dolo, erro e coação.

A cessão de crédito tem por objeto direitos que pela sua própria essência tem natureza abstrata, mostrando-se equivocada e destituída de técnica contratual assimila-la a um contrato de compra e venda.

O objeto deve ser lícito, possível, determinado ou determinável, e não se exige forma especial para sua perfeição, exceto se a cessão versar sobre direitos reais; num caso ou noutro se exige o preenchimento das formalidades legais (art. 288 do CC).

Como regra geral, qualquer crédito é passível de transmissão, esteja vencido ou não e independentemente do título (desde um contrato até mesmo o crédito decorrente de sentença judicial), sendo que, além do principal e salvo disposição em contrário, na cessão de crédito se abrangem todos os seus acessórios (art. 287 do novo CC), incluindo-se também as garantias reais ou fidejussórias.

Pela regra do art. 298 do novo CC, resta impedida a cessão do crédito que estiver penhorado com o conhecimento do credor, ressalvada a hipótese de o devedor, que não teve conhecimento da constrição, efetuar o pagamento que será considerado válido, subsistindo, de resto, os direitos de terceiro contra o credor.

14.1.4. Espécies

A cessão de crédito comporta três divisões básicas, e entre elas as seguintes espécies:

1. quanto ao objeto a ser transferido: (a) total; (b) parcial;
2. quanto ao título ou causa da transmissão: (a) convencional, na qual se realiza por acordo entre as partes, que ajustam seus interesses por livre manifestação de vontade; (b) judicial, em que decorre de sentença do juiz, podendo ter origem na partilha do inventário (ou arrolamento) quando são atribuídos créditos aos herdeiros; (c) legal, que se verifica por força de lei, como, por exemplo, a hipótese prevista no art. 1.425, § 1º, do CC;
3. comportam-se ainda as seguintes classificações: (a) onerosa, na qual haverá um ônus ao cessionário, ou gratuita, em que se dispensa qualquer prestação para sua perfeição; (b) simples, quando participam da cessão os sujeitos básicos, havendo a transferência de um único crédito; ou (c) complexa, quando vários são os sujeitos com cessão de diversos créditos.

14.1.5. Efeitos objetivos e subjetivos

O principal efeito que nasce da cessão é a substituição do cedente pelo cessionário, o qual assume o valor principal e seus acessórios, excetuada a hipótese do art. 287 do CC já mencionada.

Contudo, não se resume a tal aspecto, eis que:

> "A cessão importa alienação, e pois não confere simplesmente a qualidade de representante do cedente ou o mero exercício do direito deste; ao contrário, faz o cedente desde logo perder todo direito ao crédito cedido."[300]

A rigor configura-se uma troca de valores patrimoniais, sobretudo porque, por meio do negócio jurídico, o cessionário desembolsa determinada quantia em favor do cedente (cessão onerosa), que lhe transfere não só o crédito que possui com o cedido, mas também a posição original que tinha.

Versando sobre direitos com garantias reais (hipoteca), fica o cessionário, como sub-rogado que é da garantia, com o direito de fazer

---

[300] ALMEIDA, Lacerda de. *Obrigações*. 2. ed. Rio de Janeiro: Revista dos Tribunais, 1916. p. 56.

DA TRANSMISSÃO DAS OBRIGAÇÕES

inscrever no registro de imóvel à margem da inscrição principal (modernamente se fala em averbar) a cessão da qual tornou-se titular (art. 289 do novo CC).

No que se refere aos efeitos subjetivos, distinguem-se aqueles em relação ao credor cedente, ao cessionário, ao devedor e a terceiros.

Efeitos quanto ao cedente

Após a concretização da cessão, subsistem os deveres do cedente previstos na obrigação, que sofreu a transferência para com o cedido, embora os créditos contra este tenham cessado, já que passaram para o cessionário. O cedente, em se cuidando de cessão onerosa, é responsável ao cessionário pela existência do crédito ao tempo que o cedeu, mesmo que expressamente não tenha assumido tal ônus (cessão *pro soluto*). Em se tratando de cessão gratuita, somente haverá responsabilidade se tiver procedido com má-fé, ou seja, se ocultou dolosamente a inexistência do crédito, prejudicando o cessionário (art. 295 do novo CC).

Não haverá qualquer responsabilidade por parte do cedente caso o devedor não seja solvente, a menos que exista ajuste em contrário, caso em que se fala em cessão *pro solvendo* (art. 296 do novo CC).

Ainda no que se refere ao cedente, dispõe o art. 297 do novo CC que

> "o cedente, responsável ao cessionário pela solvência do devedor, não responde por mais do que daquele recebeu, como os respectivos juros; mas tem de ressarcir-lhe as despesas de cessão e as que o cessionário houver feito com a cobrança".

Cogitam-se pela referida de norma duas hipóteses, quais sejam: exclui-se a responsabilidade do cedente pela solvência do devedor; caso contrário, o cedente irá indenizar o cessionário pelo valor da cessão do crédito, limitando-se a quantia apenas ao valor que aquele recebeu pela cessão com acréscimo de juros e as despesas da cessão e cobrança.

Por fim, quando a cessão ocorrer por força de lei, expressamente afasta-se a responsabilidade do cedente (credor originário) nas hipóteses de realidade da dívida (entenda-se existência) ou solvência do devedor.

A razão da norma correlata (CC de 1916, art. 1.076 – sem correspondente no novo CC) justifica-se porque a transferência ocorreu sem manifestação de vontade, impondo-se, portanto, a prevalência da *mens legis*.

DIREITO DAS OBRIGAÇÕES

Efeitos quanto ao cessionário

O principal efeito decorre da aquisição, pelo cessionário, da titularidade do crédito cedido e das garantias legais ou contratuais, facultando-se inclusive exercer os atos conservatórios do direito cedido, independentemente do conhecimento da cessão pelo devedor (art. 293 do novo CC – sem correspondência no CC de 1916).

Atos conservatórios são todos aqueles destinados a manter a existência do crédito ou sua possibilidade de cobrança judicial, ou seja, caso a prescrição esteja próxima de se concretizar, nada impede que o cessionário promova a medida judicial cabível (v.g. protesto interruptivo).

Outros efeitos que poderíamos chamar de secundários e decorrentes do principal são direcionados a situações específicas, como o direito de o cessionário inscrever a cessão (averbar) à margem da inscrição principal quando o objeto for crédito hipotecário.

Todavia, aplicando-se a qualquer cessão, o cessionário deve verificar se o devedor foi notificado da cessão para que esta tenha validade perante aquele, conforme nesse sentido estabelece o art. 290 do novo CC, sendo suficiente a prova do conhecimento do devedor se tomou ciência em escrito público ou particular.

A norma visa assegurar o pagamento válido a quem de direito; especialmente porque inexistente a notificação, o devedor poderá pagar ao cedente (ou até outro cessionário), assistindo-se o direito à quitação, hipótese que não se assemelha ao pagamento putativo porque não há suposição real ou boa-fé a caracterizá-lo (art. 292 do novo CC).

A lei atribui o mesmo efeito (pagamento válido) se existir mais de uma cessão notificada e o devedor efetuar o pagamento ao cessionário da que lhe apresentar com o título da cessão ou da obrigação cedida.

Assim, se um terceiro qualquer está de posse do instrumento de cessão que prova ser ele o novo credor, e se com este acompanha o título primitivo com o qual o devedor assumiu a dívida originária, evidente que o pagamento realizado nessas condições é amplamente eficaz.

Preservando a norma do CC de 1916 (art. 1.070), o art. 291 do novo CC estatui: "Ocorrendo várias cessões do mesmo crédito, prevalece a que se completar com a tradição do título do crédito cedido." Ainda resolve a possibilidade de má-fé do cedente que realiza várias cessões, estipulando: "Quando o crédito constar de escritura pública, prevalecerá a prioridade da notificação" (art. 292, parte final).

DA TRANSMISSÃO DAS OBRIGAÇÕES

Nesse contexto, condiciona-se a prevalência da cessão ao ato de tradição e, assimilando o conhecido brocardo *prior tempore potior in iure*, o cessionário que primeiro notificar o devedor terá direito ao recebimento do crédito quando o crédito constar de escritura pública.

Observe-se, no entanto, que os cessionários prejudicados com sucessivas cessões sobre o mesmo crédito terão o direito de indenização junto ao cedente que nessas circunstâncias evidentemente agiu de má-fé por ter transmitido mais direitos do que possuía.

Cessão quanto à pessoa do devedor

Por estar envolvido diretamente na obrigação originária, o devedor tem o direito de ser notificado da cessão, caso contrário efetuará o pagamento ao cedente (credor primitivo) se houver apenas uma cessão; se existir mais de uma cessão notificada, paga ao cessionário, que lhe apresenta, como o título da cessão, o da obrigação cedida (art. 292 do novo CC).

Ao devedor confere-se também o direito de se utilizar das exceções (defesas materiais ou processuais formuladas em lide judicial) que lhe competirem no momento que possuir em relação ao cessionário, bem como outras que tiver contra o cedente na ocasião em que veio a ter conhecimento do negócio.

Diversamente do sistema revogado, o novo CC (art. 294) não prevê a hipótese de o devedor estar impedido de opor ao cessionário de boa-fé a simulação do cedente (art. 1.072, parte final do CC de 1916).

Obviamente que a omissão não pode ser considerada como privilégio a negócios jurídicos simulados, pois, decorrendo do próprio sistema a prevalência da boa-fé e probidade nos contratos (art. 422 do novo CC),

> "seria profundamente imoral admitir-se que um conluio, inocente ou doloso, pudesse valer em favor das partes que o pactuaram e em detrimento de um terceiro, que desembolsou o preço do crédito. Por isso mesmo, se a dívida for simulada, o devedor, conivente, não pode opor esse vício ao cessionário, que se acha de boa-fé".[301]

---

[301] SANTOS, J. M. de Carvalho. *Código civil brasileiro interpretado*. Rio de Janeiro: Freitas Bastos, 1951. v. 14, p. 372.

Efeitos quanto a terceiros

Rigorosamente falando, terceiros são os que não participaram direta ou indiretamente da cessão, razão pela qual a lei nega a validade a estes se não for observada a forma exigida (arts. 288 e 289 do CC), o mesmo não ocorrendo se a transferência se operou por força de lei ou sentença, isso em razão do caráter coercitivo dessas hipóteses, em que resta afastada a natureza de voluntariedade do negócio.

Efeitos quanto à aplicação subsidiária da cessão

O novo CC não repetiu a norma do anterior (art. 1.078), que manda aplicar as disposições do respectivo título à cessão de outros créditos para os quais não haja modo especial de transferência, regramento que, nada obstante e salvo melhor juízo, deverá subsistir implicitamente no sistema em decorrência das mesmas razões do artigo revogado.

14.2. Da assunção de dívida
14.2.1. Introdução e importância

As mesmas noções a respeito da cessão de crédito, no que se refere a sua origem moderna, cabem para o presente assunto, vale dizer, não se pode buscar no direito romano a fonte para a assunção de dívida (ou cessão de débito), sobretudo porque nessa fase a obrigação era tida como vínculo estritamente pessoal, sem possibilidade de transferir a posição do devedor.

Pela própria modernidade do conceito de obrigação, o desenvolvimento do instituto teve início na Alemanha, no século XIX, e espraiou-se para outros países, logrando noutros consagração legislativa, e noutros de sistema jurídico apegado a tradição romana, motivando a simpatia ou adesão de maior ou menor parte da doutrina, conforme o caso, muito embora tenham-se registrado igualmente óbices a sua aceitação.[302]

Conquanto o Código Civil de 1916 não tenha positivado o instituto, nem por isso sua utilização encontra-se proibida, podendo-se mesmo afirmar com apoio em Maria Helena Diniz que sua consagração ocorreu de forma implícita "ante o princípio da liberdade das convenções", ou seja,

---

[302] Sobre o assunto a obra de Luiz Roldão de Freitas Gomes é de consulta obrigatória. *Da assunção de dívida e sua estrutura negocial*. Rio de Janeiro: Líber Júris, 1982. p. 58-69.

DA TRANSMISSÃO DAS OBRIGAÇÕES

"nada impede que os contratantes estipulem, mediante negócio jurídico, que se modifique o sujeito passivo da obrigação, pois nenhuma incompatibilidade haverá com os princípios vigentes no ordenamento jurídico brasileiro".[303]

Entretanto, a abordagem sobre a existência de previsão legal perdeu interesse diante da expressa menção no novo CC, conforme arts. 299 a 303, que serão comentados a seguir.

Na prática, a assunção de dívida é comum em fusões ou incorporações de sociedades, transferência de financiamento imobiliário para outro mutuário e alienação de estabelecimento comercial com a transmissão do passivo, o que se verifica tecnicamente por trespasse.[304]

14.2.2. Conceito e espécies

Essencialmente, a cessão de débito envolve um negócio jurídico em que o devedor é substituído por um novo, o qual assume para todos os efeitos o vínculo obrigacional, não se podendo confundi-la com a novação subjetiva passiva (seja por delegação ou expromissão), porque não há a criação de uma obrigação para extinguir a antiga, ou seja, na cessão de débito o vínculo permanece íntegro, tal qual formado entre as partes originais.

Pode-se mesmo afirmar com base na nova legislação que a hipótese envolve instituto em que um terceiro assume a obrigação do devedor, com o consentimento expresso do credor, ficando exonerado o devedor primitivo, salvo se aquele, ao tempo da assunção, era insolvente e o credor o ignorava (art. 299).

Pela nova sistemática, identificam-se duas espécies de assunção:

a) expressa, pela qual a eficácia do negócio opera-se com a concordância inequívoca do credor que, por qualquer das formas, escrita ou oral, manifesta-se de acordo;
b) tácita, que pode derivar duas subespécies:
   b1) positiva tácita, em que o adquirente de imóvel hipotecado assume a seu cargo o pagamento do crédito garantido, caso o

---

[303] *Curso de direito civil brasileiro*. São Paulo: Saraiva, 1999. v. 2, p. 422.
[304] Cf. Oscar Barreto Filho. *Teoria do estabelecimento comercial*. São Paulo: Saraiva, 1988. p. 227 passim.

DIREITO DAS OBRIGAÇÕES

credor, notificado, não impugne em 30 dias a transferência do débito (art. 303);

b2) negativa tácita, na qual o credor é notificado por qualquer das partes (devedor originário e assuntor – o novo devedor) após a efetivação do negócio e, assinado prazo para manifestar-se, interpreta-se o silêncio (com o decurso do prazo) como recusa (299, parágrafo único).[305]

Por outro lado, a exemplo da cessão de crédito, a cujas lições reportamos o leitor, somente admitem-se como objeto da assunção de dívida os direitos patrimoniais de caráter privado, como é da própria índole dos negócios jurídicos submetidos à disciplina do CC.

Assim, todas as dívidas são assumíveis, exceção feita aquelas que, por seu conteúdo, são passíveis de cumprimento exclusivamente pelo devedor primitivo ou cuja transferência não seja obstada pela lei.

Observe-se de arremate que o novo CC não cuidou de questões relevantes a respeito do assunto, como, por exemplo, estabelecer com regras claras a separação entre as relações do novo com o antigo devedor, de um lado, e as deste com o credor, de outro. A primeira hipótese tem capital importância para fixar o princípio norteador de que só as exceções entre os devedores envolvidos podem ser invocadas contra o credor, logicamente se o fato for anterior à assunção de dívida.

Apesar da lacuna legal, via de regra, porque a dívida transfere-se tal se encontrava no momento da assunção, pode o assuntor opor ao credor todas as exceções que competiam ao antigo devedor, salvo hipótese de renúncia. Mas observe-se que a o fundamento da exceção há de ser anterior, ao tempo em que a transferência tenha sido aperfeiçoada.

Não se ignore, ainda, que referente às relações entre o antigo e o novo devedor, este não pode invocar exceções contra o credor.

---

[305] Críticas são endereçadas a esse dispositivo taxando-o de inútil, "pois se a assunção de dívida não for concertada, de comum acordo, com o credor, de nada vale sua interpretação para que manifeste a sua anuência. Se ele não a deu, na fase dos entendimentos, ou se o devedor não a obteve, não será a interpelação que mudará seus propósitos" (Caio Mário da Silva Pereira. Crítica ao Anteprojeto do Código Civil. *Revista do Instituto dos Advogados Brasileiros*, nº 20, p. 29-30, Apud. Luiz Roldão de Freitas Gomes. Op. cit. p. 417-418).

DA TRANSMISSÃO DAS OBRIGAÇÕES

14.2.3. Pressupostos e requisitos

Em tema de pressupostos e por se tratar de negócio jurídico bilateral, exigem-se aqueles normalmente exigíveis para o caso (art. 104 do CC), além dos quais se identificam:

a) consentimento do credor: para o sujeito ativo da obrigação interessam as condições pessoais, econômicas e solvência[306] do novo devedor, para que se apure a inexistência de risco pela troca do primitivo credor, razão pela qual torna-se necessária a concordância;
b) existência de uma obrigação válida: a exigência decorre da impossibilidade de a assunção sanar uma obrigação viciada por nulidade ou inexistência, podendo-se, no entanto, admitir que a obrigação seja meramente anulável, que ficará convalidada pela cessão.

14.2.4. Efeitos

Principal efeito que se pode extrair da assunção da dívida é a de trazer um novo devedor ao vínculo obrigacional, restando íntegra a obrigação original com seus acessórios e garantias, salvo assentimento expresso do devedor primitivo, ou seja, para todos os efeitos, operada a assunção, as garantias especiais dadas pelo mesmo ao credor consideram-se extintas (art. 300).

Possibilitando-se a anulação da assunção (ou a substituição do devedor, como diz a lei) por qualquer das hipóteses de defeito ou invalidade do negócio jurídico (arts. 138 a 184), restaura-se o débito, com todas as suas garantias, salvo as prestadas por terceiros, exceto se este conhecia o vício que inquinava a obrigação, previsão que visa negar efeitos à má-fé do terceiro.

Por fim, expressando norma que decorre da noção de defesa utilizável pela própria parte a quem favoreça, impede-se que o novo devedor oponha ao credor as exceções pessoais que competiam ao devedor primitivo (art. 302), não ficando aquele (o novo devedor) proibido de usar as defesas que por ventura possuir contra o credor.

---

[306] Nesse aspecto omisso o novo CC, se o novo devedor for insolvente, fato que certamente provocará diversas apreciações doutrinárias. Pensamos a respeito que exceção feita a acordo em contrário, exonerado o antigo devedor, não caberá contra ele, em regra, ação do credor no caso de insolvência do novo devedor (cf. Gomes, Luiz Roldão de Freitas, Op.cit. p. 346).

Pelo interesse e relação com a matéria, mencionam-se os seguintes enunciados da IV e V "Jornadas de Direito Civil" promovida pelo STJ.

Enunciado 16: Art. 299: o art. 299 do Código Civil não exclui a possibilidade da assunção cumulativa da dívida quando dois ou mais devedores se tornam responsáveis pelo débito com a concordância do credor.

Enunciado 352: Art. 300. Salvo expressa concordância dos terceiros, as garantias por eles prestadas se extinguem com a assunção de dívida; já as garantias prestadas pelo devedor primitivo somente são mantidas no caso em que este concorde com a assunção.

Enunciado 353: Art. 303. A recusa do credor, quando notificado pelo adquirente de imóvel hipotecado, comunicando-lhe o interesse em assumir a obrigação, deve ser justificada.

Enunciado 422: Art. 301. O art. 301 do CC deve ser interpretado de forma a também abranger os negócios jurídicos nulos e a significar a continuidade da relação obrigacional originária em vez de "restauração", porque, envolvendo hipótese de transmissão, aquela relação nunca deixou de existir.

Enunciado 423: Art. 303, segunda parte. A comprovada ciência de que o reiterado pagamento é feito por terceiro no interesse próprio produz efeitos equivalentes aos da notificação de que trata o art. 303, segunda parte.

Enunciado 424: Art. 308. O pagamento repercute no plano da eficácia, e não no plano da validade, como preveem os arts. 308, 309 e 310 do Código Civil.

15.
Do Adimplemento e Extinção das Obrigações

15.1. Do pagamento

Diversamente do Código Civil 1916, no qual se regulavam os efeitos das obrigações com um título inicial que versava sobre matéria reconhecidamente estranha à execução das obrigações (cf. a redação dos arts. 928 e 929), o legislador de 2002 melhor sistematizou o assunto, excluindo o tratamento das obrigações personalíssimas e deslocando o instituto da promessa de fato de terceiro para a teoria geral dos contratos sob a Seção IV do Título V (arts. 439 a 440).

A alteração também se verificou na denominação, posto que o novo CC não estabelece a epígrafe sob a denominação "Efeitos das Obrigações", passando a disciplinar a matéria como "Do Adimplemento e Extinção das Obrigações".

De fato, a forma mais escorreita e até vulgarmente conhecida de promover o adimplemento é por meio do pagamento, razão pela qual, uma vez realizado, a consequência será a própria extinção da obrigação.

Mas não se ignore que o pagamento represente somente o cumprimento da prestação, nem tampouco envolva unicamente a obtenção do objeto pelo credor, isto é, o pagamento exige ambas as hipóteses, daí por que o devedor, ao realizar o projeto obrigacional que o vinculou, restará o credor satisfeito pela obtenção do objeto por meio do exato e pontual cumprimento da prestação, gerando o efeito extintivo da obrigação.

DIREITO DAS OBRIGAÇÕES

Estruturada a obrigação em seu sentido finalístico, com a noção de um processo que atrai e polariza o adimplemento,[307] o seu encerramento é direcionado não no exclusivo interesse do credor por meio da conduta concreta que se espera do devedor, tanto que a relação jurídica obrigacional, não mais tida como posições meramente antagônicas entre os sujeitos, atualmente deve estar submetida aos princípios da boa-fé e confiança[308] e considerada como uma cooperação relacionada a um "conjunto de interesses envolvidos na relação", o que se entende não apenas os vinculados direta ou indiretamente à prestação principal, mas também os derivados dos demais deveres de conduta, bem como à manutenção do estado pessoal e patrimonial dos integrantes da relação.[309]

A rigor, não só o devedor no adimplemento da obrigação deve comportar-se segundo a boa-fé, mas também o credor, especificamente no que tange ao critério de correção que substancialmente tem o significado de respeito à esfera dos interesses da outra parte e se concretiza, portanto, e antes de tudo (ainda que não exclusivamente) em deveres negativos, máxime no dever de abster-se de uma ingerência incorreta e prejudicial, que é possível ocorrer também pelo só fato de verificar, no contato social, que as tratativas instauram entre as esferas de interesses das partes.[310]

O contexto envolve a necessária cooperação entre as partes da relação obrigacional voltada a sua extinção, tanto que "(...) requer-se a prática de condutas voltadas à cooperação e ao auxílio especialmente para evitar que o devedor não permaneça aprisionado por longo período à relação

---

[307] SILVA, Clóvis V. do Couto e. *A obrigação como processo*. São Paulo: José Bushatsky, 1976. p. 5.

[308] Conforme colhemos de obra recente, que talvez tenha esgotado o assunto, "(...) cabe a qualquer ordem jurídica a missão indeclinável de garantir a confiança dos sujeitos, porque ela constitui um pressuposto fundamental de qualquer coexistência ou cooperação pacíficas, isto é, da paz jurídica. O desempenho desta tarefa pelas regras jurídicas repercute-se depois, em movimento de sentido inverso, no próprio sentido da confiança, permitindo-lhe convolar-se no plano das relações interpessoais para o da eficácia das próprias normas que sedimentam e institucionalizam juridicamente os mecanismos de interacção e coordenação sociais" (Manuel António de Castro Portugal Carneiro da Frada. *Teoria da confiança e responsabilidade civil*. Coimbra: Almedina, 2004. p. 19).

[309] MARTINS-COSTA, Judith. O adimplemento e o inadimplemento das obrigações no novo Código Civil e o seu sentido ético e solidarista. In: FRANCIULLI NETTO; FERREIRA MENDES; SILVA MARTINS FILHO (Coord.). *O novo Código Civil*: estudos em homenagem ao Prof. Miguel Reale. São Paulo: LTr, 2003. p. 348.

[310] BETTI, Emilio. *Teoria Generale delle obbligazioni*, vol. I, Milano: Giuffrè, 1953, p.81.

DO ADIMPLEMENTO E EXTINÇÃO DAS OBRIGAÇÕES

obrigacional – sobretudo nas obrigações duradouras ou de rato sucessivo – em virtude da omissão no cumprimento de deveres laterais pelo credor. Não há objetivo ou finalidade com a plena satisfação de interesses que possa ser alcançada em uma relação intersubjetiva sem a correspectiva cooperação."[311]

Em tema de cumprimento das obrigações (como também dos contratos), consagra o legislador norma fundamental, segundo a qual "Os contratantes são obrigados a guardar, assim na conclusão do contrato, como em sua execução, os princípios de probidade e boa-fé" (art. 422 do CC).

Expressiva e respeitada doutrina critica tal redação por ser o artigo insuficiente e deficiente. No primeiro caso, porque não se sabe se a norma é cogente e não se prevê se as partes podem adotar outros *standards*, ou quais *standards*, e assim por diante. Além disso, não se cogita da presença da boa-fé no processo de desenvolvimento de todas as fases contratuais, é dizer, não só na conclusão e na sua execução, como diz a lei, mas também as chamadas fases pré-contratual e pós-contratual. Ainda, a outra insuficiência estaria identificada pela imperfeição da redação em razão do momento final, o da execução, porque muitas vezes o caso, na verdade, não chega a ser de execução, mesmo que dilatemos a expressão *execução* em português, com referência expressa à doutrina da *substantial performance*, já mencionada no Capítulo 15, nota 1.[312]

Sobre as deficiências, sustenta-se que a boa-fé não preenche todas as funções para a ideal concretização desta cláusula geral, notadamente no que se refere à criação dos deveres anexos e à previsão de cláusulas abusivas, tal como ocorre no Código do Consumidor.[313]

A posição do ilustre Prof. Antonio Junqueira de Azevedo situa-se de forma coerente em função do paradigma voltado para o que chamou de "fuga do juiz", o qual não é um problema do Judiciário, porque ele deve decidir o que é da sua missão, da sua vocação, que é o conflito real, o "caso difícil", em que se exige ponderação.[314]

---

[311] SOMBRA, Thiago Luis Santos. *Adimplemento contratual e cooperação do credor*. São Paulo: Saraiva, 2011, p.24.

[312] AZEVEDO, Antonio Junqueira de. *Estudos e pareceres de direito privado*. São Paulo: Saraiva, 2004. p. 148 passim.

[313] Op. cit. p. 153 passim.

[314] Idem, p. 156.

DIREITO DAS OBRIGAÇÕES

Parece-nos, no entanto, que a posição do Prof. Nelson Nery Jr. melhor se coaduna com a verdadeira interpretação do dispositivo legal, sobretudo porque o BGB (Código Civil alemão – datado de 1900), em seu § 242, que representa o modelo imediato da boa-fé objetiva, não menciona nem a fase pré-contratual, tampouco a pós-contratual, e nem por isso a doutrina e jurisprudência deixaram de incluir aquelas duas circunstâncias no âmbito de tal aplicação.[315]

Assim, "Mesmo com a redação insuficiente, estão compreendidas no CC 422 as tratativas preliminares, antecedentes do contrato, como também as obrigações derivadas do contrato, ainda que já executado",[316] sendo nesse expresso sentido a conclusão 25 das "Jornadas de Direito Civil", com o seguinte conteúdo: "O art. 422 do Código Civil não inviabiliza a aplicação, pelo julgador, do princípio da boa-fé nas fases pré e pós-contratual."

Por outro lado, Antunes Varela, ainda na vigência do CC de 1916, já pontificava que os princípios gerais aplicáveis ao cumprimento da obrigação situavam-se não só na boa-fé, como também na observância da regra da pontualidade.[317]

De fato, no primeiro caso, na realização da prestação devida, o devedor (ou obrigado) deve agir com a correção e lisura e a lealdade a que as partes se encontram reciprocamente vinculadas, seja qual for a fonte da obrigação. Assim, por exemplo, o vendedor de uma determinada mercadoria deve antecipadamente prestar todas as informações necessárias para não só prevenir futuros danos ao comprador, como também cuidar para que a coisa seja guardada e conservada para que chegue ao seu destino sem qualquer avaria, se para isso se comprometeu.

Por isso, então, que a boa-fé, não se circunscrevendo somente ao cumprimento das obrigações,[318] desdobra-se numa multiplicidade de deveres

---

[315] Contratos no Código Civil – Apontamentos gerais. *Estudos em homenagem ao Prof. Miguel Reale*. São Paulo: LTr, 2003. p. 433

[316] Op. cit. Confira-se a doutrina alemã na obra de Harm Peter Westermann. *Código Civil alemão – direito das obrigações – parte geral*. Porto Alegre: Sergio Antonio Fabris Editor, 1983. p. 31 passim.

[317] *Direito das obrigações*. Rio de Janeiro: Forense, 1978. v. II, p. 7 passim.

[318] Também tem aplicação no campo do exercício do direito de crédito, na preparação e na conclusão dos contratos, como também na interpretação e na integração dos negócios jurídicos (Sobre o assunto, AGUIAR JR., Ruy Rosado de. A boa-fé nas relações de consumo. *Revista Direito do Consumidor*. São Paulo: Revista dos Tribunais, v. 14, 1995).

DO ADIMPLEMENTO E EXTINÇÃO DAS OBRIGAÇÕES

laterais (ou acessórios) de conduta, cujo conteúdo varia com a natureza das obrigações fundamentais e com o condicionalismo próprio de cada caso concreto.[319]

A regra da pontualidade representa cumprir fielmente a obrigação tal como estipulada, realizando a prestação não só na data oportuna, como também no lugar e pelo modo devidos, caso não queira incorrer nas sanções prescritas para a mora ou inadimplemento absoluto conforme o caso.

Decorrem dessa regra sub-princípios caracterizados como:

a) só a prestação devida desonera o devedor (ou obrigado), regra sobre a qual há expressa menção do legislador ao afirmar que "O credor não é obrigado a receber prestação diversa da que lhe é devida, ainda que mais valiosa" (art. 313), disposição que, prevista no CC de 1916 (art. 863), na modalidade das obrigações de dar, agora situa-se em local devido para englobar qualquer prestação, seja de dar, fazer ou não fazer;

b) cumprimento integral da prestação que situa o dever correlato de forma indivisível, "Ainda que a obrigação tenha por objeto prestação indivisível", diz o art. 314. Não se ignore, no entanto, que esta orientação comporta temperamentos, como, por exemplo, no pagamento indireto pela compensação, em que a extinção das obrigações reciprocamente consideradas admite extinção parcial (art. 368), como também na confusão (art. 382);

c) exclusão do *beneficium competentiae*, segundo o qual o devedor terá sempre de solver todo o seu débito, seja qual for o montante deste (desde que efetivamente devido), não se admitindo qualquer suspensão ou moratória.[320] Essa regra, diante dos atuais postulados, também merece temperamentos, sobretudo em nome de princípios constitucionais, como o da dignidade da pessoa humana (art. 1º, III, da CF), da regra que define a construção de uma sociedade justa como objetivo da República (art. 3º, inc. I,) e inclui, entre os direitos fundamentais, os direitos à liberdade e à igualdade (art. 5º, *caput*). Nesse sentido, serve de modelo a decisão do STJ excluindo o decreto de prisão de devedor em contrato de alienação fiduciária para afastar

[319] Op. cit. p. 9.
[320] Idem, p. 15.

DIREITO DAS OBRIGAÇÕES

a taxa excessiva de juros cobrados, que, se prevalecesse, faria passá--lo o restante da vida transferindo toda a sua remuneração ao credor para pagamento dos referidos acessórios na intenção de adquirir um táxi (HC nº 12.547-DF, 4ª Turma, Rel. Min. Ruy Rosado de Aguiar Jr., in *DJ* 12-2-2001). Também serve como limite a regra processual da impenhorabilidade de determinados bens (art. 649 do CPC) e também do bem de família por aplicação da Lei nº 8.009/90.

Também serve como temperamento a inovação estabelecida no art.916, segundo o qual possibilita-se o parcelamento da dívida no caso de apresentação de embargos à execução por parte do devedor, estando, é evidente, execução pendente.

Para o deferimento do pedido de parcelamento é necessário o reconhecimento do crédito do exequente (credor), que se dará inclusive pelo depósito de 30% (trinta por cento) do valor exequendo, incluindo neste percentual as custas e os honorários advocatícios, além da proposta de pagamento do saldo, que poderá ser feito em até seis parcelas.

Ao que tudo indica, cuida-se de favor legal instituído ao devedor visando proporcionar o pagamento da dívida, sempre observando que a lei confere ao juiz o controle da pertinência, ou não, do pedido, sem ignorar, no entanto, que nos termos do art. 805 do CPC, "Quando por vários meios o credor puder promover a execução, o juiz mandará que se faça pelo modo menos gravoso para o devedor".

Nessa linha, não se ignore, ainda, que na tentativa de uma releitura envolvendo relações entre pessoa e patrimônio, cogita respeitável doutrina da configuração de um patrimônio que, minimamente, garanta a sobrevivência do ser humano no atendimento de suas necessidades vitais.[321]

Modernamente, a jurisprudência, com respaldo na doutrina, tem cogitado de situações em que, mesmo não tendo o devedor da prestação cumprido integralmente o pagamento (contratos em que as obrigações de pagamento são de trato sucessivo, como, por exemplo, seguro ou financiamento), nem por isso afasta-se o direito à contraprestação devida pelo outro contratante.[322]

---

[321] Sobre o assunto, a obra de FACHIN, Luiz Edson. *Estatuto jurídico do patrimônio mínimo.* Rio de Janeiro: Renovar, 2001.

[322] Cuida-se da doutrina do "adimplemento substancial" (*substantial performance*), na qual se considera sem interesse, por exemplo, se o consumidor morre antes de pagar a última parcela

DO ADIMPLEMENTO E EXTINÇÃO DAS OBRIGAÇÕES

Assim, passemos a analisar o pagamento direto.

O desfecho natural das obrigações é o seu cumprimento, e diversamente das relações jurídicas pertencentes à esfera do direito de família (por exemplo, casamento) ou do direito das coisas (por exemplo, propriedade) que são duradouras, a decorrência natural é que o credor seja satisfeito de acordo com o plano obrigacional pactuado com o devedor.

A palavra *pagamento* tem como sinônimo os termos *adimplemento, implemento* ou *solução*, e apesar de seu uso vulgar para satisfação de obrigações pecuniárias, serve para designar o cumprimento voluntário de toda e qualquer obrigação, mesmo tratando-se de prestação de fato.

O pagamento será a tradição da coisa na obrigação de dar; prestação do fato na obrigação de fazer; e, ainda, a abstenção na obrigação de não fazer. É o fim normal da obrigação. Mas não o único porque pode ela cessar:

a) pela execução forçada em forma específica ou equivalente;
b) pela satisfação direta ou indireta do credor como no caso da compensação;
c) pela extinção sem caráter satisfatório, como impossibilidade da prestação sem culpa ou remissão; também no caso de prescrição.
d) pela morte do devedor, se obrigação personalíssima.

15.2. Natureza jurídica

Há autores que afirmam representar o pagamento um fato, e outros dizem que seu caráter é negocial, notadamente porque há nesse aspecto um elemento intencional do pagador de realizar a prestação devida. Parece que, do ponto de vista estrutural, assenta-lhes melhor esta última categoria.

---

ou prêmio do seguro de vida porque o inadimplemento, muito embora esteja caracterizado, pode ser sanado de outra forma, levando-se em conta também a boa-fé como princípio contratual afeto às relações de consumo (e agora também no novo CC). Exemplo de aplicação dessa doutrina é o julgado a seguir transcrito da lavra do Ministro Ruy Rosado de Aguiar: "A companhia seguradora não pode dar por extinto o contrato de seguro, por falta de pagamento da última prestação do prêmio, por três razões: a) sempre recebeu as prestações com atraso, o que estava, aliás, previsto no contrato, sendo inadmissível que apenas rejeite a prestação quando ocorra o sinistro; b) a segurada cumpriu substancialmente com sua obrigação, não sendo sua falta suficiente para extinguir o contrato; c) a resolução do contrato deve ser requerida em juízo, quando será possível avaliar a importância do inadimplemento, suficiente para a extinção do negócio – Recurso conhecido e provido" (REsp 76362/MT, *DJU*, 1º-4-1996).

DIREITO DAS OBRIGAÇÕES

De forma genérica, pode-se afirmar que o pagamento será, ou não, um negócio jurídico; pelo aspecto unilateral ou bilateral, depende esta classificação da natureza da prestação, conforme para solução da obrigação contente-se o direito com a emissão volitiva tão-somente do devedor, ou que para ela tenha de concorrer a participação do credor.

15.3. Elementos

De maneira geral, para que o pagamento se constitua naquele meio eficaz de extinção da prestação devida, determinados elementos são considerados indispensáveis. São eles:

a) uma obrigação precedente constituída por um vínculo jurídico válido;
b) a intenção de extingui-la, o *animus solvendi*;
c) a pessoa que efetua o pagamento, o *solvens*; e
d) a pessoa que recebe, o *accipiens*.

Como princípio geral, só se deve pagar a quem está vinculado, pois, de acordo com a conhecida regra, "quem paga mal paga duas vezes".

Em tema de pagamento, há uma inversão de posições, vale dizer, quando o devedor se põe a executar a obrigação passa a ser chamado de sujeito ativo (pagador), sendo o credor o sujeito passivo (recebedor), o que ocorre diversamente quando existe somente a obrigação ainda e sem o poder de exigibilidade.[323]

15.4. Do pagamento e suas condições

Fixado que o pagamento é a forma por excelência do cumprimento da obrigação, impõe-se a reunião de duas condições para sua eficácia. São elas:

a) condições subjetivas: envolvem a ideia de quem deve pagar (devedor) e daquele a quem se deve pagar (credor);
b) condições objetivas: dizem respeito com o objeto e prova do pagamento, lugar do pagamento e tempo do pagamento.

---

[323] AZEVEDO, Álvaro Villaça. *Teoria geral das obrigações*. São Paulo: Revista dos Tribunais, 1990. p. 109.

15.4.1. Daquele que deve pagar

Tratar-se-á da pessoa que realiza o pagamento (*solvens*).

Três são as pessoas capazes de realizar o pagamento: o devedor por si ou seu representante, o terceiro interessado e o terceiro desinteressado (*vide* art. 304 e parágrafo do CC).

No primeiro caso não há problemas, já que a obrigação deve ser basicamente satisfeita pelo devedor ou representante que aquele nomear. Excetuam-se nesse último caso as obrigações personalíssimas, conforme já visto.

Tratando-se de pagamento por terceiro interessado, o realizado pelo devedor extingue a dívida, o que não ocorre se for feito por este terceiro, já que a dívida se extingue somente em relação ao credor, subsistindo em relação aos codevedores ou devedor principal por força de sub-rogação (art. 346 do CC).

Cogita-se sobre o assunto, por exemplo, de hipótese tratada pela jurisprudência em questão de mútuo hipotecário.

Tratava-se de casa própria financiada pelo Sistema Financeiro da Habitação, mas o pagamento das prestações do mútuo foi impedido administrativamente pelo agente financeiro, diante da suposta impossibilidade dos terceiros adquirentes do imóvel. Ajuizada ação de consignação, o STJ em última instância acolheu a pretensão com a seguinte ementa:

> "Os terceiros interessados adquirentes de casa própria, financiada ao mutuário pelo Sistema Financeiro da Habitação, como *in casu*, poderão efetuar o pagamento das prestações mensais do mútuo hipotecário, via ação consignatória (CC, art. 930, atual 304), na hipótese em que não se discute matéria relativa ao cumprimento de cláusula contratual, mas tão-somente a causa de pedir da demanda. Recurso não provido."[324]

Por fim, o pagamento feito por terceiro não interessado por conta e em nome do devedor. Não se confunde com mandatário, pois no caso o terceiro faz um ato de liberalidade. Cuida-se de doação efetuada pelo terceiro e a dívida certamente extingue-se para todos da relação, sem direito a reembolso.

---

[324] Cf. REsp. nº 35.491-9/RS. Rel. Min. Demócrito Reinaldo. *BolAASP* nº 1.831, p. 25.

DIREITO DAS OBRIGAÇÕES

Em outro aspecto, é possível ser realizado o pagamento por terceiro não interessado e em seu próprio nome.

Não há na espécie um caráter de liberalidade, e embora o devedor fique liberado da obrigação originária, a lei nega-lhe a sub-rogação dos direitos do credor, mas tem o terceiro não interessado direito ao reembolso do que tiver pago (art. 305 do CC).

O credor não pode recusar o pagamento que lhe oferecer. No entanto, há um único caso em que o terceiro, seja ou não interessado, não é admitido a solver a obrigação. Fala-se no caso da obrigação de fazer quando for convencionado que o devedor a execute pessoalmente.

O art. 306 do CC estatui que o pagamento feito por terceiro, com desconhecimento ou oposição do devedor, não obriga a reembolsar aquele que pagou, se o devedor tinha meios para ilidir a ação.

Diversamente da redação antiga (art. 932), na qual o devedor podia opor-se ao pagamento nas mesmas condições desde que tivesse "justo motivo", o legislador do CC de 2002 excluiu o referido conceito indeterminado para afastar o efeito do reembolso (o que leva à conclusão de que o terceiro só pode ser o não interessado) quando o devedor ou desconhecer o pagamento ou a ele se opuser, desde que tenha meios para ilidir a ação, isto é, o ato promovido pelo terceiro.

Assim,

"se tinha meios para ilidir a ação do credor, ou porque havia cumprido a obrigação, mesmo parcialmente, ou por ter uma compensação a opor ao credor, ou por lhe ser desvantajoso o pagamento antecipado, não pode ser prejudicado pela intromissão de um terceiro".[325]

Fala-se agora do pagamento que importa transmissão da propriedade.

Sabe-se que além da capacidade geral, nas obrigações de dar, o *tradens* deve possuir uma qualidade especial, qual seja, ser titular do direito real para poder dispor validamente da coisa.

Em outras palavras, a pessoa que transmite a propriedade deve ser realmente o titular do domínio (art. 307 do CC), exigindo assim plena capacidade do devedor ou consentimento do representante legal. Portanto,

---

[325] CHAVES, Antonio. *Tratado de direito civil.* São Paulo: Revista dos Tribunais, 1984. v. 2, t. 1, p. 165.

a transmissão feita pelo não-proprietário não alheia a propriedade, sendo então nula. Mas pode ser revalidada no caso do art. 1.268, § 1º, do CC:

"Feita por quem não seja proprietário, a tradição não aliena a propriedade, exceto se a coisa, oferecida ao público, em leilão ou estabelecimento comercial, for transferida em circunstâncias tais que, ao adquirente de boa-fé, como a qualquer pessoa, o alienante se afigurar dono.

§ 1º Se o adquirente estiver de boa-fé e o alienante adquirir depois a propriedade, considera-se realizada a transferência desde o momento em que ocorreu a tradição.

§ 2º Não transfere a propriedade a tradição, quando tiver por título um negócio jurídico nulo."

A questão diz respeito com a chamada transmissão a *non domino*, vale dizer, transferência da propriedade por quem não é o efetivo titular do direito real.

Em relação à coisa invalidamente dada em pagamento, o credor é devedor. Explica-se: é como se nada tivesse transferido e a consequência justifica a indenização pela alienação sem causa.

Por fim, estando o credor de boa-fé, e a coisa sendo fungível, não está obrigado a restituir a coisa. Consumida de boa-fé, extingue-se a propriedade do terceiro e faz do consumidor proprietário irrevogável. Ainda, consumida a coisa, desaparece o interesse em reclamá-la, porque mesmo que o credor a restituísse da mesma espécie, o proprietário não poderia sobre esta exercer reivindicação contra o devedor. Portanto, o credor fica livre da repetição (devolução do que recebeu indevidamente) desde que sem culpa sua, seja-lhe impossível restituir a coisa recebida em pagamento, e, no caso, presente a boa-fé ressalva-se a culpa (art. 307 e parágrafo único do CC).

O credor, recebendo o pagamento por quem não é proprietário, e sabendo disso, renuncia implicitamente o direito de invocar sua nulidade.

E se a pessoa for absolutamente incapaz? Naturalmente que o negócio é nulo por vício de capacidade (CC, art. 104, I a III). No entanto, será anulável se for relativamente incapaz. Mas pode o pagamento ser ratificado (art. 172 c.c. art. 177 do CC).

DIREITO DAS OBRIGAÇÕES

15.4.2. Daqueles a quem se deve pagar

O sujeito passivo também pode ser chamado de *accipiens* e a regra geral é de que o pagamento deve ser feito ao credor ou a quem o represente (art. 308 do CC). O credor deve ter capacidade de receber e se feito a outrem deve ser ratificado ou provado que reverteu em seu benefício, pois ninguém pode enriquecer-se à custa de outrem.

Se o pagamento for feito ao representante, distinguem-se as seguintes espécies de mandatários:

a) legal: pais, tutores e curadores;
b) judiciais: nomeado pelo juiz em processo. Exemplo: inventariante, síndico ou comissários;
c) convencionais: por meio de contrato realizado entre as partes, vale dizer, mandatário e mandante.

Incide nesses casos o art. 311 do CC que estipula: "Considera-se autorizado a receber o pagamento o portador da quitação, salvo se as circunstâncias contrariarem a presunção daí resultante." São considerados portadores da quitação em razão da qualidade que detêm.

Para alguns autores, o pagamento é reputado ato de administração, e tomando-se como exemplo o pródigo (art. 1.782 do CC), excluindo as hipóteses legalmente previstas, poderia ele receber. Assim, o pagamento não envolve só administração senão própria alienação diante do poder conferido de dispor.

Em determinadas hipóteses, o credor está impedido de receber: cita-se como exemplo também o falido que é titular de um crédito ou o executado que tenha crédito penhorado.

Questiona-se: existindo dúvida no pagamento feito a terceiro que presumidamente poderia receber, considera-se cumprida a obrigação? Casos há em que se feito pode ser válido. São eles: (a) se o credor o ratifica; (b) se dele se aproveitou; (c) se o terceiro vem suceder ao credor, isto é, assume sua posição a título singular (transferência do crédito) ou universal (herança ou legado).

O pagamento ainda pode ser revalidado nesta última hipótese. O Código não trata do assunto, mas

DO ADIMPLEMENTO E EXTINÇÃO DAS OBRIGAÇÕES

"incontestavelmente, os princípios gerais de direito compõem essa conclusão. O terceiro sucede o credor: ou por seu herdeiro, ou por qualquer outro título, como cessão, sub-rogação etc".[326]

O art. 309 do CC cuida da figura do credor putativo ou também chamado credor aparente. Trata-se de pagamento em que o Código Civil consagra o princípio da legitimidade da aparência. Credor putativo é aquele que aos olhos de todos se faz passar pelo verdadeiro credor, como herdeiro ou legatário aparente.

Em tais casos, a teoria da aparência revela-se como um processo de conciliação entre a enganosa representação do que é exterior e a oculta legitimidade do real. O próprio legislador, em outros casos, cede às injunções da aparência, ao poder retificador das situações de fato, nivelando o ilusório ao real, e, mais que isso, sobrepõe o interesse que resulta do erro escusável ao interesse em que se apoia a lei.

Por tal aspecto, é indubitável manter o negócio aparente, que efetivamente tem realidade jurídica, dado o interesse social que possui maior relevância sobre a situação protegida por lei.

Assim,

"o reconhecimento de efeitos jurídicos a situações aparentes pode justificar-se doutrinariamente pela aplicação do princípio geral que protege a boa-fé, ou mediante construções jurídicas particulares como a teoria da tutela da expectativa ou a da posse dos direitos reais".[327]

A base da valorização da teoria da aparência tem reconhecidamente relação com a confiança que deve sempre estar presente nos negócios jurídicos, sob pena de tornar mais lenta, fatigante e custosa a atividade jurídica.

Para que se configure a hipótese do credor aparente, mister a reunião dos seguintes requisitos:

a) o credor aparente esteja aparelhado com a posse de crédito, ou seja, o título da obrigação devidamente corporificado;

---

[326] SANTOS, J. M. de Carvalho. *Código civil brasileiro interpretado*. Rio de Janeiro: Freitas Bastos, 1951. v. 12, p. 88.

[327] Cf. GOMES, Orlando. *Transformações gerais do direito das obrigações*. São Paulo: Revista dos Tribunais, 1980. p. 115.

b) boa-fé do devedor de modo a justificar o pagamento feito por erro.

Assim, preenchidos estes requisitos, o pagamento será considerado válido, mesmo que após venha-se provar que o suposto credor não tinha a titularidade do crédito.

Bem a respeito, esclarece a doutrina que "Não é necessário, outrossim, que a aparência de credor ocorra perante todas as pessoas. Essa generalidade pode conferir-lhe maior vigor e seriedade, mas não é indispensável. O que importa é a sua aptidão para convencer o devedor de que deveras é credor aquele que como tal se apresenta."[328]

Alinhados os princípios já expostos, confere-se maior segurança no pagamento feito a quem não era o verdadeiro credor, mas que, no entanto, assim aparentava aos olhos de todos.

Para adequada compreensão da validade do pagamento feito ao credor putativo, imaginem-se dois exemplos:

a) o inquilino que, sem ser notificado da venda do imóvel, continua efetuando o pagamento dos alugueres da forma originalmente convencionada, isto é, por meio de depósitos em conta corrente. Instado pelo novo locador ou comprador por ação de despejo por falta de pagamento, pode inequivocamente invocar a validade do pagamento realizado da forma original para evitar a retomada do imóvel;

b) herdeiros que impugnam o pagamento feito pela seguradora a companheira do falecido que, comprovadamente, demonstrou tal qualidade, constando no contrato de seguro a cláusula de que o beneficiário seria a pessoa com quem vivesse o segurado na data de sua morte.

15.5. Consequências da incapacidade do credor

É possível que um devedor efetue o pagamento tendo conhecimento ou não da incapacidade do credor. A regra básica no caso é de que feito o pagamento a um credor incapaz, traz como consequência a nulidade de pleno direito, podendo ser decretada de ofício pelo juiz, sendo desnecessária qualquer alegação das partes.

---

[328] CORRÊA, Luiz Fabiano. *A proteção da boa-fé nas aquisições patrimoniais*. São Paulo: Lex Editora S.A., 2001, p.201.

DO ADIMPLEMENTO E EXTINÇÃO DAS OBRIGAÇÕES

Se o pagamento foi feito sem ciência ao incapaz, isto é, sem o conhecimento dessa circunstância, é pois somente anulável, e só deixa de produzir efeito depois que anulado por sentença. Pode tornar-se válido por efeito de ratificação, quando cessar a incapacidade, ou por seus representantes.

Se o pagamento foi feito com ciência em favor do incapaz, deve-se provar que reverteu em seu proveito.

A norma do art. 310 CC tem especial relação com a do art. 181 do mesmo Código, pois:

"ninguém pode reclamar o que, por uma obrigação anulada, pagou a um incapaz, se não provar que reverteu em proveito dele a importância paga".

Assim, deve-se considerar que a capacidade não é um elemento integrante da perfeição do pagamento, como fenômeno jurídico, tanto que a nulidade se produz na proporção do não-proveito do incapaz. Dessa forma, a nulidade prevista no art. 310 do CC pode ser relativa ou absoluta, conforme o caso.

E se o pagamento foi feito sem ciência? Conforme o art. 180 do CC:

"O menor, entre dezesseis e dezoito anos, não pode, para eximir-se de uma obrigação, invocar a sua idade se dolosamente a ocultou, quando inquirido pela outra parte, ou se, no ato de obrigar-se, declarou-se maior."

Valerá o pagamento provando erro escusável do devedor ou dolo do credor. Pode ser ratificado quando cessar a incapacidade ou por seus legítimos representantes.

Trata ainda o art. 312 do CC de forma elementar da regra já mencionada segundo a qual quem paga mal paga duas vezes. Imagine-se que um credor tem um crédito contra um seu devedor; entretanto, aquele deve a um terceiro, sendo esse crédito penhorado. A constrição judicial retira do credor seu direito de receber e dela deve ser intimado o devedor, que fica assim ciente desse impedimento. Nada obstante, se este devedor paga a dívida ao credor, em vez de depositar o valor dela em juízo, ou deixá-lo a sua disposição, impõe a lei a ineficácia daquele pagamento. A consequência impõe ao devedor realizar novo pagamento em benefício do credor e pedir a devolução relativamente àquele que recebeu indevidamente.

DIREITO DAS OBRIGAÇÕES

Pelo aspecto processual bem esclarece o art. 855 do CPC:

Art. 855. Quando recair em crédito do executado, enquanto não ocorrer a hipótese prevista no art. 856, considerar-se-á feita a penhora pela intimação:

I – ao terceiro devedor para que não pague ao executado, seu credor.

II – ao executado, credor do terceiro, para que não pratique ato de disposição do crédito.

Cuida esta regra da chamada penhora no rosto dos autos, vale dizer, existindo algum depósito judicial no processo e estando em curso outro processo perante diverso juiz, o credor do devedor pode requerer ao juízo a penhora de crédito ou bens em outro processo cujo seu devedor seja credor de um terceiro.

A hipótese é comum no caso de execução contra o espólio no qual o credor-exequente solicita a penhora no rosto dos autos do inventário dos bens deixados pelo *de cujus* quando este contraiu a dívida em vida.

15.6. Do objeto do pagamento e sua prova

No pressuposto de que o pagamento não se presume, sua prova cabe a quem o invoca e o devedor deve estar munido dos requisitos necessários para demonstrar a desvinculação com a dívida. Portanto, deve ser efetuado em conformidade com o que foi avençado entre as partes. O devedor libera-se da obrigação entregando a coisa devida (dar), ou praticando o ato ou dele se abstendo (fazer ou não fazer).

Bem associado ao plano obrigacional estabelecido entre as partes, o art.313 do CC estipula que "o credor não é obrigado a receber prestação diversa da que lhe é devida, ainda que mais valiosa", ou seja, consagra o dispositivo o chamado princípio da exatidão segundo o qual o devedor só cumpre a obrigação se entregar ao credor exatamente o que prometeu (obrigação de dar), presta o fato ajustado (obrigação de fazer) ou deixa de praticar o ato que prometeu se abster (obrigação de não fazer).

A impossibilidade de fracionamento do objeto da obrigação fica evidente ao estabelecer o comando legal do art.314 do CC que devedor não pode obrigar o credor a recebe-lo em partes se assim não se ajustado, vale dizer, a regra e que havendo um credor e um devedor e sendo a obrigação divisível, a forma do cumprimento deverá ser feita de uma só vez.

Se a obrigação é complexa (principal e acessório), o devedor só se desvincula quando cumpre com a integralidade, ou seja, o objeto do pagamento deve reunir os requisitos da identidade e indivisibilidade. Logo, se o pagamento for feito de modo parcial, haverá desconformidade entre a coisa devida e a prestação efetuada.

Ocorrendo perecimento ou deterioração do objeto da prestação por culpa do devedor, impõe-se sua conversão em perdas e danos, o que importa substituição da coisa devida por seu equivalente monetário ou em dinheiro, prevalecendo o valor mais favorável ao lesado.

No entanto, a prestação pode ser fracionada, e o pagamento parcial pode envolver ao final a integralização do todo. Exemplo: pagamento de um bem por meio de prestações (cf. o art. 322 CC).

Quando o credor tem direito a coisa devida de forma integral, não é obrigado a qualquer encargo para recebê-la. Daí por que as despesas feitas com o pagamento e quitação devem correr por conta do devedor (art. 325, 1ª parte, do CC), salvo se ocorrerem alterações na execução da obrigação quando o credor dificulta a prestação ou havendo sucessão do crédito com sucessores possuindo domicílios diversos.

O objeto do pagamento pode ser a entrega de uma quantia em favor do credor com a liberação do devedor. Fala-se das chamadas *obrigações de pagamento em dinheiro*, denominadas por Paulo Barbosa de Campos Filho,[329] às quais Caio Mário da Silva Pereira negou existência.[330]

De forma tradicional, a doutrina insere as obrigações pecuniárias entre as de dar, juntamente com as obrigações de transferir ao devedor a propriedade ou a posse de um bem não pecuniário.[331] Atente-se que a classificação não está isenta de críticas, sobretudo porque o dinheiro é um bem de natureza especial, porque seu regime jurídico é diverso de outras coisas corpóreas normalmente submetidas à possibilidade de aplicação das regras sobre vícios redibitórios e evicção.

De fato, o dinheiro é o bem que possui efeito liberatório por excelência, o que fez com que parte da doutrina rejeitando a classificação tradicional

---

[329] *Obrigações de pagamento em dinheiro*. Rio de Janeiro: Jurídica e Universitária, 1971. p. 11.

[330] *Instituições de direito civil*. Rio de Janeiro: Forense, 1994. p. 91.

[331] MIRANDA, Pontes de. *Tratado de direito privado*. Rio de Janeiro: Borsoi, 1962. t. XXII, § 2.696.

DIREITO DAS OBRIGAÇÕES

perfilhe a existência de apenas duas situações bem distintas, quais sejam: obrigações pecuniárias e obrigações não pecuniárias.[332]

O próprio direito comparado privilegiou este tipo obrigacional conforme se constata do art. 1.277 do CC Italiano e art. 550 do CC Português. Assim, dentro da importância atual do poder monetário inerente às obrigações em dinheiro, ganham corpo as chamadas obrigações ou dívidas de valor que compreendem as duas finalidades da moeda, em função das quais a quantia é o objeto-meio de caráter essencialmente variável e objeto-fim, que é o poder aquisitivo que num determinado momento se quer atribuir ao credor, ou seja,

> "Em vez de um débito de tal quantidade e tal qualidade, temos, na dívida de valor, uma relação jurídica que se caracteriza essencialmente pela sua finalidade, pois 'a prestação de valor é a prestação em quantidade tal e qualidade tal que dê para alguma destinação, funcionando no caso o dinheiro, tão-somente, como 'meio para se atingir um determinado fim'."[333]

A importância das obrigações ou dívidas de valor tem direta relação com a manutenção do poder aquisitivo pela provisão de bens necessários em favor do credor, notadamente quando o devedor é inadimplente e passa a se submeter ao poder de vontade do credor, na configuração de um verdadeiro poder de sujeição, por exemplo, na obrigação alimentar (art. 1.694, § 1º, do CC).

A regra geral sobre o assunto (art. 315 do CC) é a de que o pagamento deve ser feito em moeda corrente e pelo valor nominal, ou seja, aquela que tem curso forçado e legal, pois tratando de obrigação constituída no território nacional, não pode o credor opor-se ao pagamento. Representa esta afirmação a própria ideia do chamado curso forçado da moeda.

Por curso legal entende-se a circunstância de se atribuir efeito liberatório em pagamentos cuja lei aplicável assim atribua. No Brasil, atualmente, tem efeito liberatório o real; nos EUA o dólar, por exemplo.

---

[332] Nesse sentido, a doutrina estrangeira – CARBONNIER, Jean. *Droit civil*. 6. ed. Paris: Presses Universitaires de France, 1969. t. 4, p. 16 passim.

[333] WALD, Arnoldo. Responsabilidade civil e correção monetária. *Questões de responsabilidade civil*. Belém: CEJUP, 1990. p. 91.

DO ADIMPLEMENTO E EXTINÇÃO DAS OBRIGAÇÕES

Em nível histórico e legal nem sempre o pagamento determinava ao devedor que o realizasse atendendo ao curso forçado e legal da moeda. Era possível que se efetuasse em certa e determinada espécie de moeda nacional ou estrangeira (art. 947, § 1º, do CC, revogado bem como os demais parágrafos).

Esclareça-se, no entanto, que a norma do art. 315 do CC, apesar de fixar a citada regra, abre ensejo a exceções previstas nos dispositivos legais subsequentes, remetendo o intérprete ao art. 318 do mesmo Código que estabelece serem nulas as convenções de pagamento em ouro ou em moeda estrangeira, bem como para compensar a diferença, entre o valor desta e o da moeda nacional, excetuados os casos previstos na legislação especial.

É a hipótese, por exemplo, do Decreto-lei nº 857/69 que consolidou e alterou a legislação sobre moeda de pagamento de obrigações exequíveis no Brasil que envolve comércio internacional.

Em outros casos, o legislador negou validade a contratos de locação cujo pagamento das obrigações (notadamente aluguel) se faça em moeda estrangeira (art. 17 da Lei nº 8.245/91), consolidando a regra do curso forçado e legal, em matéria de pagamento nos contratos de locação de imóveis urbanos.

É bem de ver, no entanto, que determinada obrigação cartular (oriunda de título de crédito) não pode ser considerada nula por ter sido fixada em moeda estrangeira, tendo a jurisprudência reconhecido que uma nota promissória emitida em dólares americanos não violaria o art. 318 do CC, pois sua execução seria possível uma vez convertido o valor em moeda nacional com correção monetária desde o vencimento (cf. Apelação Cível nº 459.871-8 de São José do Rio Preto, j. em 20-5-92).

Por outro lado, e levando em conta a possibilidade de a moeda sofrer depreciação por efeito de surto inflacionário, o legislador do CC de 2002 conferiu às partes a possibilidade de convenção sobre o aumento progressivo de prestações sucessivas (art. 316), regra salutar que envolve o afastamento de eventual benefício daquele que paga com um valor irreal ou defasado nas obrigações de trato sucessivo com contratos de longa duração. Em outras palavras, a norma consagra a possibilidade de as partes estipularem cláusula de escala móvel (ou cláusula de indexação) para evitar o enriquecimento sem causa daquele que paga.

O citado dispositivo legal representa a postura definitiva do legislador do novo CC em admitir a possibilidade de revisão do contrato com inequívoca mitigação do princípio da *pacta sunt servanda*, o que vem comprovado também pelo instituto da lesão (art. 157), resolução do contrato por onerosidade excessiva (arts. 478 *usque* 480) e princípio maior, que estabelece a função social do contrato (art. 421).

Com exceção da lesão, cuja revisão da obrigação se dá por conta de uma das causas de anulação do negócio jurídico em razão de premente necessidade ou por inexperiência de um dos contratantes, sobressai das demais normas a necessidade de proteger os contratantes pela possibilidade de surgirem desproporções das prestações assumidas em razão do longo período decorrido entre a constituição da obrigação e a sua execução. Mas note-se: essa desproporção está associada a "motivos imprevisíveis" ou "em virtude de acontecimentos extraordinários e imprevisíveis".

O sentido da revisão está impregnado pela motivação da equidade nos negócios jurídicos, já que o desequilíbrio das prestações deve ser superado por situações que não se compatibilizam com a justiça comutativa,[334] com a boa-fé que deve reinar a contratação em todas suas fases, bem como com o exercício regular ou funcional dos direitos. Logo, isso não significa uma suposta inversão das regras ajustadas como se representasse um castigo para a parte beneficiada ou um prêmio para a parte prejudicada, mas, sobretudo, um retorno à situação original que justificou a contratação.

É justo que assim seja porque a desproporção surge como consequência de fatos estranhos às partes contratantes, fatos que elas não puderam antecipar nem evitar, o que justifica a revisão para evitar o aproveitamento indevido.

A doutrina costuma associar a possibilidade da revisão à chamada cláusula *rebus sic stantibus* (locução latina para representar a cláusula que exige do devedor o cumprimento da obrigação somente quando subsistem as condições econômicas na época em que foi celebrada a avença),[335] e sua utilização está autorizada na presença dos seguintes requisitos: (a) o con-

---

[334] Conforme esclarece Rubens Limongi França, "Do ponto de vista da justiça comutativa, o fim do Direito é garantir a igualdade das relações econômicas dos indivíduos entre si como, por exemplo, nos contratos" (*Instituições de direito civil*. São Paulo: Saraiva, 1999. p. 8).

[335] É o caso de obra recente de Renato José de Moraes, que identifica a hipótese à alteração das circunstâncias de um contrato pela utilização das expressões *teoria da imprevisão, onerosidade excessiva* ou *teoria da base do negócio jurídico* (cf. *Cláusula "rebus sic stantibus"*. São Paulo: Saraiva. 2001, p. 30-31). Consulte-se com mais detalhes a completa obra de Borges, Nelson. *Teoria da imprevisão no direito civil e no processo civil*. São Paulo: Malheiros, 2002. Na doutrina estrangeira,

DO ADIMPLEMENTO E EXTINÇÃO DAS OBRIGAÇÕES

trato a ser revisto deve ser de execução periódica; (b) o acontecimento que justifica a revisão deve ser imprevisível, anormal ou exógeno; (c) a alteração das prestações deve ser radical em comparação com as do instante da formação do contrato; (d) a parte prejudicada pelo desequilíbrio não tenha sido culpada pela modificação do estado das coisas.[336]

Observe-se que o art. 317 do CC não está endereçado somente à posição do credor, o que poderia sugerir suposto conflito com o art. 478 do CC, que é justificado para a resolução do contrato em favor de qualquer das partes, enquanto a outra norma somente autoriza a revisão.

O assunto foi bem esclarecido por Ruy Rosado de Aguiar Júnior, ao afirmar que

> "Muito embora o art. 317, considerando a sua localização, possa permitir, a um primeiro exame, a ideia de que sua finalidade foi apenas a de proteger o credor da prestação que se desvalorizou – e para isso não impôs outra condição que não a simples desproporção do valor real da prestação entre o momento da celebração e o da execução –, na verdade a regra se aplica para os dois lados: a desproporção manifesta pode ser tanto pela desvalorização do bem a ser prestado (desvalorização da moeda pela inflação, p. ex.), como pela superveniente valorização excessiva da prestação, quebrando a proporcionalidade entre a que fora convencionada e a que agora deve ser cumprida, em prejuízo do devedor."[337]

Em termos concretos, recorda-se situação vivida em nosso país em que no ano de 1999 a alteração do regime cambial (extinção das chamadas "bandas cambiais") foi considerada como acontecimento imprevisível na medida em que o Governo Federal insistentemente veiculou em toda imprensa que o referido regime não seria modificado. O fato atingiu em cheio os arrendatários (em contrato de *leasing*) que vincularam o pagamento das prestações à variação cambial, provocando excessiva onerosidade àquelas obrigações, com ampla admissão da revisão contratual pela jurisprudência.

---

consulte-se STIGLITZ, Rubén S. *Autonomía de la voluntad y revisión del contrato*. Buenos Aires: Depalma, 1992.

[336] Op. cit. p. 35.

[337] *Extinção do contrato por incumprimento do devedor* – resolução. Rio de Janeiro: Aide, 2003. p. 152-153.

DIREITO DAS OBRIGAÇÕES

Apesar de o fato envolver a aplicação do Código do Consumidor, que pela expressão do art. 6º, inciso V, autoriza a revisão contratual em razão de fatos supervenientes que tornam as prestações excessivamente onerosas, a menção serve como exemplo para o reconhecimento do que pode representar um fato imprevisível, requisito esse aplicável às relações jurídico--privadas.[338]

Mas observe-se que, mesmo que tal cláusula não seja convencionada, a ocorrência de "motivos imprevisíveis" que determine a "desproporção manifesta entre o valor da prestação devida e o do momento de sua execução" possibilita que a parte prejudicada reclame judicialmente a correção, visando assegurar, quanto possível, o valor real da prestação (art. 317).

Observe-se, ainda, que nos termos do Enunciado 17 aprovado pelas "Jornadas de Direito Civil", sobre o art. 317, "a interpretação da expressão 'motivos imprevisíveis', constante do art. 317 do novo Código Civil, deve abarcar tanto causas de desproporção não previsíveis como também causas previsíveis, mas de resultados imprevisíveis".

A doutrina tem associado com mesmo sentido a locução "desproporção manifesta" com o termo "onerosidade excessiva" constante do art.478 do CC, "(...) já que ambos significam que haverá desequilíbrio contratual, seja porque, no primeiro caso, a prestação em si mesma se tornou desequilibrada, seja porque na hipótese do art.478 a parte sofrerá um ônus excessivo em razão do desequilíbrio do contrato."[339]

Somente o caso concreto a ser analisado pelo juiz é que determinará o que seja "motivo imprevisível", noção que envereda para inequívoco conceito juridicamente indeterminado. Em termos particulares não se pode afirmar que o fenômeno inflacionário possa ser alegado como motivo imprevisível para justificar a aplicação da norma, posto que nosso país sofre constantemente desequilíbrio monetário (cf. nessa linha *RT* 624/110 e 635/226).

Observe-se igualmente que dificuldades de ordem pessoal (p.ex. desemprego ou diminuição de renda), também não são justificativas autorizadores para a revisão do contrato sob a alegação de onerosidade excessiva.

---

[338] Sobre o assunto, o artigo do Magistrado LEVADA, Cláudio Antônio Soares. *Leasing* e variação cambial: a necessidade de manutenção do equilíbrio contratual. *RT* 763/73.

[339] SCHUNCK, Giuliana Bonanno. *A onerosidade excessiva superveniente no Código Civil – Críticas e questões controvertidas*. São Paulo: LTr, 2010, p.125.

DO ADIMPLEMENTO E EXTINÇÃO DAS OBRIGAÇÕES

Nesse sentido confira-se a ementa de julgados do Tribunal de Justiça de São Paulo:

"Revisão Contratual. Tese de ocorrência de fato superveniente e alheio à vontade do autor que teria tornado o contrato excessivamente oneroso. Aplicação da Teoria da Base Objetiva do Negócio Jurídico. Hipótese em que não se verifica a destruição da relação de equivalência entre prestação e contraprestação. Vicissitudes com caráter pessoal que não podem ser opostas ao credor, nem servem, por si só, para autorizar a revisão e a modificação do contrato. Temática sem juridicidade. Improcedência mantida. Recurso desprovido" (Apelação nº 0009106- 93.2011.8.26.0068, 7ª Câmara de Direito Privado, Des. Rel. Rômolo Russo, j. 14/07/2015).

"Ação Revisional de Contrato Bancário. Alegação de que a diminuição de sua renda do autor é fato superveniente que tornou o contrato excessivamente oneroso, o que autoriza a aplicação do art. 6º, V do CDC. Aplicação da Teoria da Base Objetiva do Negócio Jurídico. Hipótese em que não se verifica a destruição da relação de equivalência entre prestação e contraprestação, na medida da regra geral da Boa Fé, ou a impossibilidade de se alcançar a finalidade do contrato, na medida de sua função social. Incabível, no caso, a revisão contratual. Recurso não provido." (Apelação nº 0039848-29.2011.8.26.0577, Rel. o Des. Renato Rangel Desinano, 11ª Câmara de Direito Privado, j. 10.03.2014).

Pode o devedor reter o pagamento se negada a quitação (CC, art. 319). A prova do pagamento cabe ao devedor e geralmente é feita por meio de quitação cujos requisitos estão previstos no art. 320 do CC. Não havendo prova sacramental, isto é, da substância do ato, pode-se provar a quitação por outros meios, ainda, como diz a lei (art. 320, parágrafo único), que não estejam presentes os requisitos estabelecidos no *caput* do artigo, se de seus termos ou das circunstâncias resultar haver sido paga a dívida. Sobre o assunto, ver o art. 472 do CC. Exemplo: o credor confessa ter recebido o saldo devedor.

Não se ignore, nos termos do enunciado sobre o assunto editado pelas "Jornadas de Direito Civil", que

"a 'quitação regular', referida no art. 319 do novo Código Civil, engloba a quitação dada por meios eletrônicos ou por quaisquer formas de 'comunicação

DIREITO DAS OBRIGAÇÕES

à distância', assim entendida aquela que permite ajustar negócios jurídicos e praticar atos jurídicos sem a presença corpórea simultânea das partes ou de seus representantes".

Em continuação, o art. 321 do CC confere uma faculdade ao devedor de exigir a declaração do credor afirmando que perdeu o título que para todos os fins não tem mais validade. Obtida a declaração, o devedor cerca-se de todas as garantias para efetuar o pagamento a quem realmente é o titular do crédito.

Os arts. 322 e 324 do CC tratam da chamada presunção *iuris tantum*, pois em todos aqueles casos admite-se prova em contrário por quem de direito. O credor deve provar no prazo previsto pelo parágrafo único do art. 324 que a quitação da última prestação, sendo periódica, não solveu as anteriores. Da mesma forma deve provar que a posse do título por parte do devedor decorreu por exemplo da confiança depositada, demonstrando que as circunstâncias não autorizavam a conclusão de que a obrigação foi satisfeita.

Encerrando as normas sobre o objeto e prova do pagamento, o art. 326 do CC determina:

"Se o pagamento se houver de fazer por medida, ou peso, entender-se-á, no silêncio das partes, que aceitaram os do lugar da execução."

Assim, tal norma só terá incidência caso as partes não estipulem qualquer regra sobre os critérios de quantificação do pagamento por medida ou peso, decorrendo de seus próprios termos a natureza eminentemente dispositiva.

15.7. Lugar do pagamento

O princípio fundamental é que as partes podem acordar conforme suas conveniências o local do pagamento. Na falta de estipulação prevalece a conclusão de que a dívida é quesível (*querable*), vale dizer, deve o credor comparecer ao domicílio do devedor para receber a coisa devida (art. 327 do CC). Havendo designação de mais de um lugar, cabe ao credor optar por qualquer deles (parágrafo único do citado artigo).

Diversamente da dívida quesível, existe a portável (*portable*), quando o devedor deve ir ao domicílio do credor para efetuar o pagamento.

DO ADIMPLEMENTO E EXTINÇÃO DAS OBRIGAÇÕES

No entanto, o princípio citado não interfere na validade do negócio, vez que exprime um favor ao devedor. Não poderá exigir o credor que seja feito de forma diversa. Se o devedor for demandado em local diferente, presume-se que renunciou ao benefício, não sendo repetível o pagamento.

A natureza da prestação pode ainda determinar o local do pagamento. Sobre o assunto, assume caráter excepcional a norma do art. 328 do CC em razão da natureza da obrigação. Pense-se na hipótese de pagamento das prestações para aquisição de um imóvel.

De outra parte e muito embora a lei fixe local do pagamento ou mesmo as partes ajustem de forma diversa, ressalva a lei (art. 329 do CC) a possibilidade de o devedor realizá-lo em outro lugar se ocorrer motivo grave e desde que não haja prejuízo ao credor.

A norma coloca à disposição do *solvens* essa opção que objetivamente envolve impossibilidade de promover o pagamento de acordo com o projeto original. Destarte, não é qualquer impedimento, com forte dose de subjetivismo do devedor, que possibilitará a utilização da norma, podendo-se, por exemplo, aceitar como motivo grave a perda de um parente próximo, um acidente que impossibilitou o devedor de locomover-se para o local do pagamento ou mesmo ter sido acometido de uma doença séria.

Enfim, o legislador, reconhecendo a possibilidade de o local do pagamento ser alterado tacitamente por conduta do devedor, faz presumir (de forma relativa) a renúncia do credor relativamente àquele previsto no contrato (art. 330 do CC). Com efeito, situações de fato existem em que, apesar de as partes fixarem o local do pagamento, acaba-se derrogando o ajuste inicial por usos diversos ou comodidades supervenientes.

O dispositivo legal certamente tem por objetivo conferir segurança aos pagamentos realizados reiteradamente e sem ressalva do credor que não poderá, no futuro, alegar descumprimento obrigacional por inobservância do local ajustado originalmente.

15.8. Tempo do pagamento

Nos termos do art. 331 c.c. art. 134 do CC, a regra geral é a de que o pagamento deve ser feito imediatamente, admitindo-se que esse princípio possa variar na conformidade da natureza da obrigação ou da vontade das partes. Não se constitui surpresa para o devedor, porquanto a ele cabia defender-se com a estipulação de prazo para o cumprimento da obrigação.

DIREITO DAS OBRIGAÇÕES

Vale considerar que o vocábulo *imediatamente* deve ser interpretado com moderação, segundo as regras da boa-fé, pois em determinadas circunstâncias a execução da obrigação pode demandar certo tempo, por exemplo, entrega de um bem em cidade diversa da constituição do vínculo.

Se a obrigação for incondicional, somente após o implemento da condição é que poderá ser demandada (art. 332 do CC), cabendo ao credor a prova de que o devedor teve ciência do acontecimento. Ainda, só após o advento do termo é que a obrigação pode ser reclamada.

Tratando-se de termo essencial, após sua expiração, não pode mais o devedor pagar a obrigação depois do decurso do prazo. Tem-se como contrária a ideia se o termo não for essencial, já que a distinção deve ser feita pela utilidade da obrigação em favor do credor.

O devedor pode pagar a obrigação antes de seu vencimento, renunciando assim ao termo que o beneficiava. Se é instituído em favor do credor, não é obrigado a receber antes de seu vencimento.

Havendo condição suspensiva, e o devedor pagar a obrigação antes do advento da condição, tem direito a repetição daquilo que pagou (art. 876 do CC).

No pressuposto de que o devedor não pode ser compelido a cumprir a obrigação antes do vencimento da dívida, o CC, em seu art. 333, excepciona casos em que ocorre o vencimento antecipado da obrigação.

Tratar-se-á de cada um deles.

O inciso I pressupõe a insolvência do devedor, razão última da abertura de concurso creditório; tal estado nada mais representa do que insuficiência do patrimônio para saldar as dívidas.

Na outra hipótese, em que os bens hipotecados, ou empenhados, forem penhorados em execução por outro credor, há um antecedente lógico. Consiste no fato de o devedor ter celebrado um contrato com aquelas garantias reais. Justamente porque o ônus real encontra-se vinculado àquele bem, caso ocorra algum tipo de constrição, não só penhora, como também arresto, a afetação processual justifica a perda da garantia com consequente vencimento antecipado da obrigação.

O último caso ocorre quando cessarem, ou se tornarem insuficientes, as garantias do débito fidejussórias, ou reais, e o devedor, intimado, se negar a reforçá-las. De fato, existindo uma obrigação acessória de garantia, relacionada à obrigação principal, o devedor deve mantê-la íntegra e,

DO ADIMPLEMENTO E EXTINÇÃO DAS OBRIGAÇÕES

caso intimado não proceda a seu reforço, a lei conclui por seu estado de insolvência.

O artigo encerra com o parágrafo único regulando os casos antecedentes para a hipótese de o débito possuir solidariedade passiva, isto é, com vários devedores solidários. O vencimento somente se antecipa em relação ao devedor insolvente; os demais continuam sujeitos ao vencimento normal, nada podendo deles exigir o credor antes de expirado o termo.

16.
Do Inadimplemento das Obrigações e da Mora

16.1. Estudo conjunto do inadimplemento e mora. Introdução

O capítulo referente à mora será analisado conjuntamente com a Teoria do Inadimplemento, pois seu desdobramento nada mais é do que uma das consequências do não-cumprimento da obrigação.

Basicamente, num sentido mais direto e resumido, pode-se entender o inadimplemento como o descumprimento voluntário ou involuntário do plano obrigacional estipulado entre o devedor e o credor.

Quando se fala do inadimplemento, está-se no campo da inexecução das obrigações, fato capaz de provocar a reação do credor. A consequência impõe que o devedor indenize os prejuízos sofridos pelo credor, advindos de sua conduta, notadamente porque por tal forma provocou lesão a seu direito de crédito. Ainda que se possa – especialmente em relação ao devedor – equiparar o inadimplemento à mora, o fato é que os dois institutos não se confundem. O inadimplemento pode levar à mora ou não, dependendo de suas características e aspectos a serem analisados. A mora envolve a idéia de subsistência da utilidade da obrigação, enquanto o inadimplemento absoluto impede que o credor receba o objeto da prestação original, ou "mais precisamente: quando não mais subsiste para o credor a possibilidade de receber".[340]

---

[340] ALVIM, Agostinho. *Da inexecução das obrigações e suas consequências*. São Paulo: Jurídica e Universitária, 1965. p. 25.

DIREITO DAS OBRIGAÇÕES

Não obstante o tema aparentemente ser de fácil compreensão, verifica--se razoável complexidade na interpretação e análise do assunto com multiplicidade significativa de posicionamentos doutrinários que serão apreciados de forma célere.

Sucintamente, o inadimplemento pode ser voluntário ou involuntário. No primeiro caso, tem-se a noção de culpa, seja ela *stricto sensu* (culpa) ou decorrente de dolo. A rigor, há inexecução culposa sempre que a obrigação não é cumprida "por fato imputável ao devedor".[341] Destarte, embora seja possível subdividir a voluntariedade do inadimplemento em culpa "strictu sensu" (negligência, imprudência ou imperícia) e dolo (intencional), verifica-se a mesma sanção para os dois casos. Dado o caráter da intencionalidade do dolo, não há grandes controvérsias sobre o ponto. Já a culpa engloba vários aspectos. Seu pressuposto é a imputabilidade do devedor. Assim, é de vital importância que para a caracterização da culpa haja violação do dever de cumprir por meio da ação ou omissão do devedor.

Esse ponto ganha importantes contornos diante da controvérsia doutrinária que considera, ou não, a imputabilidade como inserida na ideia de culpa, melhor parecendo que, diante das renovadas posturas do legislador do CC e situando-se em tempos pós-modernos, a questão merece temperamentos, pois

"nem sempre o inadimplemento resulta de uma imputabilidade subjetiva (culposa), podendo ser apanhados na mesma 'fattispecie' os casos, não raros, de imputação objetiva que, à vista do parágrafo único do art. 927, só tendem a crescer, ganhando imensa relevância nos campos de vida nos quais o 'princípio da segurança social' – tutelar do 'interesse da comunidade' – se apresentar como prevalecente".[342]

Em outras palavras, pode-se dizer que a situação concreta é que vai determinar se a culpa representará elemento necessário para justificar o reconhecimento do inadimplemento absoluto, pois nem sempre se pode afirmar que imputar é inculpar, importando mesmo, conforme esclarece

---

[341] GOMES, Orlando. *Obrigações*. Rio de Janeiro: Forense, 1994. p. 143.
[342] MARTINS-COSTA, Judith. *Comentários ao novo Código Civil*, cit. p. 89.

DO INADIMPLEMENTO DAS OBRIGAÇÕES E DA MORA

a doutrina, que muitas vezes não importa quem é o culpado pelo inadimplemento, mas apenas quem é o responsável por ele.[343]

Esse posicionamento é o que se encontra muitas vezes no microssistema
das relações de consumo (Código do Consumidor), no qual, por expressas
disposições legais, a violação dos direitos básicos do consumidor impõe a
responsabilização de todos aqueles fornecedores que, direta ou indiretamente, interferiram na cadeia de consumo (cf. art. 7º, parágrafo único,
arts. 17 e 25, § 1º, do CDC).

O legislador parece ter-se posicionado para reconhecer que, em geral,
a culpa é realmente exigível, sobretudo porque, quando trata dos efeitos
da mora, refere-se à "isenção de culpa" como capaz de afastar a responsabilidade do devedor se houver impossibilidade da prestação no estado de
perpetuação da obrigação (art. 399 do CC).

Veja-se agora o inadimplemento involuntário, aquele que envolve inexigibilidade da obrigação por circunstâncias alheias e superiores à vontade
do devedor.

A compreensão diz respeito à ideia de impossibilidade e neste ponto
distinguem-se as seguintes:

a) impossibilidade jurídica (cumprimento da obrigação é contra a lei);
b) impossibilidade econômica (cumprimento da obrigação envolve
   gastos exorbitantes);
c) impossibilidade psíquica (exigir, por exemplo, que um jogador de
   futebol atue numa partida, estando sua mãe entre a vida e a morte).

Há ainda as espécies de impossibilidade objetiva (em relação a todos) ou
subjetiva (pessoal); definitiva (exonera o devedor) ou temporária (retarda
o pagamento); total (toda a prestação é comprometida) ou parcial (o com-
prometimento é em parte).

O CC disciplina o inadimplemento das obrigações entre os arts. 389
e 393, parágrafo único, e de seu conteúdo denotam-se poucas alterações
com relação ao direito anterior.

Com efeito, conforme prevê o art. 389, o não-cumprimento da obrigação (cuja aplicação não ocorre somente no âmbito da Teoria Geral dos
Contratos, mas também para a responsabilidade extracontratual) impõe ao

[343] Op. cit. p. 88.

DIREITO DAS OBRIGAÇÕES

responsável a indenização pelas perdas e danos, mais os juros e atualização monetária segundo índices regularmente estabelecidos, sem prejuízo dos honorários de advogado, obviamente quando cabíveis. Todas essas verbas foram compreendidas pelo legislador para conferir respaldo suficiente em favor do prejudicado pelo descumprimento obrigacional, ressaltando que por tal fato os bens do devedor serão responsabilizados (art. 391 do CC), não só os presentes, como também os futuros, conforme estabelece a lei processual (art. 789 do CPC), salvo as restrições legais (cf. por exemplo a Lei nº 8.009/90).

Não se ignore que, apesar de o inadimplemento absoluto ser caracterizado para o legislador em função dos seus efeitos, a sua ocorrência não está associada somente à obrigação principal, atingindo também os chamados deveres acessórios (ou laterais), sem os quais a prestação jamais poderá realizar-se a contento. Assim, por exemplo, imagine-se o caso do sujeito que pretende adquirir um imóvel e, após assinar o contrato, não recebe as informações necessárias (que foram exigidas) sobre o estado da coisa, constando após a existência de ônus real que impossibilitou a imissão na posse.

Observe-se que a justificativa para demandar a resolução do contrato por violação de deveres acessórios deve estar estreitamente subordinada à prestação principal, que na essência deixou de ser cumprida pelo inadimplemento daquela.

Impõe-se registrar que a doutrina identifica uma "terceira via" de inadimplemento que não se enquadraria no inadimplemento absoluto ou no relativo (mora), denominado violação (ou quebra) positiva do contrato que, em última análise, e em consideração do direito brasileiro, "corresponde ao inadimplemento decorrente do descumprimento do dever lateral, quando este dever não tenha uma vinculação direta com os interesses do credor na prestação".[344]

É o caso, por exemplo, do comprador de ração que costumeiramente a ministrava para as aves de sua granja, que faleceram em razão da alteração da fórmula do produto, sem respectiva alteração da rotulagem. No caso, houve violação ao dever de informação (lateral) que deveria ser prestado pelo vendedor, omissão que gerou os prejuízos ao comprador.

---

[344] Sobre o assunto, a obra de SILVA, Jorge Cesar Ferreira da. *A boa-fé e a violação positiva do contrato*. Rio de Janeiro: Renovar, 2002. p. 266.

DO INADIMPLEMENTO DAS OBRIGAÇÕES E DA MORA

Facilmente pode-se identificar a ocorrência de inadimplemento com imposição de perdas e danos, mas não por conta das formas tradicionais (absoluto ou relativo).

Note-se que pelo exemplo houve o cumprimento da prestação de forma defeituosa (culpa), mas por falta de previsão legal sobre a disciplina do mau cumprimento, o dano típico deverá ser apurado sem aplicação das regras da mora ou impossibilidade.

A rigor, exceção feita a casos de violação dos deveres acessórios, não se pode vincular a teoria da violação positiva do contrato a situações comuns, sobretudo porque o cumprimento defeituoso, consoante nosso Código Civil, é regulado em contratos específicos (v.g. compra e venda) por meio da disciplina dos vícios redibitórios.[345]

Por outro aspecto, consoante já abordamos no capítulo referente às principais alterações do novo CC, o legislador, utilizando-se de melhor técnica, expressamente reconheceu que o não-cumprimento das obrigações negativas (em geral, as de não fazer) somente tem por efeito o inadimplemento absoluto, sem qualquer possibilidade de verificar-se a mora (art. 390).

Ainda, com regra voltada para a interpretação contratual, estabeleceu o Código Civil que nos contratos benéficos (ou gratuitos, *v. g.*, doação), responderá por simples culpa o contratante, a quem o contrato aproveite, e por dolo aquele a quem não favoreça; já nos contratos onerosos, cada uma das partes responderá por culpa, incidindo atribuição indenizatória em favor do prejudicado, em razão de que ambos os contratantes têm direitos e deveres recíprocos (art. 392).

Pela distinção legal, sendo o contrato oneroso, a regra geral é de que a atribuição da responsabilidade pelo inadimplemento pressupõe a culpa. Mas sendo o contrato benéfico, o dispositivo legal favorece a parte que realiza a prestação em favor daquela à quem aproveita.

Por outro lado, mesmo configurado o inadimplemento, pode o devedor utilizar-se de defesas substanciais para justificar o incumprimento, ou seja, fala-se do inadimplemento involuntário por caso fortuito ou força maior, aquele representando uma imprevisibilidade do evento e este a irresistibilidade do evento (art. 393, parágrafo único). Esses institutos, porém, serão

---

[345] SILVA, Jorge Cesar Ferreira da. *Inadimplemento das obrigações*. Volume 7 (Biblioteca de Direito Civil – Estudos em homenagem ao Professor Miguel Reale), São Paulo: RT, 2006, p. 44.

DIREITO DAS OBRIGAÇÕES

melhores analisados na ocasião própria quando do estudo sobre as causas de exclusão da responsabilidade civil.

16.2. Consequências do inadimplemento culposo. Possibilidades conferidas ao credor

A decorrência lógica do descumprimento é viabilizar ao credor a utilização da melhor opção que lhe aprouver, vale dizer, cuidando-se de impossibilidade superveniente absoluta ou relativa e obviamente sendo o contrato bilateral, cabe ao credor escolher a manutenção do contrato, requerendo o equivalente ou resolvê-lo utilizando-se do direito potestativo voltado a extinguir a relação obrigacional (art.475 do CC), por meio da resolução extrajudicial ou judicial, havendo, em qualquer dos casos, direito a perdas e danos.

Uma vez operada a resolução as partes voltam ao "status quo ante", vale dizer, "o efeito retroativo quer fazer como se nunca tivesse havido o contrato. Se, na sua execução, ocorreu transferência da propriedade, essa alteração desaparece, e a propriedade do primitivo dono se repõe. A restituição há de ser integral, em espécie, se possível, ou pelo equivalente, a depender da natureza da prestação ou de fato superveniente."[346]

A resolução extrajudicial sempre ocorre por meio de notificação do credor ao devedor no contrato em que haja previsão expressa da cláusula resolutória (ou pacto comissório – art.474 do CC) ou nos casos previstos em lei (v.g. Art.1º do Dec. nº 745/69). Apesar da lei estabelecer que a resolução ocorre de pleno direito, não havendo acordo entre as partes, caberá ao credor utilizar-se da resolução judicial.

Como bem esclarece a doutrina, "(...) o credor pode ser constrangido a vir a juízo por três razões: obter uma declaração de resolução, em face da negativa do devedor em admitir o fato; alcançar sentença condenatória de indenização pelos danos decorrentes do incumprimento; efetivar o seu direito à restituição. Tais demandas podem ser cumuladas."[347]

Mas não se ignore que há também a possibilidade de o vínculo obrigacional ser extinto de forma espontânea e amigável entre as partes uma vez também ocorrendo possível descumprimento.

---

[346] AGUIAR JR., Ruy Rosado de. *Extinção dos contratos por incumprimento do devedor.* Rio de Janeiro: AIDE, 2003, p. 260.

[347] AGUIAR JR., Ruy Rosado de. Op. cit. p. 182.

DO INADIMPLEMENTO DAS OBRIGAÇÕES E DA MORA

Nesse caso as partes podem se valer do chamado distrato, hipótese em que uma vez aperfeiçoado não admite arrependimento ou mesmo revisão. Pela expressão que faz o art. 472 do Código Civil, o distrato elimina a eficácia do negócio quanto ao futuro, de modo que o contrato, embora acabado, é encerrado e desprovido de efeitos, pois os distratantes concordam plenamente que entre eles não há desacordo ou desentendimento, vez que ambos, obviamente, querem distratar.

Nesse sentido, o magistério de Orlando Gomes: *"o distrato constitui uma espécie de resilição do negócio jurídico: de um lado, encerra o contrato para o futuro, ostentando natureza bilateral, vez que assenta em dupla declaração de vontade..."*[348]

A rigor e dentro dos objetivos que justificou a realização do distrato, mostra-se inviável o arrependimento posterior ou mesmo a sua revisão, notadamente quando as partes conferem entre si quitação total e irrestrita.

Sobre o tema, tem se posicionado o Tribunal de Justiça de São Paulo:

"Ato jurídico. Compromisso de compra e venda. Anulação. Erro substancial e falta de causa pressuposta para o negócio. Não ocorrência. Mero arrependimento posterior, que não serve de motivo de anulabilidade do ato. Sentença mantida. Apelação não provida." (Apelação Cível nº 9212367-46.2005.8.26.0000, 2ª Câmara de Direito Privado, Re. Roberto Bedran, j. 01.03.2011) (grifo nosso).

"COMPROMISSO DE COMPRA E VENDA Distrato celebrado pelas partes, com a estipulação de crédito, em favor do autor, ora apelante, no importe de R$ 7.124,33 – Em virtude do não recebimento do crédito, o apelante pactuou segundo distrato com a apelada, em que restou estipulada a devolução de R$ 3.019,46 em seu favor – Alegação de invalidade do segundo distrato avençado Pleito de que a apelada seja condenada ao pagamento de R$ 7.124,33, crédito referente ao primeiro distrato pactuado, bem como de R$ 10.000,00 a título de danos morais Inexistência de vício de consentimento quando da subscrição do segundo distrato O apelante é maior e capaz – O arrependimento não é causa de invalidade de negócio jurídico perfeito e acabado Ação improcedente Recurso improvido" (TJSP, Apelação nº 0016032-48.2012.8.26.0006, Rel. Paulo Eduardo Razuk, 1ª Câmara de Direito Privado, j. 25/06/2013).

---

[348] GOMES, Orlando. *Contratos*. 5. ed. Rio de Janeiro: Forense, 1975, p. 70.

No mesmo sentido, colaciona-se o entendimento do E. Superior Tribunal de Justiça:

> *"A quitação plena e geral, para nada mais reclamar a qualquer título, constante do acordo extrajudicial, é válida e eficaz, desautorizando investida judicial para ampliar a verba indenizatória aceita e recebida. Ainda que, nos termos do art. 1.027 do CC/16, a transação deva ser interpretada restritivamente, não há como negar eficácia a um acordo que contenha outorga expressa de quitação ampla e irrestrita, se o negócio foi celebrado sem qualquer vício capaz de macular a manifestação volitiva das partes. Sustentar o contrário implicaria ofensa ao princípio da segurança jurídica, que possui, entre seus elementos de efetividade, o respeito ao ato jurídico perfeito, indispensável à estabilidade das relações negociais"* (STJ, REsp 809.565, 3ª Turma, Rel. Min. Nancy Andrighi, j. 22/03/2011, DJ 29/06/2011).

A iniciativa da extinção da relação contratual também pode se dar pela vontade de uma das partes. Assim, a resilição unilateral, nos casos em que a lei expressa ou implicitamente o permita, opera mediante denúncia notificada à outra parte (art.473 do CC).

A previsão legal é comumente utilizada em contratos de longa duração ou naqueles em que o prazo foi prorrogado por tempo indeterminado (contrato de prestação de serviços, locação ou de distribuição), mas observe-se que mesmo sendo admitida a resilição, sua eficácia fica suspensa nas hipóteses em que uma das partes tenha efetuado investimentos consideráveis, confiando na perpetuação da relação contratual. Na hipótese, o parágrafo único do art.473 do Código Civil pressupõe a indenização, tão somente, do 'interesse positivo', identificado pela doutrina como o interesse no cumprimento do contrato, ou seja, o montante que necessariamente deveria ter sido despendido para a execução do contrato e que, tendo em vista o abrupto desenlace, não se recompôs.

Conforme esclarece Paula Forgioni, o que se pretendeu com o parágrafo único do art. 473 do Código Civil foi coibir o uso abusivo do direito potestativo de denúncia contratual. Ao tratar do contrato de distribuição, tradicionalmente firmado com prazo indeterminado, assegura que "o principal problema enfrentado gravita em torno da licitude da ruptura unilateral. Partindo-se do pressuposto de que ordenamento autoriza esse tipo de rompimento unilateral por uma parte, à outra não assistiria direito à indenização [...] Não obstante – assina forte corrente doutrinária e jurisprudencial – há direito à indenização quando a denúncia imotivada for injusta, abusiva."[349]

16.3. Conceito e análise da mora do devedor

Mora é o retardamento no cumprimento da obrigação, é uma inexecução culposa, em que o devedor não paga e o credor não recebe o objeto da prestação jurídica no tempo, lugar e modo convencionados. Em outros termos, a mora relaciona-se com o atraso no cumprimento da prestação, atribuível ao obrigado, podendo também ser do credor.

Assim, a mora pode ser do devedor (mais comum) ou do credor. É no art. 394 do CC que se encontra o fundamento legal da mora.

A maioria dos doutrinadores entende que para sua caracterização faz--se necessário o elemento culpa, isto é, aquele a quem é atribuída a mora deve ter dado causa de forma culposa ou dolosa. Registram-se, entretanto, posições isoladas.[350]

No entanto, os arts. 395 e 396 do CC fornecem base legal para sustentar--se que tal elemento subjetivo é imprescindível para caracterização da mora. Difere do próprio elemento objetivo que representa o mero retardamento sem qualquer aspecto valorativo, preso a ideia de tempo, pois a mora tem como um de seus pressupostos o crédito vencido, certo e judicialmente exigível, circunstância essa que gera a impossibilidade de haver mora nas obrigações naturais.

16.4. Requisitos

Para que seja caracterizada a mora, é necessária a verificação de três requisitos essenciais:

1. vencimento da dívida: cuida do elemento objetivo, pois, sendo a mora um atraso no pagamento da obrigação, é preciso que a dívida se encontre já vencida, isto é, o termo tenha-se expirado. Nessas condições, a obrigação pode ser exigida judicialmente;
2. culpa do devedor: trata do elemento subjetivo e traz a noção de que o atraso deve decorrer de fato imputável ao devedor, caso contrário

---

[349] FORGIONI, Paula Andrea. *Contrato de distribuição*. 2. ed. São Paulo: Revista dos Tribunais, 2008. p. 451.

[350] FARIA, Werter R. *Mora do devedor*. Porto Alegre: Sergio Antonio Fabris Editor, 1981. p. 19.

DIREITO DAS OBRIGAÇÕES

não se cogitará de mora (art. 396 do CC); com base nessa premissa, conclui-se que a viabilidade do cumprimento da obrigação está intimamente ligada à ideia de o credor possuir a faculdade de receber ou não a prestação da obrigação pelo devedor;

3. viabilidade do cumprimento tardio: esse pressuposto significa que a obrigação, ainda que cumprida tardiamente, tem utilidade para o credor; caso contrário, será considerado o descumprimento como inadimplemento absoluto.

16.5. Distinção entre mora e inadimplemento absoluto

Consoante doutrina corrente, a mora distingue-se do inadimplemento absoluto pelo aspecto da utilidade, pois no primeiro caso o devedor ainda pode cumprir a obrigação e, no segundo, já não há mais tal possibilidade, impondo-se a indenização pelas perdas e danos (art. 389 do CC).

Para Espínola,

"tem o retardamento em si uma eficácia jurídica desde que não produza ao mesmo tempo a impossibilidade da prestação. De efeito, se por não se satisfizer, em tempo, a prestação é impossível ou se tornar inútil para o credor, não mais devemos falar em simples retardamento, e sim em absoluta inexecução".[351]

Cite-se como exemplo um contrato de locação. Se há mora por parte do devedor, no caso o locatário, ainda será útil para o credor (locador) que a prestação seja paga, ainda que incidindo as multas e outros acessórios, mesmo após o vencimento.

Contudo, imagine-se que o credor contrate um *buffet* para ser servido em determinado dia logo após a cerimônia do casamento. Se o devedor descumprir a obrigação, conforme ajustado, certamente não haverá mora, mas inadimplemento absoluto, pois mesmo que o devedor se comprometa a servir o *buffet* no outro dia, a prestação não terá mais utilidade ao credor.

Até o presente momento falou-se de casos nos quais o devedor está disposto a cumprir a obrigação. No entanto, haverá mora ou inadimplemento se o devedor se recusa a cumprir a obrigação? A resposta impõe certas distinções.

---

[351] *Sistema de direito civil*. Rio de Janeiro: Francisco Alves, 1912. t. 1, v. 2. p. 451-452.

DO INADIMPLEMENTO DAS OBRIGAÇÕES E DA MORA

Assumindo a obrigação o caráter dos tipos comuns (dar ou fazer; excetua-se a de não fazer diante do tratamento especial conferido pela lei), deve-se perquirir os motivos que levaram ao não-cumprimento do que foi estipulado, lembrando sobre o assunto o que já foi afirmado sobre as diversas hipóteses de impossibilidade. Há um aspecto especial a ser considerado. Se a obrigação for de fazer e fungível, ocorrerá mora, pois pode o credor obrigar o devedor a prestar o fato a sua custa. Exemplo: construção de um muro. Tratando-se de obrigação de fazer infungível, certamente que a consequência será o inadimplemento, dada a impossibilidade de prestação em substituição ao devedor originário.

16.6. Efeitos da mora do devedor

O efeito principal da mora é tornar o devedor responsável pelos prejuízos que dela se originem. O primeiro deles é, portanto, a responsabilidade do devedor pelas perdas e danos (art. 395 do CC), sem prejuízo dos demais acessórios como juros moratórios, custas do processo e outras despesas judiciais como honorários de advogado.

Pode, também, operar a rescisão do contrato, não sendo esta uma consequência fatal; mas sempre há o direito de rescisão quando a prestação se tenha tornado inútil ao credor, em razão da mora (art. 395, parágrafo único).

Quando o Código cogita de inutilidade da prestação por causa da mora, temos que admiti-la em face do tempo, do lugar e da forma do pagamento, questões que podem ensejar controvérsia com solução pela inutilidade, ou não, impondo-se então a apreciação judicial em cada caso.

Somente ao juiz cabe decidir se a falta arguida pelo credor é tal que a prestação ou se tornou inútil, ou somente menos valiosa, pois bem pode acontecer que o credor, arrependido do negócio, queria prevalecer-se de uma imperfeição relevável, para rejeitar a prestação, o que a lei não permite. Dessa forma, a inutilidade se dá quando a prestação não mais corresponde ao fim visado pelas partes.

O credor pode aceitar a prestação, sem o prejuízo da mora. O recebimento da prestação, porém, só por si, não pode ser interpretado como renúncia tácita aos efeitos da mora.

Não cogita a lei, entretanto, de inutilidade objetiva da prestação, mas daquela que possa ser para qualquer pessoa, aspecto que se confunde com perecimento do objeto; nem se fala igualmente do defeito ou deterioração

DIREITO DAS OBRIGAÇÕES

que tenha sobrevindo à coisa, o que autoriza o credor a enjeitá-la, com fundamento no art. 235 do CC.

Convém acentuar ser indiferente a circunstância de conhecer ou não o devedor, antecipadamente, que a prestação, pelo atraso, se tornará inútil ao credor. Quer dizer, ele não poderá excepcionar com a ignorância em que se achava de que da mora resultaria a inutilidade da prestação.

Em geral, portanto, a mora ocasiona prejuízo ao credor, mas só excepcionalmente tornará inútil a prestação. Ao que invocar a inutilidade cabe o ônus da prova (art. 373, I, do CPC).

Ainda em matéria de efeitos, impõe a lei ao devedor a responsabilidade pela impossibilidade da prestação se presente a hipótese de caso fortuito ou força maior, caso estes ocorreram durante o atraso.

De fato, a mora tem o poder de perpetuar a obrigação "no sentido de tornar o devedor, daí por diante, obrigado pelo valor da coisa, que, como gênero, não perece".[352]

Destarte, com a subsistência da obrigação perpetuada, mesmo que a coisa pereça, o devedor fica responsável por todos os riscos, salvo se provar isenção de culpa ou que o dano sobreviria, ainda quando a obrigação fosse oportunamente desempenhada (art. 399), isto é, que prove que o dano seria certo ainda que a coisa estivesse em poder do credor, prova esta de difícil demonstração.[353]

16.7. Mora do credor e seus efeitos

O pressuposto indeclinável para a caracterização da mora do credor é a intervenção que dele se demanda, nos casos em que deve intervir ativa ou passivamente, praticando determinados atos necessários, sem os quais caracteriza-se o retardamento da prestação. Se não há, portanto, colaboração de sua parte no cumprimento da obrigação, incide em mora. Por exemplo: dívida *querable* onde o credor não comparece ao domicílio do devedor para buscar a prestação. Relevante, portanto, que o credor manifeste recusa injusta no recebimento da prestação, oferta real pelo devedor, para que sua mora se concretize, devendo embaraçar o pagamento de débito líquido e certo.

---

[352] SANTOS, J. M. de Carvalho. *Código civil brasileiro interpretado*. Rio de Janeiro: Freitas Bastos, 1951. v. 12, p. 325.

[353] ALMEIDA, Lacerda de. *Dos efeitos das obrigações*. Rio de Janeiro: Freitas Bastos, 1934. p. 158.

Vale esclarecer que a mora do credor independe de culpa, pois não sendo justa a recusa, a noção daquele elemento subjetivo é desnecessária na espécie.[354]

No entanto, registra-se controvérsia sobre assunto. San Tiago Dantas bem coloca a questão:

> "Alguns autores dizem que pode haver mora sem que haja culpa do credor. Isso, porém, não procede. Quando o pagamento deve ser procurado pelo credor na casa do devedor, por exemplo, pode acontecer muitas vezes, que o credor não possa chegar no momento marcado em virtude de um motivo de força maior, por um atraso de condução, ou outros contratempos."[355]

O art. 400 do CC subtrai o devedor, desde que isento de dolo, à responsabilidade pela conservação da coisa, obriga o credor a ressarcir as despesas empregadas em conservá-la, e sujeita-o a recebê-la por sua mais alta estimação, se seu valor oscilar entre o dia estabelecido para o pagamento e o de sua efetivação.

Ordinariamente, a mora do credor impõe ao devedor a adoção de medidas judiciais para liberar-se da dívida. Fala-se em pagamento por consignação que será tratado mais adiante.

16.8. Mora nas obrigações a prazo

A mora do devedor manifesta-se no caso sob a denominação *ex re*. Ocorre quando a obrigação é constituída por um termo e o próprio fato do descumprimento ou retardamento constitui a mora automaticamente, não sendo necessário qualquer ato ou iniciativa do credor, como interpelação do devedor. Aplica-se então a regra segundo a qual *dies interpellat pro homine*, ou seja, o termo interpela em lugar do credor.

O art. 397 do CC preceitua que, vencidos os débitos contraídos com prazo certo, surgirá de pleno direito o dever de pagar que, se não for cumprido, terá por efeito a imediata constituição em mora do devedor.

Por tal aspecto, o prazo tanto pode ser estipulado entre as partes, as quais ajustam o tempo para execução da obrigação conforme suas conveniências,

---

[354] RODRIGUES, Silvio. *Direito civil*. São Paulo: Saraiva, 1993. v. 2, p. 298.
[355] *Programa de direito civil II*. Rio de Janeiro: Editora Rio, 1978. p. 76.

DIREITO DAS OBRIGAÇÕES

ou então a própria lei cuida de prever o cumprimento do ato jurídico (cf., por exemplo, art. 581 do CC).

16.9. Mora nas obrigações sem prazo

Trata-se da chamada mora *ex persona* já que sua incidência só se verifica depois que o credor manifesta o desejo de que a obrigação seja executada, pelo fato de não haver prazo assinado (art. 397, parágrafo único, do CC). A ausência desse prazo pode-se verificar por não ter sido estipulado, nem expressa ou tacitamente, ou por não poder inferir-se da natureza da obrigação.

No caso, portanto, a mora não pode ter início antes de prevenido o devedor por um dos meios legais, dando conta de que o credor quer receber a prestação, desejando que a obrigação seja cumprida imediatamente ou mediante concessão de prazo razoável.

Imagine-se então que entre duas partes seja celebrado um contrato de comodato, empréstimo gratuito em virtude do qual uma delas cede a outra o uso de uma coisa. Não sendo fixado prazo para devolução, o comodante, para exigir a devolução da coisa, necessita dar conhecimento ao comodatário sobre sua intenção de que a coisa seja devolvida.

A forma pela qual o credor manifesta aquela intenção se dá pela interpelação que pode ser judicial ou extrajudicial e se trata de ato pelo qual o credor manifesta sua exigência de que o devedor cumpra sua obrigação. Nesse ponto, identifica-se elogiável mudança pelo legislador do novo CC, porque foram retirados o protesto e a notificação, institutos que, por suas naturezas, têm finalidades diversas e realmente estavam deslocados no artigo correspondente ao direito anterior (art. 960, 2ª parte).

A cientificação do devedor deve ser clara e precisa, de modo que ele saiba não só o dia em que deverá cumprir sua obrigação, como também o modo, o lugar e a hora.

A citação, ato processual já conceituado, é a forma mais enérgica de constituição em mora do devedor, pois nos termos do art. 240 do CPC,

> "torna prevento o juízo, induz a litispendência e faz litigiosa a coisa; e, ainda quando ordenada por juiz incompetente, constitui em mora o devedor e interrompe a prescrição".

DO INADIMPLEMENTO DAS OBRIGAÇÕES E DA MORA

16.10. Da mora nas obrigações provenientes de delito

Sobre a espécie, igualmente o art. 398 do CC é expresso ao determinar que "nas obrigações provenientes de ato ilícito, considera-se o devedor em mora desde que o praticou". É a chamada mora presumida, assim afirmada por Carvalho de Mendonça.

Na redação do CC de 1916, o legislador utilizava-se da palavra *delito* (em vez de *ato ilícito*) e *perpetrou* (atualmente, *praticou*).

A alteração coloca fim à divergência sobre o real sentido do vocábulo *delito*, não havendo mais dúvidas de que a mora nas obrigações decorrentes de ato ilícito (todo ato violador de direito de outrem) caracteriza-se desde a data em que o ato foi praticado.

A previsão da mora nas obrigações decorrentes de ato ilícito (responsabilidade extracontratual) tem especial interesse na definição do termo "a quo" dos juros moratórios, razão pela qual, considerando a controvérsia que se instalou a respeito, o STJ por meio do verbete Súmula 54 pontificou: "Em se tratando de responsabilidade extracontratual, os juros moratórios fluem a partir do evento danoso."

16.11. Purgação da mora

Da verificação de que a prestação ainda pode ser útil ao credor, faculta a lei o recurso da purgação ou emenda da mora, pois operando-se para o futuro, sem eliminação dos efeitos anteriores, somente a renúncia do credor, ou algum fato extintivo da obrigação pode fazer que desapareçam.

Purgar a mora é o mesmo que afirmar: sanar, purificar, limpar, fazer desaparecer o estado de atraso verificado no cumprimento da obrigação. Para que ocorra de forma a extinguir os efeitos da mora, em sendo esta do devedor, deverá oferecer a prestação e mais a importância dos prejuízos verificados até o dia da oferta; da parte do credor, com o receber o pagamento, sujeitando-se aos efeitos da mora até a mesma data; da parte de ambos, com a renúncia do prejudicado.

O art. 401 do CC estipula os casos em que a purgação da mora pode ocorrer, tratando-se todos eles de verdadeiros casos de adimplemento da obrigação com a indenização dos prejuízos decorrentes da mora.

Pela redação do inciso I, a purgação dá-se por parte do devedor quando este oferece a prestação original (aquela que foi objeto de retardamento) mais a importância dos prejuízos decorrentes do dia da oferta, isto é, como o atraso gerou prejuízos ao credor, deverá a indenização pela mora recompor

DIREITO DAS OBRIGAÇÕES

tais danos. Pense-se a hipótese do credor que necessitou desembolsar diárias de hotel, além das previstas, para receber o objeto da prestação, o que só ocorreu com a purgação.

De outra parte, sendo a mora do credor (inciso II), a purgação dá-se quando este se oferece a receber o pagamento, sujeitando-se aos efeitos da mora até a mesma data, como, por exemplo, concordar em reembolsar o devedor das despesas realizadas com a conservação do objeto principal, com ressarcimento por eventual variação do preço.

Legislações extravagantes também disciplinam a possibilidade de o devedor purgar a mora, como no caso da atual Lei do Inquilinato, em seu art. 62, e do Decreto-lei nº 911/69 que cuida da alienação fiduciária em garantia, art. 3º, § 3º.

Em matéria de purgação da mora, a culpa é o pressuposto. O devedor que quer purgá-la não pode alegar que não lhe cabe culpa pelo não-cumprimento da obrigação.

Difere a purgação da cessação, já que nesta ocorre o desaparecimento dos efeitos, estendendo-se sua eficácia aos efeitos anteriores à oferta. A purgação da mora opera-se pelo oferecimento da prestação. A cessação da mora verifica-se com a novação, perdão da dívida, renúncia do credor, ou qualquer negócio jurídico que resulte no afastamento de seus efeitos.

Por fim, questiona-se: até quando é possível a purgação da mora? Ausente previsão legal, a qualquer momento mesmo que depois de citado para a ação de perdas e danos, antes de vencido o prazo para contestação, a menos que haja cláusula resolutória expressa, operando-se de pleno direito a hipótese de inadimplemento.[356]

O assunto não é pacífico, pois se registram posicionamentos ora permitindo a purgação da mora no prazo para contestação,[357] ora impedindo.[358]

---

[356] RIZZARDO, Arnaldo. *Promessa de compra e venda e parcelamento do solo urbano*. São Paulo: Revista dos Tribunais, 1987. p. 109 ss.

[357] Cf. *RJTJESP* 137/66.

[358] Cf. STJ – REsp. nº 38.858-9-SP, Rel. Min. Sálvio de Figueiredo. *BolAASP* nº 1.840, p. 37.

17.
Dos Pagamentos Indiretos ou Especiais

17.1. Generalidades e classificação

Da obrigação já se disse ser o meio dinâmico para a consecução de um fim, ou seja, quando as partes se vinculam em determinada prestação, o objetivo normal de sua extinção direciona-se para a satisfação da expectativa do credor, é dizer, o recebimento do crédito. Excetuada a obrigação de não fazer, as outras (dar e fazer) formam-se para extinguir-se, encontrando fecho e destino em seu próprio cumprimento.

O meio normal da extinção da obrigação, portanto, é sua execução voluntária, seu pagamento, daí porque com muita propriedade ressalta Clóvis Veríssimo do Couto e Silva o aspecto finalístico que toda obrigação possui, ou seja, seu nascimento tende a um fim que é justamente o adimplemento, aspecto diretamente relacionado com a ideia de que

> "os atos praticados pelo devedor, bem assim como os realizados pelo credor, repercutem no mundo jurídico, nele ingressam e são dispostos e classificados segundo uma ordem, atendendo-se aos conceitos elaborados pela teoria do direito. Esses atos, evidentemente, tendem a um fim. E é precisamente a finalidade que determina a concepção da obrigação como processo".[359]

---

[359] *A obrigação como processo*. São Paulo: José Bushatsky, 1976. p. 10.

DIREITO DAS OBRIGAÇÕES

No entanto, tal forma de execução realizada não é a única, pois a partir do art. 334 *usque* 388, o CC cuida de hipóteses pelas quais o pagamento não é feito pela forma ordinária (comum) e voluntária, isto é, o sujeito ativo executando de maneira simples o plano obrigacional estipulado com o sujeito passivo. Há casos em que a execução da obrigação encontra obstáculos e seja recomendável a extinção da obrigação de forma diversa da inicialmente estipulada. Outros em que a prestação original é substituída por diverso objeto, ou então cria-se nova obrigação visando extinguir a anterior.

A enumeração metódica adotada pelo CC (que em legislações estrangeiras engloba outras além das mencionadas no Código brasileiro) remonta à doutrina de Heinecius, que foi seguido por Pothier que com pequenas alterações adotou tal classificação e de sua obra a transferiu para codificação de seu país (França).

Tal maneira de disciplinar as diversas formas de pagamentos indiretos é valorizada por certo segmento da doutrina e criticada por outro. No primeiro caso, argumenta-se com o aspecto geral que assumem a possibilitar a reunião em uma só seção.

Como adverte M. I. de Carvalho de Mendonça,

"nem sempre esse argumento é procedente porque a condição resolutiva, por exemplo, que é especial a certos contratos, é enumerada, como acabamos de ver, em muitos deles. Por outro lado, a prescrição, a perda da coisa, que são relativas a todas as obrigações, são em outros Códigos tratadas em separado, em capítulos especiais".[360]

Nada obstante, registram-se em doutrina várias apreciações sobre o assunto, ora de autores abstendo-se de qualquer comentário acerca do critério pelo qual o CC relacionou e tratou das diversas maneiras de extinção da obrigação de forma indireta (é o caso, por exemplo, de Silvio Rodrigues, Washington de Barros Monteiro e Arnoldo Wald), ora de outros versando especificamente sobre a matéria (Caio Mário da Silva Pereira, Orlando Gomes, Limongi França, M. I. Carvalho de Mendonça, Mário Júlio de Almeida Costa e Antunes Varela).

Diante da diversidade de tratamento, necessário assumir o critério que para nós é o mais didático e de fácil compreensão, valendo ressaltar que a

---

[360] *Doutrina e prática das obrigações.* Rio de Janeiro: Freitas Bastos, 1938. t. 1, p. 374.

DOS PAGAMENTOS INDIRETOS OU ESPECIAIS

doutrina italiana adota classificação interessante sobre os modos de extinção indiretos das obrigações, afirmando existir aqueles satisfatórios (o credor recebe a prestação; fala-se na forma direta, isto é, o pagamento; e a indireta quando, por exemplo, a figura do credor e devedor confundem-se na mesma pessoa, a própria confusão). A outra espécie, a dos meios não satisfatórios, diz respeito a determinados modos em que o devedor fica desobrigado, mas o credor não recebe a prestação; é o caso, por exemplo, da novação.[361]

Logo, pela classificação por nós adotada podem-se distinguir casos em que o pagamento sofre modificação pelo seu modo de ser e outros nos quais o pagamento sofre uma alteração no vínculo obrigacional.[362]

Da primeira espécie fala-se em consignação em pagamento (arts. 334 ss), pagamento com sub-rogação (arts. 346 ss), imputação do pagamento (arts. 352 ss) e pagamento por remissão (arts. 385 ss). Quanto a segunda, há a dação em pagamento (arts. 356 ss), novação (arts. 360 ss), compensação (arts. 368 ss), confusão (art. 381) e compromisso, modalidade de pagamento indireto que ganhou novo tratamento legislativo com a edição da recente Lei nº 9.037 de setembro de 1996, a chamada Lei de Arbitragem, que em seu art. 44 revogou todo capítulo X que envolvia os arts. 1.037 a 1.048 do CC de 1916.

O legislador do Código Civil de 2002, seguindo vertente doutrinária, excluiu do rol dos pagamentos indiretos a transação (cuja natureza contratual foi assumida diante de sua colocação como uma das espécies de contrato – arts. 840 a 850), assim como o compromisso (arts. 851 a 853), em que pese ao tratamento deste último instituto por meio de legislação especial, conforme afirmado anteriormente.

Portanto, pelo posicionamento assumido, a transação e o compromisso não serão mais versados nesta obra, remetendo-se o leitor para o âmbito dos contratos em espécie.

As formas indiretas de pagamento, conforme lição de Antunes Varela

"se distinguem do cumprimento, apesar do efeito comum que é a extinção da obrigação, por nenhum deles reunir as duas notas positivas (típicas) que

---

[361] GOMES, Orlando. *Obrigações*. Rio de Janeiro: Forense, 1994. p. 122. Apud MESSINEO. *Manuale elementare di diritto civile e commerciale*. v. 2, p. 356.

[362] FRANÇA, R. Limongi. *Instituições de direito civil*. São Paulo: Saraiva, 1994. p. 646 e 653.

DIREITO DAS OBRIGAÇÕES

caracterizam o cumprimento: a realização voluntária da prestação devida e a satisfação do interesse do credor".[363]

É evidente que a menção das espécies ora arroladas não esgota o assunto, pois outras formas indiretas podem ser mencionadas, mas que têm seu tratamento na parte geral ou especial do CC. No primeiro caso cita-se, *v.g.*, a prescrição e decadência, e no segundo a resolução ou resilição do contrato por fato superveniente.

Referidos institutos, por exorbitarem da matéria ora tratada não serão objeto de estudo, razão pela qual apreciam-se a seguir os modos indiretos de pagamento arrolados pelo CC na parte especial do Direito das Obrigações.

---

[363] *Direito das obrigações*. Rio de Janeiro: Forense, 1978. v. 2, p. 177.

18.
Da Consignação em Pagamento

18.1. Conceito e análise

No pressuposto de que o credor tem o direito de receber o objeto da prestação, assiste também ao devedor o direito de desvencilhar-se da obrigação, liberando-se do vínculo e de suas consequências.

Mas há determinadas situações em que, seja por oposição do credor em receber, seja em razão de dificuldades no pagamento, encontra o devedor impedimento para exercer aquele direito.

Abstendo-se da controvérsia sobre a natureza do instituto – de direito material ou processual –,[364] o pagamento por consignação é o meio extrajudicial ou judicial no qual o devedor libera-se da obrigação efetuando o depósito do objeto da prestação nos casos e formas legais. Por ele "o credor é convocado ao recebimento e deve, em princípio, suportar todos os ônus decorrentes da iniciativa do devedor, no caso de liberação procedente".[365]

Conforme bem esclarece a doutrina, "O pagamento em consignação, desse modo, resulta em modalidade especial de pagamento pelo devedor, quando o credor deixe de cumprir com seu dever de cooperação, ou ainda quando haja insegurança quanto a regularidade do pagamento, seja porque haja dúvida sobre quem seja o credor, ou mesmo litígio sobre seu objeto."

---

[364] Ver por todos Caio Mário da Silva Pereira. *Instituições de direito civil*. Rio de Janeiro: Forense, 1994. v. 2, p. 137.

[365] SANTOS, Ernane Fidelis dos. *Comentários ao CPC*. Rio de Janeiro: Forense, 1986. t. 1, v. 6. p. 2.

DIREITO DAS OBRIGAÇÕES

(MIRAGEM, Bruno. Direito Civil – Direito das Obrigações. São Paulo: Saraiva, 2017, p.381).

O pagamento por consignação tanto pode realizar-se judicialmente como extrajudicialmente.

Com a recente Lei nº 13.105 de 16 de março de 2015 (que instituiu o novo CPC), foi mantido o pagamento por consignação extrajudicial, antes só disciplinado excepcionalmente pela Lei nº 6.766/79 nos arts. 33 e 38, § 1º e posteriormente pelo Código de Processo Civil revogado. Presentemente, o § 1º, do art. 539 permite o depósito extrajudicial em banco oficial ou particular (onde não houver o primeiro) de qualquer prestação pecuniária, mesmo considerando dívida de aluguel.[366]

Advirta-se, porém, que a Lei do Inquilinato disciplina de forma própria a ação de consignação em pagamento, reservando o rito do CPC para os casos comuns.

Não sendo a obrigação em dinheiro, ou não desejando o devedor utilizar-se do depósito extrajudicial (facultativo), poderá ajuizar a ação (em sentido processual) de consignação em pagamento por meio da qual busca liberar-se da obrigação desde que a sentença lhe seja favorável.

> "a demanda não tem por fim o pagamento, mas fundamentalmente a liberação do devedor, que se dará pela sentença que julgar procedente a ação, mesmo que o credor, depois do trânsito em julgado, persista em sua recusa de receber."[367]

Tanto uma forma como a outra são disciplinadas pelas leis do processo, especificamente os arts. 539 *usque* 549 do CPC.

Em nível de disciplina material, o CC de 2002 bem estabeleceu a necessária sintonia com o tratamento processual, pois considerou como pagamento, provocando a extinção da obrigação, o depósito judicial ou em estabelecimento bancário (depósito extrajudicial) da coisa devida, nos casos e formas legais (art. 334).

---

[366] BARROS, Francisco Carlos da Rocha. *Comentários à Lei do Inquilinato.* São Paulo: Saraiva, 1995. p. 437; no mesmo sentido, artigo de Sylvio Capanema de Souza. A consignação extrajudicial dos aluguéis. *Livro de Estudos Jurídicos*, v. 10, p. 394, 1995.

[367] SILVA, Ovídio A. Baptista da. *Procedimentos especiais.* Rio de Janeiro: Aide, 1989. p. 10.

18.2. Hipóteses autorizadoras do pagamento por consignação

Os casos em que a consignação tem lugar estão previstos no art. 335 do CC que efetivamente disciplina um rol taxativo sem possibilidade de extensão a outros casos não previstos legalmente.

Compreende-se da análise das hipóteses legais que o pagamento em consignação só pode ocorrer quando a prestação tenha por objeto obrigações de dar, tanto que a oferta deverá ser real.

Deve ser esclarecido, porém, que a disciplina do depósito extrajudicial somente pode ser aplicada aos casos estabelecidos nos incisos I e II do citado artigo.[368]

O inciso I deste artigo prevê a primeira hipótese que legitima o pagamento por consignação: se o credor não puder ou manifestar recusa injustificada em receber o pagamento, ou dar quitação na forma devida (art. 320 do CC). É o caso, por exemplo, do credor que se opõe ao recebimento da obrigação alegando que a quantia oferecida não veio acompanhada dos acessórios como multa e juros quanto tacitamente renunciou a estas verbas. O ônus da prova quanto a recusa injusta cabe ao devedor.

No tocante ao inciso II, cuida-se da hipótese em que o credor não comparece por si, ou por outrem habilitado, ao domicílio do devedor para buscar o objeto da prestação. A mora do credor ocorre justamente porque a dívida é quesível, conceito sobre o qual já nos ocupamos.

Quanto ao art. 335, III, do CC, faculta-se ao devedor requerer o depósito em consignação nos casos em que o credor seja incapaz de receber, for desconhecido, ou declarado ausente, ou residir em lugar incerto, ou de acesso perigoso ou difícil, situações que se justificam em se tratando de morte do credor ou títulos ao portador, por exemplo.

A consignação também pode justificar-se quando existe dúvida sobre quem deva legitimamente receber o objeto do pagamento (art. 335, IV). É o caso, por exemplo, do devedor que recebe dois procuradores do credor com mandatos outorgados, na mesma data, ou quando o crédito haja sido penhorado por terceiro.[369]

O último inciso do art. 335 regula o cabimento da consignação quando o objeto do pagamento seja litigioso, não se confundindo com a existência de dúvida prevista na hipótese anterior (inciso IV); não cuida da titularidade

---

[368] BARROS, Francisco Carlos da Rocha. Op. cit. p. 438.
[369] MIRANDA, Pontes de. *Tratado de direito privado*. Rio de Janeiro: Borsoi, 1958. § 2.944, 1.

DIREITO DAS OBRIGAÇÕES

do crédito, mas do próprio crédito.[370] No entanto, se não exercer a ação de consignação em pagamento, pagando a um dos supostos credores com conhecimento da litigiosidade, assumirá o risco do pagamento (art. 344 do CC).

Entretanto, como extensão da hipótese prevista no art. 335, V, do CC, o art. 345 do mesmo Código estabelece que, se a dívida vencer, pendendo litígio entre os credores que se pretendem mutuamente excluir, poderá qualquer deles requerer a consignação.

Cuida-se, à evidência, de medida de cautela a requerimento de um dos credores, pois, vencendo a dívida com existência de litígio sobre a coisa, a faculdade legal visa não só possibilitar que um dos supostos *accipiens* antecipe-se ao devedor, como também seja evitado um novo processo.

Observe-se, em arremate, que a menção aos casos legais não dispensa que, em relação à consignação, para que tenha força de pagamento, sejam cumpridas as condições objetivas e subjetivas do pagamento, isto é, que concorram, em relação às pessoas, ao objeto, modo e tempo, todos os requisitos, sem os quais não é válido o pagamento (art. 336 do CC).

18.3. Objeto

O objeto da consignação será a coisa ou a importância devida, integralmente, quando então envolve todos os acessórios da obrigação. Tratando-se de corpo certo, pode o devedor citar o credor para vir buscar ou mandar recebê-la, sob pena de ser depositada.

Não existe, entretanto, nenhum impedimento quanto à possibilidade de o depósito ter por objeto bem móvel ou imóvel, conclusão a que se chega da interpretação do art. 539do CPC quando se refere a "coisa".[371]

A única ressalva é que esse depósito deve ser simbólico, como o depósito das chaves.[372]

Quando a coisa for indeterminada, aquela designada pelo gênero e qualidade, ou de obrigação alternativa, a oferta será feita ordinariamente pelo devedor. Do contrário, o credor será citado para exercer a escolha sob pena de esta recair em favor do devedor com consequente depósito.

---

[370] SILVA, Ovídio A. Batista. Op. cit. p. 20.

[371] LOPES, Serpa. *Curso de direito civil*. Rio de Janeiro: Freitas Bastos, 1989. v. 2, p. 194.

[372] Cf. os julgados insertos na *JTACSP* 78/244 e *RT* 568/47.

DA CONSIGNAÇÃO EM PAGAMENTO

Mas cuidando o depósito de prestação em dinheiro, verifica-se, em primeiro lugar, que a importância objeto da oferta há de ser determinada. Porém, embora não seja permitida a indeterminação da oferta, o requisito da liquidez e certeza deve ser afastado. Exige-se, na verdade, na ação de consignação que o autor-devedor consigne a existência da dívida e o seu valor total, desde logo, pois que aqueles requisitos poderão ser demonstrados no curso da demanda.

Bem esclarece Adroaldo Furtado Fabrício, depois de afirmar que a exigência de liquidez e certeza do débito está relacionada a infeliz conceituação de que a ação de consignação seria executiva às avessas. Esclarece que

> "Nunca esteve em nenhuma disposição legal essa exigência. Na verdade, indispensável é a afirmação do autor no sentido da existência e montante do débito. "[373]

Diante dessa conclusão, não existe também fundamento legal para restringir a extensão do que for discutido no processo de consignação em pagamento, desde que não seja alegada eventual matéria de defesa estranha ao objetivo de liberação do devedor, o que no caso é de todo impertinente.[374]

Em matéria de defesa, o art. 544 do CPC faculta ao réu-credor uma vez citado alegar que não houve recusa ou mora em receber a quantia ou coisa devida; foi justa a recusa; o depósito não se efetuou no prazo ou no lugar do pagamento; e/ou que o depósito não foi integral, matérias que não representam um rol taxativo diante do princípio constitucional que assegura a ampla defesa.

18.4. Foro competente para ajuizamento da ação de consignação

Como regra geral, sendo a obrigação portável, a ação deve ser proposta no lugar do pagamento como nesse sentido determinam os arts. 337 e 341 do CC c.c. art.540 do CPC. Se a dívida for quesível, o ajuizamento deverá ser efetuado no domicílio do devedor.

Ressalvadas essas hipóteses, pode haver cláusula de foro de eleição oriundo do contrato celebrado entre as partes. Não colidindo com a regra geral, prevalecerá a estipulação feita contratualmente. Ainda, se o objeto

---

[373] *Comentários ao código de processo civil*. Rio de Janeiro: Forense, 1988. t. 3, v. 8, p. 41.
[374] FABRÍCIO, Adroaldo Furtado. Op. cit. p. 40 e os julgados na *RT* 570/134 e *JTACSP* 78/237.

DIREITO DAS OBRIGAÇÕES

da prestação for coisa certa, o foro será o da situação do bem (art. 540, parágrafo único, do CPC).

Como desdobramento a respeito do foro competente, estabelece o art. 342 do CC que, se a escolha da coisa indeterminada competir ao credor, será ele citado para esse fim, sob cominação de perder o direito e de ser depositada a coisa que o devedor escolher, caso em que, isto é, feita a escolha, tem aplicação o art. 341 do CC, que fixa regra de competência sobre o local onde se encontre a coisa.

Por fim, como disciplina específica, tratando de consignatória de aluguéis, impõe a Lei de Locações que o ajuizamento da ação seja efetuado no lugar da situação do imóvel (art. 58, inciso II).

18.5. Legitimação ativa e passiva

Pelo primeiro aspecto, pode ajuizar a ação, em geral, o devedor e secundariamente o terceiro interessado juridicamente ou o terceiro desinteressado que pode alegar os meios conduzentes à exoneração, e utilizar-se deles, caso em que se propõe a fazer o pagamento em nome e por conta do devedor (art. 304, parágrafo único, do CC).

A pertinência subjetiva pelo aspecto passivo, como regra geral, é do credor ou de um terceiro que o represente validamente (mandatário) exibindo poderes especiais para dar quitação, ou ainda o gestor de negócios (representação oficiosa) e o representante legal ou judicial (exemplo: síndico da massa falida).

18.6. Levantamento do depósito

Os arts. 338 a 340 do CC disciplinam as consequências do levantamento do depósito, considerando várias hipóteses.

Conforme já visto, o autor da ação é o próprio devedor que no momento processual pertinente efetua o depósito da prestação. O credor que tomando ciência daquele depósito não se manifesta, não vem a impugná-lo, nem expressamente o aceita, habilita o devedor a requerer o levantamento, arcando, no entanto, com as respectivas despesas, as quais só podem ser de natureza processual. Se o fizer, porém, estará retornando a posição originária, não se liberando da obrigação, fato que somente ocorreria com a sentença judicial favorável à sua pretensão. A conseqüência não pode ser outra senão considerar o devedor em mora ou inadimplente, conforme o caso.

DA CONSIGNAÇÃO EM PAGAMENTO

A regra do art. 339 do CC envolve o próprio objetivo do devedor, pois, julgado procedente o depósito, a obrigação fica extinta; então, já não poderá levantar o depósito, embora o credor consinta, senão com o acordo dos outros devedores ou fiadores. Se o credor consentir no levantamento do depósito, estará ele concedendo nova dívida ao devedor, com o que os demais devedores e fiadores poderão não estar de acordo. Daí, portanto, exigir a lei concordância daquelas outras partes da relação.

Encerra este assunto a norma do art. 340 que preceitua:

> "O credor que, depois de contestar a lide ou aceitar o depósito, aquiescer no levantamento, perderá a preferência e garantia que lhe competiam com respeito a coisa consignada, ficando para logo desobrigados os codevedores e fiadores, que não anuíram."

A *ratio* desta disposição tem a seguinte explicação: na hipótese de o credor contestar o depósito e depois concordar em que o devedor o levante, voltou atrás em sua impugnação, então reconhece o depósito, por via indireta, e assim, estará dando quitação da dívida. Se permitiu o levantamento do depósito, deu nova oportunidade ao devedor, com nova concessão, e estabeleceu-se nova relação obrigacional para a qual os codevedores ou fiadores estarão vinculados se quiserem; por isso, a lei os exclui diante da conduta unilateral do credor.

Ainda sobre o depósito, determina o art. 343 do CC que as despesas decorrentes correrão por conta do credor se a ação de consignação for julgada procedente, mandamento óbvio em razão da necessidade que teve o devedor-autor de recorrer a juízo para liberar-se da obrigação. Do contrário, isto é, se for julgada improcedente, certamente o devedor será responsável pelas despesas com o depósito.

18.7. Pagamento por consignação extrajudicial

Conforme já mencionado, por efeito de recente alteração legislativa, o art. 539 do CPC repetiu dispositivo legal existente no Código de Processo Civil revogado para incluir o procedimento do depósito extrajudicial do pagamento por consignação.

A criação de tal procedimento foi aplaudida pela doutrina, tendo em vista a facilidade colocada a favor do devedor que agora tem a faculdade

DIREITO DAS OBRIGAÇÕES

de efetuar o depósito extrajudicial de qualquer prestação pecuniária desde que preenchidos os pressupostos específicos que passam a ser examinados.

Para que o devedor (terceiro interessado ou não interessado) possa valer-se do depósito extrajudicial, mister concorram os seguintes pressupostos:

a) obrigação pecuniária;
b) existência, no lugar de pagamento, de estabelecimento bancário, oficial ou particular;
c) ciência do verdadeiro credor;
d) ciência do domicílio do credor;
e) capacidade civil deste último; e
f) inexistência de litígio sobre a prestação que se pretende depositar.[375]

Pelo aspecto procedimental, cabe ao devedor realizar o depósito nas condições previstas nas letras *a* e *b* supra. Daí em diante, a instituição financeira encarregar-se-á de dar ciência do depósito ao credor que, tomando conhecimento da intenção do devedor, deverá manifestar a recusa, ou não, no prazo de 10 dias. Silenciando-se, a consequência pretendida pelo *solvens* será alcançada, isto é, liberar-se-á da obrigação. Manifestando oposição (que não precisa ser fundamentada) ao banco, persistirá o vínculo obrigacional, devendo o devedor, em consequência, ajuizar a ação de consignação (no prazo de 01(um) mês) na qual fará prova do depósito já realizado por efeito da fase extrajudicial, aplicando-se então o art. 542, I, última parte, do CPC, que estipula:

> "Na petição inicial, o autor requererá: I – o depósito da quantia ou da coisa devida, a ser efetivado no prazo de cinco dias contado do deferimento, ressalvada a hipótese do do art.539, § 3º."

---

[375] MARCATO, Antonio Carlos. Da consignação em pagamento. In: TEIXEIRA, Sálvio de Figueiredo (Coord.). *Reforma do código de processo civil*. São Paulo: Saraiva, 1996. p. 479.

19.
Pagamento por Sub-rogação

19.1. Conceito e análise

Cuida o presente instituto do segundo caso em que o pagamento é realizado diversamente da forma comum. Pagamento por sub-rogação é a transferência dos direitos do credor para um terceiro que solve a obrigação principal. Em verdade, a obrigação não se extingue, pois o devedor continua preso ao vínculo. O mecanismo consiste na alteração do pólo passivo da obrigação na qual o credor originário, satisfeito, é substituído por um terceiro que assume sua posição.

Logo, sub-rogação "é a substituição do credor que é pago por aquele que paga a dívida ou fornece a quantia para o pagamento".[376]

Na espécie, dois pontos são incontroversos: (a) o credor é satisfeito; e (b) subsiste a obrigação entre o *solvens* e o devedor.

19.2. Natureza jurídica

Nada obstante a controvérsia sobre o assunto, trata-se de instituto autônomo que possui a peculiaridade de manter viva a obrigação originária, apesar de o credor ficar satisfeito pelo pagamento de terceiro.[377] Clóvis Beviláqua bem acentua sobre o ponto ao afirmar:

---

[376] FRANÇA, R. Limongi. *Instituições de direito civil*. São Paulo: Saraiva, 1994. p. 650.

[377] LOPES, Serpa. *Curso de direito civil*. Rio de Janeiro: Freitas Bastos, 1989. v. 2, p. 200.

DIREITO DAS OBRIGAÇÕES

"Um terceiro efetuando o pagamento, o resultado é o mesmo, a dívida extingue-se: mas o terceiro terá, em relação ao devedor, a ação de *in rem verso*, com que se possa ressarcir até a concorrência da utilidade, que o devedor fruiu."[378]

19.3. Modalidades

Pode ser pessoal ou real.

No primeiro caso, ocorre quando uma pessoa sucede e assume o lugar de outra, para exercer seus direitos e ações, ou seja, seus direitos pessoais.

Verifica-se a sub-rogação real quando uma coisa substitui-se a outra, tomando-lhe o lugar e passando a ter a mesma qualidade da substituída. Em termos de exemplo, o instituto é previsto no art. 1.911, parágrafo único do CC e no Decreto-lei nº 6.777, de 8-8-44, que dispõe sobre a sub-rogação de imóveis gravados ou inalienáveis.

Pelo aspecto procedimental, o CPC autoriza o pedido de sub-rogação real no art. 1.112, inciso II (art.752, II, do CPC de 2015), impondo-se a citação de todos os interessados, inclusive o Ministério Público.

Por outro aspecto, tem-se a sub-rogação legal e convencional. Fala-se na primeira quando a substituição é imposta pela lei e envolve uma das partes da relação obrigacional. Já na sub-rogação convencional, a mesma substituição ocorre por estipulação entre as partes.

Os casos de sub-rogação legal são tratados no art. 346 e incisos do CC.

Estipula a primeira hipótese legal que a sub-rogação opera-se de pleno direito em favor do credor que paga a dívida do devedor comum. Pressupõe a existência de mais de um credor, entre os quais realiza-se o pagamento em favor do devedor. Na verdade, ao que tem seu crédito comum pode, em determinados casos, não interessar que o devedor seja acionado judicial-mente a satisfazer a obrigação, porque não dispondo de recursos sofrerá constrição sobre seus bens para pagamento da dívida. Na concorrência dos créditos, sendo o privilegiado pago em primeiro lugar em detrimento do quirografário, faculta a lei que o credor com crédito de menor qualidade resgate o débito, evitando a execução que fica adiada.

Para sua verificação, portanto, há que reunir duas condições:

a) aquele que efetua o pagamento seja credor do devedor;

---

[378] *Direito das obrigações*. Rio de Janeiro: Freitas Bastos, 1954. p. 105.

b) o credor satisfeito pelo *solvens* esteja aparelhado de preferência, em razão de seus privilégios e hipotecas.

Não ocorre caso:

a) o crédito pago for pura e simplesmente quirografário, isto é, àquele credor sem privilégio;
b) o credor com o direito de retenção, que não possuir privilégio.

Todavia, observe-se a redação do art. 346, I, de direcionamento ampliado, se considerado o direito anterior (art. 985, I), que se limitava à hipótese de créditos dotados de direito de preferência. Doravante, o direito novo concede a sub-rogação a qualquer credor que paga a dívida do devedor comum.

Em seguida, o inciso II confere a sub-rogação em favor do adquirente de um imóvel hipotecado, que paga ao credor hipotecário. Estando o devedor na iminência de ser executado, providencia um terceiro (adquirente) a aquisição do imóvel pagando seu valor em favor do credor hipotecário, evitando que o bem que adquirira seja objeto de pagamento da dívida em execução.

Silvio Rodrigues, no entanto, adverte que a hipótese é rara na prática e de certo modo inútil diante da insegurança na aquisição de um imóvel que não esteja livre de ônus real.[379]

Acrescenta ainda a norma a ocorrência de sub-rogação legal quando terceiro efetiva o pagamento para não ser privado de direito sobre imóvel, sugerindo situação diversa da primeira parte (adquirente de imóvel hipotecado), a pressupor que o terceiro exerce mera posse sobre o imóvel transferida pelo devedor. Em tal situação, efetuando o pagamento ao credor, impede o terceiro que seja privado da coisa, podendo, doravante, exercer seus direitos em relação ao devedor beneficiado.

Por fim, o inciso III fala do terceiro interessado que paga a dívida pela qual era ou podia ser obrigado no todo ou em parte. Trata-se da espécie mais comum, pois o devedor solidário que paga fica sub-rogado nos direitos do credor originário contra o devedor. A consequência é a mesma em se tratando de obrigação indivisível, pois aquele que paga ao credor

---

[379] *Direito civil*. São Paulo: Saraiva, 1993. v. 2, p. 211.

DIREITO DAS OBRIGAÇÕES

sub-roga-se nos direitos de haver dos demais a quota-parte de cada qual. O fiador é o exemplo clássico dessa hipótese, como também a previsão do art. 1.249, parágrafo único, do CC.

Goza deste tipo ainda o segurador que cumpre a obrigação prevista no contrato em favor do segurado.

Sobre o assunto, foi editada a Súmula 188 do STF que estipula:

> "O segurador tem ação regressiva contra o causador do dano, pelo que efetivamente pagou, até o limite previsto no contrato de seguro. "[380]

Por esse aspecto, pressupõe essencialmente a realização do débito de outrem por aquele que tinha uma obrigação qualquer de satisfazer o credor comum. Em resumo, afirma-se necessária a concorrência dos seguintes requisitos:

a) que haja pagamento;
b) que seja feito por terceiro coobrigado do débito ou possivelmente.

Em nível processual, identifica-se a existência de sub-rogação operada por efeito de penhora ocorrida em crédito ou em outros direitos patrimoniais, hipótese que se cogita quando, por exemplo, o credor-exequente obtém a constrição de um título de crédito no qual o devedor-executado figure como credor.

Assim estabelece o art. 673 do CPC (art.857 do CPC de 2015):

> "Feita a penhora em direito e ação do devedor, e não tendo este oferecido embargos, ou sendo estes rejeitados, o credor fica sub-rogado nos direitos do devedor até a concorrência do seu crédito."

No que tange à sub-rogação convencional, o art. 347 e incisos do CC trata das seguintes hipóteses:

1. Pode ser estabelecida pela vontade do próprio credor (art. 347, inciso I do CC), ou seja, acordo de vontades tão-somente entre o credor

---

[380] Cf. artigo de Wagner Barreira. Sub-rogação do segurado. *Estudos em homenagem a Orlando Gomes*. Rio de Janeiro: Forense, 1979. p. 143.

PAGAMENTO POR SUB-ROGAÇÃO

e o terceiro sendo indiferente a posição do devedor cuja anuência não é necessária. Trata-se de uma verdadeira cessão de crédito, como reconhece a doutrina, vigorando, então, o disposto no art. 348 do CC.[381]

Devem configurar-se os seguintes requisitos:

a) consentimento expresso e capacidade do credor;
b) terceiro não interessado, porque se for, a sub-rogação será legal;
c) contemporaneidade entre a sub-rogação e o pagamento. No ato do pagamento deve ser declarado que o credor originário transfere ao *solvens* todos os seus direitos inerentes ao crédito.

2. Pode resultar de pacto em função do devedor (inciso II). Nesse caso, independe da anuência do credor. Assim, este pode ser satisfeito e ao mesmo tempo o devedor fica beneficiado por razões variadas em se liberar do crédito originário. Sobre tal hipótese exige a doutrina a reunião dos seguintes elementos:[382]

a) ato de empréstimo e o da quitação devem ter data certa, atentos à certeza de a data ser imprescindível para comprovar que a estipulação e declaração foram feitas de forma conjunta;
b) empréstimo feito por terceiro devedor;
c) no ato do empréstimo declara-se que a quantia serve para pagar o débito originário (mútuo);
d) o pagamento foi feito com dinheiro originário do novo credor.

19.4. Efeitos da sub-rogação

Seja legal ou convencional, a sub-rogação transfere ao novo credor todos os direitos, ações, privilégios e garantias do primitivo em relação à dívida, contra o devedor principal e os devedores (art. 349 do CC). O direito do sub-rogado, portanto, origina-se do pagamento feito em favor do credor.

Quanto à norma do art. 350 do CC, aplica-se somente a sub-rogação legal porque na convencional tudo depende da vontade das partes que podem estipular a transferência além do que foi pago.

---

[381] CHAVES, Antonio. *Tratado de direito civil.* São Paulo: Revista dos Tribunais, 1984. t. 1, v. 2. p. 256.
[382] LOPES, Serpa. *Curso de direito civil.* Rio de Janeiro: Freitas Bastos, 1989. v. 2, p. 207.

DIREITO DAS OBRIGAÇÕES

Por fim, sendo a sub-rogação parcial, vale dizer, o credor favorecido pelo pagamento em parte, tem ele direito de preferência em relação aos bens do devedor, na cobrança do restante da dívida, caso o patrimônio seja insuficiente para saldar as obrigações (art. 351 do CC).

20.
Imputação do Pagamento

20.1. Conceito e análise

O terceiro instituto a ser apreciado, dentro da classificação anteriormente feita, é a imputação do pagamento que significa indicar, determinar qual dos pagamentos pretende-se exercer.

Trata-se de operação em que o devedor, possuindo vários débitos da mesma natureza com seu credor, escolhe qual deles pretende extinguir (art. 991). A regra é que a imputação seja feita pelo devedor.

O problema situa-se então no fato de dar destino ao pagamento feito pelo devedor quando várias são as dívidas líquidas e vencidas, da mesma natureza, e o valor do pagamento seja insuficiente para resgatar todas, mas suficiente para pagar uma ou mais de uma.

Julga-se de pouca utilidade o instituto, nada obstante a regulamentação legal e o entendimento de respeitável doutrina.[383]

20.2. Requisitos

A maioria dos doutrinadores elenca os seguintes requisitos necessários para a ocorrência da imputação:

a) pluralidade de dívidas;
b) liquidez das dívidas;

---

[383] MONTEIRO, Washington de Barros. *Curso de direito civil*. São Paulo: Saraiva, 1993. v. 4, p. 286.

DIREITO DAS OBRIGAÇÕES

c) mesma natureza – não se pode imputar, por exemplo, uma dívida financeira e outra de prestação de serviços;
d) identidade do credor e devedor;
e) suficiência do pagamento para a extinção de uma das dívidas.

Se a dívida for ilíquida ou não vencida, a imputação só será permitida com o consentimento do credor (art. 352, segunda parte).

20.3. Efeitos da imputação pelo credor

O assunto é disciplinado pelo art. 353 do CC que atribui ao credor o direito de efetuar a imputação se o devedor não exercê-lo e conferir quitação a algumas das dívidas. A presunção cede passo, isto é, deixa de existir, se o devedor provar que o direito não pôde ser exercido em razão de dolo ou violência.

E se o credor na quitação não declarar qual das dívidas imputou o pagamento? Aplicar-se-á a regra de que a dívida a que o pagamento foi imputado foi aquela que venceu em primeiro lugar. Se todas são do mesmo vencimento, então considera-se a maior.

20.4. Imputação legal

Pela regra do art. 354 do CC, a prioridade do pagamento por efeito de imputação é dos juros vencidos e depois o capital, salvo se as partes estipularem em contrário, ou o credor passar a quitação por conta do capital.

Por fim, se o devedor não fizer a indicação do art. 352, e a quitação for omissa quanto à imputação, esta se fará nas dívidas líquidas e vencidas em primeiro lugar; se as dívidas forem todas líquidas e vencidas ao mesmo tempo, a imputação far-se-á na mais onerosa, assim entendida aquela que possuir mais custos.

21.
Pagamento por Remissão

21.1. Conceito e natureza jurídica

Tem-se por remissão o último dos pagamentos indiretos no qual o modo ou a forma de execução da obrigação difere da comum. Por tal espécie, o credor nada mais faz do que renunciar a seu crédito ou perdoá-lo, total ou parcialmente, deixando de exigi-lo como se efetivamente tivesse recebido a prestação.

> "A remissão é uma renúncia gratuita do crédito, incondicionalmente manifestada pelo credor em benefício do devedor. É, pois, uma espécie de que a renúncia é o gênero."[384]

Pela letra da lei, remissão é a devolução voluntária do título da obrigação (art. 386 do CC).

Quanto a sua natureza jurídica, registra-se grande controvérsia a respeito da remissão, ora havendo autores afirmando tratar-se de ato unilateral, ora outros asseverando que o ato é bilateral.

Considerando que para perfeição e produção de efeitos exige-se da remissão a capacidade do remitente para alienar e do remido para adquirir,

---

[384] MENDONÇA, Carvalho de. *Doutrina e prática das obrigações*. Rio de Janeiro: Freitas Bastos, 1938. t. 1, p. 652.

DIREITO DAS OBRIGAÇÕES

a conclusão não pode ser outra senão por sua natureza bilateral, notadamente quando for onerosa.[385]

O CC de 2002 expressamente optou por tal orientação doutrinária ao estabelecer que "a remissão da dívida, *aceita pelo devedor*, extingue a obrigação, mas sem prejuízo de terceiro" (art. 385 – sem grifo no original).

21.2. Objeto

Só podem ser objeto de remissão direitos patrimoniais de caráter privado. Assim, atenta contra a ordem pública a renúncia ao pátrio poder ou qualquer outra relação que envolva direito de família. Não é possível também a renúncia quanto a futuro e hipotético dano extracontratual que a vítima venha a sofrer, já que um dos requisitos para justificar o dever de reparar é a atualidade.

Bem esclarece Clóvis Beviláqua ao afirmar:

> "Podem ser remitidas e renunciadas todas as obrigações atinentes a interesses próprios do credor, mas não as referentes a direitos estabelecidos mais em atenção à ordem pública e ao interesse da coletividade. O marido não pode renunciar aos direitos do cônjuge, e o pai ao seu pátrio poder."[386]

Portanto, o único limite para a remissão é o respeito ao direito de terceiros que não estejam envolvidos diretamente na relação jurídica, e obediência à ordem pública e aos bons costumes.

Na hipótese de a obrigação envolver direitos de natureza pública, por exemplo, devedor de tributo, somente com autorização legislativa, prevendo o caso especificamente, será possível a remissão.

21.3. Espécies

Admite-se a forma tácita e expressa. A primeira vem prevista no art. 386 do CC. Trata da devolução voluntária do título da obrigação e, quando constituída por escrito particular, prova a desoneração do devedor e de seus coobrigados (cf. art. 333 do CC). Frise-se que a remissão nunca pode ser presumida, devendo decorrer inequivocamente da vontade de quem de direito. A forma expressa ocorre por meio de manifestação formal,

---

[385] BEVILÁQUA, Clóvis. *Direito das obrigações*. Rio de Janeiro: Freitas Bastos, 1954. p. 119.
[386] *Direito das obrigações*. p. 119.

instrumento público ou particular, em que o remitente manifesta a intenção de exonerar o remido. Tanto pode ser *inter vivos* ou *mortis causa*.

21.4. Renúncia à garantia real

Cuida do assunto o art. 387 do CC deixando expresso que a restituição do objeto empenhado – aquele que serve de garantia para o cumprimento da obrigação – prova a renúncia do credor em relação à garantia real, mas não a extinção da dívida.

Com efeito, não se pode propriamente afirmar que por tal maneira houve remissão de dívida se o próprio artigo determina sua subsistência. Em verdade, a *ratio* impõe concluir que a renúncia refere-se somente à garantia que é o acessório da dívida principal.

21.5. Efeitos

O primeiro e principal efeito da remissão consiste em desonerar o devedor da obrigação, desde que de sua parte não haja oposição, daí o caráter bilateral. Caso exista a intenção de efetuar o pagamento, nada obstante o perdão manifestado, o devedor deverá valer-se do pagamento por consignação em qualquer das formas admitidas pela lei.

É possível que a obrigação seja composta por mais de um devedor; fala-se especificamente no caso de solidariedade passiva.

O art. 388 permite que o credor perdoe parte da dívida correspondente a um dos co-devedores. Permanecendo a solidariedade perante os outros, somente pode cobrar o restante da dívida deduzindo a parte remitida. É a aplicação específica do que genericamente vem disciplinado nos arts. 269, 277 e 282 do CC, já comentados no capítulo próprio.

22.
Dação em Pagamento

22.1. Conceito e análise

Coerente com a classificação já referida, de agora em diante serão apreciadas as formas indiretas de pagamento onde há alteração do vínculo obrigacional. A primeira delas, dação em pagamento.

Há casos em que a obrigação tem por objeto a prestação de certa quantia em dinheiro ou consista em corpo certo, mas em vez de o devedor efetuar o pagamento da forma estipulada, resolve executar a obrigação entregando uma coisa. O credor poderá ou não aceitar. Invoca-se sobre o assunto a regra prevista no art. 313 do CC segundo a qual "o credor não é obrigado a receber prestação diversa da que lhe é devida, ainda que mais valiosa".

De fato, pode-se afirmar que o instituto da dação em pagamento é uma exceção a esta disposição legal, notadamente porque a execução da obrigação não é realizada da forma originalmente estipulada.

Portanto, não se considera propriamente pagamento, pois seu mecanismo envolve a entrega de uma coisa em substituição à outra por meio de acordo liberatório. Daí chamá-la Teixeira de Freitas "pagamento por entrega de bens".

> "É ele, assim, modalidade de pagamento, contrato liberatório em que o sujeito ativo da obrigação consente em receber aliud pro alio."[387]

---

[387] NONATO, Orozimbo. *Curso de obrigações*. Rio de Janeiro: Forense, Jurídica e Universitária, 1971. p. 124.

DIREITO DAS OBRIGAÇÕES

22.2. Requisitos

Em decorrência do próprio funcionamento da dação em pagamento, impõe-se considerar nesse tópico os requisitos essenciais para sua configuração, ressaltando-se que a proposta de alteração da forma original para cumprimento da obrigação, com a entrega de determinada coisa, pode partir tanto do devedor (é o mais comum) como do credor, já que nesse aspecto impera a autonomia da vontade entre as partes. Os requisitos são:

a) por primeiro, necessita-se do *animus solvendi*, pois trata-se de "entrega feita pelo devedor ao credor de coisa dada com ânimo de efetuar o pagamento";[388]

b) concordância do credor. A manifestação de vontade do credor é essencial para perfeição da dação, posto que não é obrigado a alterar o plano obrigacional convencionado originalmente;

c) capacidade das partes. Tratando-se de negócio jurídico, aplicam-se as regras gerais sobre a capacidade para contrair direitos e obrigações;

d) diversidade entre a prestação devida e a oferecida em substituição. É da essência da dação a alteração do objeto, de vez que por ela extingue-se a obrigação anterior com a entrega em substituição de outra coisa que não dinheiro. Por tal aspecto, impossível a ocorrência da dação se a prestação fosse da mesma espécie. Essa diferença pode manifestar-se, por exemplo, substituindo uma coisa móvel (veículo) por uma imóvel (lote de terreno).

Note-se que, em relação à nova redação (art. 356 – em comparação ao direito anterior – art. 995), não foi excluída a impossibilidade de ocorrer dação em pagamento tendo por objeto dinheiro, pois pela própria noção do instituto restaria descaracterizado o efeito decorrente se fosse admitida a substituição por dinheiro.

22.3. Objeto

Para configuração da dação em pagamento, impõe-se que o objeto dado em substituição da prestação anterior seja diverso. Assim, o conteúdo tanto pode ser a entrega de uma coisa (art. 357) como a transferência de um título de crédito (art. 358).

---

[388] MONTEIRO, Washington de Barros. *Curso de direito civil*. São Paulo: Saraiva, 1993. v. 4, p. 291.

DAÇÃO EM PAGAMENTO

Quanto à primeira forma, uma vez determinado o preço da coisa, as relações entre as partes regular-se-ão pelas normas não só do contrato de compra e venda, inclusive quanto à aplicação do instituto da evicção (art. 359), como também do vício redibitório, garantias ínsitas em todo contrato translativo da propriedade.

O Código nessas disposições deixa bem claro que a dação em pagamento se equipara a compra e venda de bem imóvel, desde que o preço seja determinado.

Adverte sobre o assunto Caio Mário, afirmando que se trata de mera equiparação e não identidade,[389] pois como nos informa Lacerda de Almeida, "há, todavia, diferenças grandes entre a compra e venda e a dação in solutum, como assinala Planiol, II, 555. Assim, no caso da não-existência da dívida que motivou o pagamento: se é venda, não deixa de subsistir a transferência da propriedade, mas o preço é exigível, uma vez que não regulado por compensação. Se é dação *in solutum*, a dação fica sem causa e é a própria coisa que pode ser repetida. A compra e venda é um contrato consensual; a dação *in solutum* um contrato real (*re contrahitur obligatio*), o qual não subsiste sem a entrega da coisa".[390]

Logo, e no pressuposto de que a dação tem efeito liberatório do devedor, se a coisa dada em pagamento sofrer evicção,[391] restabelecer-se-á a obrigação primitiva, ficando sem efeito a quitação dada, vale dizer, é como se não tivessem as partes realizado nenhuma dação em pagamento, dada a atribuição do domínio da coisa em favor de terceiro que a litigava com o devedor. Note-se, com base na doutrina, que "(...) não importa se a evicção é parcial ou total. A dação em pagamento implica substituição da prestação original por outra. Se a prestação substituta se perde, ainda que parcialmente, não há substituição, incidindo o art. 359 do Código Civil e seu efeito típico de restabelecimento da obrigação primitiva. " (MIRAGEM, Bruno. Op. cit. p.425).

---

[389] *Instituições de direito civil*. Rio de Janeiro: Forense, 1994. v. 2, p. 156.

[390] *Dos efeitos das obrigações*. Rio de Janeiro: Freitas Bastos, 1934. p. 250-251.

[391] Consoante clássica definição de Clóvis Beviláqua (*Direito das obrigações*. Rio de Janeiro: Freitas Bastos, 1954. p. 148) "consiste na perda, total ou parcial, da posse de uma coisa, em virtude de sentença que a garante a alguém que a ela tinha direito anterior".

No entanto, há exceção quando houver fiador da obrigação que se extinguirá pela dação em pagamento. A fiança não se restabelece conforme prevê o art. 838, inciso III, do CC.

Se o objeto da dação for um título de crédito, aplicam-se as normas da cessão de crédito (cf. arts. 286 a 298), caso em que, entende a doutrina, trata-se de novação subjetiva, instituto que será estudado no próximo capítulo.[392]

Por fim, menciona-se a título de ilustração que a dação em pagamento e a novação não se confundem, notadamente considerando-se os requisitos próprios de cada instituto.

---

[392] NONATO, Orozimbo. *Curso de obrigações.* Op. cit. p. 147.

23.
Da Novação

23.1. Conceito e análise

Cuida o presente instituto da segunda forma de pagamento em que há alteração do vínculo obrigacional.

Representa uma das formas de extinção da obrigação sem pagamento porque constitui-se nova obrigação em substituição a anterior que fica extinta. Pode-se então afirmar que é simultaneamente causa extintiva e geradora de obrigações.

Conforme nos informa Mario Júlio de Almeida Costa, "a novação pode--se definir como a extinção de uma obrigação em virtude da constituição de uma obrigação nova que vem ocupar o lugar da primeira".[393]

Por meio dela, não se extingue uma obrigação preexistente para iniciar outra nova, mas cria-se nova obrigação para extinguir a antiga.[394] Por exemplo: João prometeu entregar a Pedro 20 sacas de milho em determinada data. Não podendo cumprir o estipulado, propõe a Pedro a criação de nova obrigação que substituirá a anterior na qual entregará 30 sacas de feijão.

23.2. Requisitos

Diante da natureza peculiar que envolve a extinção da obrigação por meio da novação, sua configuração impõe a reunião dos seguintes requisitos:

---

[393] *Direito das obrigações.* Coimbra: Almedina, 1979. p. 806.
[394] ALMEIDA, Lacerda de. *Dos efeitos das obrigações.* Rio de Janeiro: Freitas Bastos, 1934. p. 255.

DIREITO DAS OBRIGAÇÕES

a) existência de uma obrigação anterior válida, que passa a ser extinta com a constituição de uma nova que a substitui;

b) criação de nova obrigação (*aliquid novi*) igualmente válida que extinga e substitua a anterior – razão lógica em função de o crédito primitivo ser objeto de renúncia pelo credor;

c) capacidade das partes que a realizam, envolvendo tanto a obrigação extinta quanto a que se constitui;

d) o último requisito da novação é o consentimento das partes que importa no *animus novandi*, manifestado de forma clara e inequívoca, pois não se presume, muito embora possa ser expressa ou tácita. A importância deste requisito vem bem demonstrada pelo art. 361 do CC, que preceitua:

"Não havendo ânimo de novar, expresso ou tácito mas inequívoco a segunda obrigação confirma simplesmente a primeira."

23.3. Espécies

A novação pode ser objetiva ou real (art. 360, inciso I) ou subjetiva (art. cit. incisos II e III) a qual comporta as subespécies passiva e ativa, respectivamente. Na primeira, a substituição da obrigação ocorre em relação às mesmas partes, mas há alteração da prestação. Pela novação subjetiva, a prestação continua inalterada, mas os sujeitos são substituídos.

Ainda que não prevista em lei, a doutrina identifica uma terceira espécie de novação chamada "mista", na qual a operação típica da novação integre tanto seu objeto quanto ao menos em relação a um dos sujeitos, (MIRAGEM, Bruno. Op. cit. p.437).

Passa-se a apreciar cada uma delas.

Consoante o artigo referido, inciso I, dá-se a novação quando o devedor contrai com o credor nova dívida, para extinguir e substituir a anterior, pois, ao lado dos requisitos, opera-se a transformação contratual entre as mesmas partes anteriormente vinculadas de uma obrigação em outra. Assim, exemplifica-se a hipótese em que Caio, na data do vencimento, pede a Tício que a devolução de um automóvel seja substituída pelo correspondente em dinheiro.

A outra espécie de novação é a chamada subjetiva passiva, que decorre da mudança do devedor. Nesse caso, a substituição pode ser feita com seu consentimento indicando o novo devedor, terceiro que irá ocupar seu

DA NOVAÇÃO

lugar; e pode também ser feita a substituição do devedor por um terceiro, sem que o devedor saiba e consinta, simplesmente quando um terceiro surge e se propõe ocupar sua posição com a concordância do credor. No primeiro caso (a substituição com consentimento do devedor), fala-se em delegação, pois exige-se o consentimento do credor (delegatário), que, entretanto, pode ser dado posteriormente à declaração de vontade do devedor (delegante), considerando ainda o delegado (novo devedor).[395] Quanto à segunda hipótese (a substituição sem consentimento), afirma-se tratar-se da chamada expromissão prevista no art. 362 do CC. Ocorre "quando um terceiro se apresenta espontâneo ao credor para liberar o antigo devedor, substituindo-o".[396]

Em relação à novação subjetiva ativa, seu mecanismo consiste na mudança do credor, em substituição ao anterior, ficando o devedor quite com este. Aproxima-se da cessão de crédito, mas com ela não se confunde, pois pressupõe o consentimento do devedor para sua perfeição.

23.4. Novação em relação às obrigações anteriores

Considerando que a função da novação é extinguir a obrigação primitiva, que fica substituída por uma nova, é possível que ocorra em relação às obrigações naturais, desde que não se originem de causa ilícita, não sendo válida, porém, em se tratando de obrigações nulas ou extintas (art. 367).

Na hipótese de a obrigação ser nula, fica vedada a novação, pois algo que não produziu efeitos não pode ser passível de ratificação ou substituição, notadamente considerando que aquele ato nem chegou a se formar.

Se for obrigação meramente anulável, admite-se seja confirmada, desde que o motivo daquela anulabilidade seja conhecido pelas partes, a ponto de afastar o motivo no momento da novação.

Com relação às dívidas prescritas, a doutrina majoritária admite a possibilidade de novação, isto porque, ainda que a obrigação esteja destituída de poder coercitivo, o credor não poderá cobrá-la em juízo, o que confirma a idéia de sua natureza estar associada a um vínculo natural; o CC não

---

[395] NONATO, Orozimbo. *Curso de obrigações.* 3ª parte. Rio de Janeiro: Jurídica e Universitária, 1971. p. 173.

[396] LOPES, Serpa. *Curso de direito civil.* Rio de Janeiro: Freitas Bastos, 1989. v. 2. p. 237.

DIREITO DAS OBRIGAÇÕES

impede o cumprimento de obrigação prescrita, possibilitando-se inclusive que o prazo prescricional seja objeto de renúncia.[397]

Por fim, cuidando-se de obrigação condicional, impõe-se que o evento já tenha ocorrido, no caso de condição suspensiva, ou que não o tenha, se for condição resolutiva.

23.5. Efeitos da novação

O principal efeito é extinguir a obrigação anterior, que fica substituída por uma nova; por isso que se afirma tratar-se de pagamento indireto.

Pothier bem esclarece:

> "O efeito da novação consiste em que a primeira dívida fica extinta da mesma maneira que ficaria por um pagamento real e efetivo."[398]

Identificam-se outros efeitos secundários conforme a situação envolva insolvência do novo devedor, existência de acessórios ou garantias da dívida ou obrigação solidária.

Estipula o art. 363 do CC que, se o novo devedor for insolvente, o credor que o aceitou não poderá mover ação regressiva contra o primeiro. O credor, ao liberar o devedor antigo, tratando-se de expromissão, não poderá dele reclamar a dívida em razão do caráter extintivo da novação em face da obrigação anterior. A exceção a esta regra refere-se à ocorrência de má-fé por parte do primitivo devedor, tudo para evitar-se o enriquecimento indevido, sendo necessário que o credor não tenha conhecimento da situação provável de insolvência do novo devedor, o que impediria qualquer ação contra aquele.[399]

Adiante, pela regra do art. 364, a novação extingue, salvo estipulação em contrário, os acessórios e garantias da dívida.

No caso do terceiro a quem pertencerem os bens dados em garantia (diga-se tanto hipoteca, anticrese ou penhor), estes não integrarão o ato jurídico se não consentirem em gravá-los, assegurando o cumprimento

---

[397] Sobre o assunto, VIANA, Rui Geraldo Camargo. *A novação*. São Paulo: Revista dos Tribunais, 1979. p. 22-23.

[398] *Tratado das obrigações*. Buenos Aires: Heliastra R. S. L., s.d. p. 371.

[399] SANTOS, J. M. de Carvalho. *Código civil brasileiro interpretado*. Rio de Janeiro: Freitas Bastos, 1951. p. 195.

DA NOVAÇÃO

da obrigação. Neste caso, não tem nenhum valor o credor fazer a ressalva no ato da novação. Em outras palavras, somente com a concordância do terceiro permite-se que seus bens dados em garantia integrem a nova relação por efeito da novação.

Se a obrigação for solidária, e operando-se a novação entre um dos devedores e o credor comum, somente os bens daquele serão vinculados para fins de garantia em relação à nova obrigação, ficando, naturalmente, exonerados os outros devedores porque não participaram do ato (art. 365, parágrafo único).

A mesma razão envolve a ocorrência de novação em que o fiador dela não participou, importando, salvo disposição em que o próprio consinta, em exoneração.

Quanto ao assunto, interessante questão refere-se à obrigação de pagar aluguel que foi novada por notas promissórias representativas daquele valor. Reconheceu o 1º Tribunal de Alçada Civil, por sua 3ª Câmara, que nos termos do art. 999, I (atual art. 360, I), c.c. o art. 1.006 (atual art. 366) do CC, a novação assim realizada importa na exoneração do fiador quanto ao contrato celebrado entre locador e locatário.[400]

Em situações específicas, decorrentes da aplicação da Lei de Recuperação Judicial, tem reconhecido a jurisprudência que a aprovação do plano de recuperação judicial não configura novação da dívida em relação aos coobrigados, pois embora o artigo 59 da Lei nº 11.101/05 prescreva que o plano de recuperação judicial "implica novação dos créditos anteriores ao pedido, e obriga o devedor e todos os credores a ele sujeitos, sem prejuízo das garantias, observado o disposto no §1º do art. 50 desta Lei", tal novação não se confunde com a prevista no Código Civil.

Nesse sentido, a jurisprudência do Superior Tribunal de Justiça:

"DIREITO EMPRESARIAL. RECUPERAÇÃO JUDICIAL. APROVAÇÃO DO PLANO. NOVAÇÃO. EXECUÇÕES INDIVIDUAIS AJUIZADAS CONTRA A RECUPERANDA. EXTINÇÃO. 1. A novação resultante da concessão da recuperação judicial após aprovado o plano em assembleia é sui generis, e as execuções individuais ajuizadas contra a própria devedora devem ser extintas, e não apenas suspensas. 2. Isso porque, caso haja inadimplemento da obrigação assumida por ocasião da aprovação do plano, abrem-se três possibilidades: (a) se o inadimplemento ocorrer durante os 2 (dois)

---

[400] Cf. julgado inserto na *RT* 480/132.

DIREITO DAS OBRIGAÇÕES

anos a que se refere o caput do art. 61 da Lei n. 11.101/2005, o juiz deve convolar a recuperação em falência; (b) se o descumprimento ocorrer depois de escoado o prazo de 2 (dois) anos, qualquer credor poderá pedir a execução específica assumida no plano de recuperação; ou (c) requerer a falência com base no art. 94 da Lei. 3. Com efeito, não há possibilidade de a execução individual de crédito constante no plano de recuperação – antes suspensa – prosseguir no juízo comum, mesmo que haja inadimplemento posterior, porquanto, nessa hipótese, se executa a obrigação específica constante no novo título judicial ou a falência é decretada, caso em que o credor, igualmente, deverá habilitar seu crédito no juízo universal. 4. Recurso especial provido."

(REsp 1272697/DF, Rel. Ministro LUIS FELIPE SALOMÃO, QUARTA TURMA, julgado em 02/06/2015)"

24.
Da Compensação

24.1. Generalidades, conceito e natureza jurídica

A compensação é instituto originário do Direito Romano e desenvolveu-se por todos os períodos do direito até assumir seus contornos atuais pelos Direitos francês e alemão.

O CC brasileiro consoante a redação do art. 368 acolheu a concepção francesa como modo de extinção das obrigações recíprocas de pleno direito, isto é, *ex vi legis*, desde que se verificar a concorrência de dois créditos dotados dos requisitos previstos em lei, independentemente de qualquer pedido feito por seus titulares.

Nessa linha, a compensação tem aplicação genérica para todos os tipos de créditos e débitos, ressalvados os casos previstos em lei, tendo ela como fundamento, no entender de alguns, a equidade, e, segundo outros, razões de ordem prática.

Portanto, por compensação pode-se entender a forma indireta de extinção das obrigações de forma recíproca, isto é, duas obrigações existentes em sentido inverso entre as mesmas pessoas (credor e devedor) extinguem-se até o montante menor.

Bem nos confere o entendimento do instituto a letra do CC que em seu art. 368 estabelece a definição por seu efeito, já que

> "se duas ou mais pessoas forem ao mesmo tempo credor e devedor uma da outra, as duas obrigações extinguem-se, até onde se compensarem".

Como nos informa Arnoldo Wald,

"é um instituto baseado na equidade e que se reveste de especial importância econômica em nossos dias, especialmente no campo do direito bancário, pela compensação realizada entre os estabelecimentos de crédito por intermédio das clearing houses, ou câmaras de compensação".[401]

Nada obstante a divergência quanto à natureza jurídica da compensação, alguns autores entendem tratar-se de pagamento fictício e outros, de forma idêntica de confusão. No entanto, mais aceitável é o posicionamento segundo o qual envolve uma forma singular de extinção das obrigações, diante da reciprocidade de débitos e créditos.

24.2. Espécies

A doutrina manifesta-se pela existência de três espécies distintas, quais sejam: legal, voluntária e judicial.

A primeira é determinada por lei, regulada pelo próprio Código. Opera-se de pleno direito, mas não se dispensa a necessidade de ser alegada pelas partes para conhecimento do juiz (art. 219, § 5º, do CPC de 1973).[402]

A segunda (voluntária) pressupõe a convenção das partes de modo a afastar a aplicação daquela efetuada de forma legal que exige certos requisitos, como compensar dívidas diferentes, como dinheiro por um veículo, e que ao mesmo tempo não estejam vencidas.

A compensação judicial regula-se pelo pronunciamento judicial em que reconhece na sentença a existência de reciprocidade de débitos e créditos entre o autor e o réu. Em geral é exercida pela defesa apresentada pelo réu,

---

[401] *Obrigações e contratos.* São Paulo: Revista dos Tribunais, 1990. p. 97.

[402] De acordo com o novo CPC, o juiz só pode reconhecer a prescrição de ofício antes da citação. "Art. 332. Nas causas que dispensem a fase instrutória, o juiz, independentemente da citação do réu, julgará liminarmente improcedente o pedido que contrariar: [...]
§ 1º O juiz também poderá julgar liminarmente improcedente o pedido se verificar, desde logo, a ocorrência de decadência ou de prescrição."
Isso porque, de acordo com o art. 487, parágrafo único, do novo CPC:
"Parágrafo único. Ressalvada a hipótese do § 1º do art. 332, a prescrição e a decadência não serão reconhecidas sem que antes seja dada às partes oportunidade de manifestar-se."
E o art. 921, §5º, do novo CPC [processo de execução, prescrição intercorrente]:
"§ 5º O juiz, depois de ouvidas as partes, no prazo de 15 (quinze) dias, poderá, de ofício, reconhecer a prescrição de que trata o § 4º e extinguir o processo."

DA COMPENSAÇÃO

tanto que se reconhecida a compensação de forma parcial a consequência será o acolhimento em parte da pretensão deduzida pelo autor.

Deve ser esclarecido que a compensação e a reconvenção, instituto de direito processual no qual o réu da ação exerce pedido em face do autor na mesma relação processual[403] ou "contra-ataque do réu contra o autor, invertendo-se, no mesmo processo, a posição das partes",[404] não se confundem.

É bem verdade que eminentes doutrinadores, entre os quais Limongi França e Álvaro Villaça Azevedo, equiparam os dois institutos, aspecto que também segue a jurisprudência do STF (cf. *RT* 526/232). Como bem esclarece Clito Fornaciari Júnior, que após distinguir as hipóteses nas quais há compensação sem reconvenção e reconvenção sem compensação, o réu nada pede em face do autor quando alega em contestação a existência daquela forma extintiva da obrigação que

"é aplicável somente em matéria patrimonial, diversamente do que se dá com a reconvenção, cuja incidência poderá ocorrer até mesmo em processo onde se discute direito de família".[405]

24.3. Requisitos

De início deve ser feita distinção entre os requisitos comuns, aplicáveis aos casos de compensação legal e judicial, e os específicos incidentes somente para a compensação convencional que diante da possibilidade de livre disposição dos interesses das partes, desde que estejam envolvidos direitos patrimoniais, somente com a apreciação do caso concreto é que se pode vislumbrar a presença de determinados requisitos.

Impõe-se, portanto, a reunião dos seguintes requisitos para sua configuração:

a) reciprocidade dos créditos – somente com a existência de duas pessoas (credor e devedor), pode-se admitir a ocorrência de compensação,

---

[403] ALVIM, Arruda. *Manual de direito processual civil.* São Paulo: Revista dos Tribunais, 1994. v. 2, p. 184.

[404] LIMA, Alcides de Mendonça. *Dicionário do código de processo civil.* São Paulo: Revista dos Tribunais, 1994. p. 499.

[405] *Da reconvenção no direito processual civil brasileiro.* São Paulo: Saraiva, 1983. p. 34-37.

exatamente como prevê o art. 368 do CC quando afirma: "Se duas pessoas forem ao mesmo tempo credor e devedor uma da outra..." Dessa noção, podem-se derivar duas conclusões: 1ª) a compensação só extingue as obrigações entre as partes diretamente envolvidas, com exclusão de terceiros (art. 376). Por exemplo: Tício deve a Caio, o qual se obriga perante a Tício em nome de Pedro. Assim, pelo citado dispositivo, Caio, sendo credor de Tício, não poderá compensar o que lhe deve para resolver a dívida de Pedro; 2ª) a compensação promove a extinção de uma parte contra a outra, e não créditos de terceiro (art. 371);

b) certeza (não depende de qualquer condição ou cláusula para a configuração de sua existência), liquidez (é a obrigação certa quanto a sua existência e determinada quanto a seu objeto) e exigibilidade (quando se verifica o vencimento da obrigação) dos créditos envolvidos na compensação (art. 369);

c) homogeneidade das prestações devidas – compreende-se tal requisito com base na fungibilidade do objeto das obrigações. Prescreve a lei que a compensação só pode ocorrer entre dívidas de coisas fungíveis da mesma natureza (art. 369). Assim, *v. g.*, inviável a compensação entre sal e madeira. Sobre o assunto, bem se posiciona a doutrina ao esclarecer: "Essencial é que, tratando de coisas fungíveis da mesma natureza (diferentes de dinheiro), haja entre as prestações devidas a necessária *homogeneidade*: que não haja diferença relevante de *qualidade* entre elas (art. 1.011, atual 370)",[406] observando que, diversamente do CC revogado, não mais prevê a impossibilidade de compensação entre as prestações de coisas incertas, quando a escolha pertencer aos dois credores, ou a um deles como devedor de uma das obrigações e credor da outra.

24.4. Objeto e limites da compensação

O capítulo referente à compensação não faz qualquer referência quanto ao objeto das dívidas compensáveis, mas é intuitivo que a ocorrência só pode verificar-se com relação a direitos patrimoniais disponíveis (especialmente no que se refere à compensação legal), aspecto que interfere no problema da causa de uma das dívidas cuja abordagem será feita adiante.

---

[406] Varela, J. M. Antunes. *Direito das obrigações*. Rio de Janeiro: Forense, 1978. v. 2, p. 233.

DA COMPENSAÇÃO

Pela regra do art. 371, a compensação opera-se somente entre credor e devedor com dívidas recíprocas. A extinção da obrigação pode ocorrer de forma parcial ou integral até onde se compensarem.

A segunda parte do artigo prevê hipótese excepcional, afastando-se a necessidade de reciprocidade das dívidas, pois o fiador pode compensar sua dívida com a de seu credor ao afiançado, isto é, permite a lei a compensação "do débito do fiador com o do credor junto ao afiançado".[407]

Por tal efeito, afasta-se a necessidade do fiador que tenha de receber do afiançado o que este pagou ao credor, já que este também tem dívidas para com o afiançado (devedor).

Por outro lado, o art. 372, assumindo postura interpretativa, estabelece que "os prazos a favor, embora consagrados pelo uso geral, não obstam a compensação".

Normalmente, conforme já visto quando tratamos das condições objetivas do pagamento, o prazo é instituído em favor do devedor; "prazos a favor" são aqueles concedidos por benefício do credor. Logo, mesmo que haja a consagração de usos referentes a concessão de prazos benéficos, o fato não impedirá que ocorra a compensação na exata medida em que, desaparecendo sua razão de ser, estará o devedor apto a satisfazer ao crédito pela reciprocidade do débito.

Também haverá limite na compensação se uma das dívidas apresentar diferença de causa nas hipóteses legais descritas (art. 373 e incisos).

Observe-se que a regra é a de possibilitar a compensação, tanto que, pela dicção legal, "a diferença de causa nas dívidas não impede a compensação (...), exceto nos seguintes casos a seguir comentados".

Com efeito, se uma das dívidas provier de esbulho, furto ou roubo, há uma causa ilícita que desautoriza a compensação com outra dívida, observando que o caráter restrito do dispositivo legal (art. 373, I) não admite analogia com outras hipóteses.

Em se tratando de comodato ou depósito, a razão da impossibilidade de se compensar decorre da infungibilidade das prestações pela necessidade de devolução da coisa determinada, aspecto ínsito dos contratos em questão.

O último inciso é complementado com a menção de que, se uma das dívidas provier de alimentos, restrição que atende à própria natureza da

---

[407] AZEVEDO, Álvaro Villaça. *Teoria geral das obrigações*. São Paulo: Revista dos Tribunais, 1990. p. 183.

DIREITO DAS OBRIGAÇÕES

dívida voltada às necessidades primárias do credor, não pode ser privado do recebimento da pensão a pretexto de possuir uma dívida com seu credor.

Ainda, restringe-se a compensação quando uma das dívidas for de coisa não suscetível de penhora, na exata razão em que coisas impenhoráveis estão fora do comércio (sobre a hipótese, cf. art. art.833 do novo CPC).

Em seguida, disciplinando a compensação de dívidas fiscais ou parafiscais, o novo CC manda aplicar todas as regras do capítulo ora sob comento (art. 374). No entanto, antes mesmo da plena vigência do texto legal, o Poder Executivo editou a Medida Provisória nº 104, de 9 de janeiro de 2003, revogando o citado dispositivo. Observe-se, porém, que o art. 170 do CTN continua em vigor.

A compensação também não ocorrerá quando as partes a excluírem por mútuo acordo ou no caso de renúncia prévia de uma delas (art. 375), aspecto este que envolve ato unilateral a impedir futura invocação do instituto.

Outro limite é verificado em se tratando de obrigação solidária, pois a compensação só tem efeito entre o credor e o que o coobrigado lhe dever até o equivalente na dívida comum. Assim, pode o devedor solidário ao pagar a dívida toda compensar junto ao credor o valor que este deve a um dos coobrigados, reduzindo até o equivalente da dívida do credor para com aquele.

Em seguida, estabelece o art. 377:

"o devedor que, notificado, nada opõe à cessão, que o credor faz a terceiros, dos seus direitos, não pode opor ao cessionário a compensação, que antes da cessão teria podido opor ao cedente. Se, porém, a cessão lhe não tiver sido notificada, poderá opor ao cessionário compensação do crédito que antes tinha contra o cedente".

Pela cessão de crédito opera-se verdadeira transmissão de bens, direitos ou ações de um titular (cedente) que transfere ao cessionário as mesmas condições de gozo e fruição que tinha em relação àqueles interesses.

O artigo impõe a ciência ao devedor de que seu credor efetuou a cessão. Desde que tomando conhecimento permaneça inerte, entende-se que renunciou a um possível direito de pleitear a compensação com seu credor na época oportuna da liquidação da obrigação. Logo, o cessionário receberá integralmente seu crédito sem nenhum direito de compensação por parte do devedor que se omitiu. A segunda parte é mera consequência

DA COMPENSAÇÃO

em desfavor do credor (cedente) que não realiza aquela notificação, caso em que poderá opor ao cessionário a compensação.

Em se tratando de pagamento a ser realizado em praças diversas, a compensação só ocorre uma vez, deduzidas as despesas necessárias à operação (art. 378).

O artigo seguinte (379) manda aplicar a imputação do pagamento se for a mesma pessoa obrigada por várias dívidas compensadas. Sobre esta forma indireta de pagamento reportamos o leitor ao capítulo referente ao assunto.

Por último, tem-se como inadmissível a compensação quando direitos de terceiros possam ser por ela atingidos. Mas o devedor, que se tornou credor de seu credor, depois de penhorado o crédito deste, não pode opor ao exequente a compensação de que contra o próprio credor disporia (art. 380).[408]

A regra disciplina a hipótese de o crédito tornar-se indisponível pela ocorrência de penhora, isto é, a afetação processual impossibilita a compensação que antes seria possível não fosse a penhora.

---

[408] CHAVES, Antonio. *Tratado de direito civil.* São Paulo: Revista dos Tribunais, 1984. t. 1, p. 295.

25.
Da Confusão

25.1. Conceito e pressupostos

A confusão é a última das espécies de extinção das obrigações considerando o pagamento pela alteração do vínculo obrigacional. Seu conceito pode ser tirado da própria letra da lei, porquanto "extingue-se a obrigação, desde que na mesma pessoa se confundam as qualidades de credor e devedor" (art. 381).

Desde que haja reunião na mesma pessoa das qualidades de credor e devedor, a consequência lógica é impor a extinção da obrigação, pois o credor não pode cobrar de si mesmo. Por assim dizer, o crédito resta neutralizado em razão daquela reunião.

Pressupõe a confusão, existência de um credor e devedor, pessoas distintas, já que da unificação de ambos é que ocorrerá a extinção das obrigações. Trata-se de peculiaridade no caso, já que em todas as outras formas de extinção das obrigações destacam-se posições antagônicas pela regra geral de que o credor busca em relação a devedor a satisfação de seu crédito.

25.2. Espécies e fontes

O art. 382 do CC possibilita a confusão parcial ou total da obrigação. É o próprio princípio segundo o qual impossível conciliar a condição de credor e devedor na mesma pessoa. Portanto, desde que se verifique unidade total, ou parcial, dos débitos e créditos, haverá extinção da obrigação até aquele limite.

DIREITO DAS OBRIGAÇÕES

Limongi França bem aponta os casos nos quais a confusão pode ocorrer, ou seja, herança, quando o credor herda do devedor ou este daquele legado, cessão de crédito, na qual o próprio cessionário adquire seu débito, ou nos casos de sociedade universal.

Já decidiu o Tribunal de Justiça de São Paulo:

"Tornando-se único interessado na herança o herdeiro que adquire os direitos dos demais, cabe-lhe o direito de pedir adjudicação compulsória independentemente de pagamento de imposto inter vivos, embora credor do espólio, uma vez que extinta ficou a obrigação nos termos do art. 1.049 do CC (atual art. 381)."[409]

25.3. Efeitos

O primeiro e principal já vem previsto no art. 381 do CC. O secundário, decorrente de obrigação solidária, só impõe a extinção da obrigação até a concorrência da respectiva parte no crédito, subsistindo quanto ao mais (o restante) a solidariedade.

Cessando a confusão em razão de causa transitória ou porque foi ineficaz, impõe-se que todos os acessórios fiquem restabelecidos (art. 384).

A razão desta disposição bem esclarece Carvalho de Mendonça:

"a confusão apenas paralisa a ação que não podia ser exercida; se, pois, essa impossibilidade desaparecer por qualquer motivo, é lógico que o credor não pode perder o direito de haver seu crédito".[410]

Por fim, em nível processual, verificando-se a existência de confusão, o juiz deverá adotar a norma do art. 267, X, do CPC de 1973 (julgamento de extinção do processo sem apreciação do mérito).[411]

---

[409] Cf. julgado inserto na *RT* 183/335.

[410] *Doutrina e prática das obrigações*. Rio de Janeiro: Freitas Bastos, 1938. t. 1, nº 406.

[411] O art. 267 do CPC agora corresponde ao 485, do novo código, e neste dispositivo não parece haver disposição específica para extinção em caso de confusão entre autor e réu. O inciso X do art. 485 do novo CPC estabelece a extinção *"X – nos demais casos prescritos neste Código."*

26.
Perdas e Danos e Juros

26.1. Perdas e danos

Uma vez caracterizado o descumprimento da obrigação, de tal forma que o credor já não tenha mais interesse da prestação original, dada a perda de sua utilidade, seu direito de crédito fica violado, notadamente porque o plano obrigacional a ser cumprido pelo devedor não foi observado. Decorrência dos prejuízos pela violação do direito do credor são as perdas e danos.

A indenização pelas perdas e danos tem por objetivo recompor o direito do credor até onde seja possível, diante da diminuição patrimonial por ele sofrida e, para que seja considerado proporcional e razoável, deve ser certo, direto, imputável e violador de um interesse juridicamente tutelado, assim entendido o âmbito de proteção não definido de forma positiva, mas negativamente, vale dizer, em princípio qualquer interesse é objeto de cautela, a menos que resulte ilegítimo.[412]

Bem a respeito, a doutrina pontifica que "as diversas concessões do dano, que a experiência jurídica conhece, movem por um dado comum: tal noção (como aquela, estritamente correlata, por ressarcimento) atem-se a tutela por apresentar nos confrontos de um acontecimento já concluso,

---

[412] BOURIE, Enrique Barros. *Tratado de responsabilidad extracontratual*. Santiago: Editorial Juridica de Chile, 2010, p. 223.

DIREITO DAS OBRIGAÇÕES

ao objetivo de eliminar as consequências desfavoráveis que são produzidas por um determinado sujeito (justamente o 'lesado').[413]

Não se ignore, outrossim, que regra geral, havendo inadimplemento da obrigação contratual, o dano será em regra de natureza patrimonial, nada impedindo, conforme o caso concreto, a ocorrência de dano moral.

É o que se extrai do voto proferido pela Ministra Nancy Andrighi, no julgamento do Recurso Especial nº 1.025.665/RJ:

> "conquanto a jurisprudência do STJ seja no sentido de que o mero inadimplemento contratual não ocasiona danos morais, tal entendimento, todavia, deve ser excepcionado nas hipóteses em que da própria descrição das circunstâncias que perfazem o ilícito material é possível extrair consequências bastante sérias de cunho psicológico, que são resultado direto do inadimplemento".

Tradicionalmente, concebe-se a identificação do dano, como a "diferença entre o estado desse patrimônio ao tempo em que ocorreu a culpa e o estado anterior e aquele em que ficaria se a obrigação fosse exatamente cumprida".[414]

Em si, cogita-se da chamada teoria da diferença, a qual, segundo a doutrina italiana, na atualidade, encontra-se em crise, notadamente porque "os caracteres patrimoniais (e, portanto, a ressarcibilidade, mas também a medida) do dano descende não do acertamento contábil de um saldo negativo no 'estado patrimonial' da vítima (como segundo a versão originária da 'teoria da diferença'); mas da idoneidade do fato lesivo, segundo uma valoração social típica, a determinar em concreto uma diminuição dos valores e da utilidade econômica das quais o lesado pode dispor. A valoração mencionada vai por outro lado operada com referência não à natureza do bem lesado, mas às consequências da lesão: como foi visto, o requisito normativo da patrimonialidade atem-se ao dano, e não ao bem lesado pelo fato danoso."[415]

A compreensão técnica do que seja dano para o âmbito jurídico não pode limitar-se a um aspecto meramente naturalístico, daí porque o conceito

---

[413] SALVI, Cesare. *La responsabilità civile*. Milano: Giuffrè, 2005, p.47.

[414] MENDONÇA, Carvalho de. *Doutrina e prática das obrigações*. Rio de Janeiro: Freitas Bastos, 1938. t. 2, p. 42.

[415] SALVI, Cesare. Op. cit. pp. 61-62.

PERDAS E DANOS E JUROS

normativo que mais atende aos fins voltados ao princípio da reparação integral é concebê-lo como a violação de interesses juridicamente protegidos, que não seja somente legítimo, mas igualmente significativo.[416]

Compreende-se que para justificar a reparação do dano sofrido – o chamado dano indenizável – deve necessariamente restar configurada a violação de um interesse protegido pela ordem jurídica[417], noção que pela generalidade pode abarcar tanto a classificação tradicional dano patrimonial/moral, como os chamados novos danos assim identificados, por exemplo, interesses ou situações em que não se pode identificar o lesado (cf. p. ex. art.81, § único, I do CDC que consagra o chamado dano à interesses difusos).

A respeito, o Superior Tribunal de Justiça reconheceu o dano moral coletivo. No REsp. 866.636/SP, DJ 06/12/2007, a 3ª Turma do STJ, no conhecido "caso das pílulas de farinha"

Confira-se a ementa:

> "Civil e processo civil. Recurso especial. Ação civil pública proposta pelo PROCON e pelo Estado de São Paulo. Anticoncepcional Microvlar. Acontecimentos que se notabilizaram como o 'caso das pílulas de farinha'. Cartelas de comprimidos sem princípio ativo, utilizadas para teste de maquinário, que acabaram atingindo consumidoras e não impediram a gravidez indesejada. Pedido de condenação genérica, permitindo futura liquidação individual por parte das consumidoras lesadas. Discussão vinculada à necessidade de respeito à segurança do consumidor, ao direito de informação e à compensação pelos danos morais sofridos. [...] A mulher que toma tal medicamento tem a intenção de utilizá-lo como meio a possibilitar sua escolha quanto ao momento de ter filhos, e a falha do remédio, ao frustrar a opção da mulher, dá ensejo à obrigação de compensação pelos danos morais, em liquidação posterior. Recurso especial não conhecido." (STJ, REsp. 866.636/SP, DJ 06/12/2007, a 3ª Turma).

Também se cogita de casos em que o dano decorre do que a doutrina denomina "perda de uma chance", assim entendido o prejuízo decorrente de uma conduta que causa o desaparecimento da "(...) probabilidade de

---

[416] BOURIE, Enrique Barros. *Tratado de responsabilidade extracontratual.* Santiago: Editorial Juridica Chile, 2006, p. 222, passim.

[417] Bem a respeito, a violação de que se cogita pode ser emprestada pela expressão "dano injusto" por efeito do que dispõe o art.2.43 do CC Italiano: "qualquer fato doloso ou culposo capaz de causar a alguém um dano injusto, obriga àquele que cometeu o fato a ressarcir o dano".

DIREITO DAS OBRIGAÇÕES

um evento que possibilitaria um benefício futuro para a vítima, como progredir na carreira artística ou militar, obter um melhor emprego, deixar de recorrer de uma sentença desfavorável pela falha do advogado, e assim por diante. Deve-se, pois, entender por chance a probabilidade de se obter lucro ou de se evitar uma perda."[418]

No Superior Tribunal de Justiça, o caso mais emblemático é o do "show do milhão".

Segue a ementa:

"*RECURSO ESPECIAL. INDENIZAÇÃO. IMPROPRIEDADE DE PERGUNTA FORMULADA EM PROGRAMA DE TELEVISÃO. PERDA DA OPORTUNIDADE. 1. O questionamento, em programa de perguntas e respostas, pela televisão, sem viabilidade lógica, uma vez que a Constituição Federal não indica percentual relativo às terras reservadas aos índios, acarreta, como decidido pelas instâncias ordinárias, a impossibilidade da prestação por culpa do devedor, impondo o dever de ressarcir o participante pelo que razoavelmente haja deixado de lucrar, pela perda da oportunidade. 2. Recurso conhecido e, em parte, provido.*" (STJ, REsp nº 788459/ BA, DJ 13/03/2006).

A lesão ou o prejuízo pode provir do que efetivamente perdeu-se e do que se deixou de ganhar. No primeiro caso fala-se em dano emergente e no segundo lucros cessantes, ou aquele que o credor razoavelmente deixou de lucrar em razão do dano (art. 402 do CC). Um exemplo bem explica ambos os institutos: imagine-se que um motorista de táxi sofreu uma colisão traseira em seu veículo a ponto de o mesmo ficar na oficina por uma semana para reparos. Na espécie, o dano emergente representa a própria diminuição patrimonial sofrida (avaria no veículo), enquanto o lucro cessante equivale à perda dos dias de serviço que deixou o profissional de exercer pelo tempo em que o automóvel ficou retido na oficina.

O dano tanto pode ser contratual como extracontratual. Fala-se na primeira forma quando a violação decorre da inobservância de determinada cláusula contratual que deveria ter sido cumprida por qualquer das partes (art. 389 do CC). Quanto ao dano extracontratual, também chamado ato ilícito (art. 186 do CC), a diminuição ocorre em razão da violação de direito (genericamente considerado) praticada pelo responsável por dolo ou culpa.

[418] CAVALIERI FILHO, Sérgio. Programa de responsabilidade civil. São Paulo: Atlas, 2008, 75.

PERDAS E DANOS E JUROS

Comporta-se ainda outra classificação, vale dizer, dano material (perda material representada por diminuição pecuniária em dinheiro) e dano moral (violação do direito da personalidade com reflexo patrimonial decorrente do sofrimento psíquico ou moral, isto é, dores, sentimentos e tristeza).

Cogita-se ainda dos chamados danos decorrentes de interesses contratuais positivos e interesses contratuais negativos, ou seja, aqueles decorrem do não cumprimento do contrato e os segundos os que derivam de se ter celebrado um contrato inválido ou que posteriormente veio a perder sua eficácia.[419]

A violação dos interesses tanto pode ocorrer por dolo ou culpa, conceitos que serão mais bem apreciados no capítulo referente à responsabilidade civil.

A prova do dano é ônus do credor, que deve demonstrar efetivamente o prejuízo por ele experimentado. Pela disposição do art. 402 visou o legislador limitar de forma adequada a reparação no caso de lucro cessante. Não pode assim ser obra da imaginação do credor, provinda do dano remoto, mas deve possuir bases seguras para justificar a reparação dentro da necessária justiça.

No entanto, é correto admitir que, na mora, a responsabilidade limite-se a indenização dos prejuízos e dos lucros cessantes previsíveis e associados com o atraso, enquanto, no inadimplemento absoluto, tal ressarcimento deve envolver também, diante do texto legal, os lucros imprevisíveis.[420]

Como decorrência do próprio prejuízo, inclui-se também no valor da indenização a correção monetária, a qual visa simplesmente recompor a desvalorização da moeda, decorrente do fenômeno inflacionário.

Tal noção, inexistente no direito anterior, foi expressamente consagrada pelo novo Código Civil, que manda aplicar às perdas e danos a atualização monetária segundo índices oficiais regularmente estabelecidos, bem como

---

[419] Sobre o assunto: JHERING, Rudolf Von. *Culpa in contrahendo ou indenização em contratos nulos ou não chegados à perfeição*. Coimbra: Almedina, 2008; PINTO, Paulo da Mota. *Interesse contratual negativo e interesse contratual positivo*. Coimbra: Coimbra Editora, 2008. Mais recentemente PEREIRA. Fabio Queiroz. *O ressarcimento do dano pré-contratual. Interesse negativo e interesse positivo*. São Paulo: Almedina, 2017.

[420] ALVIM, Agostinho. *Da inexecução das obrigações e suas consequências*. São Paulo: Jurídica e Universitária, 1965. p. 222 ss. Nesse caso fala-se em dano futuro que é plenamente indenizável desde que seja possível sua avaliação no momento do ajuizamento da ação de indenização.

DIREITO DAS OBRIGAÇÕES

os honorários de advogado, verba que não pode ser exigida mesmo quando houver a prestação do serviço para justificar a cobrança.[421]

Lembre-se a respeito do tema o entendimento do Enunciado 425 da V "Jornadas de Direito Civil" promovida pelo STJ: Art. 389. Os honorários advocatícios previstos no art. 389 do Código Civil não se confundem com as verbas de sucumbência, que, por força do art. 23 da Lei n. 8.906/1994, pertencem ao advogado.

A jurisprudência é pacífica quanto à incidência da correção monetária em qualquer tipo de prejuízo, a não ser que as partes expressamente venham a excluí-la no caso de inadimplemento contratual; a regra é que seja computada, inclusive no tocante a decisões judiciais (Lei nº 6.899/81).

Sobre o assunto confira-se:

> "Os prejuízos resultantes de culposa inadimplência contratual devem propiciar completa reparação, com atualização do valor, sob pena de descumprir-se a regra do ressarcimento integral constante do art. 1.059 (atual art. 402) do CC. A correção monetária, no caso, não tem em mira a revalorização de débitos nominais, o que seria inadmissível, pois então se cogitaria simplesmente de aplicação do art. 1.061 do CC (atual art. 404); mas busca atualizar o valor da reparação devida pelo real prejuízo."[422]

Tratando-se de ato ilícito, cristalizou-se a jurisprudência por meio da Súmula 43 do STJ determinando a incidência de correção monetária a partir da data do efetivo prejuízo.

---

[421] A contratação de advogado para defesa dos interesses da parte em juízo representa exercício regular do direito de acesso à Justiça, e não configura, por si só, dano material passível de indenização. A propósito, a Corte Especial do E.Superior Tribunal de Justiça já decidiu que "'a contratação de advogados para defesa judicial de interesses da parte não enseja, por si só, dano material passível de indenização, porque inerente ao exercício regular dos direitos constitucionais de contraditório, ampla defesa e acesso à Justiça (...)'. Cabe ao perdedor da ação arcar com os honorários de advogado fixados pelo Juízo em decorrência da sucumbência (Código de Processo Civil de 1973, art. 20, e Novo Código de Processo Civil, art. 85), e não os honorários decorrentes de contratos firmados pela parte contrária e seu procurador, em circunstâncias particulares totalmente alheias à vontade do condenado" (REsp. n.º 1.507.864/ RS, Min. Laurita Vaz, j. 20.04.2016).

[422] Cf. STF-ADCOAS, 1980, nº 74.084.

PERDAS E DANOS E JUROS

Sobre o assunto, também estabelece a Súmula 362 do STJ que "A correção monetária do valor da indenização por dano moral incide desde a data do arbitramento".

Mesmo que a inexecução seja resultante de dolo do devedor, as perdas e danos só incluem os prejuízos efetivos e os lucros cessantes por efeito dela direto e imediato, afirma o art. 403 do CC. Neste ponto, cuida a lei mais uma vez em delimitar o alcance e extensão da indenização. As perdas e danos, segundo padrões do direito brasileiro, não incluem mais que os prejuízos efetivos e os lucros cessantes, mas por efeito direto e imediato da inexecução ou do dano. Ou, em outras palavras, é necessária a existência não só da obrigação ou lesão, mas também, essencialmente, de uma relação de causa e efeito na inexecução do contrato, ou na prática de um ato delituoso.

Pela expressão *direto e imediato* deve-se entender o nexo causal necessário estabelecido entre o fato e as consequências.[423] A lesão é relacionada a uma causa que lhe é próxima e a ela diretamente ligada. Subordinando-se a lesão a uma causa, desde que seja necessária, conduz à indenização. Não se outra opera, por si, o dano. Reclama a lei a existência do liame entre o inadimplemento da obrigação e o dano, de modo que aquele origine o último. Destarte, quando surge entre a causa direta e imediata uma causa remota, assim considerada aquela que implica a superveniência de um fato novo, estranho ao anterior, cessa a obrigação do primeiro autor quanto ao dever de indenizar.[424]

Logo,

"a simples alegação de lucro que poderá ser obtido com os proventos esperados do contrato que não foi executado não pode ser objeto de indenização, por isso que se trata de uma impossibilidade ou expectativa, em que predomina o arbítrio ou capricho do reclamante (Cf. Cunha Gonçalves, op. cit., p. 509), quando não haja nisso tudo apenas uma ilusão ou fantasia".[425]

Já decidiu o Tribunal de Justiça que no cálculo da indenização por ato ilícito não se incluem prejuízos meramente indiretos, frutos remotos da ocorrência.[426]

---

[423] ALVIM, Agostinho. *Da inexecução das obrigações e suas consequências.* Op. cit. p. 341.
[424] Idem, p. 346.
[425] SANTOS, Carvalho. Op. cit. p. 258. *Código civil brasileiro interpretado.* Rio de Janeiro: Freitas Bastos, 1951. p. 258.
[426] Cf. *RT* 263/198.

DIREITO DAS OBRIGAÇÕES

Por outro lado, não há que se confundir a indenização pré-fixada pela cláusula penal com a indenização por danos materiais. Isto porque, a primeira visa punir a inexecução da obrigação, ao passo que a segunda tem caráter reparatório. Constituindo natureza diversa, não há falar-se em *bis in idem*.

Nesse viés, colaciona-se o entendimento do E. Superior Tribunal de Justiça:

> *"DIREITO CIVIL. PROMESSA DE COMPRA E VENDA DE IMÓVEL EM CONSTRUÇÃO. INADIMPLEMENTO PARCIAL. ATRASO NA ENTREGA DO IMÓVEL. MORA. CLÁUSULA PENAL. PERDAS E DANOS. CUMULAÇÃO. POSSIBILIDADE. 1.- A obrigação de indenizar é corolário natural daquele que pratica ato lesivo ao interesse ou direito de outrem. Se a cláusula penal compensatória funciona como pré-fixação das perdas e danos, o mesmo não ocorre com a cláusula penal moratória, que não compensa nem substitui o inadimplemento, apenas pune a mora. 2.- Assim, a cominação contratual de uma multa para o caso de mora não interfere na responsabilidade civil decorrente do retardo no cumprimento da obrigação que já deflui naturalmente do próprio sistema. 3.- O promitente comprador, em caso de atraso na entrega do imóvel adquirido pode pleitear, por isso, além da multa moratória expressamente estabelecida no contrato, também o cumprimento, mesmo que tardio da obrigação e ainda a indenização correspondente aos lucros cessantes pela não fruição do imóvel durante o período da mora da promitente vendedora. 4.- Recurso Especial a que se nega provimento."* (STJ, REsp 1.355.554/RJ, 3ª Turma, Rel. Min. Sidnei Beneti, j. 06/12/2012).

A propósito, o Tribunal de Justiça de São Paulo tem admitido a cumulação da multa moratória e a condenação em indenização por lucros cessantes, como se vê:

> *"Compromisso de compra e venda de bem imóvel em construção. Atraso na entrega da obra. Indenização pelos danos materiais. Danos emergentes e lucros cessantes. Fixação em 0,5% sobre o valor do imóvel, atualizado pela Tabela Prática do TJSP e com incidência de juros de mora de 1% ao mês. Multa moratória. Cabimento, ante a aplicação dos princípios da paridade e equivalência. Mora da ré configurada. Danos morais caracterizados. Fixação em R$10.000,00. Obediência aos princípios da razoabilidade e proporcionalidade. Maior sucumbência da ré. Imputação a ela, dos ônus decorrentes dessa sucumbência. Recursos parcialmente providos."* (Ap. nº 1000731-54.2014.8.26.0562, Relator: Edson Luiz de Queiroz, 5ª Câmara de Direito Privado, julgamento em: 19/11/2014).

PERDAS E DANOS E JUROS

O capítulo relativo às perdas e danos é encerrado pelo art. 404 do CC. Se a obrigação de pagamento for em dinheiro, as perdas e danos consistem nos juros de mora e custas, sem prejuízo da pena convencional.

Sustenta Carvalho de Mendonça que a norma se aplica exclusivamente no caso de mora,[427] pois nas obrigações de dinheiro o dano único que pode sofrer o credor é o retardamento.

Quanto às custas, entenda-se como verba processual decorrente da utilização do serviço judiciário, a qual, em regra, é adiantada pela parte que ajuíza a ação. Tornando-se vencedora no processo, a parte sucumbente será responsável pelo recolhimento do que foi adiantado.

De outra parte, havendo prova de que os juros de mora não sejam suficientes para cobrir o prejuízo experimentado pela vítima e desde que não haja previsão de pena convencional, faculta-se ao juiz a concessão de indenização suplementar, visando recompor de modo satisfatório o dano (art. 404, parágrafo único).

Em arremate, colocando fim à divergência jurisprudencial quanto ao início da contagem dos juros, o art. 405 expressamente determinou que o termo *a quo* será desde a citação inicial, obviamente se houver processo judicial e condenação do réu na indenização.

Pelo interesse, registre-se o Enunciado 427 da V "Jornadas de Direito Civil" promovida pelo STJ: Art. 405. Os juros de mora, nas obrigações negociais, fluem a partir do advento do termo da prestação, estando a incidência do disposto no art. 405 da codificação limitada às hipóteses em que a citação representa o papel de notificação do devedor ou àquelas em que o objeto da prestação não tem liquidez.

26.2. Juros

A noção de juros tem relação direta com a concessão de crédito e por decorrência a forma mais ordinária de empréstimo envolvendo dinheiro, denominado contrato de mútuo.

Os juros são assim o próprio custo do crédito emprestado, registrando-se sua incidência em épocas remotas, desde o Antigo Testamento, no texto de regramento das relações sociais entre os hebreus (Deuteronômio, 23:19-20), o Código de Hamurabi até a Idade Média onde chegou-se a proibi-lo em

---

[427] Op. cit. t. 2, nº 491, p. 74.

DIREITO DAS OBRIGAÇÕES

razão da forte influência do poder clerical sobre a organização da vida em sociedade, e da doutrina cristã dos primeiros tempos (cf. Santo Tomás de Aquino, *Summa, secunda secundae*, Quaestio LXVIII, art. 2º).

Diversamente do que ocorria no direito anterior, que previa a taxa de juros legais no limite de 6% a.a. (art. 1.062), o legislador do novo CC não estipulou qualquer teto para a hipótese, possibilitando a convenção entre as partes ou sua estipulação conforme a taxa que estiver em vigor para a mora de pagamento de impostos devidos à Fazenda Nacional (art. 406). No entanto, havendo questionamento sobre a auto-aplicabilidade do art. 192, § 3º, da CF, que fixa o limite de juros de 12% a.a., as variações do mercado obviamente não podem ditar a taxa aplicável à espécie.

Note-se que, da forma como redigido o art. 406 do CC, poder-se-ia sustentar a incidência da chamada taxa Selic (Sistema Especial de Liquidação e Custódia), que, em razão da Lei nº 9.065/95 e outras posteriores, remunera os impostos pagos em atraso à União.

Questionável tal posição porque referida taxa não se limita a fixar os juros, havendo em seu âmago um componente de correção monetária, ou seja,

> "a taxa Selic é apurada pelo Banco Central do Brasil a partir da média dos financiamentos diários referentes a títulos públicos federais. É fixada mensalmente, e reflete uma expectativa de inflação – veja-se que não mede inflação passada, mas prevê inflação futura – mais os juros referentes à dívida pública interna".[428]

Assim, se a referida taxa representa um misto de duas verbas que têm fundamentos diversos, se utilizada para remunerar os juros de mora, obviamente provocará em favor do credor enriquecimento sem causa, a não ser que confira opção de modo a excluir a correção monetária por outro índice (art. 404) ou adotada taxa prevista no art. 161, § 1º do CTN, conforme se sustenta.[429]

Contudo, observe-se, por outro lado, que o legislador do novo CC inovou em matéria de cobrança de juros – que normalmente ocorre em contrato de mútuo para fins econômicos – ao possibilitar a ocorrência de capitalização mensal (art. 591).

---

[428] DRESCH, Pio Giovani. Os juros legais no novo Código Civil e a inaplicabilidade da taxa Selic. *Revista da AMB*, ano 5, nº 12, p. 154, 2º sem. 2002.

[429] Ob. e art. cit. p. 157.

PERDAS E DANOS E JUROS

Assim, representa essa verba acessória uma espécie de prêmio ao risco que corre o credor pelo aluguel ou empréstimo do dinheiro. Da mesma forma que o aluguel representa a compensação havida pelo locador em dar a coisa sua em locação, o juro significa tal compensação ao que se dá em uso coisa fungível. Ordinariamente, trata-se de um ganho de capital, notadamente porque os juros são frutos do mesmo. Assim, como o trabalho gera o salário, o dinheiro produz juros.

Na expressão de Silvio Rodrigues, o juro, a um só tempo, "remunera o credor por ficar privado de seu capital e paga-lhe o risco em que incorre de não o receber de volta".[430]

Sob a perspectiva da etiologia, os juros dividem-se em compensatórios e moratórios. Os primeiros são frutos normais, provenientes do contrato, da lei ou da sentença que impõe a prestação pecuniária. Destinam-se a ressarcir o dono do capital. Quanto aos segundos, provêm da mora – do atraso culposo do devedor no cumprimento da obrigação. Além de remunerarem o capital, pelas regras da impontualidade, guardam certo conteúdo da pena, incidente sobre o devedor inadimplente. São sempre devidos, ainda que se não alegue prejuízo, e serão computados tanto em dívida de dinheiro como nas prestações de outra natureza, desde que esteja fixado o valor pecuniário por sentença judicial, arbitramento, ou acordo entre as partes (art. 407 do CC).

Oportuna a esse respeito a lição de Mário Júlio de Almeida Costa:

> "Deve-se notar, contudo, que o conceito de juro não implica forçosamente, quanto à obrigação de capital, que se trate de uma obrigação pecuniária, ou que o próprio juro consista em dinheiro. Tanto o capital como o juro podem ser constituídos por valores pecuniários ou por quaisquer outras coisas fungíveis (ex.: "A", que deve a "B" cem arrobas de milho, obriga-se a pagar-lhe anualmente cinco arrobas desse cereal, a título de juro)."[431]

Os juros compensatórios são geralmente convencionais, estipulados contratualmente por livre disposição das partes (cf. art. 591). Podem ser legais ou convencionais. Os legais, devidos por força de lei, são taxativos, expressamente previstos, como no caso dos arts. 670, 677 e 869.

---

[430] *Direito civil.* São Paulo: Saraiva, 1993. v. 2, p. 117.
[431] *Noções de direito civil.* Coimbra: Almedina, 1980. p. 121.

Sobre o assunto, a CF estipulou expressamente em seu art. 192, § 3º:

"As taxas de juros reais, nelas incluídas comissões e quaisquer outras remunerações direta ou indiretamente referidas à concessão de crédito, não poderão ser superiores a doze por cento ao ano; a cobrança acima deste limite será conceituada como crime de usura, punido, em todas as suas modalidades, nos termos que a lei determinar."

Instalou-se diante de tal norma grande controvérsia doutrinária e especialmente jurisprudencial.

Com efeito, o Decreto-lei nº 22.626/33 (Lei de Usura), em seu art. 1º, proíbe a fixação da taxa de juros superiores ao dobro da taxa legal. Assim, a limitação prevista é de 12% a.a. Não se permite igualmente a prática de anatocismo, ou seja, a contagem ou cobrança de juros sobre juros.[432]

Mesmo diante da norma clara, expressiva jurisprudência entende que, mesmo em se tratando de taxa legal, a norma constitucional depende de regulamentação, aliás prevista no próprio conteúdo do artigo.[433]

Ressalva-se que o Superior Tribunal de Justiça, após período inicial de divergência, adotou entendimento permissivo da capitalização mensal dos juros, mas isso em existindo expresso dispositivo de lei que a admita, como para os créditos rurais (Decreto-lei nº 167/67, art. 5º).

A redação do art. 192, § 3º, da CF, encontra-se alterada por força da Emenda Constitucional nº 40, de 29 de maio de 2003, revogando expressamente o § 3º, que limitava os juros reais a 12% a.a., persistindo, então, a conclusão já afirmada de que, excluída a adoção da Taxa Selic, prevalece o entendimento da aplicação da taxa prevista no art. 161, § 1º, do CTN.[434]

Em razão da importância do tema, citam-se os seguintes entendimentos jurisprudenciais.

---

[432] Sobre o assunto, cf. Súmula 121 do STF, que preceitua: "É vedada a capitalização de juros, ainda que expressamente convencionada." E, ainda, Súmula 596 do mesmo Tribunal e Súmula 93 do STJ, ressalvando esta a proibição em se tratando de cédula de crédito rural, comercial e industrial, desde que expressamente pactuado.

[433] Cf. os seguintes julgados: *RT* 698/100, 662/108 e 656/128. Contra, afastando a necessidade de regulamentação, *RT* 653/192.

[434] Nesse sentido, MARTINS-COSTA, Judith. *Comentários ao novo Código Civil*, cit., p. 406 passim.

PERDAS E DANOS E JUROS

Súmula 539: "É permitida a capitalização de juros com periodicidade inferior à anual em contratos celebrados com instituições integrantes do Sistema Financeiro Nacional a partir de 31/3/2000 (MP n. 1.963-17/2000, reeditada como MP n. 2.170-36/2001), desde que expressamente pactuada."

Súmula 541: "A previsão no contrato bancário de taxa de juros anual superior ao duodécuplo da mensal é suficiente para permitir a cobrança da taxa efetiva anual contratada."

Recurso especial em que pacificado o tema sobre a capitalização dos juros:

"CIVIL E PROCESSUAL. RECURSO ESPECIAL REPETITIVO. AÇÕES REVISIONAL E DE BUSCA E APREENSÃO CONVERTIDA EM DEPÓSITO. CONTRATO DE FINANCIAMENTO COM GARANTIA DE ALIENAÇÃO FIDUCIÁRIA. CAPITALIZAÇÃO DE JUROS. JUROS COMPOSTOS. DECRETO 22.626/1933 MEDIDA PROVISÓRIA 2.170-36/2001. COMISSÃO DE PERMANÊNCIA. MORA. CARACTERIZAÇÃO.

1. A capitalização de juros vedada pelo Decreto 22.626/1933 (Lei de Usura) em intervalo inferior a um ano e permitida pela Medida Provisória 2.170-36/2001, desde que expressamente pactuada, tem por pressuposto a circunstância de os juros devidos e já vencidos serem, periodicamente, incorporados ao valor principal. Os juros não pagos são incorporados ao capital e sobre eles passam a incidir novos juros.

2. Por outro lado, há os conceitos abstratos, de matemática financeira, de "taxa de juros simples" e "taxa de juros compostos", métodos usados na formação da taxa de juros contratada, prévios ao início do cumprimento do contrato. A mera circunstância de estar pactuada taxa efetiva e taxa nominal de juros não implica capitalização de juros, mas apenas processo de formação da taxa de juros pelo método composto, o que não é proibido pelo Decreto 22.626/1933.

3. Teses para os efeitos do art. 543-C do CPC: – "É permitida a capitalização de juros com periodicidade inferior a um ano em contratos celebrados após 31.3.2000, data da publicação da Medida Provisória n. 1.963-17/2000 (em vigor como MP 2.170-36/2001), desde que expressamente pactuada." – "A capitalização dos juros em periodicidade inferior à anual deve vir pactuada de forma expressa e clara. A previsão no contrato bancário de taxa de juros anual superior ao duodécuplo da mensal é suficiente para permitir a cobrança da taxa efetiva anual contratada".

4. Segundo o entendimento pacificado na 2ª Seção, a comissão de permanência não pode ser cumulada com quaisquer outros encargos remuneratórios ou moratórios.

DIREITO DAS OBRIGAÇÕES

5. É lícita a cobrança dos encargos da mora quando caracterizado o estado de inadimplência, que decorre da falta de demonstração da abusividade das cláusulas contratuais questionadas.

6. Recurso especial conhecido em parte e, nessa extensão, provido."

(REsp 973.827/RS, Rel. Ministro LUIS FELIPE SALOMÃO, Rel. p/ Acórdão Ministra MARIA ISABEL GALLOTTI, SEGUNDA SEÇÃO, julgado em 08/08/2012, DJe 24/09/2012).

"AGRAVO REGIMENTAL NO RECURSO ESPECIAL. AÇÃO REVISIONAL E AÇÃO DE BUSCA E APREENSÃO. CONTRATO BANCÁRIO. JUROS REMUNERATÓRIOS.

LIMITAÇÃO. DEMONSTRAÇÃO CABAL DO ABUSO. NECESSIDADE. SÚMULA 382 DO STJ. CAPITALIZAÇÃO DOS JUROS. JUROS COMPOSTOS. MORA CONFIGURADA.

1. Nos contratos bancários não se aplica a limitação da taxa de juros remuneratórios em 12% ao ano, não se podendo aferir a exorbitância da taxa de juros apenas com base na estabilidade econômica do país, sendo necessária a demonstração cabal de que a referida taxa diverge, de forma considerável, da média de mercado, o que não ocorreu no caso dos autos.

2. "A capitalização dos juros em periodicidade inferior à anual deve vir pactuada de forma expressa e clara. A previsão no contrato bancário de taxa de juros anual superior ao duodécuplo da mensal é suficiente para permitir a cobrança da taxa efetiva anual contratada" (2ª Seção, REsp 973.827/RS, Rel. p/ acórdão Ministra Maria Isabel Gallotti, DJe de 24.9.2012).

3. O reconhecimento da cobrança indevida dos encargos exigidos no período da normalidade contratual descarateriza a mora do devedor.

No presente caso, contudo, os encargos discutidos em Juízo para o período da adimplência são regulares, resultando que a cobrança, sob esse aspecto, faz-se sobre valores realmente devidos, não havendo motivo para afastar tais consectários, que também estão harmônicos com os parâmetros admitidos pelo STJ.

4. Agravo regimental a que se nega provimento." (AgRg no REsp 1275038/RS, Rel. Ministra MARIA ISABEL GALLOTTI, QUARTA TURMA, julgado em 28/04/2015, DJe 08/05/2015)

27.
Da Cláusula Penal

27.1. Introdução

Conforme já afirmamos ao longo desta obra, o legislador estruturou de forma elogiável o novo Código Civil, especialmente o Livro do Direito das Obrigações, pois de fato, consoante ocorria no direito revogado, o instituto da cláusula penal estava inadequadamente inserido na tipologia das obrigações (arts. 916 a 927) quando, na verdade, cuidando-se de um dos efeitos do inadimplemento obrigacional, deveria mesmo ser colocado conforme posição topológica do atual CC.

Justamente por tal colocação, parte da doutrina afirmava que o estudo relativo à cláusula penal deveria ser feito na parte relativa aos contratos,[435] mas entendíamos por inserir o assunto na Teoria Geral das Obrigações, como nesse sentido esclarecia Mucio Continentino em obra clássica sobre o assunto:

> "Todo direito das obrigações está intimamente relacionado com a cláusula penal: porque, como escreve SALLEILES, todos os efeitos da obrigação se resumem numa unica palavra: – a execução. Ora, segurando-a contra todas as violações, inadimplementos totaes ou parciaes, a mora, existe a cláusula penal.

---

[435] AZEVEDO, Álvaro Villaça. *Teoria geral das obrigações*. São Paulo: Revista dos Tribunais, 1990. p. 107.

DIREITO DAS OBRIGAÇÕES

E pela sua possibilidade de adherir todos vinculos obrigacionaes, seu estudo invade todo o campo do direito das obrigações."[436]

Assim, mantendo a linha de seguimento da nova lei, no capítulo referente ao Inadimplemento das Obrigações, tratou-se das Disposições Gerais, Da Mora, Das Perdas e Danos e Dos Juros Legais, restando a abordagem de institutos correlatos que envolvem efeitos diretos do descumprimento obrigacional.

Nesse passo, então, cuidar-se-á da cláusula penal e após, no capítulo seguinte, das arras.

Para inicial compreensão do assunto, necessária a distinção entre obrigação principal e acessória.

Com efeito, principal é a obrigação que tem existência própria e tem como base a mesma relação jurídica que a fundamenta. Já a obrigação acessória, em geral, depende da principal, e tem como função precípua reforçar o vínculo entre as partes para atribuir-lhe maior garantia de cumprimento.

Essa função, em verdade, é da essência da cláusula penal, pois, como se verá, a existência de tal obrigação acessória é motivo para que o devedor com mais firmeza cumpra a obrigação, muito embora o fato, em determinadas hipóteses específicas, possa gerar o efeito reverso, isto é, contribuir para maior inadimplência (cf., *v. g.*, art. 1.336, § 1º do CC).

Pela própria natureza, afirma-se corretamente que a cláusula penal tem função omnipresente voltada a um caráter indenizatório, mesmo que as partes mais não tenham pretendido do que liquidar o dano, isso nada obstante representar um incentivo ao cumprimento. Mas o "(...) escopo das partes é que poderá levar a que, em concreto, seja uma outra dessas funções a sobressair. Ambas fariam parte, todavia, do núcleo da figura, não havendo, por isso, que proceder a quaisquer diferenciações".[437]

27.2. Conceito

Feita a distinção entre obrigações principais e acessórias, pode-se afirmar que a obrigação com cláusula penal consiste num pacto acessório comumente utilizado de forma subsidiária para incidência no caso de descumprimento da obrigação (principal).

---

[436] Cf. *Da cláusula penal no direito brasileiro*. São Paulo: Saraiva, 1926. p. 9-10.

[437] MONTEIRO. António Pinto. *Cláusula penal e indemnização*. Coimbra: Almedina, 1999, p. 301.

340

DA CLÁUSULA PENAL

Cuida-se de penalidade convencional inserida em um contrato que tem por fim específico prefixar a indenização em favor da parte inocente considerada como não culpada pelo inadimplemento do que foi estipulado.

R. Limongi França conceituou o instituto afirmando: "é um pacto acessório, cuja finalidade é garantir, em benefício do credor, através do estabelecimento de uma pena, o fiel e o exato cumprimento da obrigação principal".[438]

27.3. Modalidades

A cláusula penal pode ser estabelecida, como ordinariamente ocorre, em contratos ou obrigações visando, como já se afirmou, reforçar o cumprimento da prestação. Varia sua fixação conforme a autonomia da vontade das partes diante do interesse patrimonial que admite a livre convenção sobre tal pena, embora o valor esteja adstrito ao que estipula o art. 412 do CC.

O CC prevê dois momentos em que a cláusula penal pode ser estipulada, identificando-se nesse aspecto com duas modalidades distintas:

São elas:

a) originária ou posterior (art. 409 do CC), isto é, no primeiro caso quando fixada no ato de constituição da obrigação e a outra de forma subsequente;
b) moratória, quando se refere a inexecução incompleta da obrigação, e compensatória, a qual tem incidência para o caso de inadimplemento total da obrigação (art. 409), revertendo-se então em favor do credor (art. 410).

Em ambas, terá o credor o arbítrio (faculdade) de exigir a satisfação da pena cominada, juntamente com o pagamento da obrigação principal (art. 411). Logo, nada impede que o credor exija o cumprimento da obrigação que restou inadimplida por efeito de mora e peça em conjunto o pagamento da pena correspondente.

27.4. Objeto

Nos termos do art. 412 do CC, o valor da cláusula penal não pode ultrapassar o da obrigação principal, isto é, a multa deve ser proporcional, pois trata-se

---

[438] *Instituições de direito civil*. São Paulo: Saraiva, 1994. p. 629.

DIREITO DAS OBRIGAÇÕES

de pena estipulada para recompensar o eventual prejuízo do credor e não representar fonte indevida de enriquecimento.

Questiona-se qual o efeito se a norma for violada. Conforme bem elucida Carvalho Santos,

> "não há propriamente nulidade nem da obrigação principal, nem tampouco da cláusula penal. A nulidade é apenas do excesso, o que não prejudica a validade da convenção, por isso que o juiz *ex-vi-legis* tem o dever de fazer a redução".[439]

Advirta-se, no entanto, que, em se tratando de relação de consumo, o Código do Consumidor estipula outros limites que, em razão do que dispõe o art. 52, § 1º, "não poderão ser superiores a dois por cento do valor da prestação". Entenda-se, então, que tal limite só pode ser aplicado se as partes da relação obrigacional ou contratual se enquadrarem no conceito de consumidor (art. 2º) e fornecedor de produtos ou serviços (art. 3º).

27.5. Incidência e restrições

Fixando o prazo para cumprimento da obrigação, incorre em pleno direito o devedor na cláusula penal, desde que não cumpra com o avençado. Não havendo prazo, deve ser constituído em mora.

Assim está previsto no art. 408 do CC, que expressamente admite a incidência da cláusula penal nas duas hipóteses afirmadas, isto é, quando a obrigação possuir, ou não, prazo para cumprimento.

Entretanto, à evidência, não basta o mero descumprimento da obrigação de forma objetiva, pois a lei exige que o descumprimento seja culposo, ideia compreendida pelo elemento subjetivo (imputabilidade) que exige a falta do devedor por dolo ou culpa em sentido estrito (negligência, imprudência ou imperícia).

Por outro lado, se a cláusula penal foi fixada para o caso de total inadimplemento, confere-se em favor do credor verdadeira obrigação alternativa, visando ou receber o valor objeto da pena, ou buscar indenização mediante ajuizamento do processo judicial, caso em que, por óbvio, deverá renunciar ao valor da pena convencional.

Observe-se, no entanto, que o legislador inovou na espécie, pois apesar de manter a regra segundo a qual, para exigir a pena convencional, não

---

[439] *Código civil brasileiro interpretado.* Rio de Janeiro: Freitas Bastos, 1951. v. 11, p. 362.

DA CLÁUSULA PENAL

é necessário que o credor alegue prejuízo, coloca a possibilidade de este último cumular o valor da pena com indenização superior, desde que o conteúdo da cláusula penal (redigida em comum acordo entre as partes) autorize a hipótese, caso em que competirá ao credor provar o prejuízo excedente (art. 416, parágrafo único).

Tema objeto de atual controvérsia é a discussão sobre a possibilidade, ou não, de cumulação da indenização por lucros cessantes com a cláusula penal, especialmente nos casos de inadimplemento do vendedor em virtude do atraso na entrega de imóvel em construção objeto de contrato ou promessa de compra e venda.

Argumenta-se a cláusula penal não pode ser cobrada juntamente com os lucros cessantes/danos emergentes, sob pena de bis in idem, porque ela já serve como fixação antecipada das perdas e danos.

Contudo, conforme entendimento do Superior Tribunal de Justiça, no julgamento do RECURSO ESPECIAL Nº 1.355.554 – RJ (2012/0098185-2) de relatoria do Ministro Sidnei Benetti, a cumulação é perfeitamente possível, considerando a natureza diversa das mesmas, ou seja, uma é moratória e a outra é compensatória.

Nesse sentido colaciona-se trechos do julgado no que é de interesse:

> *"Nos termos do artigo 408 do Código Civil, a possibilidade de uma parte exigir a cláusula penal surge de pleno direito desde de que a outra parte contratante tenha, culposamente, deixado de cumprir a obrigação, ou incorrido em mora. 13.- O artigo 409, na mesma linha, assinala que: "A cláusula penal estipulada conjuntamente com a obrigação, ou em ato posterior, pode referir-se à inexecução completa da obrigação, à de alguma cláusula especial ou simplesmente à mora". 14.- Já aí se percebe que existem essencialmente dois tipos diferentes de cláusula penal: aquela vinculada ao descumprimento (total) da obrigação, e aquela que incide na hipótese de mora (descumprimento parcial). A primeira é designada pela doutrina como compensatória, a segunda como moratória. Conquanto se afirme que toda cláusula penal tem, em alguma medida, o fito de reforçar o vínculo obrigacional (Schuld), essa característica se manifesta com maior evidência nas cláusulas penas moratórias, visto que, nas compensatórias, a indenização fixada contratualmente serve como pré-fixação das perdas e danos decorrentes do inadimplemento (artigo 410). 16.-Tratando-se de cláusula penal moratória, o credor estará autorizado a exigir não apenas o cumprimento (tardio) do avençado, como ainda a cláusula penal estipulada. Nesses termos a dicção expressa do artigo 411 do Código Civil: "Quando se estipular a cláusula penal para o caso de mora, ou em segurança especial*

DIREITO DAS OBRIGAÇÕES

de outra cláusula determinada, terá o credor o arbítrio de exigir a satisfação da pena cominada, juntamente com o desempenho da obrigação principal." 17.- A questão que se coloca é se o credor também estará autorizado a exigir (além da prestação tardia e da multa) as perdas e danos decorrentes da mora. 18.- Dentro do nosso sistema, a obrigação de indenizar é corolário natural daquele que pratica ato lesivo ao interesse ou direito de outrem. Se a cláusula penal compensatória funciona como pré-fixação das perdas e danos, o mesmo não ocorre com a cláusula penal moratória, que não compensa nem substitui o inadimplemento, apenas pune o retardamento no cumprimento da obrigação. 19.- Assim, a cominação contratual de uma multa para o caso de mora não interfere com a responsabilidade civil correlata que já deflui naturalmente do próprio sistema. 20.- Concede-se ao credor, nesses casos, a faculdade de requerer, cumulativamente: a) o cumprimento da obrigação, b) a multa contratualmente estipulada e ainda c) indenização correspondente às perdas e danos decorrentes da mora. Nesse sentido a lição de CAIO MÁRIO DA SILVA PEREIRA: (...) Quando a cláusula penal é moratória, não substitui nem compensa o inadimplemento. Por essa razão, nenhuma alternativa surgem, mas, ao revés, há uma conjugação de pedidos que o credor pode formular: o cumprimento da obrigação principal que não for satisfeita oportunamente, e a penal moratória, devida como punição ao devedor, e indenização ao credor pelo retardamento oriundo da falta daquele. (PEREIRA, Caio Mário da Silva. Instituições de Direito Civil Vol. II, 17ª ed.: Forense, Rio de Janeiro, 1999, p. 106/107). Na mesma linha: CIVIL E PROCESSUAL CIVIL. COMPROMISSO DE COMPRA E VENDA. RESCISÃO CONTRATUAL. PROMITENTE COMPRADOR QUE NÃO REÚNE CONDIÇÕES ECONÔMICAS PARA O PAGAMENTO DAS PRESTAÇÕES. REAJUSTE DO SALDO DEVEDOR. RESÍDUO INFLACIONÁRIO. CLÁUSULA PENAL. INDENIZAÇÃO PELA FRUIÇÃO. CUMULAÇÃO. POSSIBILIDADE. (...) – A multa prevista pela cláusula penal não deve ser confundida com a indenização por perdas e danos pela fruição do imóvel, que é legítima e não tem caráter abusivo quando há uso e gozo do imóvel. (REsp 953.907/MS, Rel. Ministra NANCY ANDRIGHI, TERCEIRA TURMA, DJe 09/04/2010); RECURSO ESPECIAL. AÇÃO RESCISÓRIA. OBRIGAÇÃO. DESCUMPRIMENTO. CLÁUSULA PENAL MORATÓRIA. CUMULAÇÃO COM LUCROS CESSANTES. POSSIBILIDADE. VIOLAÇÃO A LITERAL DISPOSIÇÃO DE LEI. INEXISTÊNCIA. DISSÍDIO JURISPRUDENCIAL. AUSÊNCIA DE SIMILITUDE FÁTICA. 1. A instituição de cláusula penal moratória não compensa o inadimplemento, pois se traduz em punição ao devedor que, a despeito de sua incidência, se vê obrigado ao pagamento de indenização relativa aos prejuízos dele decorrentes. Precedente. (REsp 968.091/DF, Rel. Ministro FERNANDO GONÇALVES, QUARTA TURMA, DJe 30/03/2009

DA CLÁUSULA PENAL

A cláusula penal admite restrições (ou redução) em duas hipóteses: (a) quando a obrigação principal tiver sido cumprida em parte; ou (b) se o montante da penalidade for manifestante excessivo, tendo-se em vista a natureza e finalidade do negócio.

Em qualquer dos casos, a redução não mais representa arbítrio judicial como ocorria no direito anterior (art. 924), pois com a dicção legal o julgador, uma vez incidindo qualquer das hipóteses, deverá reduzir "equitativamente" a penalidade (art. 413).

Logo, o vocabulário *equitativo* impõe que a redução atenda a um critério de justiça para o caso concreto.

De grande utilidade é a norma do art. 413 do CC que atualmente tem larga aplicação nos contratos de compra e venda de imóveis. A ideia consiste na hipótese de o comprador, seja inocente ou não pelo descumprimento do contrato, demandar sua resolução e pedir a devolução do que foi pago.

Não obstante entendimentos diversos, vislumbramos na hipótese correta aplicação do artigo citado que em consonância a posicionamentos jurisprudenciais compreende inequívoca imposição da chamada cláusula penal ou de decaimento.[440]

Tratando-se de prefixação dos danos sofridos em favor da parte inocente, não necessita este alegar existência de prejuízo que pela incidência da pena convencional é presumido, caso em que, pela própria força do vínculo, rejeita-se eventual negativa de cumprimento por excesso em seu valor (art. 416).

Por fim, resta apreciar a exigibilidade da pena em relação à influência que ela exerce sobre as obrigações divisíveis, indivisíveis e solidárias.

O assunto é disciplinado pelos arts. 414, parágrafo único, e 415 do CC, que distinguem a incidência da multa para cada uma dessas obrigações.

Estabelece o primeiro dispositivo:

> "Sendo indivisível a obrigação, todos os devedores, caindo em falta um deles, incorrerão na pena; mas esta só se poderá demandar integralmente do culpado respondendo cada um dos outros somente pela sua quota.
>
> Parágrafo único. Aos não culpados fica reservada a ação regressiva contra aquele que deu causa à aplicação da pena."

---

[440] Ver os julgados insertos na *RJTJSP* 119/232 e *RSTJ* 6/360.

DIREITO DAS OBRIGAÇÕES

Por ser a obrigação indivisível, conferindo, portanto, unidade na prestação, a falta pelo descumprimento de um dos devedores acarreta a incidência da pena para todos os devedores, inclusive seus herdeiros. No entanto, o culpado (e solidariamente os culpados) responde pela pena total.

Ressalte-se que a culpa pressupõe sempre o aspecto pessoal pelo não--cumprimento da obrigação. No entanto, o devedor sem culpa não fica exonerado de sua quota na obrigação.

O tema é bem colocado por Mucio Continentino ao afirmar que

> "a razão de cada um dos outros só responder por sua quota é que, divisível a obrigação de indenizar, em que se converteu a indivisível, há tantas dívidas distintas quantos os devedores, ressalvado o direito de regresso contra o culpado, equilibrando o princípio de justiça. Será, contudo, sempre integralmente devida a pena, por todos os coobrigados, conforme indivisível e solidária, segundo pactuado".[441]

Encerra o assunto o art. 415, que tem o seguinte conteúdo:

> "Quando a obrigação for divisível, só incorre na pena o devedor ou o herdeiro do devedor que a infringir, e proporcionalmente à sua parte na obrigação."

Com efeito, diante da própria natureza das obrigações divisíveis, na qual existem tantas dívidas distintas quantos os devedores, só incorrerá na pena o devedor ou herdeiro que descumprir o pactuado, e isso mesmo na parte proporcional que na obrigação couber.

---

[441] Op. cit. p. 300.

28.
Das Arras ou Sinal

28.1. Introdução, conceito e espécies

O último instituto a ser disciplinado dentro do capítulo referente ao inadimplemento das obrigações é o das arras ou sinal de pagamento.

Apesar da similitude dos termos, nem sempre as arras confundem-se com sinal de pagamento.

Podem existir determinadas hipóteses em que a coisa dada tenha representado mera entrada, sinal ou princípio de pagamento, o que não necessariamente representará a celebração das arras, pois assim não ajustaram expressamente as partes.

Com efeito, "a entrega de um sinal de uma parte à outra em razão de uma vinculação obrigacional pode realizar diversas funções, conforme ajustarem as partes".[442]

Doutrina clássica já admitia as arras meramente confirmatórias, apenas dadas como prova simbólica da conclusão do contrato, desprovida de outros efeitos, das arras efetivamente confirmatórias, dadas como antecipada liquidação dos danos.[443]

---

[442] *Inadimplemento das Obrigações*. Coleção Biblioteca de Direito Civil, Estudos em homenagem Miguel Reale. São Paulo, RT, 2.007, p. 291/292.

[443] CARVALHO SANTOS, *Código Civil Brasileiro Interpretado*. Volume XV, Editora Freitas Bastos, 12a edição, p. 266 e seguintes

DIREITO DAS OBRIGAÇÕES

Portanto, a entrega do sinal, impõe ser acompanhada de negócio arral, para produzir os efeitos previstos em lei.

A distinção ganha importância à medida que em mais de uma oportunidade decidiu o Tribunal de Justiça de São Paulo que *"os valores pagos a título de entrada não configuram arras ou sinal se tal não foi expressamente convencionado, tratando-se neste caso de mero princípio de pagamento sem exercer qualquer função de pré-fixação das perdas e danos"* (TJSP, Apelação Cível nº 431.910.4/6, Rel. Maia da Cunha. J. 09 de março de 2006; Apelação Cível n. 59.884-4 – Barretos – 4a Câmara de Direito Privado – Relator: Fonseca Tavares – 22.10.98).

Assim, à falta de previsão expressa entre as partes, não se pode afirmar que a antecipação parcial do pagamento tenha natureza jurídica de arras, pois estas devem ser previstas expressamente, inclusive para fins de efeito probatório vinculada ao contrato.

De grande utilidade no âmbito dos contratos, se as arras estiverem associadas ao ao direito de arrependimento (ínsito do instituto), deve ser acompanhado de uma composição indenizatória, caso uma das partes resolva não cumprir o ajuste.

Diverge então aquele direito com a infração às obrigações ou com a inexecução culposa do contrato, pois, há a configuração de um exercício normal de um direito resultante do contrato, em razão do qual este se encerra em sua eficácia jurídica decorrente de um movimento potestativo e regular de um dos contratantes.

O assunto foi deslocado para a Teoria Geral das Obrigações, sendo no direito anterior tratado nas disposições gerais dos contratos (arts. 1.094 a 1.097).

Dentro da noção de que o contrato, uma vez celebrado, deve conferir necessária segurança às partes envolvidas, as arras ou sinal firmam a presunção de que o ajuste se tornou obrigatório, demonstrando a ideia firme e séria de contratar.

Nesses termos, pode-se afirmar que se trata de um modo de reforço nos contratos comutativos que consiste na entrega, a uma das partes, de uma coisa ou valor em firmeza da obrigação assumida pela parte que entrega.[444]

As arras podem ser confirmatórias do contrato, ou penitenciais.

---

[444] LACERDA DE ALMEIDA, Francisco de Paula. *Obrigações*. 2. ed. Rio de Janeiro: Typographia Revista dos Tribunais, 1916. p. 189.

DAS ARRAS OU SINAL

No primeiro caso, muito embora não haja previsão legal, ainda remanesce a ideia do art. 1.094 do CC de 1916, segundo o qual "o sinal, ou arras, dado por um dos contraentes, firma a presunção de acordo final, e torna obrigatório o contrato".

Nessa mesma linha afirmou Caio Mário da Silva Pereira, ao enfatizar que "Este efeito confirmatório vinha expresso no art. 1.094 do CC de 1916. O atual dispensou-se de mencioná-lo (CC de 2002, art. 417), mas nem por isso deixa de ser da natureza das arras ou sinal, em face de lhe atribuir o art. 420 o direito de arrependimento, em caráter opcional."[445]

Não se ignore que as arras confirmatórias, uma vez incidente, também faz jus ao caráter indenizatório, conforme reconhecido pela jurisprudência.

Confira-se a ementa:

> "*CIVIL COMPRA E VENDA VEÍCULO DESFAZIMENTO DO NEGÓCIO CELEBRADO DESISTÊNCIA POR PARTE DA AUTORA PERDA DO VALOR DADO A TÍTULO DE SINAL CABIMENTO O sinal, ou arras confirmatórias, além de representar um adiantamento da prestação obrigacional contratada, possui a função de preestabelecer um valor mínimo de indenização em caso de inexecução de uma das partes (artigos 418 e 419, do CC) Considerando que a desistência deu-se por vontade da própria autora, é razoável que a ré retenha a quantia de R$ 600,00 (seiscentos reais) paga a título de sinal, que, além de não ser excessiva, mostra-se adequada para indenizar a vendedora pelos prejuízos sofridos por força do desfazimento do negócio Restituição em dobro do sinal indevida Danos morais não configurados Litigância de má-fé não caracterizada Sentença mantida Recurso desprovido.*" (Apelação n.º 1004149- 97.2015.8.26.0292, Rel. Des. Carlos Von Adamek, 34.ª Câm.Dir.Priv., j. 17.5.17, v.u.).

Observe-se que, não se identificando a culpa de qualquer dos contratantes pela não-celebração do contrato, justo que as arras dadas, notadamente as confirmatórias, sejam devolvidas, como nesse sentido posiciona-se a jurisprudência:

> "*COBRANÇA – Negócio não caracterizado – Devolução dos valores recebidos – Admissibilidade – Ausência de arras confirmatórias, penitenciais e assecuratórias – valor*

---

[445] *Instituições de Direito Civil*. Rio de Janeiro: Forense, 2004. v. II, p. 356.

DIREITO DAS OBRIGAÇÕES

pleiteado que não foi dado em contrato preliminar – Impossibilidade de se inferir quem foi culpado pela não caracterização do negócio jurídico – Recurso provido. Não realizado o negócio, não se determinando de quem foi a culpa do malogro, o que se prestou ou contra--prestou deve ser repetido, pois tem-se de voltar ao 'status quo ante'" (Apelação Cível nº 15.215-4 – São Paulo – 9ª Câmara de Direito Privado – Relator: Franciulli Netto – 10-3-98 – v. u.).

Há situações, no entanto, em que por razões voltadas à proteção do consumidor adquirente de imóvel popular, independentemente da culpa contratual, veda-se a retenção total das arras confirmatórias por parte do vendedor, sendo admissível, porém, a indenização pelo desfazimento do negócio.

Nesse sentido a jurisprudência do STJ:

"Consoante a jurisprudência pacífica desta Corte, o arrependimento do promitente comprador de unidade habitacional em construção não importa em perda das arras se estas forem confirmatórias, admitindo-se, contudo, a retenção, pelo vendedor, de parte das prestações pagas, como forma de indenizá-lo pelos prejuízos eventualmente suportados com o desfazimento do negócio." (AgRg no REsp n.º 1394048/PB. Relator Ministro Ricardo Villas Bôas Cueva. Terceira Turma. J. 01-12-2015).

Quanto à segunda modalidade (arras penitenciais), o art. 420 expressamente regula a hipótese ao estabelecer:

"Se no contrato for estipulado o direito de arrependimento para qualquer das partes, as arras ou sinal terão função unicamente indenizatória. Neste caso, quem as deu perdê-las-á em benefício da outra parte; e quem as recebeu devolvê-las-á mais o equivalente. Em ambos os casos não haverá direito à indenização suplementar."

Conferir o direito de arrependimento envolve um direito potestativo ao contratante que manifesta revogação da avença a seu exclusivo arbítrio. Mas uma vez manifestado, o artigo confere efeito que envolve a perda do valor adiantado que se transformará em natureza indenizatória.

São os seguintes pressupostos para incidência da hipótese: (a) a existência de relação pré-contratual, ou contratual, que não se caracterize como relação jurídica de consumo; (b) a explícita estipulação do direito de

DAS ARRAS OU SINAL

arrependimento; (c) o exercício, por uma das partes, do direito formativo extintivo de recesso.[446]

Sobre o assunto, confira-se a jurisprudência:

"INCORPORAÇÃO IMOBILIÁRIA – A parte que recebeu arras penitenciais e que dá ensejo à resolução do ajuste, obriga-se a devolver os valores – Incorporadora e Corretora de Imóveis constituídas com os mesmos sócios e que juntas firmam pré-contrato prejudicial ao aderente – Responsabilidade solidária – Recurso dos autores provido" (Apelação Cível nº 279.841-1 – Jundiaí – 3ª Câmara de Direito Privado – Relator: Ênio Zuliani – 1º-4-97 – v. u.).

28.2. Funções e características

Várias são as funções das arras, destacando-se entre elas as seguintes:[447]

a) função probatória: muito embora a conclusão do contrato ainda dependa da troca de consentimentos, as arras servem de reforço para o vínculo celebrado;

b) função de restituição ou de desconto: havendo a conclusão do contrato, promove-se a restituição do valor dado a título de sinal, em caso de execução, ou o mesmo será descontado do preço total fixado entre as partes, se do mesmo gênero da prestação principal (art. 417);

c) função de arrependimento. A lei possibilita às partes estipular o direito de arrependimento, não obstante as arras dadas. Na hipótese, se o arrependido for o que as deu, perdê-las-á em benefício da outra parte; se o que as recebeu, devolvê-las-á mais o equivalente, não havendo, em ambos os casos, direito a indenização suplementar (art. 420);

d) função de cláusula penal: sendo possível que um dos contratantes descumpra o contrato, especialmente em sua fase de execução, a natureza jurídica das arras altera-se para a de cláusula penal. É a hipótese do art. 418 ao prever que, se parte que deu as arras não executar o contrato, a parte inocente poderá desfazer o negócio jurídico e reter o valor adiantado. Por outro lado, se a inexecução for

---

[446] MARTINS-COSTA, Judith. *Comentários ao novo Código Civil*, cit., p. 508.

[447] SERPA LOPES, Miguel Maria de. *Curso de direito civil*. 4. ed. Rio de Janeiro: Freitas Bastos, 1991. v. 3, p. 80.

DIREITO DAS OBRIGAÇÕES

de quem recebeu as arras, poderá quem as deu haver o contrato por desfeito, e exigir sua devolução mais o equivalente, com atualização monetária segundo índices oficiais regularmente estabelecidos, juros e honorários de advogado. Não se ignore que a parte inocente pode pedir indenização suplementar, se provar maior prejuízo, valendo as arras como taxa mínima (art. 419, primeira parte);

e) função de execução: caso a parte inocente não pretenda dar por desfeito o contrato, faculta-lhe a lei exigir sua execução com as perdas e danos, valendo as arras como o mínimo da indenização (art. 419, segunda parte).

Em tema de características, reconhece-se que as arras se tratam de um contrato unilateral (somente uma das partes promove a entrega do objeto), oneroso (há vantagens recíprocas mediante troca do equivalente) e acessório (pressupõe a celebração de outro negócio dito principal ao qual aderem as arras para aperfeiçoá-lo).

Considere-se ainda que as arras não se confundem com a cláusula penal, nada obstante admitir-se que aquelas se transformem nesta. Mas, de qualquer forma, nas obrigações com cláusula penal não é lícito ao devedor exonerar-se do vínculo obrigacional, resolvendo ao seu arbítrio, com a oferta do pagamento da multa estipulada, o compromisso pactuado. A cláusula penal distingue-se das arras penitenciais por constituir um reforço da obrigação, não podendo seu pagamento liberar de seu cumprimento o devedor inadimplente.

29.
Responsabilidade Civil

29.1. Introdução e análise

O estudo da responsabilidade civil naturalmente remete a outras noções correlatas como "culpa", "pena", "ressarcimento" e "indenização", vocábulos habitualmente utilizados não só no contexto jurídico, mas também religioso e/ou moral. Essa correlação é explicada por uma consequência decorrente de um fato que têm suas próprias raízes em um pressuposto comum, vale dizer, na noção de que houve a prática de uma infração violadora de um interesse digno de tutela.

As diferentes ordens de interesse e a violação cometida justificará a reação pela ordem pré-estabelecida e conhecida, v.g., se o interesse for meramente moral, o fato de uma pessoa não cumprimentar seu semelhante terá como consequência a repulsa da ordem social, considerando-o mal-educado. Em práticas esportivas, caso o jogador de futebol faça um gol usando o braço, certamente será reconhecida, pelo juiz, a infração às normas que não permitem tal modo de proceder. No âmbito jurídico penal, a subtração de coisa alheia móvel também manifestada pelo magistrado após processo judicial, implicará na imposição de pena pela transgressão de uma norma que veda tal conduta.

Em todas essas situações, é possível afirmar que há um ordenamento pressupondo a existência de regras disciplinando, numa determinada situação, o sentido correto de agir e aquele que será considerado errado.

DIREITO DAS OBRIGAÇÕES

No contexto, como bem enfatiza a doutrina, "(...) se usa a expressão técnica comum que o ordenamento que constitui o pressuposto de culpa, responsabilidade e pena, é um ordenamento normativo. Isso pode, conforme os casos, tomar a forma de um ordenamento jurídico, de um ordenamento moral, de um ordenamento convencional e talvez de outras variantes.[448]

O que será objeto de nossa abordagem é a consequência de uma determinada transgressão que provoque lesão a ordem jurídica (ou ordenamento jurídico) protetiva de bens jurídicos tanto materiais como imateriais e as formas de sua reposição ao estado anterior ou sua minimização.

Assim, atendo-se a um pressuposto lógico, a responsabilidade civil é um juízo normativo que consiste em imputar a uma pessoa uma obrigação de reparar em razão do dano causado a integridade psico-física de outra pessoa ou a bens que contenham expressão econômica valorável.

Como já afirmado anteriormente, as fontes das obrigações são: contratos, declarações unilaterais de vontade, enriquecimento sem causa e os atos ilícitos.

As obrigações derivadas do ato ilícito são as que constituem por meio de ações ou omissões culposas ou dolosas do agente, praticadas com infração a um dever de conduta e das quais resulta dano para outrem. A obrigação que surge é a de indenizar ou ressarcir o prejuízo causado.

Como bem observa Sérgio Cavalieri Filho, há na espécie duas ordens de deveres, um originário e outro sucessivo.

> "A violação de um dever jurídico configura ilícito, que, quase sempre acarreta dano para outrem, gerando um novo dever jurídico, qual seja, o de reparar o dano. Há, assim, um dever jurídico originário, chamado por alguns de primário, cuja violação gera um dever jurídico sucessivo, também chamado de secundário, que é o de indenizar o prejuízo."[449]

A ação ou omissão praticada pelo agente que resulta no dano impõe efeitos cujas consequências devem ser suportadas pelo autor do ilícito. Trata-se de regra elementar de equilíbrio social, vale dizer, a responsabilidade civil

---

[448] Ross, Alf. *Colpa, responsabilità e pena*. Milano: Giuffrè Editore, 1972, p.11).

[449] *Programa de responsabilidade civil*. São Paulo: Malheiros, 1996. p. 19.

RESPONSABILIDADE CIVIL

é um fenômeno social diante da necessidade de reparação de direitos ou interesses injustamente violados.

A responsabilidade civil baseia-se na culpa (art. 186 do CC) e seu fundamento encontra-se no princípio genérico de que ninguém pode lesar o direito ou interesse de outrem (*neminem laedere*). Assim, só se cogita de indenização quando resta configurada violação a um dever jurídico, genericamente considerado, provocando assim o dano.

Muito embora o fundamento da responsabilidade civil esteja na culpa, historicamente seu ingresso como um dos pressupostos do dever de indenizar encontra-se diretamente ligado a outro fenômeno, isto é, o deslocamento da responsabilidade do grupo de caráter coletivo para a responsabilidade individual.

Assim, nesse primeiro período mais interessava a integridade do grupo, que não poderia ser colocada em risco, não havendo maior interesse em questões referentes à imputabilidade ou à responsabilidade individual.

Quando o grupo passou a desagregar-se e o responsável pelo ato ilícito deixou de ter amparo de seu clã, tem-se o início da responsabilidade individual com as consequências derivadas pela identificação do autor do dano.

Todavia, a pesquisa do elemento subjetivo (intenção ou não de causar o prejuízo) é reservada para um segundo momento, pois numa primeira etapa histórica a responsabilidade era puramente objetiva (sem a pesquisa da culpa), derivando após, por obra dos jurisconsultos romanos, para o princípio tradicional da culpa, que visaram eximir da responsabilidade penal certos incapazes, porque os romanos jamais conceberam a responsabilidade exclusivamente civil; ainda quando restrita à indenização de perdas e danos, ela era uma pena.

Com o passar dos tempos, verificou-se certa conciliação entre a responsabilidade objetiva e a subjetiva até que por obra da doutrina francesa e germânica, com amplo respaldo nos Códigos Civis editados pelos respectivos países, abraçou-se a regra segundo a qual somente pela pesquisa da culpa é que haveria dever de indenizar, reservando-se à responsabilidade objetiva (normalmente baseada na Teoria do Risco) uma função subsidiária.

Bem ajustado à fase da ordem normativa que assegurava a proteção jurídica contra intromissões danosas externas num círculo mínimo de

DIREITO DAS OBRIGAÇÕES

interesses, a responsabilidade civil baseada na culpa ligava-se à um esquema de imputação de danos assente em comportamentos humanos controláveis pela vontade, donde a indenização tinha por pressuposto a censurabilidade da conduta do lesante.[450]

Registra-se, no entanto, que, com a evolução social, o direito das obrigações e, notadamente, da Teoria da Responsabilidade Civil foi-se tornando mais perene e factível às condições da vida moderna (v.g. revolução tecnológica associada a crescente ocorrência de danos), derivando do deslocamento da noção de culpa para o da Teoria do Risco, consoante a qual pouco importa quem foi o culpado pelo prejuízo verificado, tendo mais relevância a atribuição à pessoa que deu causa à situação de perigo de cujo contexto ameaçador resultou aquela situação, como, aliás, ocorre na manipulação de agentes químicos, acidentes de trabalho, produção de energia atômica, circulação de veículos automotores etc.

Essa tendência, inicialmente respaldada pela jurisprudência, foi agasalhada pelo novo Código Civil em seu art. 927, parágrafo único, ao impor o dever de indenizar, independentemente de culpa, nos casos especificados em lei, ou quando a atividade normalmente desenvolvida pelo autor do dano implicar, por sua natureza, risco para os direitos de outrem.

De fato, conforme afirma Alvino Lima:

> "As necessidades prementes da vida, o surgir dos casos concretos, cuja solução não era prevista em lei, ou não era satisfatoriamente amparada, levaram a jurisprudência a ampliar o conceito de culpa e acolher, embora excepcionalmente, as conclusões das novas tendências doutrinárias."[451]

Assim, a responsabilidade deve ser encarada sob aspecto objetivo, vale dizer, não se questiona a intenção ou não de causar dano. Somente a produção daquele resultado e o nexo de causalidade já impõem o dever de reparar. Há a noção de atividade perigosa de que pode resultar o dano,

---

[450] CARNEIRO DA FRADA, Manuel A. *Contrato e deveres de proteção.* Coimbra: 1994, Separata do volume XXXVIII do Suplemento ao Boletim da Faculdade de Direito da Universidade de Coimbra, p.17, *passim.*

[451] *Culpa e risco.* São Paulo: Revista dos Tribunais, 1963. p. 42-43.

RESPONSABILIDADE CIVIL

expondo a vítima a risco potencial. A exoneração somente ocorre quando o agente provar que tomou todas as cautelas exigíveis.[452]

Sobre tal aspecto, interessante classificação é dada pelo insigne Álvaro Villaça Azevedo quanto a responsabilidade objetiva que pode ser pura e impura. Afirma o ilustre autor:

> "A 'responsabilidade objetiva impura' tem, sempre, como substrato a culpa de terceiro, que está vinculado à atividade do indenizador. A 'responsabilidade objetiva pura' implica ressarcimento, ainda que inexista culpa de qualquer dos envolvidos no evento danoso. Neste caso, indeniza-se por ato ilícito ou por mero fato jurídico, porque a lei assim o determina. Nesta hipótese, portanto, não existe direito de regresso, arcando o indenizador, exclusivamente, com o pagamento do dano."[453]

O direito brasileiro manteve-se fiel à teoria da culpa ou subjetiva, já que a reparação do dano pressupõe a prática do ato ilícito. Sem prova da culpa, em regra, não há o dever de reparar.

No entanto, o Código Civil, em artigos esparsos, adotou a teoria da responsabilidade objetiva, seja de forma genérica (remetendo sua adoção às previsões legais ou pela apreciação do caso concreto, com o reconhecimento de situações em que a vítima é colocada em risco pela atividade desenvolvida por outrem – art. 927, parágrafo único), seja por normas legais que indiretamente afastam a pesquisa da culpa e averiguação da conduta do agente (cf., *v. g.*, arts. 937 e 938).

A abordagem dos limites que envolvem as duas teorias fundamentais (responsabilidade subjetiva e objetiva) tem seus fundamentos bem definidos, pois enquanto o dever de indenizar derivado da culpa pressupõe um fato voluntário, na responsabilidade decorrente do risco mostra-se suficiente a causalidade material entre a ação e o dano, aspecto que de um ponto de vista funcional resta bem evidente pela normativa legal (art.927, § único, do CC).

Conforme bem registra a doutrina, a responsabilidade objetiva apresenta uma analogia com as denominadas obrigações de garantia do direito

---

[452] Sobre o assunto, cf. a obra de Wilson Melo da Silva. *Responsabilidade sem culpa*. São Paulo: Saraiva, 1974.

[453] Cf. Proposta de classificação da responsabilidade objetiva: pura e impura. *RT* 698/10.

contratual (como a obrigação de sanear o vício que o vendedor tem a favor do comprador no contrato de compra e venda), pois se assegura aos potenciais vítimas que todo dano causado em certo âmbito de risco dever ser reparado por quem o cria.[454]

29.2. Principiologia adotada pelo Código Civil em determinados casos de indenização segundo padrões de equidade

Conforme se pode identificar acerca das diversas inovações do atual Código Civil, no campo da responsabilidade civil (algumas delas já apontadas no Capítulo 2 desta obra), o legislador consagrou em várias oportunidades a adoção da equidade como parâmetro para a fixação da indenização.

Logo, remetendo a justa atribuição indenizatória ao caso concreto, os arts. 928, 944, parágrafo único, 953, parágrafo único, e 954 do CC expressamente justificam a noção de que somente nos casos previstos em lei poderá o juiz decidir por equidade (art. 140, § único, do Novo CPC).

Com efeito, o vocábulo *equidade*, em matéria de aplicação e interpretação das normas jurídicas, é utilizado de forma normal em oposição às normas legais escritas, e seu conceito tem em vista a própria ideia de justiça que deve ser atendida no caso concreto com suas peculiaridades, tudo com o objetivo de abrandar o rigor da lei para obter uma decisão humana e justa.

Conforme bem se ajusta à espécie,

"a equidade apresenta-se, no momento da adaptação da norma à situação de fato, como atenuação da rigidez da lei, quando sua aplicação rigorosa pode mostrar-se inconveniente ao ferir o sentimento de justiça".[455]

Essa noção é confirmada pelo art. 5º da Lei de Introdução ao CC, ao dispor que, "na aplicação da lei, o juiz atenderá aos fins sociais a que ela se dirige e às exigências do bem comum", bem como à regra constitucional sobre os princípios fundamentais (art. 1º), com destaque para o da dignidade da pessoa.

---

[454] BOURIE, Enrique Barros. *Tratado de responsabilidad extrancontratual.* Santiago: Editorial Juridica de Chile, 2006. pp.31-32.

[455] ESPINOLA, Eduardo. *Sistema do direito civil brasileiro.* Rio de Janeiro: Editora Rio, 1977. p. 193.

RESPONSABILIDADE CIVIL

A hipótese versada, portanto, não se confunde com o princípio do legalismo, segundo o qual, para a solução dos litígios, as fontes de que se servirá o juiz serão, antes de tudo, as previstas em lei. Não existindo previsão para a hipótese litigiosa, então o magistrado recorrerá à analogia, costume e, por último, aos princípios gerais de direito, no pressuposto de que não poderá eximir-se de julgar (sentenciar ou despachar), alegando lacuna da lei (art.140 do CPC de 2015).

A equidade envolve situação diversa, pois para sua adoção deve haver previsão expressa no ordenamento jurídico, contexto bem sintetizado pelo Mestre Arruda Alvim ao afirmar:

> "Se a hipótese fática não estiver prevista, não há que se falar em equidade, senão que haverá o juiz de se utilizar do art. 126, no qual não encontra lugar a equidade, senão muito excepcionalmente, dentro dos princípios gerais de direito, última categoria a que alude o art. 126. Assim, o uso da equidade é excludente do aparato da legalidade estrita, e dar-se-á quando o próprio legislador utilizar de tal expressão."[456]

Talvez a melhor forma de compreender o recurso à equidade seja invocar a redação do art. 114 do revogado CPC de 1939, segundo a qual "quando autorizado a decidir por equidade, o juiz aplicará a norma que estabeleceria se fosse legislador".

De fato, o juiz, havendo previsão legal permissiva, recorrerá à equidade, exercendo cumulativamente a função de legislador para o caso concreto, já que este, ao editar a norma, refletiu sobre os casos concretos futuros e considerou como mais justa a concreção judicial, a qual se realiza inicialmente com a criação de uma "regra jurídica", que após será aplicada à hipótese que lhe está sendo submetida a decisão.[457]

Nem por isso o fato induz pela liberdade desmedida do juiz, pois, além do respeito às normas legais citadas, deverá atender ao bom-senso

> "na tentativa de surpreender o que é dessumível da valoração estimada pela sociedade, como representando, naquele instante histórico, a eqüidade. Tanto esta assertiva é exata que, se a sua decisão for desarrazoada (ou sem

---

[456] *Código de processo civil comentado*. São Paulo: Revista dos Tribunais, 1979. v. 5, p. 139.
[457] Cf. ARRUDA ALVIM. Op. cit. p. 141.

DIREITO DAS OBRIGAÇÕES

fundamentação, completamos nós), caberá recurso, para a respectiva correção. *O que desejou o legislador foi, exclusivamente, encarregar ao juiz (rectius, o Judiciário) de formular o conceito socialmente vigente de eqüidade, e não, eventualmente, o seu conceito pessoal, na medida em que se dissocie daquele imanente à sociedade, em que é juiz".*[458]

Fixada então a noção sobre a adoção da equidade, resta fora de dúvida que o legislador do atual Código Civil endereçou as citadas normas para o uso do juiz, ou seja, trata-se da chamada equidade judicial, aquela que o legislador incumbe de levar a efeito no caso concreto que lhe for submetido a julgamento.[459]

Os quatro artigos em que o legislador adotou expressamente a equidade como parâmetro de fixação da indenização serão analisados adiante, de acordo com a divisão feita dos assuntos.

29.3. Culpa e responsabilidade

Conforme já citado, estipula o art. 186 do CC:

> "Aquele que, por ação ou omissão voluntária, negligência ou imprudência, violar direito e causar dano a outrem, ainda que exclusivamente moral, comete ato ilícito."

Tal dispositivo legal possui duas diferenças básicas com relação ao art. 159 do CC de 1916, pois:

a) consagrou de forma definitiva a reparação do dano moral, assunto que será apreciado adiante; e

b) deixou de atribuir o efeito pela prática do ato ilícito, que no direito revogado consistia na obrigação de reparar o dano, deslocando a hipótese para o art. 927.

---

[458] Idem, p. 142. Para outros detalhes, confira-se também: LIMONGI FRANÇA, R. *Formas e aplicação do direito positivo.* São Paulo: Revista dos Tribunais, 1969. p. 72, passim; SILVEIRA, Alípio. *Hermenêutica no direito brasileiro.* São Paulo: Revista dos Tribunais, 1968. v. 1, p. 370, passim; MAXIMILIANO, Carlos. *Hermenêutica e aplicação do direito.* Rio de Janeiro: Forense, 1980. p. 172 passim.

[459] Agostinho Alvim *in RT* 132/4.

RESPONSABILIDADE CIVIL

Essas diferenças não comprometem o novo texto, mas tão logo editado o atual Código Civil vozes autorizadas identificaram na redação um erro de impressão ou até mesmo de aberração jurídica.

Com efeito, pela letra da lei atual, pode-se entender que, para a configuração do ato ilícito, seja necessária, além da violação de direito, também a causação de um dano a outrem ("violar direito *e* causar dano a outrem"), diversamente do que ocorria com a redação antiga, que atribuía o dever de indenizar, pelas duas hipóteses, que ficavam agregadas por uma conjunção alternativa ("ou").

Assim,

> "em suma o novo Código Civil incluiu a expressão 'causar dano a outrem' para compor a definição de ato ilícito, quando 'ato ilícito' seria, apenas, o praticado em desacordo com a ordem jurídica, violando direito subjetivo individual. Para a configuração do ato ilícito é suficiente a violação de direito. O 'ato ilícito', portanto, está mal definido no art. 186, porque cada expressão 'violar direito' e 'causar dano a outrem', considerada isoladamente, provoca a mesma consequência: reparar o dano".[460]

A concepção é válida e merece a menção para que se evitem interpretações equivocadas, visando concluir que só haverá ato ilícito se congregadas as duas noções, ou seja, em conclusão: seja o ato ilícito praticado por violação a direito ou por causação de prejuízo a outrem, haverá dever de indenizar.

Disseca-se então o art. 186 do CC.

A rigor, o dispositivo consagra uma cláusula geral e aberta, na compreensão de que não havendo uma conceituação legal de dano, a noção será preenchida por obra da doutrina e, notadamente, da jurisprudência, atendo-se de forma essencial aos valores constitucionais consagrados pela comunidade social.

A título de exemplo, veja-se um caso que bem espelha a tentativa doutrinária de consagrar "novos danos", mas que, por obra da jurisprudência não se reconheceu a pretensão indenizatória.

A hipótese refere-se ao chamado abandono afetivo.

---

[460] PINHEIRO, Flávio César de Toledo. Erro de impressão ou aberração jurídica. *Tribuna da Magistratura*, Caderno Especial Jurídico, ano 14, nº 121, jul./ago. 2002.

DIREITO DAS OBRIGAÇÕES

O Tribunal de Justiça do Estado de Minas Gerais entendeu que *"A dor sofrida pelo filho, em virtude do abandono paterno, que o privou do direito à convivência, ao amparo afetivo, moral e psíquico, deve ser indenizável, com fulcro no princípio da dignidade da pessoa humana." Acrescenta ainda: ""O princípio da efetividade especializa, no campo das relações familiares, o macroprincípio da dignidade da pessoa humana (art. 1º, inciso III, da Constituição Federal), que preside todas as relações jurídicas e submete o ordenamento jurídico nacional. No estágio atual, o equilíbrio do privado e do público pauta-se exatamente na garantia do pleno desenvolvimento da dignidade das pessoas humanas que integram a comunidade familiar. No que respeita à dignidade da pessoa da criança, o art. 227 da Constituição expressa essa concepção, ao estabelecer que é dever da família assegurar-lhe 'com absoluta prioridade, o direito à vida, à saúde, à alimentação, à educação, ao lazer, à profissionalização, à cultura, à dignidade, ao respeito, à liberdade e à convivência familiar e comunitária', além de colocá-la 'à salvo de toda forma de negligência, discriminação, exploração, violência, crueldade e opressão'. Não é um direito oponível apenas ao Estado, à sociedade ou a estranhos, mas a cada membro da própria família. Assim, depreende-se que a responsabilidade não se pauta tão-somente no dever alimentar, mas se insere no dever de possibilitar o desenvolvimento humano dos filhos, baseado no princípio da dignidade da pessoa humana."*

Conquanto questionável a premissa de atribuir efeitos jurídicos a determinadas situações de afeto, o julgado foi submetido ao STJ que corretamente entendeu:

> *"(...) escapa ao arbítrio do Judiciário obrigar alguém a amar ou a manter um relacionamento afetivo, que nenhuma finalidade positiva seria alcançada com a indenização pleiteada* (REsp 757.411-MG, Rel. Min. Fernando Gonçalves, julgado em 29/11/2005).

Por outro lado, para a verificação de culpa não se pode prescindir da ideia de previsibilidade e comportamento do *homo medium*, ou seja, só se pode cogitar de culpa quando o evento é previsível.

O mencionado dispositivo legal sempre cogita da culpa *lato sensu* que abrange o dolo (intenção de causar o dano) e culpa *strictu sensu* ou aquiliana (violação de um dever por imperícia: inobservância de regra técnica; negligência: falta de atenção, preguiça psíquica; ou imprudência: agir sem cautelas necessárias).

Por dolo entende-se a conduta voluntária do agente que já tem ínsita a intenção de prejudicar, entenda-se, a vontade é direcionada para causar o dano, por isso que o juízo axiológico incide sobre a própria conduta.

Basicamente, a culpa considerada em seu aspecto estrito tem referência com a inobservância do dever de cuidado objetivo, o que coloca em destaque o fato de que na culpa não importa o fim do agente, que no mais das vezes é lícito, mas a forma inadequada do agir que resultou o dano antijurídico.

Não é por outro motivo que a doutrina penal qualifica o crime culposo como delito de resultado, ideia que pode perfeitamente ser identificada no trato civil da matéria diante do juízo valorativo que se forma sobre a lesão a direito produzida pela não-adoção de uma conduta adequada ou mal dirigida.

Por tal aspecto, sempre que o dever primário não for observado, vale dizer, prática de ato ilícito que resulta o dano, haverá a obrigação de reparar, que no caso identifica-se como a própria responsabilidade advinda do evento. Por assim dizer, em geral, o autor do ato danoso sempre é a pessoa responsável pela indenização. É como afirmar que não existe ato ilícito sem responsável.

29.4. Imputabilidade e capacidade. Responsabilidade dos incapazes

A imputabilidade prevista no art. 186 do CC pressupõe a existência de agente livre e determinado em sua vontade, isto é, para impor-se a reparação é necessário que o agente tenha capacidade de discernimento. Quem não pode entender o caráter ilícito de sua conduta não incorre em culpa e, portanto, não pratica ato ilícito. Dessa forma, ordinariamente, para haver culpa deve estar configurada a imputabilidade.

Questiona-se assim se os amentais podem ser responsabilizados civilmente.

Clóvis, Spencer Vampré e Bulhões de Carvalho, entre outros juristas, entendem que o amental deve reparar o dano causado, basicamente porque o art. 159 do CC de 1916 não fazia distinção, prescindido da indagação quanto ao discernimento do agente.

Prevaleceu o entendimento de Aguiar Dias que, em sua clássica obra, estabeleceu que a solução no direito brasileiro ainda permanece no estágio da responsabilidade da pessoa encarregada da guarda. O ato ilícito que tenha praticado o incapaz acarreta ou a responsabilidade substitutiva ou a responsabilidade coexistente de outra pessoa, aquela a quem incumbia sua guarda.

Advirta-se, no entanto, que se fosse possível a prova de que não houve negligência relativamente a esse dever ficaria a vítima, ainda que lesada por amental de fortuna, privada da reparação civil, solução que nos parecia injusta e de todo contrária aos princípios que se justificavam como orientadores da responsabilidade civil.[461]

Em verdade, a atribuição de culpa pressupõe a razão, vontade esclarecida. Portanto, a vontade cega do amental é comparável ao caso fortuito e ninguém se deve vincular se não estiver configurada a irresponsabilidade quanto ao dever de vigilância.

Em face dessas considerações, qual a conclusão em relação ao ato ilícito praticado pelos psicopatas, toxicômanos ou viciados em substâncias capazes de determinar a dependência física ou psíquica?

O Decreto-lei nº 24.559/34 regula a profilaxia mental, a assistência e proteção à pessoa e aos bens dos psicopatas entre outras providências, e, em seu art. 26, estipula que a pessoa acometida por doença mental, assim declarado por perícia, é absoluta ou relativamente incapaz conforme o grau de incompreensão para os atos da vida civil, o que se estende aos toxicômanos nos termos da Lei nº 6.368/76.

Quanto aos psicopatas, a responsabilidade depende do grau de incapacidade assim declarado. Nas outras hipóteses, a responsabilidade será apurada de acordo com a teoria da culpa anterior, segundo a qual o agente deveria prever que o uso de substâncias tóxicas poderia conduzi-lo para o estado de alienação em que viria mais tarde provocar o dano.[462]

Pode-se afirmar, portanto, que a reparação do dano por pessoas em tais condições depende da efetiva comprovação, ou não, de sua capacidade para entender o ato ilícito praticado, decorrendo daí as consequências já tratadas para cada caso.

O legislador do CC de 2002 posicionou-se diversamente do sistema revogado, porque pela expressão do art. 928, *caput*, atribuiu aos incapazes a responsabilidade subsidiária e mitigada pelos prejuízos que causar em

---

[461] *Da responsabilidade civil*. Rio de Janeiro: Forense, 1995. v. 2, p. 379; cf. também artigo de Orozimbo Nonato. Reparação do dano por pessoa privada de discernimento. *RF* 83/371.
[462] SILVA, Wilson Melo da. *Da responsabilidade civil automobilística*. São Paulo: Saraiva, 1980. p. 35.

RESPONSABILIDADE CIVIL

duas hipóteses: (a) se as pessoas por ele responsáveis não tiverem obrigação de fazê-lo; ou (b) se não dispuserem de meios suficientes.

Note-se que o reconhecimento da responsabilidade do incapaz está condicionado a uma das hipóteses, ou seja, pela dicção legal as condições não são cumulativas porque o legislador utilizou-se da conjunção alternativa "ou". Se pretendesse cumular as condições, por certo, a redação do artigo faria menção ao aditivo "e".

No direito comparado, cuja expressão legal é similar, afirma a doutrina que

> "mesmo os não imputáveis podem ser condenados a reparar total ou parcialmente os danos causados, 'desde que não seja possível obter a devida reparação das pessoas a quem incumbe a sua vigilância' (art. 489, nºs 1 e 2). Trata-se, pois, de uma responsabilidade subsidiária dos imputáveis, que eventualmente se concretiza, por motivos de equidade, quando as pessoas obrigadas à vigilância não tenham que responder (art. 491), *ou* quando se verifique a simples impossibilidade prática de conseguir essa reparação"[463] (sem grifo no original).

Para fins indenizatórios, o art. 928, parágrafo único, determina que a indenização deverá ser equitativa (ver o que já escrevemos sobre a fixação da indenização por equidade), atendendo-se obviamente à justa atribuição em função da extensão do dano, sem se ignorar o fato de que não terá ela lugar, se privar do necessário o incapaz ou as pessoas que dele dependem.

Por fim, muito embora identifique-se controvérsia doutrinária a respeito do fundamento da responsabilidade civil na espécie (por equidade ou outro qualquer), quer-nos parecer que a questão é irrelevante, visto que, excluída da hipótese a responsabilidade por culpa, "importa na consagração de outro princípio de caráter meramente objetivo".[464]

29.5. Responsabilidade civil e penal

Em termos técnicos, a palavra *responsabilidade* significa a obrigação de alguém responder por seus próprios atos ou pelos de outrem em razão de texto expresso de lei.

---

[463] ALMEIDA COSTA, Mário Júlio de. *Direito das obrigações*. Coimbra: Almedina, 1979. p. 385.
[464] LIMA, Alvino. *Culpa e risco*. São Paulo: Revista dos Tribunais, 1963. p. 176.

DIREITO DAS OBRIGAÇÕES

Assim, a violação pode estar relacionada a um interesse de ordem pública ou privada, ou ambos. Pode-se identificar, assim, a existência de duas ordens de responsabilidade, o que não impede, por exemplo, que um mesmo ato implique as conseqüências de todas.

A responsabilidade pode então ser penal ou civil. No primeiro caso tutela--se um direito indisponível, como integridade física ou vida. Seu caráter é de ordem pública e uma vez comprovada a autoria torna-se intransferível, dada sua natureza pessoal. A consequência da violação de uma norma penal, conforme o caso, impõe a seu agente a privação da liberdade ou pagamento de multa pecuniária.

No aspecto civil podem as partes (vítima e agente) compor os danos por meio de transação em razão do aspecto disponível no qual tutelam-se direitos privados. Pode o culpado não coincidir com o responsável pela reparação (por exemplo, art. 932), e para impor o dever de indenizar basta a culpa levíssima.

Pelo seguinte exemplo pode-se perceber a violação das duas ordens de responsabilidade com extensão à responsabilidade administrativa que é objeto de estudo na respectiva disciplina: imagine-se o funcionário público que numa mesma conduta desrespeita seu superior hierárquico, agredindo-o fisicamente com o uso de um equipamento da administração pública que vem a ser danificado. Com a prática, incidiu o funcionário na responsabilidade penal, administrativa e civil, as quais não se excluem diante dos fundamentos diversos que as justificam.

Observe-se que, muito embora a prática de uma única conduta ilícita possa ensejar a interferência em diferentes ramos do direito, com diversas formas de reparações ou punições, a lei estabelece o princípio segundo o qual

> "a responsabilidade civil é independente da criminal, não se podendo questionar mais sobre a existência do fato, ou sobre quem seja o seu autor, quando estas questões se acharem decididas no juízo criminal" (art. 935).

A rigor, não existe diferença entre ilícito civil e penal, porque ambos envolvem a noção de que a ilicitude jurídica é una. Contudo, o citado artigo traz uma série de questões que não se limitam ao campo do direito material, podendo-se mesmo afirmar que a problemática está mais submetida aos efeitos do julgamento criminal em relação à ação civil.

RESPONSABILIDADE CIVIL

Uma primeira observação deve ser feita a respeito do grau de dependência que enseja a referida norma legal. A melhor orientação é a que reconhece o sistema da independência relativa entre os dois juízos, pois, conforme o resultado da ação penal, as interferências no juízo cível admitem variantes.

Logo, tem-se como certo que, uma vez proferida a sentença condenatória no juízo penal, com trânsito em julgado, tal questão não poderá mais ser discutida no âmbito cível. No caso, pretendendo a vítima (ou representante legal ou herdeiros) o ressarcimento dos danos, bastará promover a execução, não sem antes atribuir ao título executivo a necessária liquidez (art. 91, I, do CP e art. 63 do CPP c.c. art.515, VI, do Novo CPC). Nesse caso, assume-se que a eficácia é absoluta pela dicção clara do artigo por primeiro citado.

Todavia, a eficácia será relativa nas várias hipóteses de absolvição previstas no art. 386 do CPP.

Nessas condições, podem-se inferir as seguintes regras: (a) sendo a sentença penal de absolvição fundada em negativa do fato ou negativa de autoria, tais conclusões não admitem rediscussão no cível; (b) caso a sentença absolutória seja proferida com base em falta de provas, não representar crime o fato descrito na denúncia ou existir reconhecimento de prescrição criminal, o julgamento nessa linha não terá qualquer interferência no juízo cível; (c) reconhecendo a sentença absolutória algumas das causas de exclusão da antijuridicidade (legítima defesa, estado de necessidade, estrito cumprimento de dever legal ou exercício regular de um direito), haverá influência no juízo cível, não sendo afastado o dever de indenizar (cf. STF – *RTJ* 81/542).

29.6. Responsabilidade subjetiva e objetiva
Diz-se subjetiva a responsabilidade quando se funda na noção de culpa que deve ser provada pela vítima. Trata-se da teoria clássica adotada pelo CC, conforme já afirmado.

No caso da responsabilidade objetiva, prescinde-se da ideia de culpa, porque sua noção é fundada no risco, isto é, a doutrina aplicável orienta-se para o fato de que, não existindo atividade humana isenta de riscos, fonte jurígena de prejuízos, não é justo que as vítimas dos danos fiquem sem a devida reparação, considerando inclusive que a criação do risco é fonte de lucro ou exigência de conforto ou comodidade para seus criadores.

A responsabilidade objetiva, cuja origem remonta ao direito penal, surgiu como necessidade de que princípios novos fossem encontrados, mais

DIREITO DAS OBRIGAÇÕES

equânimes e menos herméticos que os da simples culpa subjetiva, para a solução de problemas novos que se acumulavam à frente do jurista, entre eles principal e originariamente a responsabilidade civil pelos acidentes do trabalho, no qual o empregado, sofrendo dano corporal, no mais das vezes tinha poucas possibilidades de sair vitorioso numa ação civil, não só pela insuficiência da doutrina tradicional da culpa, como também pelo poderio econômico do empresário.

O Código Civil adotou a teoria subjetiva que é a regra. É indispensável lembrar que, aos poucos, sem abandono da responsabilidade em razão de culpa, que continuou sendo sempre o centro de referência da imputabilidade, vem prevalecendo cada vez mais o tratamento do assunto consoante exigências relacionadas à ordem social, que levaram a produzir uma inversão no "juízo de responsabilidade", substituindo-se o antigo fundamento da ação aquiliana (onde há culpa, há reparação) por outro de validade objetiva, atentando à vítima da lesão, vale dizer, onde há lesão, há reparação. Dá-se assim o deslocamento do problema, da pessoa do agente do dano para a pessoa da vítima, ficando questionada, portanto, a lógica intrinsecamente bilateral da responsabilidade civil. Tal aspecto é a própria razão da responsabilidade objetiva, ou responsabilidade sem culpa.

Bem a esse respeito esclarece Alvino Lima:

> "A teoria do risco tem conquistado terreno sobre a responsabilidade fundada na culpa, quer na elaboração dos próprios preceitos do Direito comum, como em sua interpretação pelos tribunais, quer na legislação especial, resolvendo hipóteses que não poderiam ser, com justiça e equidade, no âmbito estreito da culpa."

Mas de qualquer forma, tanto a responsabilidade objetiva, como a subjetiva

> "continuarão a subsistir, como forças paralelas, convergindo para um mesmo fim, sem que jamais, talvez, se possam exterminar ou se confundir, fundamentando, neste ou naquele caso, a imperiosa necessidade de ressarcir o dano, na proteção dos direitos lesados".[465]

---

[465] *Culpa e risco*. São Paulo: Revista dos Tribunais, 1963. p. 45.

29.7. Responsabilidade contratual e extracontratual

O descumprimento contratual envolve a violação de uma cláusula inserida no contrato, ou seja, a convenção prévia entre as partes não é cumprida e o inadimplemento gera perdas e danos, fundamentando-se no art. 389 do CC. Fala-se então em responsabilidade contratual. Exemplo: Passageiro de um ônibus que não chega a seu destino.

Quando a responsabilidade não deriva do contrato, afirma-se extracontratual porque há infringência a um dever legal sem existir vínculo antecedente entre o causador do dano e a vítima (cf. art. 186 do CC).

Tanto num caso como no outro, isto é, responsabilidade contratual ou extracontratual, a solução é a mesma, vale dizer, o dever de indenizar, aspecto que segundo Alsina impõe reconhecer a noção unívoca de culpa, pois a diversidade somente ocorre quanto ao regime de responsabilidade culposa.[466]

Entretanto, existem diferenças, que são:

1. Na responsabilidade contratual, o credor só está obrigado a provar que uma cláusula não foi cumprida. Daí afirmar-se que a responsabilidade nesse aspecto resvala a culpa presumida; ao passo que no ato ilícito, deve a vítima provar a culpa do agente, em regra.
2. Quanto às fontes, na contratual deriva da convenção entre as partes, ao passo que na extracontratual deriva do dever legal de ninguém ser obrigado a suportar o dano causado por outrem (*neminem laedere*).
3. Capacidade. Na contratual, a capacidade é requisito para a validade do negócio jurídico sob pena de não gerar deveres indenizatórios. Na hipótese da culpa delitual, o ato capaz de gerar indenização refere-se aos legalmente encarregados da guarda das pessoas incapazes.

Por assim dizer, a capacidade jurídica é bem mais restrita na responsabilidade contratual do que na derivada de atos ilícitos, porque estes podem ser praticados por menores ou amentais.

29.8. Responsabilidade pré-contratual

Compreendida a diferença entre responsabilidade contratual e extracontratual, que mais diz respeito à fonte do que propriamente à consequência,

---

[466] *Teoria general de la responsabilidad civil*. Buenos Aires: Abeledo-Perrot, 1987. p. 73.

sobretudo porque a disposição das partes, anterior ao surgimento do ato gerador da responsabilidade, é diversa, por ser a primeira um efeito da obrigação e a segunda uma fonte das obrigações, identifica-se dentro da teoria da responsabilidade extracontratual uma espécie de dever de indenizar, que essencialmente está associado à fase anterior à concretização do negócio jurídico, tendo como suporte fático a conduta das partes na condução das tratativas negociais.

Trata-se da chamada responsabilidade pré-contratual (ou negocial), que teve sua origem na doutrina da *culpa in contrahendo*, elaborada por Ihering ao sustentar em meados do século XIX, com base no direito romano, que em determinados casos a parte prejudicada podia ser indenizada ainda que o contrato fosse nulo ou anulável.[467]

De fato, não sendo esse o campo próprio para a análise das doutrinas que sustentam o dever de indenizar em razão da recusa injustificada de contratar, sobretudo aquelas chamadas contratualistas ou extracontratualistas[468] a responsabilidade pré-contratual decorre da postura abusiva de um dos candidatos a contratantes[469] na condução dos atos preparatórios para uma futura e hipotética celebração do contrato.

Assim, a partir do momento em que aqueles candidatos devem pautar-se dentro da boa-fé objetiva, caracterizada por deveres específicos (chamados pré-negociais), entre eles o de prestar esclarecimentos um ao outro, conduzir-se com lealdade, sigilo e principalmente o de conferir confiança como valor fundante em toda relação jurídica potencialmente a ser concretizada, o que, em termos específicos, deriva para a doutrina do chamado contato social (cf. Capítulo 1, item 1.3.1), surge o dever de indenizar exatamente quando um deles, sem razão apreciável, interrompe o *iter* negocial que naturalmente redundaria na conclusão do contrato.

Atente-se que, na verdade, a responsabilidade pré-contratual não surge pelo mero fato de um dos candidatos romper as tratativas preliminares tendentes a concretizar a contratação, sobretudo porque as partes são

---

[467] ESTEVIL, Luis Pascual. *Derecho de daños*. Barcelona: Bosch, 1995. t. II, p. 1023; MOTA PINTO, Carlos Roberto da. *A responsabilidade pré-negocial pela não conclusão dos contratos*. Coimbra: Coimbra Editora, 1963. p. 12 passim.

[468] Ver por todos o estudo pioneiro no Brasil, CHAVES, Antônio. *Responsabilidade pré-contratual*. Rio de Janeiro: Forense, 1959. p. 99 passim.

[469] Locução utilizada por AZEVEDO, Antonio Junqueira de. *Estudos e pareceres de Direito Privado*. São Paulo: Saraiva, 2004. p. 178.

RESPONSABILIDADE CIVIL

livres para assim se conduzir dentro de sua esfera de conveniência, o que em resumo representa a própria liberdade negocial (negativa) de não concluir o contrato.

A questão foi bem colocada por Jaime Santos Briz, ao esclarecer que

"O período preparatório do contrato não cria por si só vinculação jurídica alguma, enquanto não se chegue ao aperfeiçoamento do contrato ou de um pré-contrato. Não há outra alternativa senão chegar a essa perfeição ou ao fracasso quanto a obter uma vinculação jurídica. Mas embora não se chegue à celebração de um contrato, já nesta fase podem originar-se gastos ou causar-se prejuízos a uma ou às duas partes interessadas. Esta é a questão da denominada 'culpa in contrahendo', ou seja, a regulação das responsabilidades derivadas dos tratos prévios ao contrato, celebre-se este ou não chegue-se a celebrar."[470]

Nesse aspecto, chama atenção a doutrina, bem afinada com o assunto, para a prudência na admissão dessa responsabilidade, sobretudo porque

"Antes da conclusão de um contrato, é do interesse da ordem jurídica preservar um espaço de liberdade para que os sujeitos possam negociar, avaliar os seus interesses, e tomar autonomamente a decisão de contratar. As partes devem naturalmente tê-lo presente. Assim, como ponto de partida, *a interrupção do processo negocial não constitui seguramente um facto ilícito*. Até à consumação do contrato, mantém-se a possibilidade de não contratar, o que constitui uma faceta imprescindível *da liberdade de celebração de negócios jurídicos (correspondente ao seu exercício negativo)*. Deste modo, uma ruptura das negociações tem de considerar-se por princípio livre e isenta de responsabilidade."[471]

O elemento-chave para a compreensão do instituto está na caracterização da violação do princípio da confiança que está associada

"aos ditames de uma conduta leal e correcta que nenhuma das partes acalente nas outras expectativas infundadas quanto a condutas futuras. Tal implica um

---

[470] *La contratación privada*. Madri: Montecorvo, 1966. Apud CHAVES, Antonio. *Tratado de Direito Civil*. São Paulo: Revista dos Tribunais, 1985. v. III, p. 262.

[471] FRADA, Manuel António de Castro Portugal Carneiro da. *Teoria da confiança e responsabilidade civil*. Coimbra: Almedina, 2004. p. 506 (com grifos no original).

dever de não se apresentar sequer a negociar ou, então, de não criar uma confiança (excessiva) na conclusão do contrato, respectivamente *se* não há *desde o início* vontade de levar as negociações a bom termo ou quando essa vontade não se apresenta suficientemente firme. Como impõe um dever recíproco de informar acerca de modificações posteriores na disponibilidade de prosseguir negociações sérias com vista à celebração do negócio".[472]

Para a caracterização da responsabilidade extracontratual, mister a reunião dos seguintes pressupostos:[473]

a) consentimento às negociações: representa a inserção do candidato a contratante nas tratativas sérias visando à celebração de um negócio jurídico com a elaboração de minutas, propostas, reuniões, intenções ou projeto do futuro contrato;

b) dano patrimonial ou moral: significa a perda econômica ou a violação de um dos direitos da personalidade associada à frustração do candidato a contratante pela retirada abusiva, injustificada e abrupta das negociações. Tem-se que "os prejuízos a ressarcir serão os derivados de a contraparte *ter confiado* na celebração do contrato (dano de confiança). Nenhum outro". Destarte, "(...) a sua indenização não deve superar o interesse que esse contrato lhe asseguraria, pois se tivesse sido concluído e executado, o saldo entre o valor da prestação realizada em seu cumprimento e a diminuição patrimonial resultante daquelas disposições seria sempre *desfavorável* ao sujeito".[474]

Tome-se como exemplo a confiança depositada na celebração de um futuro contrato de locação comercial. O pretendente a locatário, com autorização do futuro locador, realiza benfeitorias no imóvel visando adequá-lo à atividade empresarial que visa explorar. Sem razão justificável, o dono do imóvel (futuro locador) recusa a contratação. O dano será a exata medida dos gastos suportados pelo pretendente locatário na exploração futura da atividade;

---

[472] Op. cit. p. 507.

[473] CHAVES, Antonio. Op. cit. p. 267.

[474] FRADA, Manuel António de Castro Portugal Carneiro da. Op. cit. p. 520-521.

RESPONSABILIDADE CIVIL

c) relação de causalidade: representa o liame entre o prejuízo alegado (e que evidentemente deve ser provado) e o fato que lhe deu origem, noção estritamente associada ao fato da revogação abusiva e injustificada;

d) culpa: conforme bem se expressa Antônio Chaves, a culpa não consiste em entrar nas negociações, e sim em abandoná-las, e, o que é mais importante, não é qualquer retirada que dá margem à indenização, mas a retirada arbitrária, que só pode assumir esse colorido com a intervenção daquele fato, o que confirma a noção de se tratar de uma culpa "peculiar".[475]

Observe-se que, se classificamos a responsabilidade pré-contratual como extracontratual, por óbvio que o dever de indenizar deve estar contemplado em lei, razão pela qual o fundamento legal para a hipótese tem suporte no art. 186 c.c. art. 927, *caput*, do CC.

Situações concretas bem caracterizam a responsabilidade pré-contratual, como é o caso dos sujeitos que se apresentam a negociar, mas que prosseguem, na realidade, finalidades alheias à busca de um consenso negocial visando acesso a informações do outro, um melhor conhecimento da sua organização empresarial e do respectivo comportamento no mercado, além da familiarização com elementos-chaves do respectivo quadro de funcionários.[476]

O trato da jurisprudência não é comum sobre o assunto, podendo-se identificar situações em que se orienta a compreensão da responsabilidade pré-contratual conforme a seguinte ementa:

"Como a responsabilidade pré-contratual não é contemplada explicitamente pelo legislador, o juiz, para reconhecê-la, há de convencer-se de que a fase de negociações encontrava-se inquestionavelmente concluída, em toda sua amplitude e abarcando os pormenores, tudo sob pena de dar às negociações preliminares maior força do que aquela dimanada do contrato" (TJSP – Ap. Cível 29.880-2 – Itapetininga – 10ª Câmara – j. 5-10-82 – Rel. Des. Prado Rossi – *RT* 594/109).

---

[475] Op. cit. p. 172-173.
[476] Idem, ibidem.

DIREITO DAS OBRIGAÇÕES

Diversamente, entendeu-se pela sua não-ocorrência no seguinte julgado:

"COMPROMISSO DE COMPRA E VENDA – Tratativas iniciais para celebração do contrato – Proponente que, logo após a formalização da proposta e da emissão do cheque de sinal, se arrepende do negócio e comunica a desistência ao corretor de imóveis – Hipótese que não implica responsabilidade pré-contratual, de molde a gerar o direito à indenização, se o vendedor não chegou a aceitar a proposta, não podendo aventar com expectativa concreta de venda, muito menos com eventuais despesas (1º TACivSP – *RT* 790/280)."

29.9. Responsabilidade pós-contratual

Também associada à violação dos chamados deveres acessórios ou laterais decorrentes da boa-fé objetiva, consagra-se uma outra espécie de responsabilidade civil, também de natureza extracontratual,[477] denominada responsabilidade pós-contratual (ou *culpa post pactum finitum*), que se caracteriza após extinto o contrato.

Dos seus termos tem-se que, mesmo depois de cumpridas as obrigações previstas no contrato, justifica-se a permanência de um estado latente ou de perpetuação associados a deveres que muitas vezes não se encontram expressos no contrato como o de informação, proteção, lealdade e confiança, baseados em normas que autorizam essa conclusão (art. 422 do CC).

Conforme se colhe da doutrina, "Esta eficácia póstuma ou ulterior (*'Nachwir- kung'*) fundamenta o instituto da responsabilidade pós-contratual, que se traduz na possibilidade de surgir um dever de indenização derivado da conduta de uma das partes depois da referida extinção do contrato."[478]

Do exemplo tirado da doutrina alemã, considere-se "A" vendedor de vestuário, que encarrega "B" (trabalhador autônomo) de fazer um modelo de casaco conforme determinado desenho que lhe proporciona, e confeccionar em seguida um certo número de casacos segundo esse modelo; "A" cumprindo o contrato e entregando a encomenda, na mesma estação, "B" faculta a "C", concorrente de "A", o modelo preparado e desenhado

---

[477] MARTINS-COSTA, Judith. *Comentários ao novo Código Civil*. Rio de Janeiro: Forense, 2003. v. V, t. II, p. 123. Há quem entenda que a responsabilidade na espécie é de natureza contratual (cf. DONNINI, Rogério Ferraz. *Responsabilidade pós-contratual*. São Paulo: Saraiva, 2004. p. 152, item 7).

[478] COSTA, Mario Júlio de Almeida. *Direito das obrigações*. Coimbra: Almedina, 1979. p. 268.

anteriormente, ou fabrica para o mesmo "C" uma série de casacos absolutamente idênticos aos que forneceu a "A". Nessa linha, entende-se que a conduta de "B" contraria a regra da boa-fé e engendra responsabilidade pós-contratual.[479]

O fundamento legal para justificar a indenização encontra respaldo nos arts. 186, 187, 927 ss do CC.

29.10. A prevenção de danos e sua conexão com a tutela processual inibitória

Conforme já visto, a responsabilidade civil tem seu fundamento no fato de que ninguém pode lesar o direito ou o interesse de outrem (*neminem laedere*)[480], e por representar regra elementar de equilíbrio social, a ocorrência de um dano jurídico e economicamente apreciável impõe ao seu autor a consequência legal de indenizar o lesado, daí a comum ideia de que a indenização visa tornar indene aquele que sofreu o prejuízo.

Tradicionalmente a doutrina enfatiza o efeito dito principal da responsabilidade civil voltado a reintegrar ou restabelecer o patrimônio do lesado exatamente como se encontrava antes do dano, seja pela forma pecuniária ou mesmo por outros meios (não comuns) como, por exemplo, proporcionando a vítima o chamado "direito de resposta" (art. 5º, inc.V, da CF), ou seja, "*Com efeito, o direito de resposta consiste essencialmente no poder, que assiste a todo aquele que seja pessoalmente afectado por notícia, comentário ou referência saída num órgão de comunicação social, de fazer publicar ou transmitir nesse mesmo órgão, gratuitamente, um texto seu contendo um desmentido, rectificação ou defesa. Visto do outro lado, ele define-se como a obrigação que todo o meio de comunicação social tem, de difundir, no prazo e condições estabelecidas na lei, a rectificação ou refutação que a pessoa mencionada, prejudicada ou ofendida numa notícia ou comentário julgue necessária para os corrigir ou rebater*".[481]

Como bem esclarece Vincenzo Roppo, nos ordenamentos legais ditos oitocentistas (Códigos Civis) prevaleceu uma concessão ética da responsabilidade civil que considerava a função sancionatória como prevalecente. Em seguida, sobretudo a partir do início do século passado, a perspectiva

---

[479] Idem, op. cit. p. 269.
[480] Sobre o princípio "neminem laedere" consulte-se: ESTEVILL, Luis Pascual. *Derecho de Danos*, tomo I, Barcelona, Bosch, 1995, p.55, passim.
[481] MOREIRA, Vital. *O direito de resposta na comunicação social*. Coimbra: Coimbra, 1994, p. 10.

DIREITO DAS OBRIGAÇÕES

é alterada, pois a dimensão ética é reduzida e se afirma uma concessão prática da responsabilidade civil. Por essa razão, prossegue o mesmo autor, não é tanto essencial que, em nome de um abstrato princípio de justiça, a sociedade atribua ao autor um fato injusto; essencial, ao invés, que o dano sofrido receba um adequado ressarcimento.[482]

Não por outro motivo, o desenvolvimento da responsabilidade derivou para o que a doutrina atualmente denomina por "Direito de danos", vale dizer, expressão voltada a enfatizar a importância do dano tendo como protagonista a esfera dos interesses do lesado.

Ocorre que não em poucas situações, a potencial ocorrência de um dano afasta-se do esquema lógico "causa-efeito"(dano-indenização), identificado pelo estudo tradicional da responsabilidade civil e bem associada a noção posterior da produção dos efeitos do dano.

Permeada por questões sociológicas, econômicas e atentando-se ao desenvolvimento da doutrina, a convivência no mundo social exige também a consciência de se adotar precauções razoáveis e proporcionais tendentes a evitar o dano, o que foi bem concebido pelo velho ditado popular no sentido de que é sempre melhor prevenir do que remediar.

De fato, não se pode conceber que o esquema lógico-tradicional da responsabilidade civil impeça a sua abordagem multifuncional voltada a considerá-la também para o campo da prevenção, compensação e punição.[483]

Bem a respeito, afirma-se que "(...) *dentro de um entendimento da responsabilidade civil como instituto dirigido à proteção dos bens atribuídos pelo Direito, não se pode justificar axiomaticamente a restrição da indenização ao espaço consentido pela finalidade reparatória. Essa finalidade tem de coordenar-se, afinal, com outros objetivos da ordem jurídica como sejam o respeito efetivo da liberdade individual, o funcionamento do mercado, etc."*[484]

De fato, para que a responsabilidade civil seja um instrumento eficiente, insista-se, não só voltada para a reparação, tanto do ponto de vista individual como social, ao invés de limitar-se a intervir depois que o dano ocorreu,

---

[482] ROPPO, Vincenzo. *Istituzioni di diritto privato*, Bologna: Monduzzi, 2088, p. 495.

[483] YÁGUES, Ricardo de Angel, *Algunas previsiones sobre el futuro de la responsabilidad civil (com especial atención a la reparación del daño)*, Madrid: Cuardenos Civitas, 1995, p. 229; ANDRADE, André Augusto de, *Dano moral & indenização punitiva*, Rio de Janeiro: Lumen Juris, 2009 e MIRAGEM, Bruno. *Direito Civil – Responsabilidade civil*, São Paulo: Saraiva, 2015, p.390, passim.

[484] CARNEIRO FRADA, Manuel A. *Direito Civil – Responsabilidade civil – O método do caso*, Coimbra: Almedina, 2006, p.65.

RESPONSABILIDADE CIVIL

para redistribuir o peso entre o lesado e o responsável, deve-se perseguir o objetivo voltado a intervir antes que o danos se verifiquem, tudo com o escopo de impedir que se produzem ou ao menos para reduzir os seus efeitos.[485]

Comum na área do direito do trabalho, direito processual civil e no direito ambiental, o estudo da prevenção de danos no direito civil não goza de tratamento numeroso e aprofundado pela doutrina[486], a não ser que o tema esteja vinculado às funções da responsabilidade civil.[487]

A questão da prevenção de danos, longe de estar desvinculada de qualquer preceito normativo, posto que sua razão básica encontra-se na proteção da pessoa humana (art.1º, III, da CF), é princípio que deve nortear qualquer operador do direito à medida que se vive em uma sociedade onde a escassez de recursos é a tônica, devendo-se sempre primar pela eficiência e adequada alocação de recursos, cujas orientações devem ser buscadas não somente na ciência econômica.[488]

Acrescente-se também que ao identificar-se a inequívoca existência de uma "sociedade de risco"[489], mostra-se inviável neste contexto prevalecer

---

[485] ROPPO, Vincenzo. *Istituzioni di diritto privato*, Bologna: Monduzzi, 2088, p.494.

[486] Exceções feitas aos recentes trabalhos de Teresa Ancona Lopez (*Princípio da precaução e evolução da responsabilidade civil*, São Paulo: Quartier Latin, 2010), Nelson Rosenvald (*As funções da responsabilidade civil*, São Paulo: Atlas, 2014), Thaís Goveia Pascoaloto Venturi (*Responsabilidade civil preventiva – a proteção contra a violação dos direitos e a tutela inibitória material*, São Paulo: Malheiros, 2015) e Rogério Donini ('Prevenção de danos e a extensão do princípio *neminem laedere*' in *Responsabilidade civil – Estudos em homenagem ao Professor Rui Geraldo Camargo Viana*, Coord. Rosa Maria de Andrade Nery e Rogério Donini, São Paulo: RT, 2009, p.483.

[487] Ver por todos NORONHA, Fernando. *Direito das obrigações*. São Paulo: Saraiva, 2003, p.437, passim.

[488] Como ressalta Enrique Barrios Bourie, do ponto de vista econômico, a responsabilidade civil é entendida como uma técnica de prevenção geral, na medida em que suas regras dão sinais de cuidado preventivo que constituem um mercado autorregulado de incentivos. Assim, sob o modelo da racionalidade econômica que maximiza sua utilidade, a responsabilidade civil estabelece custos associados ao desenvolvimento de uma atividade que, desenvolvida, é potencialmente geradora de riscos, cujas condições determinam o dever de indenizar dos danos provocados (*Tratado de responsabilidad extracontratual*, Santiago: Editora Juridica de Chile, 2010, p.47).

[489] BECK, Ulrich – *Sociedade de risco – Rumo a uma outra modernidade*, São Paulo: Editora 34, 2013 (Tradução Sebastião Nascimento). O autor defende a ideia de que a modernidade deixou de ser representada por uma sociedade de produção e a distribuição de riquezas, para se tornar em uma sociedade (industrial) de risco, permeada pela produção dos riscos que domina a lógica da produção de bens

DIREITO DAS OBRIGAÇÕES

a lógica equivocada de que só quando verificado o dano se deve prestar a atenção nas condições que determinaram sua ocorrência.

Esta função preventiva do sistema de responsabilidade civil deve representar "(...) um *novo paradigma*, por via do qual os próprios instrumentos do direito da responsabilidade civil possam vir a ser repensados, reconstruídos ou, ao menos, adaptados, legislativa ou judicialmente, no intuito de maior e melhor eficiência do instituto para dar respostas mais ajustadas à realidade social contemporânea".[490]

A rigor, o princípio da prevenção não se confunde com o princípio da precaução, pois enquanto o primeiro parte de considerar um risco comprovado (algo certo), o segundo faz referência a um risco potencial, isto é, aponta para a possibilidade de hipóteses cientificamente ainda não verificadas ao momento em que formuladas sejam corretas.[491]

A questão que talvez mais dificulte a temática é proporcionar certa autonomia da função preventiva, pois se sustenta que tal função seria apenas um efeito psicológico ante a possibilidade de que se opere a responsabilidade civil com sua efeito ressarcitório, ou seja, poderá considerar-se esse fomento à diligência como consequência derivada da função indenizatória do direito de danos, mas nunca uma função em si mesma.[492]

Na verdade, para que o princípio da prevenção (inserido não no centro de um potencial lesado, mas no potencial responsável) atenda sua máxima eficácia, não se pode desvinculá-la do tratamento conferido pelo direito processual a respeito da chamada tutela inibitória prevista no art.461 do atual CPC e correspondente ao art.497, § único, do CPC de 2015 (de forma geral), como também do art.84 do CDC (mais especificamente às relações de consumo).

Direcionada a atuar de forma *ex-ante*, ou seja, com caráter antecipatório ao prejuízo, aponta-se como principal obstáculo para sua utilização, a possibilidade de obstruir a atividade econômica, industrial ou até a liberdade de expressão.

---

[490] VENTURI, Thais Goveia Pascoaloto. Op. cit. p. 221.

[491] BERGEL, Salvador D. Introdución del principio precautorio en la responsabilidad civil – *Derecho privado – Alberto Bueres – libro homenaje* – Oscar J. Ameal (Dir) e Dora Mariana Gesualdi (Coord), Buenos Aires, Hammurabi, 2001, p. 1013.

[492] ALDI, Antonio Jacob. Notas actuales sobre derecho de daños. Disponível na internet em: revistas.ucr.ac.cr/index.php/juridicas/article/download/13396/12659. Acesso em 02.08.15.

RESPONSABILIDADE CIVIL

Nesse último caso, recente decisão do Supremo Tribunal Federal, por meio do julgamento da Adin 4185 ignorou por completo o princípio da prevenção do dano ao julgar procedente ação direta de inconstitucionalidade para dar interpretação conforme à Constituição aos arts. 20 e 21 do Código Civil, sem redução de texto, para: a) em consonância com os direitos fundamentais à liberdade de pensamento e de sua expressão, de criação artística, produção científica, declarar inexigível o consentimento de pessoa biografada relativamente a obras biográficas literárias ou audiovisuais, sendo por igual desnecessária autorização de pessoas retratadas como coadjuvantes (ou de seus familiares, em caso de pessoas falecidas); b) reafirmar o direito à inviolabilidade da intimidade, da privacidade, da honra e da imagem da pessoa, nos termos do inciso X, do art. 5º da Constituição da República, cuja transgressão haverá de se reparar mediante indenização.

Não sendo esse o local para a análise da controvérsia (direito à liberdade de expressão *versus* direito à intimidade), mostrou-se nítida a tendência do mais alto Tribunal do país conferir tratamento tradicional e individualístico da responsabilidade civil, ou seja, à custa de possíveis abusos daquela liberdade e, em nome de uma proibição de suposta prática judicial da "censura" (nítida confusão com o controle judicial da informação)[493], somente "ex post" será possível o lesado obter a reparação do dano à esfera de sua personalidade.

Lembre sobre o assunto o Enunciado 613 da VIII Jornadas de Direito Civil promovida pelo STJ: – Art. 12: A liberdade de expressão não goza de posição preferencial em relação aos direitos da personalidade no ordenamento jurídico brasileiro.

Seja como for, não se pode ignorar que o princípio da inafastabilidade do controle judicial (art.5º, inc.XXXV da CF), estabelece que a lei não excluirá da apreciação do Poder Judiciário lesão ou **ameaça a direito**. (grifado)

Ora, consagrando-se que a ameaça a direito é passível de tutela jurisdicional, em qualquer caso que assim ocorra, notadamente em tema de direitos fundamentais, o ordenamento jurídico não é infenso a práticas judiciais voltadas a inibir a potencial ocorrência do dano, valendo sempre

---

[493] Sobre o assunto, consulte-se nosso *Interesses difusos, qualidade da comunicação e controle judicial*, São Paulo: RT, 2002.

DIREITO DAS OBRIGAÇÕES

colher a advertência da doutrina, isto é, com ênfase aos direitos da personalidade "(...) na dúvida, o privilégio há de ser sempre da vida privada. Diante da impossibilidade concreta de se encontrar a fronteira entre os conceitos, sempre é preferível tutelar a vida privada, em detrimento da informação. Isto por uma razão óbvia: este direito, se lesado, jamais poderá ser recomposto em forma específica; ao contrário, o exercício do direito à informação sempre será possível *a posteriori*, ainda que, então, a notícia não tenha mais o mesmo impacto".[494]

Cresce, portanto, a importância do estudo da tutela inibitória como ferramenta disponibilizada pelo sistema processual voltada a prevenção direta do potencial dano, a exigir de todo operador do direito, em especial, do juiz, a ponderação dos interesses colocados em jogo, o que não deixa de representar uma sensível valoração comparativa entre "(...) la importancia del interés en peligro, y del interés que corresponda a quien puede imputarse ese peligro".[495]

Afirma-se que "A tutela inibitória deve ser compreendida como forma preventiva de proteção dos direitos, revelando-se "(...)" inerente ao próprio direito material."[496]

No contexto, avultam situações que justificam a utilização do princípio da prevenção de danos (ainda que não reconhecido de forma direta) em casos de ofensas aos direitos da personalidade (honra/imagem) praticadas em ambiente da Internet.[497]

---

[494] ARENHART, Sérgio Cruz. *A tutela inibitória da vida privada*. São Paulo: RT, 2000, p.95.

[495] Stiglitz, Gabriel. *Daños y perjuicios*, Buenos Aires: La Rocca, 1987, p. 63.

[496] VENTURI, Thais Goveia Pascoaloto. Op.cit. p.271.

[497] Confira-se, por exemplo, julgados do TJSP com as seguintes ementas: Agravo de Instrumento 2074959-83.2015.8.26.0000. Agravo de Instrumento. Responsabilidade civil. Rel. Desª Márcia Dalla Déa Barone. *Ação cominatória com pedido de antecipação de tutela Conteúdo tido como ofensivo divulgado através da rede mundial de computadores Presença dos requisitos legais que autorizaram a concessão da medida de exclusão do conteúdo Possibilidade de ser a matéria considerada ofensiva e causar danos irreparáveis ao postulante, considerada a facilidade e velocidade de divulgação Ausência de afronta à liberdade de expressão Confronto de direitos que deve ser realizado de forma casuística Decisão mantida Recurso não provido.*
0176191-46.2013.8.26.0000 Agravo de Instrumento / Indenização por Danos Morais Relator(a): Edson Luiz de Queiroz Comarca: Santos Órgão julgador: 5ª Câmara de Direito Privado Data do julgamento: 11/12/2013 Data de registro: 19/12/2013 Ementa: *AGRAVO DE INSTRUMENTO. INDENIZAÇÃO POR DANOS MORAIS. AMPLIAÇÃO DA TUTELA ANTECIPADA ANTERIORMENTE CONCEDIDA. DECISÃO QUE DETERMINOU A EXCLUSÃO*

RESPONSABILIDADE CIVIL

Enfim, registrando-se conexão entre institutos típicos de direito civil e direito processual civil, a importância da tutela inibitória decorre da sua conexão com a ação de conhecimento que efetivamente pode inibir o ilícito, representando a consequência necessária do novo perfil do Estado e das novas situações de direito substancial, ou seja, a sua estruturação, ainda que dependente de teorização adequada tem relação com as novas regras jurídicas, de conteúdo preventivo, bem como com a necessidade de conferir verdadeira tutela preventiva aos direitos.[498]

29.11. Pressupostos da responsabilidade civil

São necessários quatro pressupostos para configurar o dever de indenizar, valendo ressaltar que a reunião de todos eles mostra-se essencial em se tratando da noção tradicional de culpa, abstraído o conceito de responsabilidade objetiva.

São eles:

a) ação ou omissão: a conduta humana é o elemento básico e trata-se do primeiro momento do ato ilícito a justificar a reação da lei para impor o ressarcimento. Não há responsabilidade civil sem um resultado danoso. Só à pessoa pode-se imputar uma ação ilícita e nesse aspecto assume relevância jurídica a ação voluntária;

Assim,

"quando o agente procede voluntariamente, e sua conduta voluntária implica ofensa ao direito alheio, advém o que se classifica como procedimento culposo. Atílio Anibal Alterini esclarece-o muito bem: A culpa provém de um ato voluntário, isto é, realizado como os necessários elementos internos; discernimento,

DOS CONTEÚDOS DIFAMATÓRIOS E DETERMINOU PRESTAÇÃO DE INFORMAÇÕES DOS DADOS HOSPEDADOS NAS URLS INFORMADAS PELOS AUTORES. AGRAVANTE RESPONSÁVEL PELA HOSPEDAGEM DE PÁGINAS PESSOAIS E COMUNIDADES CRIADAS PELOS USUÁRIOS. INDICAÇÃO EXPRESSA DAS URLs. DECISÃO AGRAVADA QUE VISA GARANTIR OS DIREITOS DE PERSONALIDADES AFIRMADOS PELOS AGRAVADOS. PRESENÇA DO FUMUS BONI IURIS E DO PERICULUM IN MORA. EXISTÊNCIA DE CONTEÚDO COM POTENCIAL OFENSIVO QUE ULTRAPASSA OS LIMITES DO RAZOÁVEL. AGRAVO DE INSTRUMENTO NÃO PROVIDO.

[498] Marinoni, Luiz Guilherme. *Técnica processual e tutela dos direitos*. São Paulo: RT, 2013, pp. 200-201.

intenção e liberdade. Mas a vontade do sujeito, no ato culposo, vai endereçada à sua realização, mas não à consequência nociva. *Responsabilidade civil*, n° 101, p. 94".[499]

Confira-se ainda a jurisprudência:

"Não se pode presumir culpa quando a conduta do agente se desenvolve dentro da normalidade. Mas, se foge do padrão normal, impõe-se reconhecer faltas virtuais, cuja prova direita e especial não se exige do autor."[500]

b) culpa ou dolo do agente: é a inexecução de um dever que o agente poderia conhecer e observar. Envolve dois aspectos; um objetivo decorrente do dever violado, entenda-se "direito" constante do art. 186 do CC; outro subjetivo que se relaciona com a imputabilidade do agente (consciência do ato praticado e seu caráter ilícito);

A culpa, em termos gerais ou "lato sensu" é dividida em duas formas: a) dolo – intenção ou vontade do agente de causar o dano: b) culpa "strictu sensu" – não observância de um dever de cuidado que era esperado do agente que provoca o dano.

Como no direito brasileiro a responsabilidade funda-se na culpa, deve--se entendê-la como a inobservância da norma de conduta ou um erro na condução do comportamento do agente, o qual, procedendo contra o direito, causa o dano, sem intenção de prejudicar e sem a consciência de que sua prática poderá causá-lo. Por tal aspecto, a previsibilidade da culpa mede-se pelo grau de atenção exigível do *homo medium*, vale dizer, o padrão médio de comportamento de acordo com a sensibilidade ético-social.

Assim, pode-se afirmar de acordo com a doutrina que a "culpa é a infração de uma obrigação preexistente, de que a lei ordena a reparação quando causou um dano a outrem".[501]

A culpa pode assumir várias espécies, entre elas identificam-se: *in eligendo* – má escolha do preposto; *in vigilando* – ausência de fiscalização; *in comittendo* – decorre de um ato positivo; *in omittendo* – decorre de omissão;

---

[499] PEREIRA, Caio Mário da Silva. *Responsabilidade civil*. Rio de Janeiro: Forense, 1993. p. 70.
[500] Julgado inserto na *RT* 564/217.
[501] PLANIOL, Marcel. *Traité élémentaire de droit civil*. v. 2, n° 863.

in custodiendo – má guarda de algum animal, pessoa ou objeto; culpa concorrente – agente e vítima concorrem juntos para a produção do dano.

c) relação de causalidade: é o liame que relaciona a conduta do agente e o prejuízo experimentado pela vítima. O ressarcimento dos danos envolve tão-só os que ele tenha na realidade ocasionado, os que possam considerar-se pelo mesmo produzidos. O nexo de causalidade entre o fato e o dano desempenha, consequentemente, a dupla função de pressuposto da responsabilidade civil e de medida da obrigação de indenizar;

Costuma a doutrina invocar a existência de três teorias principais para explicar o nexo causal. Na primeira fala-se na teoria da equivalência das causas, segundo a qual, se não houver participação de determinado agente causador do prejuízo, contribuindo para o fato ou dando-lhe ocasião, o dano não se terá produzido. Todos os eventos que tiverem concorrido à realização do prejuízo deveriam, em suma, ser considerados equivalentes do ponto de vista da responsabilidade.

Desde logo contrapôs-se a essa tese, que levava a consequências insatisfatórias, a teoria da causalidade adequada de conformidade com a qual nem todos os fatos ou atos concorrentes na produção do dano implicam a responsabilidade de seus autores na reparação devida, mas tão-somente aqueles que, segundo o curso normal das coisas, teriam o efeito de produzi-lo: é indispensável, em suma, que a relação entre o evento e o dano, que dele resulta, seja adequada, normal e não simplesmente fortuita.

Como refinamento da teoria causal adequada, surgiu o da causalidade direta e imediata, consoante a qual, além do elemento de "adequação ou aptidão da causa à geração do dano", exige-se que este tenha resultado de maneira imediata e direta do ato ou fato cuja prática tenha sido elemento bastante para a ocorrência do prejuízo.

Parte da doutrina identifica no art. 403 do CC a adoção pelo legislador desta última teoria, notadamente considerando que "as perdas e danos só incluem os prejuízos efetivos e os lucros cessantes por efeito dela direto e imediato".

d) dano: é a violação do direito que não necessariamente precisa ser pecuniário. Como pressuposto essencial da responsabilidade civil, o dano representa o prejuízo experimentado pela vítima ou ofendido. Sobre o assunto, Clóvis V. do Couto e Silva, em penetrante artigo publicado na *RT* 667/7, bem esclarece que "o dano deve ser mensurado pela diferença entre a situação patrimonial anterior e posterior à sua existência", vale dizer, a quantificação do prejuízo é apurada segundo um cálculo que "leva em conta o estado atual do patrimônio e a sua situação se o dano não tivesse ocorrido".[502]

A responsabilidade civil somente se caracteriza obrigando o infrator à reparação no caso de seu comportamento injurídico infligir a outrem um prejuízo, isto é, o dano é o prejuízo resultante de uma lesão a um direito, seja ele patrimonial ou moral.

No primeiro caso, isto é, o dano patrimonial, permanece prevalecente a consideração econômica, e a responsabilidade civil mantém a função de instrumento para a administração de custos, sob o pressuposto de uma diminuição de utilidade econômica para a vítima. Vinculado a tal noção é o princípio da reparação integral do dano de modo a reconduzir o lesado segundo a regra da causalidade jurídica.[503]

Não se insere um conceito meramente quantitativo, porque o que orienta a justiça no tocante ao dever ressarcitório é a lesão ao direito ou interesse da vítima, e não sua extensão pecuniária. Na ação de perdas e danos, a vítima procede para evitar o prejuízo e não obter vantagem.

Somente o dano com os requisitos da certeza, atualidade, subsistência e que seja significativo[504] poderá ser ressarcível.

---

[502] Cf. *O conceito de dano no direito brasileiro e comparado*. Observe-se, no entanto, como já adiantamos no capítulo 26, que a teoria da diferença já não mais atende as várias situações que podem envolver a ocorrência de um dano. Nesse contexto, o conceito jurídico de dano deve estar associado a proteção de interesses legítimos, mesmo que esse interesse não constitua o pressuposto de um direito subjetivo. (ZANONI, Eduardo. Op.cit. p. 43). Figure-se um exemplo: poderia alguém pleitear indenização por lucro cessante se desenvolve uma atividade econômica ilícita? Certamente não. O caso envolve típica situação de interesse ilegítimo.

[503] SALVI, Cesare. *La responsabilità civile*. Milano: Giuffrè, 2005, p. 62; SANSEVERINO, Paulo de Tarso Vieira. *Princípio da reparação integral. Indenização no Código Civil*. São Paulo: Saraiva, 2010.

[504] A compreensão do que seja um dano significativo (ou anormal) não se vincula a situações da vida em cotidiano, vale dizer, excluem-se os incômodos ou contratempos que são provocados como consequência normal da vida em sociedade. É comum a jurisprudência afastar pedidos de danos morais sob tal argumento: Confira-se a título de exemplo a seguinte ementa: *DANOS*

RESPONSABILIDADE CIVIL

E o dano futuro, é passível de indenização?

Normalmente, não. Se o dano for presente e seja possível avaliar o prejuízo futuro, é possível existir indenização, ou seja, se for certo e subsistir. Exemplo: redução na capacidade de trabalho.

O elemento subsistência possui relação com a hipótese na qual, quando do ajuizamento da ação, o dano não tenha sido extinto, ou seja, persista como reflexo na órbita jurídica do ofendido.

O dano certo é aquele que não seja eventual, isto é, o dano deve ser apreciado exatamente no dia da decisão judicial. Exemplo: dano eventual: jovem que ficou inabilitado por acidente. Pleiteia indenização tendo em vista que o evento o privou de continuar seu trabalho. Realizada prova sobre o dano, apura-se que, após algum tempo do acidente, as lesões corporais desapareceram.

A doutrina identifica ainda o dano em ricochete, ou seja, na espécie de dano há um fato com duas ações. Cuida-se em admitir a reparação dos chamados danos reflexos quando os efeitos da ação ou omissão ilícita não se limitam somente às pessoas atingidas diretamente, mas a outras que indiretamente sofreram a conduta. Exemplo: morte ou incapacidade da vítima que priva as pessoas que dela dependiam do socorro, daí configurar o dano certo e ensejar indenização.[505]

Portanto, se for certa a repercussão do dano principal, por atingir a pessoa que sofreu o prejuízo e que deverá ser devidamente provado, o dano em ricochete é indenizável.

Ainda a respeito do dano, identificam-se novas disposições legais que o legislador do Código Civil de 2002 inseriu na parte relativa à indenização (Capítulo II do Título IX) e que merecem ser apreciadas neste ponto.

Pelo art. 944, *caput*, "a indenização mede-se pela extensão do dano" e seu parágrafo único preceitua: "Se houver excessiva desproporção entre a gravidade da culpa e o dano, poderá o juiz reduzir, equitativamente, a indenização."

MORAIS. Bloqueio de linhas telefônicas em razão de suspeita de uso fraudulento. Meros tédios, aborrecimentos ou mesmo desconfortos que são insuscetíveis de gerar rasura a personalidade civil. Banalização do dano moral que deve ser evitada. Improcedência mantida. Recurso desprovido. (TJSP – Apelação nº 0136157-59.2009.8.26.0100, São Paulo, Relator: Rômolo Russo, J. em 25.10.2012).

[505] PEREIRA, Caio Mário da Silva. *Responsabilidade civil*. Rio de Janeiro: Forense, 1993. p. 42-43.

DIREITO DAS OBRIGAÇÕES

Conforme já exposto, não se falará em ilícito punível para os efeitos indenizatórios se não houver dano causado, ou outro ato exterior que lhe possa provocar, afirmação que deriva para ideia de que, se não houve prejuízo, a indenização será sem objeto.

Assim, pela redação do *caput* compreende-se que a medida da extensão do dano é que determinará o *quantum debeatur* para justificar o dever de indenizar em favor do ofendido. Vale dizer, por exemplo, se a vítima teve seu veículo destruído e o valor total das perdas e danos resultarem na cifra de R$ 5.000.00, esta será a justa medida para repor o estado de fato anterior à produção do dano.

Mas observe-se que em determinados casos é possível imaginar a falta de correspondência entre a indenização supostamente devida e a gravidade da culpa em que se conduziu o ofensor. O exemplo é tirado da doutrina: determinado cidadão probo, consciencioso e prudente, por distração, esbarrou em uma vidraça situada no 10º andar de um prédio que se quebrou, vindo os estilhaços a atingir um transeunte que passava pela calçada, resultando sua morte. Pergunta-se: a indenização é devida? Certamente. Mas qual sua extensão? Se o juiz fosse apreciar o caso pela normalidade, deveria condenar o agente em cifras consideráveis, incluindo desde uma pensão aos dependentes do falecido até quantia pelo funeral, luto e dano moral.

A norma citada foi criada exatamente para tais casos, pois, muito embora na vigência do Código Civil de 1916, grande parte da doutrina sustentava a irrelevância da gravidade da culpa para medir-se a indenização, vozes autorizadas já se levantavam para a possível ocorrência de injustiças.

Expoente nesse assunto, Yussef Said Cahali, em obra editada em 1980, já sustentava que

> "em função dos princípios informadores do nosso direito privado, não se mostra irrelevante, não só para o fim de responsabilizar o agente ('*an debeatur*'), como também para agravar-lhe a responsabilidade indenizatória ('*quantum debeatur*'), o exame do conceito mais, ou menos reprovável, do elemento subjetivo, revelado na conduta ilícita".[506]

---

[506] *Dano e indenização*. São Paulo: Revista dos Tribunais. 1980. p. 135.

Portanto, levando-se em conta a possibilidade de o caso concreto configurar excessiva desproporção entre a gravidade da culpa e o dano, a norma autoriza a equidade judicial (ver o que já escrevemos sobre o assunto neste capítulo) para fixar a justa atribuição indenizatória em favor da vítima.

Vale registrar que o mesmo critério de apuração da intensidade da culpa (grave, leve ou levíssima) é observado no art. 945, que determina a fixação do dano na hipótese de a vítima ter concorrido culposamente para o evento danoso.

A hipótese é nova em termos legais, mas não pela apreciação da jurisprudência que, mesmo na vigência do CC revogado, já determinava a partilha do prejuízo quando a vítima também concorria, culposamente, para a produção do evento lesivo (cf. *RJTJSP* 26/128, 39/63, 43/154 e 50/107).

É evidente que a redução do dano, em atenção ao grau de culpa, somente será considerada de forma excepcional, considerando a possibilidade de ocorrer excessiva desproporção entre a gravidade da culpa e o dano, pois, não bastasse a posição topológica da hipótese (colocada em parágrafo único), o próprio texto confere discricionariedade judicial ao utilizar-se do vocábulo *poderá*.

Essa particularidade já encontra ecos nas legislações de outros países, como, por exemplo, no Código Civil italiano (art. 2.055, 2ª parte, e art. 1.227) e português (art. 494) e certamente atende à principiologia norteadora da nova Lei Civil voltada para a socialidade ou justiça social.

29.12. Dano moral
A reparação dos chamados danos morais também denominados danos extrapatrimoniais ou "dano não patrimonial", expressão utilizada por Adriano de Cupis, não era tranquila na doutrina e jurisprudência nacional, manifestando-se no passado grandes objeções a seu ressarcimento, essencialmente sob a alegação de que a dor (aspecto íntimo de cada pessoa) não poderia ser suscetível de reparação, visto ser esta incomensurável e como tal irredutível a valores monetários.

Diante da controvérsia surgida, pela reparação ou não dos danos morais, a posição favorável começou a invocar textos legais para sua permissão. Fala-se especificamente nos arts. 1.547, 1.548, 1.550 e 1.553 do CC de 1916, além da Lei nº 5.250/67 e da Lei nº 4.117/62.

DIREITO DAS OBRIGAÇÕES

Atualmente, conforme informa Carlos Alberto Bittar, a tese vencedora é positiva, pois

"não mais se justifica qualquer posição que não seja a da plena reparabilidade de qualquer dano injusto, experimentado por alguma pessoa, em virtude de ação ou omissão alheias".[507]

Em nível legal, a questão não mais comporta divergência diante do texto constitucional claro a esse respeito (art. 5º, incisos V e X), bem como do art. 186 do novo CC que expressamente reconhece haver ato ilícito quando a violação do direito ou a causação do dano a outrem ocorrer exclusivamente na esfera moral.

A ofensa do direito, neste caso, em geral, ocorre em relação ao titular de direitos integrantes de sua personalidade, ou ainda ofensas à integridade psicofísica em seu aspecto não-econômico e Dano-Morte, classificação adotada por Sérgio Severo em recente obra.[508]

A caracterização dos chamados direitos da personalidade não é de fácil compreensão, mas entre as diversas teorias que explicam esta espécie de direitos pode-se invocar a doutrina de Adriano de Cupis, que bem esclarece:

"Todos os direitos, na medida em que destinados a dar conteúdo à personalidade, poderiam chamar-se 'direitos da personalidade'. No entanto, na linguagem jurídica corrente esta designação é reservada àqueles direitos subjectivos cuja função, relativamente à personalidade, é especial, constituindo o *minimum* necessário e imprescindível ao seu conteúdo."[509]

Dessa forma, conclui o autor, existem certos

"direitos sem os quais todos os outros direitos subjetivos perderiam todo o interesse para o indivíduo – o que equivale a dizer que, se eles não existissem, a pessoa não existiria como tal. São esses os chamados 'direitos essenciais', com os quais se identificam precisamente os direitos da personalidade".

---

[507] *A responsabilidade civil por danos morais.* São Paulo: Revista dos Tribunais, 1993. p. 108.

[508] Cf. *Os danos extrapatrimoniais.* São Paulo: Saraiva, 1996. p. 122 e 146.

[509] *Os direitos da personalidade.* Lisboa: Morais, s.d. p. 17.

RESPONSABILIDADE CIVIL

Com efeito, a noção de direitos da personalidade não é nova, pois os próprios gregos e romanos já protegiam tais direitos de forma diversa da atual, sendo que com o cristianismo pôde-se constatar um pequeno despertar para o reconhecimento do instituto fruto da fraternidade universal.

Já na Idade Média, implicitamente, por meio da Carta Magna de 1215, a Inglaterra precedeu de forma moderna o reconhecimento dos direitos da personalidade, fato que, em nível de texto legal, só veio a ocorrer com a Declaração dos Direitos do Homem, em 1789, decorrente das conquistas da liberdade do cidadão e da defesa dos direitos individuais.

A importância dos direitos da personalidade ocorreu após a Segunda Guerra Mundial, diante das consequências trágicas e atrocidades de governos totalitários, que cometeram crimes contra a humanidade. Assim, com a Assembleia da ONU, em 1948, com a Convenção Europeia de 1950 e com o Pacto Internacional das Nações Unidas, no âmbito internacional e no âmbito do direito público, conferiu-se a tais direitos considerável relevo.

As primeiras codificações do século XIX quase nada mencionaram em relação aos direitos da personalidade, observando-se que em Portugal, pelo atual CC, por exemplo, o art. 70 protege todos os indivíduos contra qualquer ofensa ilícita ou ameaça de ofensa a sua personalidade física ou moral através, nomeadamente, da cominação de responsabilidade civil e da concessão de providências cíveis adequadas às circunstâncias do caso e destinadas a evitar a consumação da ameaça ou a atenuar os efeitos da ofensa já cometida.[510]

No Brasil, a consagração legal dos direitos da personalidade somente ocorreu com a Constituição Federal de 1988, consoante dispositivos legais já mencionados, e atualmente o novo CC prevê "a defesa de tais direitos" conforme arts. 11 *usque* 21.[511]

Dada a expressão legislativa, conferiu-se a tais direitos uma dupla dimensão, qual seja, axiológica decorrente da materialização em norma, inclusive constitucional, dos valores fundamentais do homem, considerado no aspecto individual e social, e objetiva em função do que estipula o art. 1º da CF,

---

[510] CAPELO DE SOUSA, Radindranath V. A. *O direito geral de personalidade*. Coimbra: Coimbra Editora, 1995. p. 27. Trata-se na atualidade da obra mais completa sobre o assunto, podendo-se mesmo afirmar que o autor esgotou a matéria, daí sua leitura obrigatória.

[511] Cf. BITTAR, Carlos Alberto. *Os direitos da personalidade*. Rio de Janeiro – São Paulo: Forense Universitária, 1995. p. 39 e 54.

indicando uma limitação na atuação dos Poderes Executivo, Legislativo e Judiciário, de forma a protegê-los.

Pelo aspecto voltado à natureza jurídica, tenha-se que a personalidade é um conjunto de caracteres próprios da pessoa física ou jurídica, entendendo que não se trata ela de um direito, mas representa o próprio objeto do direito que possui seus atributos, ou seja, a vida, a honra, a imagem, a liberdade etc.

O direito da personalidade, consoante ensina Gofredo Telles Júnior, é o direito subjetivo comum da existência, porque são simples autorizações dadas pela lei a cada pessoa, visando defender o que lhe é próprio para os seus atributos, ou seja, na definição positiva que faz Capelo de Sousa, "o bem da personalidade humana juscivilisticamente tutelado como o real e o potencial físico e espiritual de cada homem em concreto, ou seja, o conjunto autônomo, unificado, dinâmico e evolutivo dos bens integrantes da sua materialidade física e do seu espírito reflexivo, sócio-ambientalmente integrados".[512]

Na verdade, os direitos em tela referem-se a um direito subjetivo *excludendi alios*, pois voltado em favor do respectivo titular de exigir um comportamento negativo de todos.

Pelo aspecto dos caracteres, a doutrina alinha os seguintes: (a) direito absoluto; (b) extrapatrimoniais; (c) intransmissíveis; (d) disponíveis relativamente; (e) irrenunciáveis; (f) impenhoráveis e imprescritíveis; (g) necessários; (h) vitalícios; e (i) ilimitados.

Quanto à classificação, adotamos a feita por Limongi França, que considera os direitos da personalidade em três aspectos, com as consequentes espécies. São eles:[513]

a) direito à integridade física: (1) direito à vida, no qual se compreendem, por exemplo, os seguintes direitos: direito à concepção e à descendência; direito ao nascimento; direito à alimentação; direito à educação; direito ao sossego; direito à velhice digna etc.; (2) direito ao corpo vivo, no que se inserem, entre outros: direito ao uso do útero para procriação alheia; direito à transfusão de sangue; direito ao transexualismo; direito ao débito conjugal; direito à liberdade física;

---

[512] Op. cit. p. 117.

[513] Direitos privados da personalidade. *RT* 370/7.

RESPONSABILIDADE CIVIL

(3) direito ao corpo morto: direito ao sepulcro; direito à cremação; direito ao culto religioso etc.;

b) direito à integridade intelectual: (1) direito à liberdade de pensamento; (2) direito de autor; (3) direito de inventor; (4) direito de esportista;

c) direito à integridade moral: (1) direito à segurança moral; (2) direito à honra; (3) direito à intimidade; (4) direito à imagem; (5) direito à identidade sexual; (6) direito à identidade pessoal, familiar e social; (7) direito ao nome etc.

Considere-se, então, que a violação de qualquer destes direitos enseja a reparação do dano moral.

No entanto, consoante bem situa a doutrina, não é qualquer suposta violação aos direitos da personalidade que justificará o reconhecimento do dano moral, ou seja, como bem situa Antônio Chaves, o ressarcimento do dano moral não envolve

> "todo e qualquer melindre, toda suscetibilidade exacerbada, toda exaltação do amor-próprio pretensamente ferido, a mais suave sombra, o mais ligeiro roçar de asas de uma borboleta, mimos, escrúpulos, delicadezas excessivas, ilusões insignificantes desfeitas, possibilitando sejam extraídas da caixa de Pandora do direito, centenas de milhares de cruzeiros.
>
> É preciso que exista realmente dano moral, que se trate de um acontecimento grave como a morte de um ente querido, a mutilação injusta, a desfiguração de um rosto, uma ofensa grave, capaz de deixar marcas indeléveis, não apenas em almas de sensibilidade de filme fotográfico, mas na generalidade das pessoas, no homem e na mulher medianos, comuns, a ponto de ser estranhável que não sentissem mágoa, sofrimento, decepção, comoção".[514]

A lição, não sem dose de advertência, tem exata medida para evitar a banalização do dano moral ou seu descrédito, sendo nesse ponto de grande responsabilidade a tomada de postura de todo profissional do direito – principalmente do Juiz – na fixação da justa medida da atribuição indenizatória (desde que devida). Assim, impõe-se repelir pretensões requeridas em juízo de quantias estratosféricas que muitas vezes têm mais objetivo de enriquecer a vítima da noite para o dia.

---

[514] *Tratado de direito civil*. São Paulo: Revista dos Tribunais, 1985. v. 3, p. 637.

DIREITO DAS OBRIGAÇÕES

Tal reparação tem caráter compensatório e punitivo do agente que cometeu o dano. Não há no caso natureza de ressarcimento; impõe-se ao "ofensor a obrigação de pagamento de certa quantia em favor do ofendido, ao mesmo tempo que agrava o patrimônio daquele, proporciona a este uma reparação satisfativa".[515]

Assumida a posição pela plena indenização dos danos morais, coloca-se questão de grande importância referente ao critério que deve ser utilizado para mensurar pecuniariamente a reparação.

Considerando, como já afirmado, que a natureza da indenização tem caráter indenizatório e penal, ou, em outras palavras, uma satisfação compensatória, nos dizeres de René Savatier (*La théorie des obligations*. Paris, 1974. p. 93), qualquer que seja a natureza da violação dos direitos da personalidade, deverá o juiz considerar os seguintes critérios: a) grau de culpa do ofensor; repercussão do dano; e c) condições socioeconômicas das partes envolvidas.

Sobre a espécie, ensina Karl Larenz que na avaliação da dor deve-se levar em conta não só a extensão da ofensa, mas também o grau de culpa e a situação econômica das partes.[516]

Observe-se que, qualquer que seja o critério, não se pode afirmar que a fixação da indenização pelo dano moral sujeite-se a limites por conta de artificialismos objetivos (tabelas, p. ex.), visando impor tetos máximos ou mínimos de valores, conclusão que encontra perfeito respaldo da jurisprudência do STJ, ao editar a Súmula 281, com o seguinte conteúdo: "A indenização por dano moral não está sujeita à tarifação prevista na Lei de Imprensa."[517]

Desponta atualmente a fixação dano moral levando em conta os critérios oriundos do direito constitucional denominados proporcionalidade e razoabilidade.

---

[515] CAHALI, Yussef Said. *Dano e indenização*. São Paulo: Revista dos Tribunais, 1980. p. 26.

[516] Cf. *Derecho de obligaciones*, t. 2, p. 642. Considera-se também a posição social ou política do ofendido, a gravidade e a repercussão da ofensa.

[517] Por maioria, o Supremo Tribunal Federal (STF) declarou que a Lei de Imprensa (Lei nº 5250/67) é incompatível com a atual ordem constitucional (Constituição Federal de 1988). Os ministros Eros Grau, Menezes Direito, Cármen Lúcia, Ricardo Lewandowski, Cezar Peluso e Celso de Mello, além do relator, ministro Carlos Ayres Britto, votaram pela total procedência da Arguição de Descumprimento de Preceito Fundamental (ADPF) 130. Os ministros Joaquim Barbosa, Ellen Gracie e Gilmar Mendes se pronunciaram pela parcial procedência da ação e o ministro Marco Aurélio, pela improcedência.

RESPONSABILIDADE CIVIL

A propósito, orienta a jurisprudência: *"A indenização por dano moral deve ser fixada em termos razoáveis, não se justificando que a reparação venha a constituir-se em enriquecimento indevido, devendo o arbitramento operar-se com moderação, proporcionalmente ao grau de culpa, ao porte empresarial das partes, às suas atividades comerciais e, ainda, ao valor do negócio. Há de orientar-se o juiz pelos critérios sugeridos pela doutrina e pela jurisprudência, com razoabilidade, valendo-se de sua experiência e do bom senso, atento à realidade da vida, notadamente à situação econômica atual e às peculiaridades de cada caso"* (STJ – REsp 203.755-MG, Rel. Min. SÁLVIO DE FIGUEIREDO TEIXEIRA – RSTJ 121/408).

Nesse sentido também, *"a indenização por dano moral deve atender a uma relação de proporcionalidade, não podendo ser insignificante a ponto de não cumprir com sua função penalizante, nem ser excessiva a ponto de desbordar da razão compensatória para a qual foi predisposta."* (STJ, REsp 318379-MG, Rel. Min. NANCY ANDRIGHI, j. 20.9.01).

Relevante lembrar que parte da jurisprudência invoca o Código Brasileiro de Telecomunicações, em seu art. 84 (revogado) para fixar parâmetros de indenização.

No caso deste último diploma legal, é evidente que a reparação do dano moral ocorre no mais das vezes de "abuso da liberdade de imprensa, princípio constitucional que, não sendo absoluto, deve ser exercitado com consciência e responsabilidade, em respeito a outros valores igualmente importantes e protegidos pelo mesmo texto constitucional, quais sejam a intimidade, a vida privada, a honra e a imagem das pessoas, em suma, dignidade da pessoa humana, que uma vez violada, reclama a devida reparação".[518]

No caso em tela, tratava-se de matéria veiculada repetidas vezes em conhecida rede de televisão, na qual chamava-se a atenção do público sobre o suicídio de uma jovem, tendo ainda o julgado ressaltado que "tudo isso em episódio que envolveu pessoas comuns do povo, sem vida pública, sem qualquer relação com algum fato político, econômico, social ou esportivo de destaque, quando então o noticiário a respeito poderia encontrar alguma justificativa legítima, que não a exploração pura e simples da desgraça alheia para a satisfação da curiosidade mórbida de uma parcela da população, em busca de alguns pontos a mais nos índices de audiência".

---

[518] Cf. trecho do acórdão relatado pelo Des. Ricardo Feitosa na Ap. Cível nº 252.801-1/3 da Comarca de São Paulo, j. em 20-8-96.

DIREITO DAS OBRIGAÇÕES

Em decorrência da natureza diversa entre o dano patrimonial e o moral, cristalizou-se o entendimento de que a cumulação de ambos, no pedido de indenização, é possível.[519]

Identificam-se as seguintes ofensas caracterizadas como dano moral: dano estético, reputação da vítima, pudor, segurança, inteligência, abalo de crédito (*RT* 423/166), e até mesmo nas hipóteses de erro judiciário (*RTJ* 56/273).[520]

Há casos, no entanto, em que a jurisprudência afasta a prova do dano moral desde que comprovada a morte do filho diante da presunção absoluta aplicável à espécie.

Confira-se:

> "A reparação do dano imaterial, que, sendo dor, não há como nem precisa provar, donde se lhe presume de modo absoluto (*iuris et de iure*) a existência, quando se trata de morte de um filho (art. 335 do CPC), essa é objeto de doutra norma jurídica, que manda arbitrá-la" (cf. TJSP – Rel. Des. César Peluso, JTJ 169/252).

Em outras hipóteses, a caracterização do dever de indenizar decorre do próprio ato ilícito, hipótese na qual a ocorrência do dano moral é presumida, sendo absolutamente desnecessária a sua prova, já que se encontra inserido na essência da alma humana – (STJ – RT 806/149; RJSTJ 124/401).

Nesse sentido o entendimento da jurisprudência do Colendo Superior Tribunal de Justiça:

> "*Provado o fato, não há necessidade da prova do dano moral*". (STJ – 3ª Turma, Resp 261.028-RJ, rel. Min. Menezes Direito, j. 30.5.01, deram provimento, v.u. DJU 20.8.01, p. 459).

> "*O dano moral, tido como lesão à personalidade, à honra da pessoa, mostra-se às vezes, de difícil constatação, por atingir os seus reflexos parte muito íntima do indivíduo – o seu interior. Foi visando, então, a uma ampla reparação, que o sistema jurídico chegou à conclusão de não se cogitar da prova do prejuízo para demonstrar a violação do moral humano.*" (RSTJ 135/384).

---

[519] Súmula 37 do STJ: "São cumuláveis as indenizações por dano material e dano moral oriundas do mesmo fato."

[520] Cf. ainda os julgados insertos na *RT* 683/188 e 686/97.

RESPONSABILIDADE CIVIL

"... a responsabilidade do agente se opera por força do simples fato da violação, de modo a tornar-se desnecessária a prova do prejuízo concreto." (RSTJ 152/389).

Questão controvertida na doutrina com implicações na jurisprudência refere-se à legitimidade para postular a indenização do dano moral em juízo.

A abordagem envolvendo o próprio titular do direito que sofreu o menoscabo ou violação não comporta complexidade, sobretudo porque, conforme já afirmamos, o objeto da reparação está associado a qualquer ofensa a direito da personalidade desde que atinja o sentimento do indivíduo, ou o que a doutrina francesa caracteriza como *préjudice d'affection* e como *préjudice d'agrément*.[521]

Assim, por exemplo, a iniciativa de certa instituição financeira que promove ato de apontamento do nome do suposto devedor junto aos cadastros de proteção ao crédito (Serasa ou SCPC), constatando-se posteriormente, numa apuração rigorosa, que a dívida já tinha sido paga ou que a vítima teve extraviados seus documentos, que foram utilizados por terceiros de má-fé, caracteriza inequivocamente dano moral puro, reconhecendo-se ao próprio prejudicado, como legitimado ativo, postular perante o banco a indenização pela violação de sua imagem em razão de abalo de crédito (nesse sentido, os julgados insertos na *RT* 804/225 e 779/216).

Sobre o assunto confira-se recente decisão do Superior Tribunal de Justiça:

> "AGRAVO REGIMENTAL NO AGRAVO EM RECURSO ESPECIAL. AÇÃO DE INDENIZAÇÃO POR DANOS MORAIS. MANUTENÇÃO INDEVIDA DE NOME DE CONSUMIDOR EM CADASTROS RESTRITIVOS AO CRÉDITO. DANOS MORAIS CONFIGURADOS. VALOR INDENIZATÓRIO. FIXAÇÃO. RAZOABILIDADE. DIVERGÊNCIA JURISPRUDENCIAL NÃO DEMONSTRADA. DECISÃO AGRAVADA MANTIDA. AGRAVO IMPROVIDO.
>
> 1. A manutenção indevida do nome do devedor no cadastro de inadimplentes enseja o dano moral in re ipsa, ou seja, dano vinculado à própria existência do fato ilícito, cujos resultados são presumidos.

---

[521] Nesse sentido são as lições de VINEY, Geneviève. *Lês obligations*. La responsabilité: conditions. Paris: LGDJ, 1982. p. 325-327.

DIREITO DAS OBRIGAÇÕES

2. A jurisprudência do STJ é pacífica no sentido de que a modificação do valor da indenização por danos morais somente é permitida quando a quantia estipulada for irrisória ou exagerada, o que não se configura na presente hipótese.

3. O dissídio jurisprudencial não foi demonstrado, pois a parte agravante não comprovou as similitudes fáticas e divergências decisórias entre os casos confrontados.

4. Se a parte agravante não apresenta argumentos hábeis a infirmar os fundamentos da decisão regimentalmente agravada, deve ela ser mantida por seus próprios fundamentos.

5. Agravo regimental a que se nega provimento." (AgRg no AREsp 661.456/BA, Rel. Ministro MARCO AURÉLIO BELLIZZE, TERCEIRA TURMA, julgado em 26/05/2015, DJe 15/06/2015).

As hipóteses normais de dano moral envolvem pretensão por direito próprio pela identificação direta e imediata do titular do direito violado.

O problema surge quando, em razão de um ato ilícito que viole o direito da personalidade do titular, registre-se repercussão indireta ou reflexa em relação a terceiros que por ele tenham afeição (ou tinham, no caso de morte). O assunto é tratado pela doutrina como dano reflexo ou dano por ricochete, não se cuidando de responsabilidade indireta.[522]

Assim, o foco da questão não está em quem sofreu de forma imediata o dano, mas envolve aqueles que podem ser considerados vítimas reflexas por conta da violação de bem jurídico relacionado a sentimentos. Nessa linha, imagine-se, por exemplo, o sujeito que sofre um acidente de veículo e, como consequência, adquire sequela que interfira na sua própria imagem. Nada obstante o prejuízo material que o causador do dano deve assumir, assim como o dano moral pela violação da imagem, cogita-se também do sofrimento dos familiares, entre eles a esposa e filhos da vítima.

A fixação da hipótese pode compreender um alargamento indevido das pessoas legitimadas para pleitear a reparação, pois

"se se alarga demasiadamente a esfera dos indivíduos admitidos a lamentar a afeição lesionada ao sentimento ofendido pela agressão a bens alheios, corre-se

---

[522] Nesse sentido, PEREIRA, Caio Mário da Silva. *Responsabilidade civil*. Rio de Janeiro: Forense, 1993. p. 42 passim. No mesmo sentido, ZANONI, Eduardo A. *El dano en la responsabilidad civil*. Buenos Aires: Astrea, 1993. p. 439 passim.

RESPONSABILIDADE CIVIL

o risco de agravar a responsabilidade por uma série infinita de pretensões baseadas em alegações morais mais ou menos sinceras, propagando a legitimidade ativa ao ressarcimento em favor de pessoas que permanecendo estranhas a tais bens, fariam melhor em não pretender traduzir em dinheiro o eventual prejuízo moral que indiretamente possa haver sofrido".[523]

O assunto não guarda previsão legal no novo Código Civil, identificando-se em todas as situações envolvendo reparação que o vínculo é estabelecido diretamente entre o causador do dano e a vítima (cf. p. ex. arts. 948 e incisos, 949, 950). Não é o caso do Código Civil Português, que em seu art. 496 não só disciplina a hipótese, como também prevê uma linha sucessiva e excludente de legitimados a reclamarem os danos reflexos.

Então, dentro desse contexto, cabe a pergunta: no direito brasileiro é possível a indenização do dano reflexo?

A jurisprudência, em um primeiro momento, negou a hipótese, conforme se registra do julgado do STF inserto na *RTJ* 94/640. No entanto, atualmente, há expressa permissão para postular tais indenizações (*RT* 670/100, 726/297, *JTACivSP-LEX* 152/178), inclusive admitindo a doutrina a transmissão do direito de pleitear a reparação, com variações sobre a hipótese versar sobre direito próprio ou hereditário.[524]

As cogitações até aqui feitas envolvem a ocorrência de dano moral por violação aos direitos da personalidade tendo como titular uma pessoa natural (ser humano). E a pessoa jurídica pode ser vítima de dano moral?

Considerando o disposto no art. 5º, inciso X, da Constituição Federal, que declara invioláveis a intimidade, a vida privada, a honra e a imagem das pessoas, assegurado o direito à indenização pelo dano material ou moral decorrente de sua violação, a expressão *das pessoas* abrangerá também as jurídicas?

A opinião geral da doutrina é no sentido afirmativo.

Pontes de Miranda, invocando Specker e Ferrara, afirma: ao adquirir personalidade, as pessoas jurídicas adquirem tal direito, que não depende de substrato pessoal físico.

---

[523] Cupis, Adriano de. *El dano*. Barcelona: Bosch, 1975. p. 656, nº 120 (tradução livre do autor).

[524] Sobre o assunto, o artigo da Juíza Maria Isabel de Matos Rocha. Legitimidade para pedir reparação pelos danos morais da morte. *RT* 684/7.

DIREITO DAS OBRIGAÇÕES

Adriano de Cupis esclarece que, mesmo que as pessoas jurídicas não possam ter o "sentimento" da própria dignidade, esta pode sempre envolver a consideração de terceiros. Configura-se, portanto, o bem da honra também no que lhes diz respeito, bem ao qual não pode faltar a proteção penal, pois os dirigentes que sabem orientá-la com exação colhem, no bom conceito de que ela bem a desfrutar, valiosíssimos frutos oriundos da confiança inspirada por sua conduta. Exclui as sociedades de fato, que não têm personalidade, da atribuição de um direito à honra; encarece que este pode ser mesmo direito a uma fictícia dignidade, muito embora a dignidade pessoal até certo ponto nunca seja fictícia, por corresponder àquele real valor que existe em cada indivíduo humano como tal, para aditar:

> "De qualquer modo, mesmo esta fictícia dignidade, porquanto é uma aparência da pessoa, constitui uma qualidade da mesma; espelhando-se na opinião de terceiros, projeta-se externamente: mas é sempre uma atribuição da pessoa. A máscara moral qualifica quem a carrega, mesmo se imprime no espírito alheio."

Assim, uma pessoa jurídica poderia sofrer dano moral quando por conduta de outrem sua imagem perante o público fosse violada.

Veja-se o exemplo tirado da jurisprudência segundo o qual "responde por dano moral a instituição financeira responsável pelo protesto indevido de título que veio a ocasionar ofensa à honra objetiva da empresa, que teve abalado seu conceito e imagem" (cf. STJ – *RT* 776/195).

Nessa linha, o novo Código Civil, ao consagrar os direitos da personalidade, estabelece em seu art. 52: "Aplica-se às pessoas jurídicas, no que couber, a proteção dos direitos da personalidade", admitindo indiretamente que tais entes também podem sofrer danos morais.

Observe-se ainda que jurisprudência já se solidificou a esse respeito conforme se vê da Súmula 277 do STJ que preceitua: "As pessoas jurídicas podem sofrer danos morais."

Ocorre que, bem analisada a questão, o que há na espécie não é, em verdade, dano moral, mas nítido dano material.

Uma empresa, com fins lucrativos, que é vítima de violação indevida em sua imagem, quando muito, sofrerá repercussão exclusivamente patrimonial porque pelo ato ilícito teve atingidos seus resultados econômicos. Então, consoante bem esclarece respeitável doutrina,

RESPONSABILIDADE CIVIL

"a lógica fundante dos direitos da personalidade é a tutela da dignidade da pessoa humana. Ainda assim, provavelmente por conveniência de ordem prática, o codificador pretendeu estendê-los às pessoas jurídicas, o que não poderá significar que a concepção dos direitos da personalidade seja uma categoria neutra, aplicável indistintamente a pessoas jurídicas e a pessoas humanas".[525]

Lembre-se ainda o entendimento do STJ sobre o dano moral:

Súmula 37: *São cumuláveis as indenizações por dano material e dano moral oriundos do mesmo fato.*

Súmula 370: *Caracteriza dano moral a apresentação antecipada de cheque pré-datado.*

Súmula 387: *É lícita a cumulação das indenizações de dano estético e dano moral.*

Súmula 388: *A simples devolução indevida de cheque caracteriza dano moral.*

Súmula 403: *Independe de prova do prejuízo a indenização pela publicação não autorizada de imagem de pessoa com fins econômicos ou comerciais.*

29.13. Responsabilidade civil em razão de ato próprio

Conforme já analisado anteriormente quando se cuidou dos pressupostos da responsabilidade civil, o dever de indenizar surge basicamente quando há a violação por culpa de um interesse, devendo o ato ilícito possuir caráter de ilicitude. E tal situação deve ocorrer de forma voluntária, pois os fatos alheios à atividade humana são considerados acontecimentos da natureza e, portanto, fora da incidência daquele dever.

Nesse contexto, a responsabilidade por ato próprio é onde ordinariamente a voluntariedade do ato tem mais relevância, justificando-se a ilação da análise do ato controlável pela atividade do homem.

Nas seguintes hipóteses ora mencionadas sempre há o pressuposto de que a responsabilidade advém do ato praticado diretamente pelo agente, vale dizer, houve a violação de um dever preexistente causador de prejuízo.

Nos casos adiante alinhados, portanto, desde que provada (ou sendo presumida) a culpa, haverá o dever de indenizar.

---

[525] TEPEDINO, Gustavo. *Crise de fontes normativas e técnica legislativa na parte geral do Código Civil de 2002*: a parte geral do novo Código Civil. Rio de Janeiro: Renovar, 2002. p. XXIX.

29.13.1. Calúnia, difamação e injúria

O Código Penal define cada um desses crimes. O primeiro configura-se quando se imputa falsamente a alguém um ato definido como crime. No segundo trata-se de atribuir um fato ofensivo à reputação do ofendido. No caso de injúria, a ofensa atinge o decoro e a dignidade da vítima.

O assunto é disciplinado pelo art. 953 do CC:

> "A indenização por injúria, difamação ou calúnia consistirá na reparação do dano que delas resulte ao ofendido.
>
> Parágrafo único. Se o ofendido não puder provar o prejuízo material, caberá ao juiz fixar, equitativamente, o valor da indenização, na conformidade das circunstâncias do caso."

De início, cabe esclarecer que a indenização pelo *caput* é de natureza material, sendo a do parágrafo único exclusivamente moral.

Logo, pela disposição transcrita, duas alterações significativas foram identificadas com relação ao direito anterior (art. 1.547, parágrafo único, do CC de 1916), quais sejam: (a) acrescentou-se a figura penal da difamação, que antes não constava, muito embora a doutrina reconheça que ela representava mero desmembramento da calúnia; (b) encerrou-se a controvérsia a respeito da forma subsidiária de indenização.

Esta última, é que gera maiores considerações.

Com efeito, superado o critério de cálculo da indenização do direito anterior,[526] o novo Código Civil utilizou-se de regra que remete à fixação do dano para equidade judicial (ver a abordagem sobre o assunto neste capítulo), atendendo às circunstâncias do caso, isto é, questões relativas à posição econômico-social das partes envolvidas (ofensor-ofendido), o grau de repercussão da ofensa e intensidade da culpa (*lato sensu*).

Reitere-se que a hipótese do parágrafo único versa inequivocamente sobre indenização por dano moral, como, aliás, já se entendia no direito revogado. Nada impede, por outro lado, que, se a vítima provar o prejuízo material, busque a indenização pelo dano moral (ver Súmula 37 do STJ).[527]

---

[526] CAHALI, Yussef S. *Dano e indenização*. São Paulo: Revista dos Tribunais, 1980. p. 86 ss.

[527] Nesse sentido a lição de CASILLO, João. *Dano à pessoa e sua indenização*. São Paulo: Revista dos Tribunais, 1994. p. 244.

Vale esclarecer que no mais das vezes a ofensa a honra gera efeitos penais sujeitando o agente a processo criminal mediante ajuizamento de queixa-crime (ação penal privada) por parte do ofendido, e embora possa o ofensor retratar-se do crime cometido, tal fato não implica a renúncia da indenização, seja pelo aspecto material ou moral.

Neste último caso confira-se julgado do Tribunal de Justiça de São Paulo:

> "Todo cidadão tem direito à sua incolumidade física e moral. A violação desses bens pode, no comum das vezes, acarretar danos de ordem moral e material. A retratação havida na esfera criminal, levando à extinção da ação penal, não implica o comprometimento da pretensão civil, de caráter indenizatório, do dano moral" (cf. *RT* 601/88).

29.13.2. Demanda de pagamento de dívida não vencida e já paga

Conforme já afirmado quando se tratou das condições objetivas de pagamento, referente ao tempo, o devedor não pode ser obrigado a pagar a dívida antes de seu vencimento, exceto nos casos em que a lei exige.

A primeira hipótese, isto é, demanda de dívida não vencida, está prevista no art. 939, que estabelece:

> "O credor que demandar o devedor antes de vencida a dívida, fora dos casos em que a lei o permita, ficará obrigado a esperar o tempo que faltava para o vencimento, a descontar os juros correspondentes, embora estipulados, e a pagar as custas em dobro."

Como se percebe pela disposição legal, a consequência da cobrança antes do vencimento da dívida impõe ao credor, desde que provado do dolo, descontar os juros correspondentes, ou seja, perderá os juros, ainda que estipulados, do pedido intempestivo até o vencimento da obrigação e arcará com as custas em dobro referente ao processo indevidamente ajuizado. Não se pode afirmar que a imposição legal referente à obrigação de esperar o tempo que faltava para o vencimento represente algum tipo de pena, porque o devedor, por regra, não pode ser exigido antes do termo final.

Nos termos do art. 940 do CC, aquele que demandar dívida já paga ou pedir mais do que for devido também pratica ato ilícito. A própria disposição legal cuida de prefixar a indenização que será o dobro do que

DIREITO DAS OBRIGAÇÕES

houver cobrado ou o equivalente do que dele exigir, salvo se o direito estiver prescrito.

No entanto, no mesmo caso do artigo antecedente deve-se provar o dolo ou malícia do credor para aplicar a pena prevista. Sobre o assunto a Súmula 159 do STF estabelece: "Cobrança excessiva, mas de boa-fé, não dá lugar às sanções do art. 1.531 (atual art. 940) do Código Civil." Portanto, deve haver prova do dolo, não se presumindo a culpa.

O próprio dispositivo legal cuida de afastar a indenização prefixada na hipótese de o direito do crédito estar prescrito, decaindo o autor-credor da ação ajuizada. Trata-se de uma excludente do direito de indenização em favor do devedor que tenha pago a dívida ou que ainda não é exigível.

Entende a jurisprudência que a multa só pode ser cobrada via ação autônoma ou por meio de reconvenção ajuizada pelo próprio devedor-réu.[528]

Ressalva a lei que as penas previstas nos arts. 939 e 940 não se aplicarão quando o autor (credor) desistir da ação antes de contestada a lide, salvo ao réu o direito de haver indenização por algum prejuízo que prove ter sofrido (art. 941).

Ainda, dependendo da espécie, é possível imaginar a cumulação da indenização prefixada no CC com a reparação do dano moral decorrente do chamado abalo de crédito, notadamente porque hodiernamente o crédito

> "representa um bem imaterial que integra o patrimônio econômico e moral das pessoas, sejam elas comerciantes ou não, profissionais ou não, de modo que sua proteção não pode ficar restrita àqueles que dele fazem uso em atividade especulativa; o abalo de crédito molesta igualmente o particular, no que vê empanada sua honorabilidade, reduzindo seu conceito perante os concidadãos".[529]

O assunto tem referência com as práticas bancárias de enviar o nome do devedor que não paga suas dívidas aos chamados serviços de proteção ao crédito, medida que, se de um lado visa impedir a generalizada inadimplência, pode ensejar reparação do dano por parte do banco responsável no caso de protesto de título já pago.[530]

---

[528] Cf. *RT* 467/198 e 444/167.
[529] Cf. Yussef Said Cahali. *Dano e indenização*. São Paulo: Revista dos Tribunais, 1980. p. 93.
[530] Cf. TJSP – *RT* 486/73.

RESPONSABILIDADE CIVIL

Por fim, o Código do Consumidor, no capítulo referente às práticas comerciais, estabelece na seção V, art. 42 e parágrafo único, a proibição de cobrança de débitos de modo a expor o consumidor inadimplente a ridículo nem o submeter a qualquer tipo de constrangimento ou ameaça, estabelecendo, também, que se

> "cobrado em quantia indevida tem direito à repetição do indébito, por igual valor ao dobro do que pagou em excesso, acrescido de correção monetária e juros legais, salvo hipótese de engano justificável".

29.13.3. Abuso do direito
A análise do tema relacionado com o abuso do direito impõe identificar de início a existência de várias teorias que fundamentam o instituto, chegando-se mesmo a negar a possibilidade de reparação do ato praticado com exercício abusivo do direito, como é o caso de Planiol, ao sustentar que o "uso abusivo dos direitos é uma logomaquia porque, se eu exerço o próprio direito, o meu ato é lícito, e quando é ilícito é porque excedo o meu direito e atuo sem direito".[531]

Escreve ainda o citado autor ser necessário "não nos deixarmos enganar pelas palavras; o direito cessa onde o abuso começa, e não pode haver uso abusivo de um direito pela razão irrefutável que um só e mesmo ato não pode ser, ao mesmo tempo, conforme ao direito e contrário ao direito".

No entanto, apesar da reconhecida autoridade da teoria negativista, prevaleceu a tese que reconhece a responsabilidade civil advinda do abuso de direito manifestada igualmente por vários autores de renome, como Savatier, Ripert, Josserand e, entre nós, Aguiar Dias, Alvino Lima, Silvio Rodrigues, entre outros.

Assim, a base justificativa da reparação pelo ato abusivo do direito relaciona-se com a hipótese em que o titular do direito dele faz uso de forma egoística, desprezando o interesse social, respondendo por isso civilmente.

De acordo com a regra socializadora do direito, ninguém é obrigado a suportar o prejuízo causado por outrem, ou seja, em toda sociedade civilizada há o dever genérico de não prejudicar outrem.

Há casos, porém, em que o interesse social permite que o dano seja produzido em prejuízo de terceiros em razão dos interesses em conflito; fala-se

---

[531] Cf. *Traité élémentaire de droit civil*. v. 2, nº 873.

DIREITO DAS OBRIGAÇÕES

do estado de necessidade no qual pratica-se deterioração ou destruição de coisa alheia, a fim de remover perigo iminente. Ressalvados estes e outros casos, o abuso de direito prescinde da noção de culpa e ocorre quando o agente atua dentro de seu direito, mas exorbita da finalidade social que é desconsiderada. Há um desvio dos fins sociais que toda lei possui.

Em nível de fundamento da responsabilidade decorrente do abuso, uma vez verificado o dano no exercício irregular do direito e havendo culpa (contratual ou extracontratual), impõe-se ao responsável a reparação pelas perdas e danos.

Diversamente do direito revogado, o novo CC reconhece expressamente a figura do abuso do direito em seu art. 187 com a seguinte redação:

> "Também comete ato ilícito o titular de um direito que, ao exercê-lo, excede manifestamente os limites impostos pelo seu fim econômico ou social, pela boa-fé ou pelos bons costumes."

Pela colocação do artigo, seguido da cláusula geral de responsabilidade civil (art. 186), não há possibilidade de se reconhecer que a natureza da responsabilidade seja objetiva, ou seja, ao menos por interpretação sistemática, somente provando a culpa do agente é que se poderá impor o dever de indenizar. No entanto, possível a configuração do exercício abusivo do direito, sob a orientação da responsabilidade objetiva, se a atividade desenvolvida pelo agente implicar, por sua natureza, risco para os direitos de outrem (art. 927, parágrafo único, do CC).

A necessidade de prova da culpa para impor o dever de indenizar no caso de abuso de direito conta com apoio de parte da doutrina, como é o caso, por exemplo, de Fábio Ulhoa Coelho ao afirmar que

> "Em decorrência da classificação do abuso de direito como ato ilícito, considera-se a culpa inerente à extrapolação dos limites de seu exercício. Transgredir os fins econômicos ou sociais de um direito, a boa-fé ou os bons costumes é conduta culposa que importa a obrigação de indenizar eventuais danos decorrentes."[532]

---

[532] *Curso de direito civil.* São Paulo: Saraiva, 2004. v. 2, p. 316. No mesmo sentido é o posicionamento de Rui Stoco, que critica com bons argumentos a conclusão 37 das "Jornadas de Direito Civil", segundo as quais "a responsabilidade civil decorrente de abuso de direito independe de culpa, e fundamenta-se no critério objetivo-finalístico" (cf. A responsabilidade civil. *Estudos em homenagem*

RESPONSABILIDADE CIVIL

Observe-se então que, pela *mens legis*, a ocorrência do ato ilícito sob a conceituação de abusivo merece estar revestido de exercício manifesto, ou, como bem esclarece a doutrina portuguesa a respeito de artigo similar ao brasileiro:

> "Para que o exercício do direito seja abusivo, é preciso que o titular, observando embora a estrutura formal do poder que a lei lhe confere, exceda *manifestamente* os limites que lhe cumpre observar, em função dos *interesses* que legitimam a concessão desse poder. É preciso, como acentuava M. Andrade, que o direito seja exercido 'em termos clamorosamente ofensivos da justiça.'"[533]

Ainda que o vocábulo *exercício* possa dar a falsa impressão de que o ato abusivo se configure somente mediante ação do agente, tal noção é desmentida porque

> "exercer significa assumir um comportamento e neste tanto cabe a acção como a omissão e quer a acção que representa a directa actuação do conteúdo qualificado em termos de direito subjectivo como a sua defesa mediante emprego das diversas formas de tutela de um direito".[534]

Ajuste-se aos termos legais que os limites do exercício estão caracterizados por conceitos jurídicos indeterminados (ou cláusulas gerais), como

ao *Prof. Miguel Reale*. São Paulo: LTr, 2003. p. 806 passim). Autores de escol, no entanto, dispensam a prova da culpa, como é o caso de Luiz Roldão de Freitas Gomes (Responsabilidade civil subjetiva e objetiva. In: ARRUDA ALVIM; CERQUEIRA CÉSAR; ROBERTO ROSAS. (Coord.). *Aspectos controvertidos do novo Código Civil* – escritos em homenagem ao Ministro Moreira Alves. São Paulo: Revista dos Tribunais, 2003. p. 453) e Fernando Noronha (*Direito das obrigações*. São Paulo: Saraiva, 2003. v. I, p. 371).

[533] ANTUNES VARELA, João de Matos. *Das obrigações em geral*. Coimbra: 1993, v. 1, p. 536-537. Contra, entendendo que não será somente abusivo o ato que exceda exageradamente os limites ou que tal excesso seja ostensivo, é a posição de Heloísa Carpena ao afirmar "que tal circunstância não é elemento do ato abusivo e, portanto, basta a inobservância dos limites axiológicos para caracterizá-lo, sem contemplação de sua extensão ou evidência" (Abuso do direito no Código Civil de 2002. Relativização de direito na ótica civil-constitucional. TEPEDINO, Gustavo (Coord.). *A parte geral do novo Código Civil*: estudos na perspectiva civil-constitucional. Rio de Janeiro: Renovar, 2002. p. 382-383.

[534] CUNHA DE SÁ, Fernando Augusto. *Abuso do direito*. Coimbra: Almedina, 1997. p. 104 passim.

DIREITO DAS OBRIGAÇÕES

boa-fé, fim econômico ou bons costumes, remetendo-se a apreciação do caso concreto a caracterização do ato ilícito.

São exemplos: reiterados pedidos de purgações de mora em processos de despejo por falta de pagamento; proprietário que mata o gado alheio por ter invadido sua fazenda; realização de excessivo ruído em condomínio edilício residencial após as 22:00 etc.

29.13.4. Rompimento de noivado

O noivado costuma preceder o casamento e envolve a noção de promessa ou um pré-contrato de casamento.

Em obra fundamental sobre o assunto, Georgette Nacarato Nazzo esclarece que o noivado remonta ao instituto à antiguidade, ganhando no direito romano a denominação "sponsio" (esponsais), restando sedimentado no direito canônico.[535]

Com efeito, ninguém é obrigado a casar-se quando celebra o noivado, mas seu rompimento injustificado gera o dever de indenizar, sujeitando-se assim às regras do ato ilícito.

Bem a respeito, "Na hipótese em que ocorra a ruptura dos esponsais sem motivo justificado, além da obrigação acima referida – devolução dos presentes trocados e outros objetos em razão do pré-contrato – caberá à vítima pleitear a indenização dos danos sofridos. Nesse caso, provada a culpa de quem ocasionou a quebra da promessa de casamento, terá a vítima direito de obter a reparação do dano, com base no art.159 do CC (atual art.186), todavia não uma indenização larga, como decorrente da prática de atos ilícitos, e que atinge as perdas e danos."[536]

Logo, as despesas de toda ordem que antecedem o casamento, caso não ocorra, gera prejuízo àquele que foi preterido se não houve justo motivo.

Para ter direito a reparação deve-se provar: 1. a promessa de casamento tenha emanado do próprio interessado; 2. a ruptura foi sem justo motivo. Exemplo: mudança de religião, ruína econômica, infidelidade; 3. o dano.

A indenização, portanto, envolve as despesas de toda ordem, como abandono de emprego, aquisição de bens, paralisação de curso, despesas

---

[535] *Da responsabilidade civil no pré-contrato de casamento.* São Paulo: José Bushatsky Editor, 1976, p. 21, passim.

[536] Op.cit. p.138.

com o casamento etc. Nesse caso trata-se de dano patrimonial, mas o moral também pode ser indenizado.[537]

Sobre a indenização pelos danos imateriais em caso de ruptura de noivado, o Tribunal de Justiça de São Paulo já decidiu:

> "procede a indenização em virtude de rompimento de noivado por ato unilateral do varão, que acarretou despesas com a preparação do casamento, indenizável ainda pelo dano moral resultante do vexame sofrido e a gravidez que restou do romance".[538]

29.14. Responsabilidade civil por fato ou ato de terceiro

Normalmente, o ato danoso que gera o dever de reparar é praticado pessoalmente pelo agente, o que, de acordo com o que já foi estudado, constitui na responsabilidade por ato próprio ou responsabilidade direta.

Ocorre que existem certas situações em que o agente causador do dano não coincide com o responsável pela reparação, e para que a vítima não seja injustiçada é necessário alcançar o responsável civil que indiretamente contribuiu para o dano, justificando assim a reparação. Diz-se que em razão de uma relação jurídica entre o causador do dano e o responsável pela reparação, a responsabilidade civil é decorrente de ato ou fato de terceiro.

Expressiva nesse sentido a melhor doutrina:

> "A responsabilidade extracontratual por fato de outrem, em sentido estrito, é regulada de modo específico, em dispositivos que abrem exceções à cláusula geral de responsabilidade, por culpa, deixando de ser subordinada a fatores morais, para acomodar-se às exigências de uma evolução caracterizada pelos progressos maravilhosos da técnica industrial; surge, em regra, automaticamente, baseada no fato alheio e só indiretamente se pode dizer que repousa na culpa, porquanto, se não é necessário a culpa do civilmente responsável, ocorre a culpa do terceiro, como veremos, autor do ato lesivo do direito, ou interesse legítimo da vítima."[539]

---

[537] Cf. *RJTJESP* 117/176, 32/29 e *RT* 639/58.
[538] Cf. ap. cível nº 56.656-1, ADV/85, p. 682.
[539] LIMA, Alvino. *A responsabilidade civil pelo fato de outrem*. Rio de Janeiro: Forense, 1973. p. 21.

DIREITO DAS OBRIGAÇÕES

Na responsabilidade indireta ou complexa, o dano supõe um intermediário, seja o causado por alguém que é dirigido por outrem, seja por uma coisa confiada a alguém. Possui caráter excepcional, porque normalmente as consequências da culpa devem recair sobre seu autor.

Portanto, para sustentar a responsabilidade indireta é preciso abstrair o conceito clássico de culpa (teoria subjetiva) para enveredar-se no conceito de culpa presumida. A adoção de tal conceito deve-se à elaboração doutrinária e jurisprudencial, para que a vítima não seja injustiçada na hipótese de provar a culpa do agente, ficando prejudicada quanto ao ressarcimento pelo responsável. Ainda, a presunção de culpa decorre da falta de diligência necessária daquelas pessoas que têm o dever de vigiar e fiscalizar seus subordinados para que não ocorra o dano (culpa *in vigilando* ou *in eligendo*).

Nessa linha, o expediente da presunção, criado pelos partidários da responsabilidade subjetiva para reduzir os efeitos da quebra do conceito clássico de culpa em razão de conduta pessoal, bem se ajustou à principiologia do direito revogado. Doravante, o art. 933 do novo CC prevê que "as pessoas indicadas nos incisos I a V, do artigo antecedente, ainda que não haja culpa de sua parte, responderão pelos atos praticados pelos terceiros ali referidos", conferindo inequívoca noção de a hipótese tratar-se de responsabilidade objetiva.

Os casos legais estão previstos no art. 932 e incisos do CC.

Pelo inciso I são responsáveis pela reparação os pais, pelos filhos menores que estiverem sob sua autoridade e em sua companhia. Há no caso presunção de culpa. A responsabilidade decorre da conjugação de menoridade do filho e a circunstância fática de ele encontrar-se sob o poder familiar ou guarda paterna/materna. Portanto, a responsabilidade decorre daquele poder e não depende de ser ou não imputável ao filho. Os pais somente se exoneram demonstrando *in concreto* estar afastada a presunção de culpa, não sendo suficiente que demonstrem ter empreendido todas as diligências de fiscalização no menor, vez que este é dever dos pais. A presunção, portanto, é *iuris tantum*.

E se o filho for emancipado? Se for legal advinda, por exemplo, do casamento, os pais estão liberados; se a emancipação for voluntária, não há exoneração, pois, um ato de vontade não ilide a responsabilidade que provém da lei.

No que se refere ao Estatuto da Criança e do Adolescente, o art. 116 disciplina a reparação do dano como medida socioeducativa.

RESPONSABILIDADE CIVIL

Também é responsável pela reparação civil o tutor e o curador, pelos pupilos e curatelados, que se acharem nas mesmas condições do inciso antecedente.

Ocorrendo qualquer fato que impeça a guarda dos pais em razão de morte, ausência ou destituídos do pátrio-poder, o juiz dará aos menores um tutor. Curador dar-se-á aos loucos, surdos-mudos, pródigos ou toxicômanos.

A situação dos tutores ou dos curadores é idêntica à dos pais, vale dizer, ocorrido o dano, a culpa é presumida. Logo, e em princípio, o tutor ou curador são responsáveis pelos atos do pupilo ou do curatelado e terão sua responsabilidade agravada se ocorrido o ato ilícito, verificado que não providenciaram a internação daqueles incapazes. Se assim procedeu-se, a responsabilidade passa ao estabelecimento ao qual compete a vigilância.

O mesmo não se pode dizer, em relação ao pródigo, porque sua interdição está circunscrita aos atos enumerados do art. 1.782 do CC. Sua responsabilidade em razão de ato ilícito será direta e pessoal, pois esse setor de sua vida não se aplica à vigilância incumbida ao curador.

O inciso III responsabiliza civilmente o empregador ou comitente, por seus empregados, serviçais e prepostos no exercício do trabalho que lhes competir ou por ocasião dele.

Para os devidos fins há que se considerar neste caso uma subordinação legal hierárquica, isto é, o empregado deve receber ordens, sendo irrelevante receber ou não salário. Confira-se a Súmula 341 do STF que estabelece:

"É presumida a culpa do patrão ou comitente pelo ato culposo do empregado ou preposto."

Ainda, pelo inciso IV, responsabilizam-se os donos dos hotéis, hospedarias, casas ou estabelecimentos onde se albergue por dinheiro, mesmo para fins de educação, por seus hóspedes, moradores e educandos.

A culpa aqui considerada pode ser tanto *in vigilando* como *in eligendo*. Pressupõe que o estabelecimento recolha ou abrigue a pessoa com o fito de lucro. Verifica-se, em certos casos, que o proprietário do hotel fixa aviso expondo aos hóspedes a não-responsabilidade por eventuais danos ocorridos nas dependências do hotel. É a chamada cláusula de indenizar que será analisada no capítulo referente às causas de exclusão da responsabilidade.

DIREITO DAS OBRIGAÇÕES

Ressalve-se ainda que a presente hipótese não deve ser confundida com aquela do art. 649, parágrafo único do CC, pois trata-se de responsabilidade contratual.

Neste passo, cabe analisar a responsabilidade civil dos educadores.

Consoante já mencionado, a responsabilidade advinda dos estabelecimentos de ensino pressupõe a ideia de lucro, vale dizer, através do pagamento do responsável como remuneração do serviço prestado, a instituição recolhe ou interna determinada pessoa incapaz ou não, o que por si só não afasta o caso da internação sob aspecto gratuito, que nesse caso dependerá da hipótese concreta apurados os requisitos do art. 186 do CC.

Como os educadores possuem um dever de vigilância tão-somente, qualquer ato ilícito praticado pelos educandos impõe a conclusão quanto a presunção de culpa que é *iuris tantum*. O dever de educação é só dos pais, mas o de vigilância é transferido aos educadores.

Assim, distinguem-se duas hipóteses:

1. se o dano é causado pelo aluno em face de terceiros, a escola responde pelo ato ilícito, mas possui ação regressiva contra os pais;
2. se o dano é sofrido pelo próprio aluno, a vítima representada pelo pai pode mover ação contra a escola.

O dever de reparar só existirá se o ato for praticado quando o educando estava sob a vigilância do educador que se exime da culpa demonstrando que não houve negligência de sua parte.

Por fim, pelo inciso V, serão responsáveis aqueles que gratuitamente houverem participado nos produtos do crime até a concorrente quantia.

A maioria dos tratadistas entende que o dispositivo é de pouca utilidade, pois, como afirma Serpa Lopes:

"se alguém participou gratuitamente nos produtos do crime, é claro que está obrigado a devolver o produto dessa participação até a concorrente quantia".[540]

Há no caso solidariedade que se refere ao art. 942, parágrafo único do CC, e embora a pessoa não tenha participado do crime, se recebeu o produto deverá restituí-lo nada obstante ser inocente do ponto de vista penal.

---

[540] *Curso de direito civil.* Rio de Janeiro: Freitas Bastos, 1995. v. 5, p. 250-251.

Na verdade, o inciso não trata propriamente da ocorrência de ato ilícito, mas da hipótese de enriquecimento sem causa. Por isso que os autores sustentam tratar-se de uma ação de *in rem verso*, incumbindo a quem se beneficiou infundadamente à custa de outrem recompor o patrimônio do lesado.

Em conclusão, os pressupostos são:

a) o dano deve ser causado por crime;
b) benefício de terceiro com o produto do ato infracional.

Possui relação direta com o tema a ação regressiva contra o terceiro culpado.

Diz o art. 934 do CC:

> "Aquele que ressarcir o dano causado por outrem pode reaver o que houver pago daquele por quem pagou, salvo se o causador do dano for descendente seu, absoluta ou relativamente incapaz."

É a ação regressiva.

O prejuízo causado por outrem em regra indeniza-se pelas pessoas mencionadas no art. 932 do CC, cada um com seus fundamentos já apreciados. Cuida-se assim da responsabilidade indireta e nesses casos impõe a lei o reembolso a quem ressarciu danos que não ocasionou pessoalmente, cobrando do responsável direto o que teve que pagar.

Na hipótese de o causador direto ser descendente do responsável, entende o autor do Projeto do CC de 1916 que a exceção possui razão de ordem moral e organização econômica da família, aplicando-se igualmente nos casos de tutela e curatela.

Entendemos, porém, com apoio em prestigiosa doutrina, que a exceção não tem razão de ser por configurar tratamento desigual para situações iguais, vale dizer, a disposição legal

> "é fruto de verdadeira injustiça, pois os outros descendentes do causador do dano terão diminuídas as suas cotas hereditárias, por exemplo, em caso de falecimento do ascendente indenizador".[541]

---

[541] Cf. Álvaro Villaça Azevedo. Proposta de classificação da responsabilidade objetiva: pura e impura. *RT* 698/10.

DIREITO DAS OBRIGAÇÕES

29.15. Responsabilidade civil decorrente do fato de animais e coisas

Por um primeiro aspecto pode parecer estranho que uma coisa possa praticar um fato gerador do dever de indenizar. A criação de tal doutrina deve-se a interpretação do art. 1.384, § 1º, do Código de Napoleão que estabelecia:

> "Cada um é responsável não só pelo prejuízo que causa pelo seu próprio ato, mas também pelo que é causado pelas pessoas por quem deve responder ou das coisas de que tem a guarda."

Logo, basicamente, a ideia da mencionada doutrina pressupõe que o dono da coisa ou aquele que detém sua guarda é responsável pela reparação do fato danoso, causado por aquela coisa, isto é, há presunção de culpa em face do proprietário da mesma. A noção de guarda, portanto, é fundamental para compreensão da questão.

O fato material da perda deste poder absoluto sobre a coisa constitui a culpa, a qual decorre, desta forma e automaticamente, da violação da obrigação legal de guarda.

Em outras palavras, a jurisprudência francesa construiu a teoria da responsabilidade pelo fato da coisa no pressuposto de que logicamente a pessoa que exerce um poder sobre a coisa tem a obrigação de tê-la sob seu comando, equilibrando-se a reparação devida à vítima em face de novos fatos que justifiquem a indenização.

Deve ser apurado, assim, quem tinha o poder efetivo sobre a coisa no momento em que o dano foi provocado.

Consoante a doutrina, a responsabilidade pelo fato da coisa é aplicação da teoria do risco.[542] Logo, o vínculo causal é estabelecido entre o dano e a coisa.

Assim, tenha-se que

> "não faz sentido apoiar a responsabilidade emergente da guarda da coisa no comportamento culposo do homem ou guardião, em uma ação, ou omissão voluntária, negligência ou imprudência da pessoa que tem a guarda. (...) Somente quando não há prova de que o guarda da coisa tenha participado do

---

[542] LIMA, Alvino. *Culpa e risco*. São Paulo: Revista dos Tribunais, 1963. p. 117.

RESPONSABILIDADE CIVIL

evento danoso é que surge a possibilidade de aplicação das regras pertinentes à responsabilidade resultante do dever de guarda".[543]

A presunção só pode ser elidida, isto é, afastada, se o detentor da guarda da coisa provar a culpa da vítima, caso fortuito ou que transferiu a guarda a outrem. Há uma inversão do ônus da prova que caberá ao agente, o guarda da coisa.

O CC elenca os casos em que há aplicação da teoria, contudo não existe nenhum dispositivo que estabeleça a responsabilidade de alguém pelo simples fato de ser dono do objeto ou coisa que provocou o dano.

Os casos legais são:

a) Animais
Sobre o assunto dispõe o art. 936 do CC:

"O dono, ou detentor, do animal ressarcirá o dano por este causado."

Guardião para os efeitos legais é aquele que tem o poder de direção de controle e uso do animal. Portanto, provando tão-somente o dano e que foi causado por animal, identificando-se seu dono, presume-se este culpado e responsável pela reparação.

E se o animal é furtado e causa dano?

Deve o dono provar que empreendeu todas as diligências para evitar o furto ao qual se equipara o caso fortuito. Caso contrário, será obrigado pela reparação.

A maior prova de que a hipótese cuida de responsabilidade objetiva são as excludentes previstas no próprio artigo, posto que, se não provar culpa da vítima ou força maior, certamente haverá o dever de indenizar, desde que demonstrados, tão-somente, o dano e o nexo causal.

b) Ruína de edifício ou construção
Estipula o art. 937 do CC:

"O dono do edifício ou construção responde pelos danos que resultarem de sua ruína, se esta provier da falta de reparos, cuja necessidade fosse manifesta."

---

[543] PORTO, Mário Moacyr. *Temas de responsabilidade civil*. São Paulo: Revista dos Tribunais, 1989. p. 105.

DIREITO DAS OBRIGAÇÕES

O fundamento sobre tal responsabilidade é discutido na doutrina. Prevalece, no entanto, tratar-se de presunção de culpa do proprietário, vale dizer, presume-se a negligência do dono uma vez que a ruína ocorreu. Basta o desmoronamento pelo fato da ruína já existente. Só há exoneração se o dono provar que os reparos não eram manifestamente urgentes ou que a necessidade não era manifesta. Logo, Aguiar Dias entende que a manifesta falta de reparos decorre do simples fato de ter havido ruína: "tanto necessitava de reparos que caiu".[544]

Existe, entretanto, a possibilidade de o proprietário mover ação regressiva contra o construtor, devendo demonstrar que o dano ocorreu pela má construção do prédio.

Portanto, a base para a indenização decorre da inobservância do dever de reparar o edifício ou construção.[545]

O locatário ou outro detentor pode ser equiparado ao proprietário? Não. A norma transcrita no início somente fala em proprietário e, bem assim, não cabe ao intérprete distinguir onde o legislador não distinguiu.

c) Queda ou arremesso de uma coisa (*actio de effusis et dejectis*)

A responsabilidade pelo evento vem prevista no art. 938 do CC:

> "Aquele que habitar prédio, ou parte dele, responde pelo dano proveniente das coisas que dele caírem ou forem lançadas em lugar indevido."

De acordo com a doutrina, esta norma abraça inequivocamente a teoria da responsabilidade objetiva. Descabe falar sobre autoria e culpabilidade pela queda ou arremesso de um objeto. A lei toma em consideração o fato em si do qual resultou o dano, em consequência da coisa que tomba ou é lançada.[546]

Responsável é o proprietário ou ocupante de onde proveio a coisa.[547] Somente se exime o responsável por fato exclusivo causado pela vítima.

---

[544] *Da responsabilidade civil*. Rio de Janeiro: Forense, 1995. v. 2, p. 503.

[545] Cf. os julgados insertos na *RT* 521/267 e 483/178.

[546] PEREIRA, Caio Mário da Silva. *Responsabilidade civil*. Rio de Janeiro: Forense, 1994. p. 114.

[547] Assim, a jurisprudência: "A responsabilidade a que se refere o art. 1.529 do CC é objetiva, recaindo sobre o habitante da casa e não sobre o proprietário que aluga e reside em outro local" (*RT* 528/62).

RESPONSABILIDADE CIVIL

Tratando-se de condomínio edilício, caso o responsável não seja identificado, a solução é considerar como autores do ilícito todos os condôminos do lado do edifício de onde proveio a coisa.[548]

29.16. Responsabilidade contratual

Há casos em que o dever de reparar não se fundamenta no ato ilícito praticado pelo agente com base no princípio *neminen laedere*.

Duas ou mais pessoas celebram um contrato e normalmente as prestações devem ser cumpridas sob pena de uma delas incorrer em inadimplemento contratual de acordo com o art. 389 do CC.

Justamente em razão dessa norma é que a doutrina brasileira identifica um dos princípios contratuais denominada força obrigatória do contrato, diversamente de outras legislações onde é norma expressa (cf., por exemplo, art. 1.372 do Código Civil italiano).

Entende-se por tal princípio a intangibilidade dos contratos que por regra, uma vez validamente celebrados, não podem ser modificados, nem revogados, salvo por consentimento mútuo dos que o concluíram – isto é, em virtude de um novo acordo de vontades – ou pelas causas que a lei autoriza.

É por isso, portanto, que a importância de tal princípio vai ao ponto de afirmar que o contrato faz lei entre as partes. Uma vez violada esta "lei particular", nasce o direito da parte lesada em ser indenizada pela verificação da chamada culpa contratual.

Considere-se, no entanto, que o requisito culpa não é essencial para, em determinados tipos obrigacionais, questão relacionada à configuração da chamada culpa contratual, representar simplesmente uma inexecução da obrigação.

Assim, pela doutrina tradicional, numerosos autores sustentam que para a configuração da responsabilidade contratual, é necessária uma condição suplementar, qual seja, a culpa do devedor. A responsabilidade contratual implicaria não somente a inexecução, senão, igualmente, a inexecução culposa. Tais autores se fundamentam na noção geral de que não pode haver responsabilidade sem culpa.

Esta doutrina é menos sustentável em matéria contratual do que em matéria de ato ilícito extracontratual, pois sempre que uma pessoa promete

---

[548] Cf. *RT* 530/213.

DIREITO DAS OBRIGAÇÕES

algo e não cumpre, a responsabilidade contratual se justifica sem dificuldade alguma. Se o credor prejudicado com a exceção decide recorrer às vias judiciais, inexiste qualquer previsão que deva, previamente, estabelecer a culpa do devedor. Basta somente vincular a existência da obrigação e sua inexecução. Não se vê por que a culpa seria necessária se se demanda uma execução por equivalente.

Mas por outro lado, os autores que sustentam esta tese afirmam que a culpa contratual não é mais que a inexecução da obrigação. Não executar sua obrigação é cometer uma culpa. Esta apreciação atribui todo alcance verdadeiro para a exigência de culpa, mas em função de uma condição distinta. Afirmar que a responsabilidade contratual exige: (a) a prova da inexecução; (b) a culpa do devedor; e concluir que a culpa não é mais que a inexecução do contratual, torna-se certamente contraditório. É como dizer que a condição necessária e suficiente da responsabilidade contratual é a inexecução da obrigação.

Este último ponto, em verdade, é que representa orientação mais adequada sobre a espécie, devendo-se então determinar, em última análise, o que se entende por inexecução da obrigação.

E para compreensão do que se afirma, justifica-se acolher a distinção da obrigação de meio e resultado, notadamente porque na primeira, a culpa do devedor é bem uma condição de sua responsabilidade, enquanto que na segunda, o devedor é responsabilizado, ainda que não se haja estabelecido nenhuma culpa de sua parte.

Logo, somente o caso concreto, com a análise da obrigação de meio e resultado, poder-se-á enveredar pela conclusão quanto à exigibilidade, ou não, da culpa. Nada obstante já termos apreciado o assunto referente às obrigações mencionadas (Capítulo 5), necessário se faz repisar sobre o tema em termos diferenciais.

A primeira é aquela em que a pessoa encarregada da prestação deverá empreender todos os meios necessários para cumprir com o avençado, utilizando-se de todas as formas possíveis para cumprir com sua obrigação. Tratando-se de obrigação de resultado, o obrigado deve cumprir fielmente o que foi convencionado não só se empreendendo com os meios necessários, mas também realizando o que foi previsto no contrato. Em ambos os casos, pode haver o dever de reparar conforme as hipóteses específicas de cada profissional liberal, as quais foram albergadas genericamente pelo art. 951 do CC e que se referem a causação de dano ao ofendido em razão

RESPONSABILIDADE CIVIL

de homicídio (art. 948), lesão ou outra ofensa à saúde (art. 949), bem como aquela que resulta inabilidade absoluta ou relativa para seu ofício ou profissão.

De fato, o primeiro artigo mencionado dá conta de que o ato ilícito decorre do exercício de atividade profissional e o prejuízo atinge a vida e integridade corporal da vítima ("causar morte do paciente, agravar-lhe o mal, causar-lhe lesão, ou inabilitá-lo para o trabalho"). A responsabilidade de tais profissionais é apurada subjetivamente ("por negligência, imprudência ou imperícia"), conferindo interpretação de que o objeto da norma foi voltado para as obrigações de meio, como é o caso, por exemplo, dos médicos e advogados.

Em geral, no entanto, as atividades exercidas pelos profissionais liberais envolvem nítida relação de consumo, o que até certo ponto retira a importância prática da distinção entre obrigações de meio e resultado e suas derivações para responsabilidade subjetiva ou objetiva (respectivamente), tendo em vista a norma expressa do art. 14, § 4º, do CDC ao estabelecer: "A responsabilidade pessoal dos profissionais liberais será apurada mediante a verificação de culpa."

Ressalte-se, no entanto, que nem por se tratar de responsabilidade subjetiva a espécie impossibilita a inversão do ônus da prova em favor do consumidor (art. 6º, inciso VIII, do CDC), conforme lição autorizada de Nelson Nery Jr. e Rosa Maria Andrade Nery.[549]

Sobre o assunto, remetemos o leitor ao capítulo referente a responsabilidade civil no Código de Defesa do Consumidor, observando que a doutrina menciona variadas hipóteses de responsabilidade profissional as quais, na verdade, envolvem a própria tipologia de cada contrato considerado.[550]

29.17. Responsabilidade civil do transportador

Quando se compromete a conduzir uma mercadoria ou um passageiro a determinado lugar sem qualquer imprevisto, o transportador assume uma obrigação de resultado.

---

[549] *Código de Processo Civil comentado.* 2. ed. São Paulo: Revista dos Tribunais, 1996. p. 1659, nota 19.

[550] Sobre o assunto, DINIZ, Maria Helena. *Curso de direito civil brasileiro.* São Paulo: Saraiva, 2002. v. 7, p. 236 passim.

DIREITO DAS OBRIGAÇÕES

O assunto é disciplinado pelo Decreto nº 2.681/12, o qual foi editado antes do Código Civil de 1916 e por isso considerado um diploma extremamente avançado para a época porque atribuiu ao transportador a responsabilidade objetiva, ainda sem suficiente desenvolvimento pela doutrina.

Nesse ponto, o fundamento da responsabilidade está baseado na teoria do risco, o que dispensaria, em tese, a investigação da culpa.

No entanto, cabem sobre a espécie algumas considerações.

A atividade de transporte traz em si o perigo, razão pela qual doutrina e jurisprudência acabaram por instituir regime próprio de responsabilidade civil, conforme já afirmado, com esteio na teoria do risco. Assim, o simples fato do exercício da atividade já expõe potencialmente o ofendido ao dano.

Note-se que não se trata a rigor de uma investigação da culpa no sentido de que o pretendente à indenização deva provar que o agente não agiu com culpa. A alegação e, consequentemente, a prova da inexistência de culpa ou presença de alguma excludente ficam a cargo do transportador. Este, por exercer uma obrigação de resultado, deve cercar-se de segurança, seja quanto à atividade, seja quanto aos meios, a fim de que se possam evitar acidentes. Entretanto, sobrevindo o evento danoso, e, consequência da exploração da atividade, há que arcar com os ônus decorrentes, afastando nesse aspecto qualquer caráter subjetivo quanto a culpa.

Pouco importa na espécie a natureza do dever de indenizar do transportador, vale dizer, se decorreu da responsabilidade contratual ou extracontratual. Desencadeando forças das quais deve ter controle e criando riscos em seu próprio interesse, o transportador deve responder pela consequência da conduta.

Dessa forma, a investigação visando apurar se a empresa agiu com ou sem culpa, se observou ou deixou de observar determinados regulamentos, ou se cumpriu ou descumpriu um contrato, é ociosa, consoante afirma Aguiar Dias.[551]

Informa Carlos Roberto Gonçalves que aquele diploma foi criado para regular "tão-somente a responsabilidade civil das ferrovias. Entretanto, por uma ampliação jurisprudencial, teve sua aplicabilidade estendida a qualquer outro tipo de transporte: ônibus, táxis, lotações, automóveis etc."[552]

Advirta-se, porém, que a própria lei especial cuida de elencar as hipóteses em que o transportador se exonera do dever de reparar, ou seja, se

---

[551] *Da responsabilidade civil*. Rio de Janeiro: Forense, 1995. v. 2, p. 225.
[552] *Responsabilidade civil*. São Paulo: Saraiva, 1995. p. 215-216.

provar a ocorrência de caso fortuito, força maior ou culpa exclusiva da vítima (art. 17).

Em situações mais específicas a jurisprudência controverte a respeito da responsabilidade civil do transportador de passageiros em razão de roubo de ônibus, sobretudo pela suposta aplicação do art. 17 do Decreto nº 2.681/12.

A questão merece uma série de apreciações, sobretudo porque a atividade do transporte de passageiros envolve concessão do Estado em razão da exploração de um serviço público, o que pode enveredar para a responsabilidade deste a qual, conforme ver-se-á no tópico seguinte, é de natureza objetiva por aplicação do art. 37, § 6º, da CF. Mas, por outro lado, a responsabilidade do transportador, com fundamento no referido decreto, é de natureza contratual, de culpa presumida segundo afirma certa doutrina, que admitiria a exclusão da responsabilidade na hipótese de caso fortuito, força maior ou culpa exclusiva da vítima, sendo irrelevante a culpa concorrente, respondendo o transportador solidariamente pelo ato de terceiro. Ainda há implicações no caso do Código do Consumidor, que também prevê como regra a responsabilidade objetiva autorizando a invocação de certas excludentes em se tratando de fornecedor que presta serviços (art. 14, § 3º). Também não se ignore que o novo Código Civil cuida da responsabilidade do transportador conforme se vê dos arts. 733, §§ 1º e 2º, 734, parágrafo único, e 735.

O STF editou a Súmula 187, segundo a qual "A responsabilidade contratual do transportador, pelo acidente com passageiro, não é elidida por culpa de terceiro, o qual tem ação regressiva."

Atualmente parece que não há uma tendência direcionada da jurisprudência, merecendo mesmo a situação concreta analisada, sobretudo pela noção do que se entende por fortuito externo pela caracterização, ou não, de fato absolutamente imprevisível ao cumprimento do contrato de transporte, o que se verificou em situação específica como se constata do julgado do STJ com a seguinte ementa:

> "Transporte coletivo de passageiros – Indenização – Morte de passageiro em decorrência de disparo de arma de fogo, efetuado por terceiro, dentro de composição férrea – Fato que se equipara a caso fortuito – Responsabilidade do transportador afastada – Verba indevida (STJ) – *RT* 746/204.

DIREITO DAS OBRIGAÇÕES

Confira-se ainda jurisprudência atual do Superior Tribunal de Justiça:

"AGRAVO REGIMENTAL EM RECURSO ESPECIAL. CIVIL E PROCESSUAL CIVIL. PREPARO. INSUFICIÊNCIA. VALOR ÍNFIMO. POSSIBILIDADE DE COMPLEMENTAÇÃO. ART. 511, § 2º, DO CPC. DESERÇÃO. NÃO OCORRÊNCIA. RESPONSABILIDADE CIVIL. TRANSPORTE DE PESSOAS. MORTE DE PASSAGEIRO. "BALA PERDIDA". FATO DE TERCEIRO. FORTUITO EXTERNO. EXCLUDENTE DE RESPONSABILIDADE.

1. A jurisprudência do Superior Tribunal de Justiça é firme no sentido de que, diferentemente do que ocorre na total ausência de preparo, a mera insuficiência não conduz necessariamente à deserção do recurso especial. Precedentes.

2. Afasta a responsabilidade objetiva da ré o fato de terceiro, equiparado a caso fortuito, que não guarda conexão com a exploração do transporte.

3. Não está dentro da margem de previsibilidade e de risco da atividade de transporte ferroviário o óbito de passageiro vitimado por disparos de arma de fogo praticados por terceiro (bala perdida). Referida situação constitui exemplo clássico de fortuito externo capaz de romper o nexo causal entre o dano e a conduta da transportadora ré.

4. Agravo regimental não provido." (AgRg no REsp 1049090/SP, Rel. Ministro RICARDO VILLAS BÔAS CUEVA, TERCEIRA TURMA, julgado em 07/08/2014, DJe 19/08/2014)

Outro ponto digno de nota é o problema surgido pela responsabilidade civil decorrente de transporte gratuito ou benévolo, ou vulgarmente chamado "carona" que sofre acidente.

A matéria recebeu tratamento do novo CC, que em seu art. 736 dispõe que "Não se subordina às normas do contrato de transporte o feito gratuitamente, por amizade ou cortesia", enquanto o seu parágrafo único estabelece que "Não se considera gratuito o transporte quando, embora feito sem remuneração, o transportador auferir vantagens indiretas."

Segundo se depreende do *caput*, para o legislador o transporte de mera cortesia não representa um verdadeiro contrato, daí por que a eventual responsabilidade civil será apurada pela vertente extracontratual, submetendo-se a regra pela apuração da culpa (*lato sensu*), conforme, aliás, se vê do entendimento sumulado do STJ (145), nos seguintes termos: "No transporte desinteressado, de simples cortesia, o transportador só será civilmente responsável por danos causados ao transportado quando incorrer em dolo ou culpa grave."

RESPONSABILIDADE CIVIL

Observe-se, no entanto, que o legislador admite a possibilidade de o contrato de transporte assumir remuneração indireta, quando então se aplicam as normas do contrato de transporte.

Nesse caso imagine-se, por exemplo, uma companhia aérea que disponibiliza aos seus passageiros um ônibus para conduzi-los do hotel até o aeroporto. Eventual acidente ocorrido no percurso submete o transportador a responsabilidade contratual, não havendo dúvidas de que a hipótese enseja reconhecimento da remuneração indireta, apesar da cortesia disponibilizada pela empresa aérea.

A jurisprudência é farta sobre a apreciação de casos envolvendo responsabilidade do transportador, conforme pode-se conferir nos seguintes julgados: *RT* 620/118, 640/125, 591/237 e 654/123, a título meramente exemplificativo.

Por fim, conforme entendimento solidificado, "em contrato de transporte, é inoperante a cláusula de não indenizar" (Súmula 161 do STF).

29.18. Responsabilidade civil do Estado

Em nível histórico, o Estado tido como absolutista possuía total irresponsabilidade por seus atos ilícitos. Com advento da separação dos poderes, a responsabilidade civil do Estado começou a ganhar adeptos no pressuposto de que a pessoa política pode agir com várias facetas, vale dizer, pessoa pública (atos de império) e pessoa civil (atos de gestão). A matéria sobre o assunto foi unificada pelo direito civil e direito público quando se permitiu ao particular acionar o Estado como se fosse um particular.

Existem várias teorias para justificar o ressarcimento do dano causado pelo Estado.

Inicialmente, deveria a vítima provar a culpa do funcionário para a indenização. Nesse ponto, à época da edição do Código Civil de 1916 foi adotada esta teoria, ou seja, prevalecia a ideia de responsabilidade subjetiva. Confira-se o art. 15 do citado Código.

A doutrina e a jurisprudência evoluíram, o que teve reflexo na Constituição Federal de 1946 por ter adotado a teoria da responsabilidade objetiva sob o fundamento do risco administrativo, isto é, o Estado no exercício de suas funções realiza atividades que podem colocar em risco os particulares. Diante da posição processual do ofendido, que teria certa dificuldade na demonstração da responsabilidade, visou-se facilitar a prova do dano com a adoção daquela teoria.

DIREITO DAS OBRIGAÇÕES

De acordo com tal teoria, o Estado, ao praticar um ato danoso, sempre terá o dever de indenizar desde que provado o prejuízo e o nexo causal. Isto não quer dizer que o Estado sempre será responsável. Aplicam-se as causas excludentes da responsabilidade, como a culpa da vítima.

O Estado, da mesma forma que as pessoas jurídicas de direito privado, atua por seus órgãos representados pelos funcionários ou pessoas jurídicas de direito privado que prestem serviços públicos. O vocábulo *Estado* compreende todas as pessoas políticas de direito público (União, Estados-membros e Municípios).

Pelo aspecto legal, a responsabilidade civil do Estado vem prevista no art. 37, § 6º, da Constituição, que preceitua:

> "As pessoas jurídicas de direito público e as de direito privado prestadores de serviços públicos responderão pelos danos que seus agentes, nessa qualidade, causarem a terceiros, assegurado o direito de regresso contra o responsável nos casos de dolo ou culpa."

A primeira parte do preceito, isto é, o artigo propriamente dito, refere-se de maneira geral à responsabilidade do Estado, no pressuposto sempre de que o ato lesivo tenha sido causado pela ação ou omissão daqueles responsáveis pela manutenção do serviço público.

A cogitação de dolo ou culpa, pelo texto legal, só ocorre no caso da chamada ação regressiva do Estado em face do agente estatal (funcionário) causador direto do dano.[553]

Pode-se, portanto, concluir sobre o assunto que o princípio da responsabilidade do Estado em relação aos atos administrativos aplica-se, de modo geral, a todos os atos praticados pelos funcionários, qualquer que seja sua natureza, sejam dolosos, culposos ou não, embora não o seja pela teoria do risco integral, mas "temperado" (*RTJ* 55/50).

O serviço, entretanto, pode funcionar mal, pode ter ocorrido falta de previsão, ou por qualquer forma, o dano tenha sido causado por ação ou omissão do Estado e, nesses casos, ele responde.

A jurisprudência dos nossos tribunais tem-se orientado nesse sentido. Na indenização de tumultos populares, os chamados movimentos

---

[553] Sobre o assunto, ver a obra de Yussef Said Cahali. *Responsabilidade civil do Estado*. São Paulo: Revista dos Tribunais, 1982.

multitudinários (*RTJ* 75/98), nas consequências de movimentos revolucionários (*RTJ* 37/36), nas inundações (idem v. 34/92) e pelas ofensas físicas praticadas por autoridades policiais (ibidem v. 58/150).

O Tribunal de Justiça apreciou pedido de indenização formulado por familiares de presos mortos pela Polícia Militar em razão de rebelião ocorrida na Casa de Detenção, tendo aquele Tribunal, por uma de suas câmaras, afastado o dever de indenizar do Estado em razão do reconhecimento da excludente caracterizada como culpa da vítima.[554]

---

[554] Cf. *RT* 730/93; contra, entendendo cabível a indenização pelo dano moral, v. cit. p. 98 e 103.

30.
Liquidação das obrigações e do dano

30.1. Introdução, conceito e limite

Como consequência da inexecução obrigacional, tem-se a responsabilidade contratual ou extracontratual das quais impõe-se ao culpado/responsável o dever de ressarcir os danos produzidos.

Exceto a hipótese em que o dano já venha prefixado, por exemplo, no caso de cláusula penal, a consequência do inadimplemento pode não conferir expressão monetária imediata para que o responsável tenha conhecimento do valor a ser pago.

Para isso, portanto, que se recorre ao expediente da liquidação das obrigações, na qual será fixada de forma determinada e certa a quantia ou objeto devido para respaldar a indenização. Tem por objetivo principal atender à necessária profundidade da responsabilidade para que o dano seja ressarcido em toda sua extensão, recebendo a vítima, portanto, a justa compensação pela violação de seu patrimônio.

A expressão *liquidar o dano* traduz em termos pecuniários a determinação de seu montante, objeto do dever de indenizar. Antes da expressão econômica determinada fala-se em *an debeatur* e após a sua fixação diz-se então *quantum debeatur* (quanto devido).

Álvaro Villaça Azevedo conceitua liquidação das obrigações como

"o conjunto de normas tendente à fixação do valor do objeto, momentaneamente, indeterminado da prestação jurídica, para que se possa esta cumprir".[555]

---

[555] *Teoria geral das obrigações.* São Paulo: Revista dos Tribunais, 1990. p. 276.

DIREITO DAS OBRIGAÇÕES

Esse conjunto de normas não se limita a artigos do Código Civil, igualmente regulando a matéria disposições legais do Código de Processo Civil que cuidam de duas espécies de liquidação das obrigações sob a denominação "Da liquidação da sentença", quais sejam: (a) liquidação por arbitramento que normalmente é determinada quando a sentença ilíquida necessita a nomeação de um perito para, por meio de elaboração de um laudo judicial, apurar o valor líquido da condenação judicial (art. 509,I, do CPC); (b) liquidação por artigos na qual igualmente condenação judicial ilíquida envolve a prova de fato novo que é abrangido pela sentença (art. 509, II, do CPC).

Em qualquer dos casos, haverá processo judicial, razão pela qual determina a lei a intimação do réu (art. 511).

A rigor, essas normas processuais é que serão aplicadas conforme preceitua o novo Código Civil no art. 946 com o seguinte conteúdo:

> "Se a obrigação for indeterminada, e não houver na lei ou no contrato disposição fixando a indenização devida pelo inadimplente, apurar-se-á o valor das perdas e danos na forma que a lei processual determinar."

Destarte, sendo obrigação de perdas e danos de natureza contratual ou extracontratual, e não havendo qualquer disposição legal ou contratual que possibilite a quantificação do valor devido, necessariamente deverá o credor recorrer às normas processuais para obter a satisfação de seu direito, previamente liquidando a obrigação.

Observe-se, que, uma vez quando a apuração do valor depender apenas de cálculo aritmético, o credor poderá promover, desde logo, o cumprimento da sentença (art.509, §2º, do CPC), sendo que "na liquidação é vedado discutir de novo a lide ou modificar a sentença que a julgou" (idem, § 4º).

A indenização pelas perdas e danos tem caráter subsidiário, pois "se o devedor não puder cumprir a prestação na espécie ajustada, substituir-se-á pelo seu valor em moeda corrente" (art. 947 do CC), caso em que os bens do responsável pela ofensa ou violação do direito de outrem ficam sujeitos à reparação do dano causado (art. 942 do CC), inclusive seus herdeiros (art. 943 do CC).

A atual lei não repete a noção sobre obrigação líquida dada pelo Código CIvil de 1916, o que não impede a sua menção para fins didáticos. Assim,

LIQUIDAÇÃO DAS OBRIGAÇÕES E DO DANO

por obrigação líquida entende-se a "obrigação certa, quanto à existência e determinada, quanto ao seu objeto" (art. 1.533).

No que diz respeito ao limite do valor a ser fixado, adverte Caio Mário que

"em qualquer hipótese, o montante da indenização não pode ser inferior ao prejuízo, em atenção ao princípio segundo o qual a reparação do dano há de ser integral. Há de atentar para a gravidade da falta e as suas consequências, bem como para a natureza do dano".[556]

A indenização não pode representar valor superior ao prejuízo, sob pena de converter-se em lucro fácil e prestigiar o enriquecimento indevido. Nesse sentido, a reparação é equiparada à restituição *in integrum*. Assim, a indenização visa repor o patrimônio lesado na situação em que estaria se não tivesse ocorrido o fato danoso.

30.2. Aspectos legais da liquidação das obrigações

A disciplina legal sobre o assunto é tratada do art. 944 até o art. 954 do CC. Entendeu o legislador por regular a matéria com o objetivo de evitar o predomínio do arbítrio nas indenizações por atos ilícitos, o que era realizado judicialmente, optando pelo casuísmo em hipóteses nas quais a liquidação das obrigações em dano extracontratual ordinariamente ocorre, fixando a extensão da responsabilidade.

Nem sempre, porém, a indenização do dano material por efeito de liquidação apresenta-se de fácil solução.

Em caso submetido a nossa apreciação, tivemos a oportunidade de inovar sobre a forma de indenização em razão de ato ilícito caracterizado pela violação de espaço particular.

Determinada imobiliária resolveu por conta própria fixar sem autorização do proprietário do terreno placas promocionais anunciando a venda do imóvel. Reconhecido o ato ilícito, impunha-se fixar o valor da indenização considerando o tempo que as placas permaneceram fixadas. Para tanto, determinamos que a liquidação do dano seria feita por meio de informações prestadas por três empresas que atuassem no ramo de propaganda as quais deveriam informar o valor diário de espaço particular para fins promocionais.

---

[556] *Responsabilidade civil*. Rio de Janeiro: Forense, 1994. p. 310.

DIREITO DAS OBRIGAÇÕES

Mantida a sentença pela Superior Instância (Tribunal de Justiça de São Paulo – 3ª Câmara da Seção de Direito Privado – Ap. cível nº 257507.1.8-SP), ressaltou o Rel. Des. Ênio Santarelli Zuliani:

> "O objetivo de encontrar o equilíbrio monetário pela situação ilícita terminou sendo alcançado pelo critério de apuração do *quantum* idealizado pelo ilustre Magistrado, de sorte que pretender majorar a condenação com o acréscimo de multa configura pretensão de obter uma pena exagerada e que desestrutura o ideal de dar a cada um o que é realmente devido e justo."

A primeira hipótese legal (art.948 do CC) versa sobre a indenização em caso de homicídio. Preceitua a lei que, ocorrendo a morte da vítima, a indenização consiste, sem excluir outras reparações (notadamente a referente ao dano moral): (I) no pagamento das despesas com o tratamento da vítima, seu funeral e luto da família; (II) na prestação de alimentos às pessoas a quem o morto os devia, levando-se em conta a duração provável da vida da vítima.

Em determinadas oportunidades, como no caso de morte de ente familiar, por exemplo, de filho menor, a jurisprudência considera a indenização com base em determinada pensão que o responsável está obrigado a pagar, considerando o período até o qual a vítima completaria 21 ou 25 anos de idade (JTJ 142/101), pouco importando se o filho exercia ou não trabalho remunerado (Súmula 491 do STF). Na mesma linha, sendo a morte de vítima chefe de família, entende a jurisprudência por fixar a pensão pelo período de vida provável, estimando-o até os 65 anos de idade.[557]

Em caso de lesão ou outra ofensa à saúde, preceitua a lei (art. 949) que o ofensor indenizará o ofendido das despesas do tratamento e dos lucros cessantes até o fim da convalescença, além de algum outro prejuízo que o ofendido prove haver sofrido.

O valor da indenização terá direta correspondência com o grau da ofensa, que pode envolver desde uma deformidade permanente (por exemplo, perda de um dos sentidos, como a audição), um dano estético perpétuo de natureza corporal grave (*v. g.*, cicatriz no rosto que cause desgosto ou desagrado), ou mera lesão corporal que possibilite correção por cirurgia estética.

---

[557] *RJTJESP* 44/140 e *RT* 614/68.

LIQUIDAÇÃO DAS OBRIGAÇÕES E DO DANO

Os danos que interferem na saúde da pessoa referem-se a hipóteses mais comuns, como aleijão ou dano estético, normalmente aqueles que violam a imagem da pessoa com extensão a sua segurança, dor ou aflição, possibilitando ampla indenização pelo dano moral.

Exemplo dessa noção é a apreciação jurisprudencial no seguinte sentido:

"Tratando-se de acidente de trânsito, com graves lesões à vítima, não só os danos físicos justificam a condenação por prejuízos morais, mas o sofrimento, a agressão à segurança, à tranquilidade do pedestre, a soma de tudo, que causou aflição à vítima conduz indenização moral, à indenização da dor."[558]

Confira-se também a respeito jurisprudência do Superior Tribunal de Justiça:

"*CIVIL. INDENIZATÓRIA. DANO MORAL E ESTÉTICO FIXADOS PELAS INSTÂNCIAS INFERIORES EM R$ 25 MIL E R$ 15 MIL, RESPECTIVAMENTE. PACIENTE QUE "PEGOU FOGO" DURANTE PROCEDIMENTO DE PARTO POR FORÇA DE CURTO CIRCUITO EM BISTURI ELÉTRICO. PRETENSÃO DE MAJORAÇÃO. EXCEPCIONAL POSSIBILIDADE QUANDO O MONTANTE FIXADO NA ORIGEM REVELAR-SE ÍNFIMO OU EXORBITANTE. PRECEDENTES.*

1. Na origem, a ora recorrente ajuizou ação indenizatória por meio da qual postulava reparação por danos materiais, morais e estéticos que sofreu durante procedimento de parto por cesariana, quando um curto circuito no bisturi elétrico ocasionou a combustão do produto químico utilizado para sua assepsia, acarretando-lhe queimaduras de 2º e 3º graus em boa parte do seu corpo, acidente ocorrido minutos antes do nascimento de seu filho.

2. Na generalidade dos casos, o Superior Tribunal de Justiça tem registrado a impossibilidade de rever o patamar das indenizações em virtude do óbice da Súmula 7/STJ. Excepcionalmente, todavia, tem admitido o reexame do valor quando a reparação se mostrar irrisória ou exorbitante, distanciando-se, assim, dos padrões de razoabilidade. Precedentes.

3. Além do sofrimento físico e psicológico que naturalmente experimenta qualquer pessoa que sofra queimaduras de 2º e 3º graus – que se caracterizam por atingir músculos e ossos, sendo que a ausência de dor na região atingida se deve à necrose das terminações

---

[558] *RT 734/371.*

DIREITO DAS OBRIGAÇÕES

nervosas responsáveis pela sensibilidade e pela dor –, o caso concreto revela ainda a particularidade de os danos terem acontecido justamente no momento do parto, quando os naturais sentimentos de ternura, de expectativa e de alegria foram substituídos pela dor, pelo pânico e pelo terror de assistir – passiva e impotente, tendo em vista os efeitos da anestesia – ao seu próprio corpo pegar fogo, padecimento agravado pela cogitação de que tais danos pudessem afetar a saúde ou a integridade física do bebê que a mãe estava prestes a conhecer.

4. Não é razoável nem proporcional a indenização de apenas R$ 25 mil e R$ 15 mil fixadas a título de danos morais e estéticos, respectivamente, que se afigura ínfima diante das particularidades da espécie, manifestadas pelo acórdão de origem, especialmente considerando os precedentes do STJ, que, em casos semelhantes de queimaduras, entendeu razoáveis as reparações arbitradas em valor bastante superior.

5. Viabilidade, in casu, de excepcionalmente se majorar o dano moral para R$ 60 mil e o dano estético para R$ 30 mil.

6. Em sentido inverso, não se mostra ínfima a verba honorária estabelecida pelo juízo de primeiro grau em 10% sobre o valor da condenação e assim mantida pelo Tribunal de Justiça, decisão que não merece reparo ante a incidência da Súmula 7/STJ.

7. Recurso Especial parcialmente provido." (REsp 1386389/RJ, Rel. Ministro HERMAN BENJAMIN, SEGUNDA TURMA, julgado em 20/08/2013, DJe 13/09/2013).

Não se ignore, igualmente, que a ofensa que interfira na integridade corporal ou psíquica da vítima pode atingir seu ofício ou profissão, de modo a causar-lhe impossibilidade ou diminuição. Pense-se a hipótese de um locutor de rádio que perdeu a voz em razão de acidente de trânsito ou pintor, suas mãos.

Nesses casos, conforme a situação envolva perda total ou diminuição do exercício da profissão, o Código Civil (art. 950) determina que a indenização, além das despesas de tratamento e lucros cessantes, incluirá pensão correspondente à importância do trabalho para que se inabilitou, ou da depreciação que ele sofreu, facultando-se ao prejudicado exigir não só a fixação da indenização, como também que seja paga de uma só vez, evitando-se com isso situações de parcelamentos da dívida algumas vezes impostos por sentenças judiciais.

Ainda cuidando de danos praticados contra a pessoa, o art. 954 do CC estabelece que a indenização por ofensa à liberdade pessoal consistirá no pagamento das perdas e danos que sobrevierem ao ofendido e, se este não

LIQUIDAÇÃO DAS OBRIGAÇÕES E DO DANO

puder provar o prejuízo, caberá ao juiz fixar, equitativamente, o valor da indenização, na conformidade das circunstâncias do caso.

Entende a lei que a ofensa à liberdade pessoal pode ocorrer quando houver cárcere privado, prisão por queixa ou denúncia falsa e de má-fé ou prisão ilegal (art. 954, parágrafo único).

Na espécie, protege a lei um dos bens mais importantes para o ser humano que é a liberdade, a ponto de seu reconhecimento estar positivado na Constituição Federal (art. 5º, *caput*) ao lado das outras grandes garantias e direitos fundamentais, como a vida, a igualdade e a propriedade, assegurando-se, igualmente, "a livre locomoção no território nacional em tempo de paz" (art. 5º, inciso XV).

O fundamento da norma sob comento é o art. 5º, inciso LXV, da CF que impõe ao Estado o dever de indenizar o condenado por erro judiciário, assim como o que ficar preso além do tempo fixado na sentença.

Logo, as hipóteses mais comuns envolvendo o que a lei considera como ofensivo à liberdade pessoal decorrem da ação do Estado por meio de seus agentes, caso em que é inequívoco o dever de indenizar os danos materiais e morais (*RJTJESP* 95/123, 137/238), submetendo-se à responsabilidade pela noção objetiva (art. 37, § 6º, da CF).

Para o caso de impossibilidade de a vítima provar o prejuízo material, mais uma vez a lei remete a fixação para o critério da equidade judicial, atentando-se para as circunstâncias do caso, por exemplo, o grau de culpa, o tempo do encarceramento ilegal e mesmo a repercussão pelo dano psíquico (ver o que escrevemos sobre a equidade judicial no Capítulo 29).

Por fim, em se tratando de usurpação ou esbulho do patrimônio alheio, impõe o Código CIvil que, além da restituição da coisa, a indenização consistirá em pagar o valor de suas deteriorações e o devido a título de lucros cessantes (art. 952); faltando a coisa, dever-se-á reembolsar seu equivalente ao prejudicado, estabelecendo a lei em seu parágrafo único, em consonância com o art. 947, que a fixação será feita pelo preço ordinário e pelo de afeição, contanto que este não se avantaje àquele.

Quanto ao dano moral, tanto a doutrina como a jurisprudência registram a inexistência de base segura para mensurar a extensão da indenização, em geral de natureza pecuniária, em face da grande dificuldade de apurar o mal ou a dor que foi provocada, notadamente considerando o aspecto subjetivo.

Como já afirmado anteriormente, a reparação do dano moral não visa repor o prejuízo sofrido, mas basicamente impor em favor da vítima uma

DIREITO DAS OBRIGAÇÕES

compensação ou a imposição de pena pela conduta do ofensor. Assim, por exemplo, não é possível estimar em termos pecuniários predeterminados a dor dos familiares pela morte do pai de família, diante da omissão legal.

De fato, a ponderação medida pela proporcionalidade e razoabilidade em todos os casos de fixação do dano moral é conferido ao juiz que "há de apelar para o que lhe parecer equitativo e justo".[559]

Não é outra a posição de Teresa Ancona Lopes de Magalhães que especificamente no caso de dano estético afirma:

> "Como chegar então, o juiz à convicção de que houve dano estético indenizável? Ou em outras palavras: como determinar a verdadeira extensão do dano estético a fim de estabelecer uma indenização proporcional? (...) a) tem de haver uma lesão à pessoa conforme art.949 do CC?2002. (...) b) O valor dessa indenização será regulado segundo: as posses do ofensor, isto é, de acordo com sua riqueza; as circunstâncias do ofendido: aqui trata das circunstâncias pessoais e sociais da vítima; a gravidade do defeito; neste passo tem o juiz de levar em conta a extensão do dano. Evidentemente, a perda do olho é muito mais grave que uma cicatriz na coxa."[560]

Em razão de tal aspecto, registra-se na jurisprudência a utilização do Código Nacional de Telecomunicações (Lei nº 4.117/62) como parâmetro para a fixação do dano moral.[561]

Por fim, registre-se a existência de projeto de lei junto ao Senado visando estabelecer critérios determinados para fixação do dano moral.

PROJETO DE LEI DO SENADO 334/08
Regulamenta o dano moral e a sua reparação.
O CONGRESSO NACIONAL decreta:

Art. 1º A indenização do dano moral, quando devida, será fixada em conformidade com o disposto nesta Lei.

Parágrafo único. Sempre que possível, tempestiva e suficiente, a reparação natural terá preferência sobre a pecuniária.

---

[559] SILVA, Wilson Melo da. *O dano moral e sua reparação.* Rio de Janeiro: Forense, 1969. p. 250 e 513.
[560] Cf. *O dano estético. Responsabilidade civil.* São Paulo: Revista dos Tribunais, 2004. pp. 130-131.
[561] Cf. *RT* 698/104.

LIQUIDAÇÃO DAS OBRIGAÇÕES E DO DANO

Art. 2º Considera-se dano moral toda ação ou omissão que ofenda o patrimônio ideal da pessoa física ou jurídica e dos entes políticos.

§ 1º O dano à imagem das pessoas jurídicas será verificado depois de aferida a repercussão material do fato.

§ 2º O simples aborrecimento não gera direito a indenização.

Art. 3º Ressalvada da hipótese de reparação natural tempestiva e suficiente, a indenização a que se refere o art. 1º tem caráter exclusivamente compensatório e a sua fixação deverá considerar:

I – o bem jurídico ofendido;

II – a posição socioeconômica da vítima;

III – a repercussão social e pessoal do dano;

IV – a possibilidade de superação psicológica do dano, quando a vítima for pessoa física, e de recomposição da imagem econômica ou comercial, quando pessoa jurídica;

V – a extensão da ofensa e a duração dos seus efeitos;

VI – o potencial inibitório do valor estabelecido.

Parágrafo único. Na apreciação da demanda, o juiz poderá considerar outros elementos que determinem a gravidade da lesão ao patrimônio ideal do ofendido.

Art. 4º O dano moral é intransmissível.

Parágrafo único. O direito a indenização por dano moral, depois de reconhecido por decisão judicial transitada em julgado, transmite-se aos herdeiros ou sucessores da pessoa física ou jurídica ofendida.

Art. 5º A indenização do dano moral pode ser pedida cumulativamente com a dos danos materiais decorrentes do mesmo fato.

§ 1º A sentença que acolher os pedidos determinará o tipo de reparação pertinente ao dano moral e discriminará, quando pecuniária, o respectivo valor.

§ 2º A indenização pelo dano material será considerada integrante da devida pelo dano moral, quando importar em abrandamento deste.

Art. 6º O valor da indenização por dano moral será fixado de acordo com os seguintes parâmetros, nos casos de:

I – morte: de R$ 41.500,00 (quarenta e um mil reais) a R$ 249.000,00 (duzentos e quarenta e nove mil);

DIREITO DAS OBRIGAÇÕES

II – lesão corporal: de R$ 4.150,00 (quatro mil, cento e cinqüenta reais) a R$ 124.500,00 (cento e vinte e quatro mil e quinhentos reais);

III – ofensa à liberdade: de R$ 8.300,00 (oito mil e trezentos reais) a R$ 124.500,00 (cento e vinte e quatro mil e quinhentos reais);

IV – ofensa à honra:

a) por abalo de crédito: de R$ 8.300,00 (oito mil e trezentos reais) a R$ 83.000,00 (oitenta e três mil reais);

b) de outras espécies: de R$ 8.300,00 (oito mil e trezentos reais) a R$ 124.500,00 (cento e vinte e quatro mil e quinhentos reais);

V – descumprimento de contrato: de R$ 4.150,00 (quatro mil, cento e cinqüenta reais) a R$ 83.000,00 (oitenta e três mil reais).

§ 1º Na fixação da indenização, o juiz considerará sempre as circunstâncias descritas no art. 3º e especialmente:

I – na hipótese do inciso I do caput deste artigo, a proximidade do ofendido com a vítima, bem como a expectativa de vida desta;

II – no caso do inciso II do caput deste artigo:

a) o grau de incapacidade resultante para a vítima, que determinará, sendo total ou permanente, o acréscimo de cinqüenta por cento no valor fixado;

b) a existência de dano estético, passível de correção, total ou parcial, mediante tratamento, cujo custo deverá ser assumido pelo ofensor ou pago ao ofendido, se este assim o preferir, a título de reparação natural, sem prejuízo da indenização de dano moral de natureza diversa, decorrente do mesmo fato;

c) a existência de dano estético, não passível de correção, que deverá ser indenizado mediante acréscimo de vinte por cento no valor fixado para a reparação pecuniária do dano moral de natureza diversa, decorrente do mesmo fato, ou, na sua falta, mediante o pagamento de um valor entre R$ 4.150,00 (quatro mil, cento e cinquenta reais) e R$ 62.250,00 (sessenta e dois mil e duzentos e cinquenta reais), de acordo com a gravidade do dano.

III – na hipótese do inciso III do caput deste artigo, o tempo em que o ofendido ficou injustamente privado da liberdade;

IV – no caso do inciso IV do caput deste artigo, a utilização da imprensa para a realização da ofensa, hipótese em que o valor da reparação pecuniária será fixado em razão de número de emissões, da amplitude da circulação e da abrangência do veículo, e acrescido de dez por cento.

§ 2º No caso de ofensa à honra por abalo de crédito, a reparação pecuniária, quando for o caso, deverá considerar:

I – as providências que o ofensor tiver adotado para evitar a persistência do fato;

LIQUIDAÇÃO DAS OBRIGAÇÕES E DO DANO

II – a existência de fatos similares e contemporâneos;

III – a repercussão objetiva, de acordo com a existência de outros fatos diretamente relacionados com a natureza do dano.

§ 3º Sempre que a ofensa resultante de descumprimento de contrato importar risco grave à vida ou à saúde, a reparação será fixada no limite máximo a que se refere o inciso V do caput deste artigo.

§ 4º A reparação do dano, quando condenada a Fazenda Pública, será feita segundo os parâmetros estabelecidos neste artigo, observada a redução final de vinte por cento sobre o respectivo valor.

§ 5º Na hipótese de culpa concorrente, o valor da reparação será reduzido pela metade.

Art. 7º A ação de indenização por danos morais deverá ser proposta em litisconsórcio ativo necessário:

I – pelo ofendido e integrantes de seu núcleo familiar, quando a todos for possível demandar em nome próprio;

II – pelos integrantes do núcleo familiar do ofendido, quando a este não for possível demandar em nome próprio.

§ 1º Integram o núcleo familiar, para os efeitos desta lei, os descendentes, o cônjuge ou companheiro sob união estável, os ascendentes e, na linha colateral, os parentes em primeiro grau.

§ 2º A sentença que acolher o pedido deverá, se houver reparação pecuniária, acrescer um terço ao valor fixado de acordo com os parâmetros previstos no art. 6º, bem como definir a parte de cada litisconsorte.

§ 3º As ações de pessoas diversas das referidas nos incisos I e II deste artigo deverá ser propostas em conformidade com as regras gerais previstas na legislação processual civil e julgadas de acordo com a qualidade da relação entre o autor e o ofendido, observado o disposto nesta Lei.

Art. 8º Os acréscimos e reduções de que tratam os arts. 6º e 7º serão considerados após a fixação do valor da reparação, dentro dos limites estabelecidos pelos incisos do caput do mesmo art. 6º, ainda que o resultado final os extrapole.

Art. 9º Prescreve em três anos, contados da data da ofensa, a pretensão que tenha por objeto a reparação de dano moral.

DIREITO DAS OBRIGAÇÕES

Art. 10. Os valores mencionados no art. 6º serão corrigidos mês a mês pelo índice nacional de preços ao consumidor medido por instituição pública federal ou qualquer outro que venha a substituí-lo.

Art. 11. Esta Lei entra em vigor na data de sua publicação.

31.
Excludentes da Responsabilidade Civil

31.1. Ideias gerais e espécies

Já foi visto que a obrigação de indenizar nasce com o dano, entendido este como todo ato violador de interesses juridicamente tutelados. No entanto, existem no Código Civil, em outras leis ou por vontade das partes, certas causas que, se demonstradas, exoneram da reparação o agente causador do ato ilícito. Em alguns casos somente aquelas previstas em lei é que podem ser demonstradas (e notadamente se ocorrentes fazem reconhecer a ausência do nexo causal) e em outros permite-se a prova de forma ilimitada.

Assim, pode-se afirmar que nem todos os atos ilícitos geram a indenização pelo dano causado, pois há fatos que escapam do âmbito da responsabilidade civil em razão de acontecimentos que não podem ser atribuídos a conduta humanam (*v.g.*: mera fatalidade da natureza) ou outros que, ainda que contrários ao direito, justificam a conduta do agente para remover perigo iminente.

Arrolam-se, portanto, as seguintes excludentes:

a) *Caso fortuito e força maior*

A primeira das excludentes a ser considerada é o chamado caso fortuito ou força maior, previstos no art. 393 e parágrafo único do CC. Por tal regra, o devedor não responde pelos prejuízos resultantes de caso fortuito ou força maior, se expressamente não se houver por eles responsabilizado.

DIREITO DAS OBRIGAÇÕES

"O caso fortuito, ou de força maior, verifica-se no fato necessário, cujos efeitos não era possível evitar ou impedir."

Apesar da distinção entre os dois institutos – o primeiro quando se verifica a ocorrência de qualquer acontecimento da natureza que impeça o cumprimento da obrigação e o outro, uma ocorrência de natureza humana que igualmente provoque o impedimento –, a doutrina entende que as expressões são sinônimas.[562]

O Código Civil exige, tanto para o caso fortuito, como para a força maior, a inevitabilidade e a irresistibilidade ou invencibilidade do evento, e ambos devem ser inimputáveis ao devedor ou ao autor do ato lesivo.

No concernente a prova destas excludentes, em geral não cabe ao autor da ação, mas ao réu, ou seja, o autor do ato lesivo.

Há casos, no entanto, em que, apesar da verificação do caso fortuito ou força maior, responde o réu por terem sido produzidos ou agravados por culpa do devedor ou do agente. Dessa forma, existindo culpa deste, cabe ao autor da ação provar ter ele (o agente) concorrido com culpa.

O efeito principal destas excludentes é liberar o devedor do dever de indenizar, restando prejudicada a responsabilidade civil.

Excepcionalmente, a lei pode desconsiderar o caso fortuito ou força maior como causas exonerativas do dever de indenizar, como os eventos submetidos à Lei de Acidentes de Trabalho quando o dano foi causado ou agravado pelas instalações do estabelecimento ou pela natureza do serviço.

Não se ignore que no campo do caso fortuito, notadamente em razão das relações de consumo, identifica-se aquele denominado fortuito interno (cujo acontecimento que provocou dano ao consumidor não afasta a responsabilidade do fornecedor porque faz parte dos riscos do empreendimento, vinculando-se à noção geral de defeito de concepção do produto ou de formulação do serviço), do fortuito externo, fato que na linha já exposta, é capaz de excluir o dever de indenizar.

Sobre o assunto confira-se a jurisprudência:

> *APELAÇÃO. Responsabilidade civil. Ação Regressiva. Indenização por danos materiais. Sobrecarga na rede de fornecimento de energia elétrica. Avarias em aparelhos eletrodomésticos. Responsabilidade objetiva da concessionária. Desnecessidade de prévio*

---

[562] FONSECA, Arnoldo Medeiros da. *Caso fortuito e teoria da imprevisão*. Rio de Janeiro: Forense, 1943. p. 113 ss.

EXCLUDENTES DA RESPONSABILIDADE CIVIL

pedido administrativo. Oscilação na tensão de energia elétrica, ainda que decorrente de descargas atmosféricas, constitui fortuito interno e está inserida no risco da atividade desenvolvida pela prestadora do serviço público. Danos e ressarcimento dos prejuízos causados à segurada que foram devidamente comprovados. Indenização devida. Sentença reformada. Recurso provido.

Anote-se o entendimento consolidado pelo Colendo Superior Tribunal de Justiça nos Recursos Especiais 1.197.929/PR e 1.199.782/PR, de relatoria do eminente Ministro Luís Felipe Salomão, julgados pela sistemática dos chamados "recursos repetitivos" (nos termos do artigo 543-C do Código de Processo Civil de 1973), cuja tese reza:

> *"1. Para efeitos do art. 543-C do CPC: As instituições bancárias respondem objetivamente pelos danos causados por fraudes ou delitos praticados por terceiros – como, por exemplo, abertura de conta-corrente ou recebimento de empréstimos mediante fraude ou utilização de documentos falsos –, porquanto tal responsabilidade decorre do risco do empreendimento, caracterizando-se como fortuito interno"*

b) *Legítima defesa*

Da mesma forma que as excludentes analisadas supra, não há também ilícito civil se o dano é causado em legítima defesa.

Entende-se por tal causa de exoneração, como toda defesa ou ação indispensável para afastar de si ou de outrem um ataque presente contrário ao direito. Necessário assim que o ataque seja injusto, isto é, não respaldado pelo direito. Ainda, deve a agressão ser atual, pois a considerada remota não permite a utilização da legítima defesa.

Ensina Clóvis Beviláqua ser essencial também que haja a "impossibilidade de prevenir ou obstar a agressão ou de invocar a autoridade pública, com fundada esperança de obter-lhe o socorro"; igualmente a "ausência de provocação, que ocasionasse a agressão".[563]

Entende a doutrina que a ameaça não seja daquelas que esteja obrigado a sofrer ou tolerar qualquer pessoa, requisito este fundamental para respaldar a prática do ato consoante a legítima defesa.

---

[563] *Teoria geral do direito civil.* Rio de Janeiro: Editora Rio, 1977. p. 343.

DIREITO DAS OBRIGAÇÕES

c) *Estado de necessidade*

Igualmente, afasta-se o dever de reparar se o ato foi praticado sob estado de necessidade, vale dizer, em situações inevitáveis em que se pode encontrar uma pessoa, nas quais, para se salvar ou defender seus bens e direitos, causa dano em bens ou direitos de terceiro.

O exemplo considerado clássico é o do náufrago que mata um outro sobrevivente diante da existência de uma única tábua de salvação.

Por tal aspecto, é necessário que o ato lesivo seja indispensável para evitar o dano, pois como nos esclarece o aspecto legal, não constitui ato ilícito "a deterioração ou destruição da coisa alheia *ou a lesão a pessoa*, a fim de remover perigo eminente" (art. 188, II, do CC).

A norma é completada pelo parágrafo único que assim dispõe:

> "No caso do inciso II, o ato será legítimo, somente quando as circunstâncias o tornarem absolutamente necessário, não excedendo os limites do indispensável para a remoção do perigo".

Por outro lado, esclarece a doutrina que embora o ato praticado em estado de necessidade não constitua ato ilícito, nem por isso o responsável fica eximido de reparar o dano se o mesmo foi provocado indiretamente por obra de terceiro, caso em que se aplica o art. 930 do CC, que estabelece:

> "No caso do inciso II, do art. 188 se o perigo ocorrer por culpa de terceiro, contra este terá o autor do dano ação regressiva para haver a importância que tiver ressarcido ao lesado."

Referida ação é extensível – diz o parágrafo único do art. 930 – aos casos de legítima defesa e exercício regular de um direito reconhecido, ou seja, será autor da ação aquele em defesa de quem se causou o dano.

d) *Cláusula de não indenizar*

É possível que as partes contratantes estipulem determinada cláusula prevendo a irresponsabilidade por indenização de eventuais danos decorrentes de inexecução ou execução inadequada do contrato. É a chamada cláusula de não indenizar na qual as partes fixam de forma prévia a possibilidade de, se o dano ocorrer, a parte culpada não será responsável pelo ressarcimento.

EXCLUDENTES DA RESPONSABILIDADE CIVIL

Limita-se esta estipulação somente aos casos em que o vínculo seja contratual, já que por falta de atualidade do dano e por envolver violação de norma pública, inviável a fixação de tal causa de exoneração em se tratando de responsabilidade por ato ilícito (extracontratual).

De qualquer forma, discute-se em doutrina a validade sobre tal estipulação que pela tese positiva estaria respaldada pela autonomia da vontade que governa os negócios jurídicos. Posicionam-se outros doutrinadores afirmando que tal cláusula não produz efeitos quando o contrato é de adesão.

Aguiar Dias foi quem melhor estudou esta causa de exclusão do dever de indenizar. Referido autor entende plenamente válida a fixação de tal disposição contratual. Mas faz as seguintes observações:

> "Requer a cláusula, naturalmente, todas as condições de validade que nenhum contrato dispensa. É muito importante, para sua eficácia, a questão da aceitação da estipulação por parte daquele a quem aproveitaria, na sua ausência, a ação de reparação de dano. Não se pode, por exemplo, deduzi-la de fórmulas impressas que o interessado, presumivelmente, não tenha conhecido, antes de concluir o contrato a que cláusula esteja ligada."[564]

A jurisprudência por várias vezes tem-se manifestado sobre a espécie, notadamente em casos de dano ou furto de automóveis ocorridos em estacionamento.

Cita-se a título de exemplo o seguinte julgado:

> "A cláusula que exclua a responsabilidade do estacionamento por danos eventualmente ocorridos no bem ali depositado não pode prevalecer, pois contraria a essência e ao próprio objeto da convenção."[565]

Destaque-se que nos termos do art. 25 do Código do Consumidor é vedada a estipulação contratual de cláusulas de irresponsabilidade ou de não indenizar, seja para exonerar, seja para atenuar a responsabilidade civil.

---

[564] Verbete Cláusula de não indenizar. SANTOS, J. M. Carvalho (Coord.). *Repertório enciclopédico do direito brasileiro*. Rio de Janeiro: Borsoi, s.d. v. 3, p. 308 ss. Sobre o assunto confira-se também MONTEIRO. António Pinto. *Cláusulas limitativas e de exclusão da responsabilidade Civil*. Coimbra: Separata do volume XXVIII, 1985, p.391, passim.

[565] Cf. *RT* 670/73.

e) *Culpa exclusiva da vítima*

Em determinados casos o dever de reparar resta afastado diante da participação exclusiva ou concorrente do ofendido na produção do dano. Em verdade, não se pode afirmar que existe culpa da vítima, mas fato da vítima que se refere à causa eficiente do evento lesivo.[566]

Segundo a doutrina, em tais casos não há nexo causal a relacionar o dano produzido com eventual conduta do agente. Basta para configuração da excludente que o fato da vítima represente o fator único e decisivo do evento.

Em nível legal, identifica-se a excludente no art. 936, do CC, segundo o qual exclui-se o dever de indenizar se o dono ou detentor do animal provar que o dano foi causado em razão de imprudência do ofendido.[567]

Falar-se em culpa da vítima justifica a menção da chamada culpa concorrente na qual o dano sobrevém em razão de prática de ato ilícito por parte da vítima e do agente de forma simultânea e conjunta. Em tal hipótese, a culpa de cada um pode reduzir o *quantum debeatur* ou mesmo excluir o dever de indenizar.[568]

f) *Fato de terceiro*

A relação existente entre a conduta do agente e o dano provocado configura um dos pressupostos da responsabilidade civil denominado nexo causal. Trata-se da relação de causa e efeito entre ambos os aspectos.

Ocorre que em determinados eventos constata-se a existência de uma pessoa estranha na causação de um dano de tal forma que este é devido exclusivamente ao terceiro alheio aos fatos.

Assim, trata-se de uma força estranha que desfigura a relação de causalidade necessária entre a conduta do agente e o dano sofrido pela vítima. A inserção de uma causa alheia aos fatos configura o fato de terceiro desde que ela seja predominante e exclusiva do evento.

O reconhecimento de tal excludente e, portanto, apta a afastar o dever de indenizar é de questionável aplicação, pois de acordo com a maioria dos posicionamentos jurisprudenciais, o fato de terceiro, por regra, não ilide a

---

[566] VARELA, João de Matos Antunes. *Das obrigações em geral*. Coimbra: Almedina, 1993. v. 1, p. 788, nota 1.

[567] Cf. também julgado inserto na *RT* 563/146.

[568] DIAS, Aguiar. *Da responsabilidade civil*. Rio de Janeiro: Forense, 1995. v. 2, nº 221, p. 693 passim.

responsabilidade civil do causador direto do dano (cf. *JTACivSP* 109/226, *RT* 437/127; contra entendendo que exclui o dever de indenizar *RT* 651/199).

Registra-se, por fim, entendimento sumulado no caso de contrato de transporte:

"A responsabilidade contratual do transportador, pelo acidente com o passageiro, não é ilidida por culpa de terceiro, contra o qual tem ação regressiva" (Súmula 187 do STF).

g) *Estrito cumprimento do dever legal*

De aplicação em relação a supostos atos ilícitos causados pelo Estado, o ato lesivo é praticado por agente público em cumprimento de sua função, logicamente afastado o abuso.

Ainda que o dano seja produzido, o estrito cumprimento do dever legal exclui o dever de indenizar na medida em que não pode ser responsabilizado por dano aquele que tem o dever legal de causá-lo, desde que, logicamente, a conduta tenha sido praticada em nome do interesse público.

A excludente possui dois pressupostos para sua aplicação: o *estrito cumprimento* e o *dever legal*. Assim, no primeiro caso, o cumprimento do dever não é passível de ser extrapolado, daí a noção de *estrito*. No segundo caso, a conduta deverá estar respaldada por um *dever legal*.

Como exemplo tem-se o policial que ao dar voz de prisão a um suposto criminoso, acaba atirando em suas pernas diante da fuga empreendida.

Tal *dever* está presente no Código de Processo Penal, quando autoriza, em seu artigo 292:

Art. 292. Se houver, ainda que por parte de terceiros, resistência à prisão em flagrante ou à determinada por autoridade competente, o executor e as pessoas que o auxiliarem poderão usar dos meios necessários para defender-se ou para vencer a resistência, do que tudo se lavrará auto subscrito também por duas testemunhas.

h) *Exercício regular de um direito*

Estabelece o art. 188 do CC:

Não constituem atos ilícitos:

I – os praticados em legítima defesa ou no exercício regular de um direito reconhecido;

DIREITO DAS OBRIGAÇÕES

A conduta que esteja respaldada pelo direito não poderá ser reconhecida como ilícita.

Assim, por exemplo, não exerce coação ilegal o médico que realiza cirurgia forçada em paciente que esteja na iminência de falecimento e que se nega a permitir a intervenção.

O vocábulo *regular* descreve um conceito juridicamente indeterminado, indicando limites, moderação, sem qualquer conotação de abuso. Ainda, para que a exclusão do dever de indenizar seja possível, o exercício regular deve estar associado a um *direito reconhecido.*

Outro exemplo é do credor de um título de crédito, assistindo-lhe o direito de protestá-lo, caso não haja pagamento, sem que se cogite de indenização por danos morais.

Confira-se a jurisprudência:

> *Apelação. Ação de cancelamento de protesto c.c desobrigação de pagamento de título, indenização por danos morais por manutenção indevida em cadastro de inadimplentes e cancelamento de negativação do CPF/MF no SCPC/Serasa e tutela de urgência. Configurado o atraso do pagamento pelo autor, constitui exercício regular do direito do credor o protesto do título. Baixa do protesto após a quitação do débito. Ônus que recai sobre o devedor. Ato ilícito não caracterizado. Danos morais indevidos, que devem ser afastados. Recurso provido.* (TJSP – Apelação nº 1002779-79.2017.8.26.0400, rel. Des. Pedro Kodama).

32.
Responsabilidade Civil no Código de Defesa do Consumidor[569]

32.1. Aspectos gerais

Por exigência de norma constitucional (art. 5, inciso XXXII, art. 24, art. 150, § 5º, art. 170, V, e art. 48, do ADCT), o legislador ordinário editou a Lei nº 8.078, 11 de setembro de 1990, que regula as relações de consumo envolvendo consumidor (art. 2) e fornecedor de produtos e serviços (art. 3º), consolidando uma verdadeira Política Nacional das Relações de Consumo.

Trata-se do chamado Código de Defesa do Consumidor, que ajustou e equilibrou aquelas relações antes disciplinadas pelo Código Civil, diploma este já reconhecidamente insuficiente e desatualizado, mesmo para ordenação das relações de direito privado.

Com efeito, toda principiologia do CDC está prevista no art. 6º, e dela decorrem normas, não meramente programáticas, visando basicamente proteger a parte mais fraca nas relações de consumo, justamente o consumidor, que pela letra da lei é toda pessoa física ou jurídica que adquire ou

---

[569] Para estudo mais extenso sobre o assunto, remetemos o leitor a nossa obra elaborada em coautoria. *Código de Defesa do Consumidor Comentado*. PODESTÁ, Fabio Henrique. MORAIS, Ezequiel. CARAZAI, Marcos Marins. São Paulo: Quartier Latin, 2ª edição, ampliada, atualizada e revisada, 2017.

DIREITO DAS OBRIGAÇÕES

utiliza produto ou serviço como destinatário final, equiparando-se também a coletividade de pessoas.[570]

O principal direcionamento também diz respeito à mudança de mentalidade com relação a todos aqueles que estejam envolvidos nas relações de consumo, notadamente para desestimular a ocorrência de práticas abusivas que violem direitos básicos do consumidor, tanto em nível de direito material como no âmbito do processo civil.

Veja-se então que entre as garantias básicas inserem-se a proteção da vida e saúde do consumidor; a informação adequada sobre os serviços e produtos, bem como a publicidade realizada sobre eles; a modificação de cláusulas que imponham desequilíbrio contratual; a efetiva reparação de danos na esfera patrimonial e moral; o acesso aos órgãos judiciais e administrativos na defesa dos direitos; a inversão do ônus da prova em favor do consumidor; e a adequada e eficaz prestação de serviços públicos em geral.

Assim, com base na doutrina, "pode-se dizer que a conotação principal deste Código é garantir a efetiva e integral reparação dos danos causados pelo fornecedor de produtos e serviços ao consumidor, seja nas relações de consumo exclusivamente individuais, seja nas que envolvem interesses individuais homogêneos, interesses coletivos e até mesmo interesses difusos. A posição do consumidor, até então pulverizada e enfraquecida perante a parte contrária, economicamente mais forte, foi fortalecida por institutos de Direito substantivo e adjetivo em prol do equilíbrio das partes".[571]

Não discrepa sobre o assunto um dos idealizados do projeto que veio a se tornar a atual lei. Afirma Nelson Nery Jr. Que

> "As relações de consumo estavam desequilibradas no mercado, estando o consumidor sem recursos legais hábeis a torná-lo tão forte quanto o fornecedor. O Código veio para regulamentar essas relações, criando mecanismos para que se torne equilibrada, evitando a prevalência de um em detrimento do outro sujeito das relações de consumo."[572]

---

[570] Sobre o assunto, veja-se DONATO, Maria Antonieta Zanardo. *Proteção ao consumidor*: conceito e extensão. São Paulo: Revista dos Tribunais, 1994. p. 55 passim.

[571] CAVALIERI FILHO, Sérgio. *Programa de responsabilidade civil*. São Paulo: Malheiros, 1996. p. 315.

[572] Os princípios gerais do código brasileiro de defesa do consumidor. *Revista de Direito do Consumidor*, nº 3, p. 46.

RESPONSABILIDADE CIVIL NO CÓDIGO DE DEFESA DO CONSUMIDOR

Evidentemente que para a configuração da relação de consumo também deve estar presente no outro polo a figura do fornecedor, que, igualmente, para os efeitos legais, é toda pessoa física ou jurídica, nacional ou estrangeira, bem como entes despersonalizados, que desenvolvam atividades de produção, montagem, criação, construção, transformação, importação, exportação, distribuição ou comercialização de produtos ou prestação de serviços, incluindo-se na espécie as instituições financeiras, por força do que estipula o art. 3, § 2º, do CDC.[573]

Advirta-se, então, que a proteção e o equilíbrio afirmados, nas relações em estudo, não violam o princípio da isonomia, em razão do tratamento desigual que deve ser endereçado ao consumidor para que se atinja de fato e de direito a igualdade real e não meramente formal.

Mas para os fins deste capítulo, a abordagem deve ser endereçada para a responsabilidade extracontratual sob o influxo daquelas relações, denotando-se que nesse aspecto o microssistema do Código de Defesa do Consumidor possui um tratamento próprio que se afasta das normas do CC e Código Comercial, diplomas estes aplicáveis de forma subsidiária, quando houver lacuna no CDC e não configurada qualquer incompatibilidade com os princípios reguladores das relações de consumo.[574]

Passemos então a apreciar as normas aplicáveis ao assunto, iniciando-se pela responsabilidade extracontratual.

O primeiro aspecto que deve ser considerado sobre o tema refere-se à adoção, pelo CDC, da responsabilidade objetiva com base na teoria do risco da atividade, ou também risco criado.[575]

De fato, parte-se do pressuposto de que a existência da atividade econômica que presta o serviço ou coloca à disposição determinada mercadoria faz com que não seja necessária a apuração de culpa na hipótese de responsabilidade do fornecedor que pratica qualquer dano contra o consumidor, bastando-se também somente que este prove o prejuízo e nexo causal, que a indenização fluirá como consequência natural do evento.

---

[573] Confira-se a doutrina de NERY JÚNIOR, Nelson. *Código brasileiro de defesa do consumidor.* (Comentado pelos autores do anteprojeto.) Rio de Janeiro – São Paulo: Forense Universitária, 1995. p. 311 passim.

[574] Idem, ibidem. p. 58.

[575] A tendência também já era noticiada por Carlos Ferreira de Almeida na Europa e nos Estados Unidos. Confira-se *Os direitos dos consumidores.* Coimbra: Almedina, 1982, p. 136.

DIREITO DAS OBRIGAÇÕES

A mesma noção deve ser reconhecida para as hipóteses em que o consumidor é considerado como equiparado por efeito dos chamados acidentes de consumo (art. 17 do CDC), isto é, todas as vítimas do evento são chamadas consumidores, importando dizer que a expressão *destinatário final* é aqui ampliada em virtude da proteção que o Código aplica a todos aqueles alcançados pelo evento, mesmo que não tenham adquirido nada do fornecedor, fabricante ou outro responsável.

O mesmo regime também é estendido aos casos de publicidade enganosa e abusiva, seja ela decorrente de responsabilidade contratual ou extracontratual.[576]

Outro aspecto também essencial para a compreensão do assunto é a previsão legal de cumulação do dano moral com o patrimonial (art. 6º, inc. VI), o que tem relação direta com a indenização integral (ou efetiva na dicção da lei) do consumidor, com a noção do chamado *restitutio in integrum*.

Acrescente-se igualmente que todos aqueles que de alguma forma tiveram participação direta ou indireta na produção do evento danoso serão considerados responsáveis solidários na indenização, podendo o consumidor exigir de qualquer um dos envolvidos, parcial ou totalmente, o pagamento dos prejuízos sofridos (art. 7º, parágrafo único).[577]

Por fim, abrindo exceção à regra quanto à adoção da responsabilidade objetiva, o Código, na hipótese de o profissional liberal praticar algum dano ao consumidor, somente poderá ser responsabilizado se for provada sua culpa, assumindo a própria ideia da responsabilidade subjetiva. Não se ignore, no entanto, que, pela sistemática adotada, nada impede que, em ação judicial, mesmo se tratando de profissional liberal (advogado, por exemplo), o juiz possa inverter o ônus da prova em favor do consumidor, visando facilitar a defesa dos seus direitos (art. 6º, incisos VII e VIII).

32.2. Responsabilidade civil considerada sob a noção da qualidade de produtos e serviços (fato e vício)

O objeto das relações de consumo está centrado na idéia de produto e serviço, os quais, pela dicção legal, representam, no primeiro caso, qualquer bem, móvel ou imóvel, material ou imaterial, e, no segundo, qualquer

---

[576] Sobre o assunto, consulte a obra de SABOIA CAMPOS, Maria Luiza de. *Publicidade*: responsabilidade civil perante o consumidor. São Paulo: Cultural Paulista, 1996. p. 160 passim.

[577] Sobre o conceito de solidariedade, reportamos o leitor ao Capítulo 12 desta obra.

RESPONSABILIDADE CIVIL NO CÓDIGO DE DEFESA DO CONSUMIDOR

atividade fornecida no mercado de consumo, mediante remuneração (art. 3º, §§ 1º e 2º).[578]

Com base em tal premissa, constata-se que o legislador do Código do Consumidor demonstrou elogiável preocupação quanto à qualidade dos produtos e serviços colocados no mercado, procurando determinar que não acarretem riscos à saúde ou segurança dos consumidores, exceção feita àqueles considerados normais e previsíveis em decorrência de sua natureza e fruição, obrigando-se os fornecedores, em qualquer hipótese, a dar as informações necessárias e adequadas a seu respeito, notadamente visando a sua correta utilização.

Tal regra, com maior rigor, também se aplica aos casos em que produto e serviço são considerados potencialmente nocivos ou perigosos, exigindo-se que a informação seja prestada de forma extensiva e adequada, ou seja, a exigência é direcionada ao produtor e não a órgãos públicos.[579]

Mas abordando a matéria de uma forma mais centrada, o Código, em seu art. 12, inicia o trato a respeito da responsabilidade pelo fato do produto e do serviço, considerando que o produto é defeituoso quando não oferece a segurança que dele legitimamente se espera, levando-se em conta sua apresentação, uso e riscos relacionados à expectativa de utilização e à época em que foi colocado em circulação.

A responsabilidade, conforme já se afirmou, abrange tanto a contratual como a extracontratual, e, neste último caso, várias hipóteses podem surgir como decorrentes do fornecedor real, aparente, presumido, e a subsidiária do comerciante, quando o fornecedor original não pode ser responsabilizado pelo erro do comerciante na conservação dos produtos perecíveis.[580]

Esclareça-se que o produto não é considerado defeituoso em razão de existir no mercado outro de melhor qualidade, porquanto se o Código

---

[578] Para mais detalhes, consulte NASCIMENTO, Tupinambá Miguel Castro do. *Responsabilidade civil no código do consumidor*. Rio de Janeiro: Aide, 1991. p. 31 passim.

[579] A questão impõe lembrar até que ponto as empresas de tabaco estão cumprindo a exigência legal, vez que reconhecidamente o cigarro é produto nocivo à saúde. Nada obstante, felizmente ações judiciais já estão sendo promovidas para, entre outros objetivos, impor-se a adequação do produto às normas do CDC. Confira-se, por exemplo, artigo de Percival de Souza. Fumantes iniciam guerra nos tribunais. *Tribuna do Direito*, p. 20-21, nov. 1998.

[580] Sobre o assunto, confira-se MARINS, James. *Responsabilidade da empresa pelo fato do produto*. São Paulo: Revista dos Tribunais, 1993. p. 98 passim.

DIREITO DAS OBRIGAÇÕES

"acolhesse presunção desse jaez – ainda que relativa –, seria responsabilizado por condenar ao obsoletismo nosso parque industrial, pois estaria tolhendo todos os avanços tecnológicos próprios de uma saudável economia de mercado".[581]

Quanto ao fornecedor de serviços, a lei o considera falho consoante os mesmos critérios de segurança, em função da expectativa do consumidor, levando-se em conta os iguais critérios já citados.

Diante da natureza do objeto que envolve a relação de consumo, o serviço não será considerado defeituoso em razão da adoção de novas técnicas, o que traz ínsita uma ideia norteadora relacionada à adequação à época de utilização.

Partimos agora para a responsabilidade decorrente do vício do produto e do serviço.

Nesse campo, a Lei de Proteção ao Consumidor considera os fornecedores de produtos de consumo duráveis ou não duráveis solidariamente responsáveis pelos vícios de qualidade ou quantidade que o tornem impróprios ou inadequados ao consumo, relacionando a destinação com a diminuição do valor intrínseco da coisa. A responsabilidade também é atribuída àquele ente pelos danos produzidos em decorrência do uso de produtos nos quais se verifiquem disparidades com relação às indicações constantes do recipiente, da embalagem, rotulagem ou mensagem publicitária, respeitadas as variações relacionadas a sua natureza, podendo o consumidor exigir a substituição das partes viciadas.

A análise do dispositivo vinculado à hipótese impõe reconhecer que a sistemática dos vícios redibitórios teve tratamento diverso daquela conferida pelo CC, ou seja,

"o regime da responsabilidade por vício adotado pelo Código do Consumidor destravou as amarras que cercavam os movimentos do tradicional instituto dos vícios redibitórios, flexibilizando os modos de exercitar as pretensões, admitindo o vício aparente e ampliando o alcance ao enlaçar os serviços prestados. Os princípios fundamentais de um e de outro são comuns, no entanto, tornando valiosa e fascinante a recepção da experiência antiga, desde os romanos, para

[581] DENARI, Zelmo. *Código brasileiro de defesa do consumidor.* (Comentado pelos autores do anteprojeto). Rio de Janeiro: Forense Universitária, 1995. p. 115.

que os esforços conjugados do antigo e do novo indiquem um regime apropriado às demandas do nosso tempo".[582]

De fato, a garantia consagrada pelo Código do Consumidor em comparação à estabelecida pelo CC é bem mais ampla, notadamente porque enquanto os vícios redibitórios disciplinados pelo primeiro diploma legal (arts. 1.101 a 1.106 de 1916) limitam-se aos chamados defeitos ocultos da coisa, podendo o comprador efetuar a reclamação no prazo exíguo de 15 dias, contados da tradição, em sendo a coisa móvel (art. 178, § 2º, do CC de 1916), na Lei de Proteção os vícios de qualidade ou quantidade de bens e serviços podem ser ocultos ou aparentes e o prazo de garantia é de 30 dias (objeto da relação de consumo seja não durável) e de 90 dias (produto e serviço durável) (art. 26, I e II, do CDC).

A lição, válida para o Código Bevilaqua, hoje é colocada com ressalvas e passível de questionamento porque o novo CC consagra no art. 445 o prazo de 30 dias para as coisas móveis e de um ano para as coisas imóveis. Ainda, se o vício, por sua natureza, só puder ser conhecido mais tarde, o prazo contar-se-á do momento em que dele tiver ciência, até o prazo máximo de 180 dias, em se tratando de bens imóveis; e de um ano, para os imóveis.

O benefício, em termos de diferença, não se limita aos prazos, posto que a Lei, conforme já adiantado, atribui responsabilidade solidária entre todos os fornecedores, inclusive o comerciante, podendo o consumidor, a sua escolha, pleitear a indenização contra todos ou contra outro que lhe for mais conveniente.[583]

O benefício da responsabilidade não existirá nas hipóteses previstas pelos arts. 18, § 5º, e 19, § 2º, ou seja, se o produto *in natura* foi colocado no mercado sem passar por qualquer processo de industrialização, sendo então responsável o fornecedor imediato. No mesmo sentido, se o vício de quantidade estiver relacionado de produtos pesados ou medidos na presença do consumidor (falta de aferição do instrumento utilizado consoante os padrões oficiais).

---

[582] LOBO, Paulo Luiz Neto. *Responsabilidade por vício do produto ou do serviço.* Brasília: Brasília Jurídica, 1996. p. 38.

[583] Cf. ALVIM, Arruda, ALVIM, Teresa, ALVIM, Eduardo Arruda, MARINS, James. *Código do consumidor comentado.* São Paulo: Revista dos Tribunais, 1995. p. 45.

DIREITO DAS OBRIGAÇÕES

Observe-se, por outro lado, que em se tratando de vício do produto ou serviço para o caso de inadequação qualitativa, caso o consumidor não sane o defeito no prazo de 30 dias, poderá o consumidor pleitear, de forma alternada e à sua escolha, a substituição do produto por outro da mesma espécie e em perfeitas condições de uso, restituição imediata da quantia paga, sem prejuízo das perdas e danos, ou abatimento do preço.

Sendo a hipótese de inadequação decorrente da natureza quantitativa, a ocorrência do defeito confere ao consumidor, igualmente de forma alternativa e à sua escolha, o abatimento proporcional do preço, complementação do peso ou medida, substituição do produto por outro da mesma espécie, marca ou modelo, sem os aludidos vícios, ou restituição imediata da quantia paga, sem prejuízo das perdas e danos que o caso demandar.

Outra forma de responsabilizar o fornecedor (pessoa jurídica de direito privado ou público) refere-se ao não-cumprimento das obrigações previstas nos arts. 21 e 22 do CDC, as quais, basicamente, impõem àqueles entes a garantia de adequação dos serviços prestados que tenham por objetivo a reparação de qualquer produto ou o fornecimento de serviços eficientes, seguros, e quanto aos essenciais, contínuos.[584]

32.3. Cláusulas de exoneração no Código do Consumidor

Admitindo de forma clara a adoção da responsabilidade objetiva, o Código do Consumidor possibilita que o fornecedor de produtos ou serviços seja exonerado do dever de indenizar. Propriamente não há discussão de culpa, exceção feita no caso de profissionais liberais. O que se verifica, na espécie, é a não-configuração do necessário nexo causal entre o evento e o dano verificado, vale dizer, o consumidor somente não terá êxito na ação de responsabilidade se o fornecedor, de forma básica, provar que não há relação de causa e efeito entre o prejuízo por aquele sofrido e a ação/ omissão atribuída a este último.

A disciplina legal da matéria está vinculada aos tipos de responsabilidade que devem ser considerados, pois se a atribuição é direcionada ao fabricante, construtor, produtor ou importador (fato do produto ou serviço), as causas de exoneração dizem respeito ao fato de esses entes não terem colocado o produto no mercado, ou se tal ocorreu, o defeito

---

[584] Para uma visão completa, LOBO, Paulo Luiz Neto. Op. cit. p. 73 passim. QUEIROZ, Odete Novais Carneiro. *Da responsabilidade por vício do produto e do serviço.* São Paulo: Revista dos Tribunais, 1998. p. 86 passim.

não existir. Também não haverá dever de indenizar se for provada a culpa do consumidor ou de terceiro.

Cuidando-se de responsabilidade pelo serviço, as excludentes referem-se à hipótese de o fornecedor, embora tendo prestado o serviço, demonstrar que o mesmo inexiste, ou ainda a própria culpa da vítima.

Considere-se ainda que, mesmo não existindo previsão legal, o caso fortuito e a força maior podem perfeitamente ser invocados para possibilitar o afastamento do dever de indenizar, desde que tenha origem estranha à atividade do fornecedor.[585]

32.4. Aspectos processuais a respeito do tema

Pelos ensinamentos advindos da teoria geral do processo, sabe-se que a violação ou ameaça a direito possibilita que o lesado promova em juízo a reparação do dano, direito subjetivo público que, aliás, vem previsto em norma constitucional (art. 5º, inc. XXXV).

Destarte, é por meio da ação, em sentido processual, que o juiz tomará conhecimento a respeito daquele fato, aplicando o direito ao caso concreto, não sem antes observar as prescrições processuais que incidam para a pretensão deduzida, entre elas a ampla defesa do réu contra quem se formulou o pedido.

O processo comum, isto é, envolvendo a relação processual entre autor, réu e juiz, refere-se a uma ideia considerada tradicional advinda desde as origens modernas desta disciplina, fruto aliás de uma época influenciada por forte individua- lismo, na qual o próprio juiz tinha pouca influência na condução do processo e, notadamente, estava limitado na sua função de adequar os interesses em conflito.

Atualmente, os cultores do direito processual acenam para uma função eminentemente instrumental do processo, de forma voltada a atender e possibilitar o amplo acesso à justiça, ou, como diz a doutrina, trata-se de utilizar aquele instrumento de forma eficaz para o acesso à "ordem jurídica justa".[586]

---

[585] Especificamente sobre o assunto, MARTINS, Plínio Lacerda. O caso fortuito e a força maior como causas de exclusão da responsabilidade no código do consumidor. *Revista dos Tribunais*, 690/287.

[586] Sobre o assunto, a leitura do artigo do Prof. Mauro Cappelletti é obrigatória. Formas sociais e interesses coletivos diante da justiça civil. *REPRO* 5/128.

DIREITO DAS OBRIGAÇÕES

Tal postura, em verdade, adveio da necessidade de adequar a ciência do processo aos novos tempos, em que as relações humanas cada vez mais tornam-se complexas em função da acentuada e crescente industrialização, gerando por consequência o fenômeno da massificação, com abandono dos princípios individualistas herdados dos séculos XVIII e XIX.

O direito do consumidor não poderia ficar alheio a tais transformações diante de sua estrita relação com o fenômeno mencionado e, em decorrência, toda aquela postura do processo individual teve de ser adaptada, pois

> "Tratar do processo no Código do Consumidor é tarefa de grande responsabilidade, pois, na verdade, não se está diante de um assunto contido no processo civil a que estamos habituados. Tem-se, isto sim, um tema cuja amplitude causa perplexidade, uma vez que rigorosamente se está diante de 'um novo processo civil', de um 'outro' processo civil, diferente daquele com que lidamos no dia-a-dia e que nos é familiar."[587]

Destaca-se nesse novo processo todo um tratamento diferenciado a respeito de institutos novos, ou importados de outros sistemas jurídicos, que justifica o reconhecimento de que o consumidor (individual ou coletivamente considerado) representa a parte mais fraca na relação de consumo.

Para o interesse do presente ponto, importa destacar dois institutos que têm relação direta com a responsabilidade civil no Código do Consumidor, quais sejam, a inversão do ônus da prova e a teoria da desconsideração da personalidade jurídica.

A inversão do ônus da prova está prevista no art. 6º, inc. VIII, do CDC, e representa um direito básico do consumidor.

Nesse sentido, conforme nos informa Galvão Silva, diferentes expressões que externam graus de probabilidade são utilizadas em diversos sistemas jurídicos, traduzindo a facilitação concedida, ao consumidor que fica dispensado de apresentar a chamada "prova diabólica": *circunstancial evidence*, *rule of evidence*, verossimilhança, simples justificação, prova bastante, prova suficiente, presunção natural e prova indiciária.[588]

---

[587] ALVIM, Teresa Arruda. Noções gerais sobre o processo no código do consumidor. *Direito –* Programa de pós-graduação em direito, São Paulo: PUC, nº 1, p. 199.
[588] *A responsabilidade civil do produtor.* Almedina: Coimbra, p. 388.

Referido dispositivo legal encontra-se inserido coerentemente no sistema de proteção do consumidor e representa verdadeiro avanço em face das novas tendências do processo civil moderno, voltado à instrumentalidade de seus institutos e procurando garantir um provimento jurisdicional consoante as novas lides que não mais possuem único caráter individualístico, mas especialmente de massa, em função das tensões sociais que se aglutinaram na metade deste século, conforme, aliás, já afirmado.[589]

Tem-se então que o juiz, na apreciação das provas, deverá analisar as situações concretas visando à aplicação do art. 373 e incisos do CPC, que tratam da regra comum de distribuição do ônus da prova, afastando com isso a possibilidade de denegação da justiça.

É tarefa do julgador, ainda, elaborar uma análise dos requisitos em prol da inversão, que se pode considerar necessária sempre que as alegações forem verossímeis, segundo as regras de experiência, ou hipossuficiência em demanda civil, vale dizer, não se cogita de faculdade processual conferida ao juiz na adoção daquela inversão, isto porque tratando o CDC de norma de ordem pública, cuja aplicação impõe-se de ofício, e uma vez presentes aqueles requisitos, a obrigação legal se justifica por se tratar igualmente de direito básico do consumidor.

Somente ausentes aquelas duas hipóteses é que o sistema comum terá aplicação.

A análise ora efetuada não representa que a regra seja a inversão indiscriminada, ou que, sendo a mesma adotada, o consumidor já se pronuncie o vencedor da demanda.[590]

Evidente se apresenta a possibilidade de o fornecedor contrariar a presunção de verossimilhança e a constatação da hipossuficiência, vez que a inversão não é colocada à disposição do consumidor como uma certeza, mas apenas como uma aparência de verdade, possível de ser afastada por prova em contrário.[591]

---

[589] Sobre o assunto, confira-se DINAMARCO, Cândido Rangel. *A instrumentalidade do processo*. São Paulo: Revista dos Tribunais, 1990. p. 356/362.

[590] Cf. SILVA, César Antonio da. *Ônus e qualidade da prova cível* (inclusive no CDC). Rio de Janeiro: Aide, 1991. p. 184.

[591] Não se desconheça também que, nada obstante o sistema da responsabilidade objetiva adotado pelo CDC, não fica o consumidor, se adotada a inversão, dispensado de provar a sua legitimidade *ad causam* e o nexo causal verificado entre o fato e o evento lesivo que justificou a tutela do direito.

DIREITO DAS OBRIGAÇÕES

Assim, uma vez declarada a inversão, o objeto da prova deixa de ser a alegação controvertida do autor para transferir o ônus ao fornecedor, que deverá produzir a prova em seu favor; caso contrário, estará o juiz livre para considerar o que era apenas aparência verdadeira certeza a respeito do que foi deduzido pelo consumidor.

A facilitação da prova ao autor, considerado especialmente vulnerável diante da posição de supremacia do fornecedor, justifica-se para que o juiz alcance um provimento legítimo, justamente quando se tem em conta que este último (fornecedor), no mais das vezes, detém os meios de produção e com ele a possibilidade de oferecer maiores e melhores meios para perfeita construção da verdade real e formação da convicção judicial.

Feitas as alegações das partes, com a devida instrução e contraditório, o juiz apreciará livremente o contexto formado para consoante as regras de experiência aproximar-se da verossimilhança, presumindo que o caso submetido à apreciação tenha ocorrido, como acontece no mais das vezes, admitido.

A inversão de que se cogita é *ope judicis*, pois somente com a presença dos dois requisitos antes mencionados é que o juiz estará habilitado a adotá-la.[592]

Uma vez configurada a hipótese de inversão e produzidas as provas, chega-se ao momento da valoração,[593] sendo que ao juiz não é permitido simplesmente contentar-se com a incerteza da existência dos fatos, devendo buscar a certeza jurídica sejam os fatos trazidos pelo consumidor ou fornecedor, já que, com a colheita de provas, cuja posição do juiz deve ser ativa, estas pertencerão e integrarão o processo.[594]

Justo reconhecer, nesse sentido, que, se não for possível alcançar a certeza, deverá o juiz se contentar com a possibilidade de que poderá favorecer qualquer das partes, ainda mais em se tratando de demandas nas quais se discutem as relações de consumo, pois, uma vez adotada a inversão e não produzida prova em contrário pelo fornecedor, o consumidor será vitorioso

---

[592] Não se esqueça de que o próprio CDC adota a obrigatoriedade da inversão na hipótese do art. 38, o que representa uma inversão *ope legis*, ou seja, quando é determinada expressamente por texto legal.

[593] São diversos os momentos de valoração (no qual o juiz analisa) e o de aplicação das regras do ônus da prova (este, após a valoração, quando se está em dúvida). As regras de valoração não interferem nas de distribuição da desvantagem.

[594] Sobre o assunto, cf. a obra de BEDAQUE, José Roberto dos Santos. *Poderes introdutórios do juiz*. São Paulo: Revista dos Tribunais, 1991. p. 78 passim.

na demanda, evidentemente considerando que a apreciação verificou-se pelo contexto das provas.

Feitas as devidas valorações e aplicações das regras de experiência, como seguimento lógico, chega-se ao ponto de interesse, que se refere ao momento processual em que deve ser adotada a inversão do ônus da prova.[595]

Conforme informa Carlos Roberto Barbosa Moreira,[596] existem três posições a respeito do momento adequado, em que o juiz deve adotar a inversão do ônus da prova com base no CDC.

A primeira ocorrerá já no próprio despacho inicial, a segunda tendo como referência somente na sentença e a terceira tomando-se como norte antes do início da instrução.

Entendemos que, não sendo o caso do art. 38 do CDC, em que a inversão deve ocorrer no despacho inicial, cuidando da hipótese do art. 6º, VIII, do mesmo Código, efetivamente o melhor momento para a inversão se dá antes da fase instrutória quando proferida a decisão saneadora. E nem pode ser diferente, no pressuposto de que se toda a defesa que for apresentada tiver respaldo probatório, nada mais lógico que o réu já tenha conhecimento sobre os limites e objeto da prova que terá de produzir, sempre considerando que o processo não pode representar uma surpresa para quem se defende.

Por fim, não se pode deixar de considerar, diversamente do que se entende em contrário, que a inversão do ônus da prova não é regra procedimental, mas essencialmente regra de julgamento, porque é com o contexto das provas em função da convicção judicial que será valorizada a posição de um dos litigantes.

Quanto ao instituto da desconsideração da personalidade jurídica, o Código do Consumidor, inovando a legislação, cuidou expressamente de consagrá-la no art. 28 e parágrafos, isto porque, até antes da vigência do citado Código, a aplicação da espécie decorria somente de entendimento jurisprudencial (cf. *RT* 673/160, 657/86 e 120, 656/102).[597]

---

[595] Sobre o assunto, cf. MOREIRA, Carlos Roberto Barbosa. Notas sobre a inversão do ônus da prova em benefício do consumidor. *Estudos de direito processual em memória de Luiz Machado Guimarães*. Rio de Janeiro: Forense, 1997. p. 135.

[596] Op. e loc. cit.

[597] Cf. COELHO, Fábio Ulhoa. *Comentários ao código de proteção ao consumidor*. São Paulo: Saraiva, 1991. p. 142.

DIREITO DAS OBRIGAÇÕES

De fato, a consideração sobre tal instituto não pode ignorar que, por princípio legal, "as pessoas jurídicas têm existência distinta da dos seus membros" (art. 20 do CC), isto é, não existe, por regra, confusão entre o patrimônio do ente moral com o dos sócios em função do fato de que o interesse jurídico da sociedade, que é próprio, não pode ser judicialmente perseguido pelos sócios, nem vice-versa.

Nada obstante a separação consagrada, é possível que tal princípio se preste a eficaz forma voltada à realização de fraudes à lei, ao contrato ou aos credores, fruto de exercício abusivo na condução dos interesses societários para benefício individual dos sócios em detrimento da pessoa jurídica.

No caso específico do Código do Consumidor, a desconsideração da personalidade jurídica ocorre sempre que a sociedade é utilizada em detrimento do consumidor, na verificação de abuso de direito, excesso de poder, infração da lei, fato ou ato ilícito, violação dos estatutos ou contrato social, como também na decretação de falência, estado de insolvência, encerramento ou inatividade da pessoa jurídica provocados por má administração.

Trata-se, enfim, de construção jurídica direcionada a fornecer critérios para se impedir o uso indevido da pessoa jurídica, constituindo-se em instrumento útil para a proteção do consumidor. Observe-se, no entanto, que a adoção do superamento assume sempre caráter excepcional.[598]

Assim, a ocorrência mais comum da espécie verifica-se quando o juiz, uma vez constatando a configuração dos pressupostos legais, simplesmente ignora a existência da pessoa jurídica para que os bens dos sócios sejam atingidos, com o objetivo de que os mesmos respondam pelas dívidas assumidas pela sociedade, ou seja, a teoria não põe em dúvida a validade do ato constitutivo da pessoa formal, mas tão-somente a sua eficácia nos casos alinhados pela lei.

Vale esclarecer, com base na doutrina, que a teoria em questão

> "tem pertinência apenas quando a responsabilidade não pode ser, em princípio, diretamente imputada ao sócio, controlador ou representante legal da pessoa jurídica. Quando a imputação pode ser direta, quando a existência da pessoa jurídica não é obstáculo a responsabilização de quem quer que seja, não há por que se cogitar da desconsideração de sua autonomia".[599]

[598] COELHO, Fábio Ulhoa. Op. cit. p. 141.
[599] Idem, ibidem. p. 142.

BIBLIOGRAFIA

AGUIAR JR., Ruy Rosado de. In: MARQUES, Cláudia Lima (Coord.). *A proteção do consumidor no Brasil e no Mercosul*. Porto Alegre: Livraria do Advogado, 1994.

___. A boa-fé nas relações de consumo. *Revista Direito do Consumidor*. São Paulo: Revista dos Tribunais, v. 14, 1995.

___. *Extinção do contrato por incumprimento do devedor*: resolução. Rio de Janeiro: Aide, 2003.

ALMEIDA, João Batista de. *A proteção jurídica do consumidor*. São Paulo: Saraiva, 1993.

ALMEIDA, Carlos Ferreira de. *Os direitos dos consumidores*. Coimbra: Almedina, 1982.

ALMEIDA, Lacerda de. *Dos efeitos das obrigações*. Rio de Janeiro: Freitas Bastos, 1934.

ALSINA, Jorge Bustamante. *Teoria general de la responsabilidad civil*. Buenos Aires: Abeledo-Perrot, 1987.

ALVES, Vilson Rodrigues. *Direito de construir nas relações de vizinhança*. São Paulo: Lex, 1999.

ALVIM, Agostinho. *Da compra e venda e da troca*. Rio de Janeiro: Forense. 1961.

___. *Da inexecução das obrigações e suas conseqüências*. São Paulo: Jurídica e Universitária, 1965.

ALVIM, Arruda. *Manual de direito processual civil*: parte geral. São Paulo: Revista dos Tribunais, 1994. v. 1.

___. *Código do consumidor comentado*. São Paulo: Revista dos Tribunais, 1995.

ANDRADE, Manuel A. Domingues de. *Teoria geral da relação jurídica*. Coimbra: Almedina, 1994. v. 1.

ANDRADE, Ronaldo Alves. *A reparação do dano moral decorrente da lesão à integridade física*. 1998. Dissertação (Mestrado) – Faculdade de Direito, PUC, São Paulo.

ARAÚJO, André Luís Maluf de. Responsabilidade civil dos cirurgiões-dentistas. In: BITTAR, Carlos Alberto. *Responsabilidade civil, médica, odontológica e hospitalar*. São Paulo: Saraiva, 1991.

AZEVEDO, Álvaro Villaça. Proposta de classificação da responsabilidade objetiva: pura e impura. *RT* 689/10.

DIREITO DAS OBRIGAÇÕES

___. *Código Civil comentado.* São Paulo: Saraiva, 2003. v. 2.

___. União estável, antiga forma de casamento de fato. *RT 701/7.*

___. *Teoria geral das obrigações.* São Paulo: Revista dos Tribunais, 1990.

AZEVEDO, Antonio Junqueira de. *Estudos e pareceres de Direito Privado.* São Paulo: Saraiva, 2004.

AZEVEDO JÚNIOR, José Osório de. *Compromisso de compra e venda.* São Paulo: Malheiros, 1992.

BANDEIRA DE MELLO, Celso Antônio. *O conteúdo jurídico do princípio da igualdade.* São Paulo: Revista dos Tribunais, 1984.

BARASSI, Lodovico. *Istituzioni di dirito civile.* Milão: Giuffrè, 1948.

BARBOSA, Antonio Alberto Alves. Da preclusão processual civil. 2. ed. São Paulo: Revista dos Tribunais, 1992.

BARREIRA, Wagner. Sub-rogação do segurado. In: *Coletânea de estudos em homenagem a Orlando Gomes.* Rio de Janeiro: Forense, 1979.

BARROS, Francisco Carlos da Rocha. *Comentários à lei do inquilinato.* São Paulo: Saraiva, 1995.

BESSONE, Darcy. *Da compra e venda.* São Paulo: Saraiva, 1988.

BETTI, Emílio. *Teoría general de las obligaciones.* Madri: Revista de Derecho Privado, 1970.

BEVILÁQUA, Clóvis. *Direito das obrigações.* Rio de Janeiro: Francisco Alves, 1954.

___. *Teoria geral do direito civil.* Rio de Janeiro: Editora Rio, 1977.

BITTAR, Carlos Alberto. *A responsabilidade civil por danos morais.* São Paulo: Revista dos Tribunais, 1993.

___. *O direito civil na Constituição de 1988.* São Paulo: Revista dos Tribunais, 1990.

___. *Os direitos da personalidade.* Rio de Janeiro: Forense Universitária, 1995.

BORGES, Nelson. *Teoria da imprevisão no direito civil e no processo civil.* São Paulo: Malheiros, 2002.

BRIZ, Jaime Santos. *La contratación privada.* Madri: Montecorvo, 1966.

BULGARELLI, Waldirio. *Questões atuais de direito empresarial.* São Paulo: Malheiros, 1995.

CAHALI, Francisco José. *União estável e alimentos entre companheiros.* São Paulo: Saraiva, 1996.

CAHALI, Yussef Said. *Dano e indenização.* São Paulo: Revista dos Tribunais, 1980.

___. *Dos alimentos.* São Paulo: Revista dos Tribunais, 1993.

___. *Responsabilidade civil do Estado.* São Paulo: Revista dos Tribunais, 1982.

CAMARA, Alexandre Freitas. *Arbitragem.* Rio de Janeiro: Lumen Juris, 1997.

CAMPOS FILHO, Paulo Barbosa de. *Obrigações de pagamento em dinheiro.* Rio de Janeiro: Jurídica e Universitária, 1971.

___. *O problema da causa no código civil brasileiro.* São Paulo: Max Limonad, [s.d.].

CARMONA, Carlos Alberto. A crise do processo e os meios alternativos para a solução de controvérsias. *Revista de Processo.* São Paulo: Revista dos Tribunais, 1989. v. 96.

___. Arbitragem e jurisdição. In: GRINOVER, Ada P.; DINAMARCO, Cândido; WATANABE, Kazuo. *Participação e processo.* São Paulo: Malheiros, 1994.

___. *Arbitragem e processo:* um comentário à Lei nº 9.307/96. São Paulo: Malheiros, 1998.

___. *Da arbitragem no processo civil brasileiro.* São Paulo: Malheiros, 1994.

CAPELO DE SOUSA, Rabindranath V. A. *O direito geral de personalidade.* Coimbra: Coimbra Editora, 1995.

CARBONNIER, Jean. *Droit civil.* 6. ed. Paris: Presses Universitaires de France, 1969. t. 4.

CAVALCANTI FILHO, Theophilo. *O problema da segurança no direito.* São Paulo: Revista dos Tribunais, 1964.

CAVALIERI FILHO, Sérgio. *Programa de responsabilidade civil.* São Paulo: Malheiros, 1996.

CHAVES, Antônio. *Tratado de direito civil.* São Paulo: Revista dos Tribunais, 1984. t. 1, v. 2.

___.___. São Paulo: Revista dos Tribunais, 1985. v. III.

___. *Responsabilidade pré-contratual.* Rio de Janeiro: Forense, 1959.

CINTRA, Araújo; GRINOVER, Ada Pellegrini; DINAMARCO, Cândido. *Teoria geral do processo.* São Paulo: Revista dos Tribunais, 1974.

COELHO, Fábio Ulhoa. *Comentários ao código de proteção ao consumidor.* São Paulo: Saraiva, 1991.

___. *Curso de Direito Civil.* São Paulo: Saraiva, 2004. v. 2.

COELHO, Inocêncio Mártires. *Interpretação constitucional.* Porto Alegre: Sergio Antonio Fabris Editor, 1997.

COLARILLE FIGUEIREDO, Lúcia Valle. *Curso de direito administrativo.* São Paulo: Malheiros, 1994.

COMPARATO, Fábio Konder. A proteção do consumidor: importante capítulo do direito econômico. *RDM* 15/16.

CONTINENTINO, Múcio. *Da cláusula penal no direito brasileiro.* São Paulo: Saraiva, 1926.

CORDEIRO, Antonio Menezes. *Da boa-fé no direito civil.* Coimbra: Almedina, 1984. v. 1.

COSTA, Mário Júlio de Almeida. *Direito das obrigações.* Coimbra: Almedina, 1979.

___. *Noções de direito civil.* Coimbra: Almedina, 1980.

COSTA JÚNIOR, Olímpio. *A relação jurídica obrigacional.* São Paulo: Saraiva, 1994.

COVELLO, Sérgio Carlos. *A obrigação natural*: elementos para uma possível teoria. São Paulo: Leud, 1996.

CUNHA DE SÁ, Fernando Augusto. *Abuso de direito.* Coimbra: Almedina, 1997.

CUPIS, Adriano de. *Os direitos da personalidade.* Lisboa: Morais, [s.d.].

___. *El dano.* Barcelona: Bosch, 1975.

DALL'AGNOL JUNIOR, Antonio Janyr. Cláusulas abusivas: opção brasileira. In: MARQUES, Cláudia Lima (Coord.). *A proteção do consumidor no Brasil e no Mercosul.* Porto Alegre: Livraria do Advogado, 1994.

DANTAS, San Tiago. *O conflito de vizinhança e sua composição.* Rio de Janeiro: Forense, 1972.

___. *Programa de direito civil II.* Rio de Janeiro: Editora Rio, 1978.

DIAS, Aguiar. *Da responsabilidade civil.* Rio de Janeiro: Forense, 1995. v. 2.

DINAMARCO, Cândido Rangel. *A reforma do código de processo civil.* São Paulo: Malheiros, 1995.

DINIZ, Maria Helena. *Código civil anotado.* São Paulo: Saraiva, 1995.

___. *Curso de direito civil brasileiro*: teoria geral das obrigações. São Paulo: Saraiva, 1999. v. 2.

___. ___. São Paulo: Saraiva, 2002.

___. *Lei de introdução ao código civil comentado*. São Paulo: Saraiva, 1997.

DONATO, Maria Antonieta Zanardo. *Proteção ao consumidor*: conceito e extensão. São Paulo: Revista dos Tribunais, 1994.

DONNINI, Rogério Ferraz. *Responsabilidade pós-contratual*. São Paulo: Saraiva, 2004.

ESPÍNOLA, Eduardo. *Sistema de direito civil*. Rio de Janeiro: Francisco Alves, 1912. t. 1, v. 2.

ESTEVIL, Luis Pascual. *Derecho de daños*. Barcelona: Bosh, 1995. t. II.

FABRÍCIO, Adroaldo Furtado. *Comentários ao código de processo civil*. Rio de Janeiro: Forense, 1988. t. 3, v. 8.

FACHIN, Luiz Edson. *Estatuto jurídico do patrimônio mínimo*. Rio de Janeiro: Renovar, 2001.

FARIA, Werter R. *Mora do devedor*. Porto Alegre: Sergio Antonio Fabris Editor, 1981.

FERRAZ JUNIOR, Tercio Sampaio. *Introdução ao estudo do Direito*: técnica, decisão, dominação. 2. ed. São Paulo: Atlas, 1994.

FIGUEIRA, Eliseu. Renovação do sistema de direito privado. Lisboa: Caminho Editora, 1989.

FIGUEIRA JUNIOR, Joel Dias. *Comentários à nova lei dos juizados especiais cíveis e criminais*. São Paulo: Revista dos Tribunais, 1995.

___. *Manual da arbitragem*. São Paulo: Revista dos Tribunais, 1997.

FILOMENO, José Geraldo Brito. *Manual de direitos do consumidor*. São Paulo: Atlas, 1999.

___. Resolução contratual e o art. 53 do Código do Consumidor. *Uma vida dedicada ao Direito* – homenagem a Carlos Henrique de Carvalho. São Paulo: Revista dos Tribunais, 1995.

FIORILLO, Celso Antonio Pacheco; RODRIGUES, Marcelo Abelha. *Manual de direito ambiental e legislação aplicável*. São Paulo: Max Limonad, 1999.

___. O direito de antena em face do direito ambiental no Brasil. 1999. Tese (Livre-Docência) – Faculdade de Direito, PUC, São Paulo.

FONSECA, Arnoldo Medeiros da. *Caso fortuito e teoria da imprevisão*. Rio de Janeiro: Forense, 1943.

FONSECA, João Bosco Leopoldino da. *Cláusulas abusivas nos contratos*. Rio de Janeiro: Forense, 1995.

FORNACIARI JUNIOR, Clito. *Da reconvenção no direito processual civil brasileiro*. São Paulo: Saraiva, 1983.

FRADA, Manuel António de Castro Portugal Carneiro da. *Teoria da confiança e responsabilidade civil*. Coimbra: Almedina, 2004.

FRANÇA, R. Limongi. *Instituições de direito civil*. São Paulo: Saraiva, 1994.

FRANCISCO, Caramuru Afonso. O enriquecimento sem causa nos contratos. In: BITTAR, Carlos A. (Coord.). *Contornos atuais da teoria dos contratos*. São Paulo: Revista dos Tribunais, 1993.

FULGÊNCIO, Tito. *Manual do código civil brasileiro de Paulo de Lacerda*. Rio de Janeiro: Jacintho Ribeiro dos Santos Editor, 1928. v. 10.

GAINO, Itamar. Transmissão das obrigações. *Revista da Escola Paulista da Magistratura*. São Paulo: Imprensa Oficial, v. 3, p. 25, jul./dez. 2002.

GIORGI, Giorgio. *Teoria delle obbligazioni*. Florença: Fratelle Cammelli, 1894. v. 8.

GOMES, Orlando. A caminho dos micro-sistemas. In: *Estudos jurídicos em homenagem ao Prof. Caio Mário da Silva Pereira*. Rio de Janeiro: Forense, 1984.

____. *Introdução ao direito civil*. Rio de Janeiro: Forense, 1993.

GOMES, Orlando. *Contratos*. Rio de Janeiro: Forense, 1981.

____. *Obrigações*. Rio de Janeiro: Forense, 1994.

____. *Transformações gerais dos direitos das obrigações*. São Paulo: Revista dos Tribunais, 1980.

GOMES, Luiz Roldão de Freitas. Responsabilidade civil subjetiva e objetiva no novo Código Civil. In: ARRUDA ALVIM; CERQUEIRA CÉSAR; ROBERTO ROSAS. (Coord.). *Aspectos controvertidos do novo Código Civil*: escritos em homenagem ao Ministro Moreira Alves. São Paulo: Revista dos Tribunais, 2003.

GONÇALVES, Carlos Roberto. *Direitos das coisas*. Marília: Seleções Jurídicas, 1979.

____. *Responsabilidade civil*. São Paulo: Saraiva, 1995.

GONZALES, Juan Antonio. *Elementos de derecho civil*. México: Trillas, 1974.

GRINOVER, Ada Pellegrini. A conciliação extrajudicial no quadro participativo. In: *Coletânea de estudos*. Participação e processo. São Paulo: Revista dos Tribunais, 1988.

HATTENHAUER, Hans. *Conceptos fundamentales del derecho civil*. Barcelona: Ariel, 1987.

KELSEN, Hans. *Teoria pura do Direito*. São Paulo: Martins Fontes, 1994.

LARENZ, Karl. *Derecho de obligaciones*. Madri: Editorial Revista de Derecho Privado, 1978. t. 2.

LEVADA, Cláudio Antonio Soares. *Leasing e variação cambial*: a necessidade de manutenção do equilíbrio contratual. *RT* 763/73.

LIEBMAM, Enrico Tulio. *Processo de execução*. São Paulo: Saraiva, 1980.

LIMA, Alcides de Mendonça. *Dicionário do código de processo civil*. São Paulo: Revista dos Tribunais, 1994.

LIMA, Alvino. *A responsabilidade civil pelo fato de outrem*. Rio de Janeiro: Forense, 1973.

____. *Culpa e risco*. São Paulo: Revista dos Tribunais, 1963.

LISBOA, Roberto Senise. *Contratos difusos e coletivos*. São Paulo: Revista dos Tribunais, 1997.

LOBO, Paulo Luiz Neto. *Condições gerais dos contratos e cláusulas abusivas*. São Paulo: Saraiva, 1991.

____. *Responsabilidade por vício do produto ou do serviço*. Brasília: Brasília Jurídica, 1996.

LOPES DA COSTA, Alfredo Araújo. *Da responsabilidade do herdeiro e dos direitos do credor da herança*. São Paulo: Saraiva, 1928.

LOPES, José Reinaldo de Lima. *Responsabilidade do fabricante e a defesa do consumidor*. São Paulo: Revista dos Tribunais, 1992.

LOPES, Maurício Antonio Ribeiro. *Comentários à nova lei dos juizados especiais cíveis e criminais*. São Paulo: Revista dos Tribunais, 1995.

LUZZATTO, Ruggero. *Le obbligazioni vel diritto italiano*. Turim: G. Giappichelli, 1950.

MACEDO, Ronaldo Porto. *Contratos relacionais e defesa do consumidor*. São Paulo: Max Limonad, 1998.

MAGALHÃES, Barbosa de. *Das obrigações solidárias*. Coimbra: J. Diogo Pires, 1982.

MAGALHÃES, Tereza Ancona Lopes de. *O dano estético*. São Paulo: Revista dos Tribunais, 1980.

___. Responsabilidade civil dos médicos. In: CAHALI, Yussef S. (Coord.). *Responsabilidade civil*. São Paulo: Saraiva, 1988.

MALUF, Carlos Alberto Dabus. *A transação no direito civil*. São Paulo: Saraiva, 1985.

MARCATO, Antonio Carlos. *Ação de consignação em pagamento*. São Paulo: Revista dos Tribunais, 1991.

___. Da consignação em pagamento. In: TEIXEIRA, Sálvio de Figueiredo (Coord.). *Reforma do código de processo civil*. São Paulo: Saraiva, 1996.

MARINS, James. *Código do consumidor comentado*. São Paulo: Revista dos Tribunais, 1995.

___. *Responsabilidade da empresa pelo fato do produto*. São Paulo: Revista dos Tribunais, 1993.

MARQUES, Cláudia Lima. *Contratos no código de defesa do consumidor*. São Paulo: Revista dos Tribunais, 1999.

___. *Confiança no comércio eletrônico e a proteção do consumidor*. São Paulo: Revista dos Tribunais, 2004.

MARTINS-COSTA, Judith. *Comentários ao novo Código Civil*. Rio de Janeiro: Forense, 2003. v. V, t. II.

___. O adimplemento e o inadimplemento das obrigações no novo Código Civil e o seu sentido ético e solidarista. In: FRANCIULLI NETTO; FERREIRA MENDES; SILVA MARINS FILHO (Coord.). *O novo Código Civil*: estudos em homenagem ao Prof. Miguel Reale. São Paulo: LTr, 2003.

MARTINS, Pedro Batista. *Aspectos jurídicos da arbitragem comercial no Brasil*. Rio de Janeiro: Lumen Juris, 1988.

MAXIMILIANO, Carlos. *Hermenêutica e aplicação do direito*. Rio de Janeiro: Forense, 1990.

MAZZILLI, Hugo Nigro. *A defesa dos interesses difusos em juízo*. São Paulo: Revista dos Tribunais, 1992.

MEIRELES, Hely Lopes. *Direito administrativo brasileiro*. São Paulo: Revista dos Tribunais, 1986.

MELLO, Marcos Bernardes de. *Teoria do fato jurídico*: plano de existência. 12. ed. São Paulo: Saraiva, 2003.

MENDONÇA, Carvalho de. *Doutrina e prática das obrigações*. Rio de Janeiro: Freitas Bastos, 1938. t. 1 e 2.

MESQUITA, Manuel Henrique. *Obrigações reais e ônus reais*. Coimbra: Almedina, 1990.

MIRANDA, Custódio da Piedade Ubaldino. *Interpretação e integração dos negócios jurídicos*. São Paulo: Revista dos Tribunais, 1989.

MIRANDA, Francisco Cavalcanti Pontes de. *Tratado de direito privado*. Rio de Janeiro: Borsoi, 1958. t. 22, 23 e 24.

MIRANDA, Pontes de. *Tratado de direito privado*. Rio de Janeiro: Borsoi, 1962. t. XXII.

____. *Tratado de direito privado*: parte geral. 4. ed. São Paulo: Revista dos Tribunais, 1983.

MIRANDA JÚNIOR, Darcy Arruda. *Das obrigações*. São Paulo: EUD, 1987.

MONTEIRO, Washington de Barros. *Curso de direito civil*. São Paulo: Saraiva, 1993. v. 4.

MORAES, Renato José de. *Cláusula "rebus sic stantibus"*. São Paulo: Saraiva, 2001.

MOTA PINTO, Carlos Alberto da. *A responsabilidade pré-negocial pela não conclusão dos contratos*. Coimbra: Coimbra Editora, 1963.

NASCIMENTO, Tupinambá Miguel Castro do. *Responsabilidade civil no código do consumidor*. Rio de Janeiro: Aide, 1991.

NEGREIROS, Teresa. *Fundamentos para uma interpretação constitucional do princípio da boa-fé*. Rio de Janeiro: Renovar, 1998.

NERY JÚNIOR, Nelson. *Atualidades sobre o processo civil*. São Paulo: Revista dos Tribunais, 1995.

____. *Código de processo civil comentado*. São Paulo: Revista dos Tribunais, 1997.

____. *Código brasileiro de defesa do consumidor*. Rio de Janeiro: Forense Universitária, 1995.

____. *Estudos em homenagem ao Prof. Miguel Reale*. São Paulo: LTr, 2003.

NONATO, Orozimbo. *Curso de obrigações*. Rio de Janeiro: Forense, 1960 e 1971. v. 2, segunda e terceira partes.

____. Reparação do dano por pessoa privada de discernimento. *RF* 83/371.

NORONHA, Fernando. *O direito dos contratos e seus princípios fundamentais*. São Paulo: Saraiva, 1994.

____. *Direito das obrigações*. São Paulo: Saraiva, 2003. v. I.

OPTIZ, Oswaldo; OPTIZ, Silvia. *Mora do negócio jurídico*. São Paulo: Saraiva, 1984.

OTHON SIDOU, J. M. *Proteção ao consumidor*. Rio de Janeiro: Forense, 1977.

PACHECO, José da Silva. *Inventários e partilhas na sucessão legítima e testamentária*. Rio de Janeiro: Forense, 1996.

PASCHALOTTO, Adalberto. *Os efeitos obrigacionais da publicidade no código de defesa do consumidor*. São Paulo: Revista dos Tribunais, 1997.

PEREIRA, Caio Mário da Silva. *Instituições de direito civil*. Rio de Janeiro: Forense, 1994. v. 2.

PEREIRA, Caio Mário da Silva. *Instituições de direito civil*. Rio de Janeiro: Forense, 2004. v. II.

____. *Responsabilidade civil*. Rio de Janeiro: Forense, 1993.

PEREIRA, Lafayette Rodrigues. *Direitos das coisas*. Rio de Janeiro: Freitas Bastos, 1956.

PERLINGIERI, Pietro. *Perfis do direito civil*. Rio de Janeiro: Renovar, 1995.

PLANIOL, Marcel. *Traité élémentaire de droit civil*. Paris: Librairie Générale du Droit et de la Jurisprudence, 1912. v. 2.

PODESTÁ, Fábio Henrique. O art. 1.033 do CC e Lei nº 9.099. *Caderno de Doutrina da Tribuna da Magistratura*, São Paulo, 1996.

____. Obrigações *propter rem*. *Revista de Direito das Faculdades Metropolitanas Unidas*. São Paulo, ano 9, nº 12, nov. 1995.

DIREITO DAS OBRIGAÇÕES

___. O juízo arbitral em face do princípio da inafastabilidade do controle jurisdicional. *Caderno de Doutrina da Tribuna da Magistratura*, São Paulo, 1997.

PORTO, Mário Moacyr. Responsabilidade civil entre marido e mulher. In: CAHALI, Yussef Said. *Responsabilidade civil*: doutrina e jurisprudência. São Paulo: Saraiva, 1988.

___. *Temas de responsabilidade civil*. São Paulo: Revista dos Tribunais, 1989.

POTHIER, R. *Tratado das obrigações*. Buenos Aires: Heliasta R. S. L., [s.d.].

PRATA, Ana. *A tutela constitucional da autonomia privada*. Coimbra: Almedina, 1982.

QUEIROZ, Odete Novais Carneiro. *Da responsabilidade por vício do produto e de serviço*. São Paulo: Revista dos Tribunais, 1998.

RAO, Vicente. *O direito e a vida dos direitos*. 5. ed. São Paulo: Revista dos Tribunais, 1999.

REALE, Miguel. *Projeto do novo código civil*. São Paulo: Saraiva, 1999.

RIZZARDO, Arnaldo. *Promessa de compra e venda e parcelamento do solo urbano*. São Paulo: Revista dos Tribunais, 1987.

ROCCO, Alfredo. *Il fallimento*. Milão: Giuffrè, 1962. nº 15ss.

ROCHA, Maria Isabel de Matos. Legitimidade para pedir reparação pelos danos morais da morte. *RT* 684/7.

ROCHA, Silvio Luiz Ferreira da. *A oferta no código de defesa do consumidor*. São Paulo: Lemos, 1997.

___. *Responsabilidade civil do fornecedor pelo fato do produto no direito brasileiro*. São Paulo: Revista dos Tribunais, 1992.

RODRIGUES, Silvio. *Direito civil*. São Paulo: Saraiva, 1993. v. 2.

___. ___. São Paulo: Saraiva, 1999. v. 3.

ROMANELLO NETO, Jerônimo. *Responsabilidade civil dos médicos*. São Paulo: Jurídica Brasileira, 1998.

ROPPO, Enzo. *O contrato*. Coimbra: Almedina, 1988.

SABOIA CAMPOS, Maria Luzia de. *Publicidade*: responsabilidade civil perante o consumidor. São Paulo: Cultural Paulista, 1996.

SANTOS, Ernane Fidelis dos. *Comentários ao código de processo civil*. Rio de Janeiro: Forense, 1986. v. 6, t. 1.

SANTOS, J. M. de Carvalho. *Código civil brasileiro interpretado*. Rio de Janeiro: Freitas Bastos, 1951. v. 11, 12, 13 e 14.

SERPA LOPES, Miguel Maria de. *Curso de direito civil*. Rio de Janeiro: Freitas Bastos, 1989.

___. ___. Rio de Janeiro: Freitas Bastos, 1991. v. III.

___. *Exceções substanciais*: exceção do contrato não cumprido. Rio de Janeiro: Freitas Bastos, 1959.

___. *O silêncio como manifestação da vontade nas obrigações*. Rio de Janeiro: Suíssa – Walter Roth, 1944.

SEVERO, Sérgio. *Os danos extrapatrimoniais*. São Paulo: Saraiva, 1996.

SILVA, Clóvis V. do Couto e. *A obrigação como processo*. São Paulo: José Bushatsky, 1976.

___. *Comentários ao código de processo civil*. São Paulo: Revista dos Tribunais, 1982, t. 2, v. 11.

___. *O conceito de dano no direito brasileiro e comparado*. *RT* 667/07.

SILVA, De Plácido e. *Vocabulário jurídico*. 10. ed. Rio de Janeiro: Forense, 1987. v. I e II.

SILVA, Jorge Cesar Ferreira da. *A boa-fé e a violação positiva do contrato*. Rio de Janeiro: Renovar, 2002.

SILVA, Luiz Renato Ferreira. Causas de revisão judicial dos contratos bancários. *Revista do Consumidor*, v. 26/126.

SILVA, Ovídio A. Baptista da. *Procedimentos especiais*. Rio de Janeiro: Aide, 1989.

SILVA, Wilson Melo da. *O dano moral e sua reparação*. Rio de Janeiro: Forense, 1969.

___. *Da responsabilidade civil automobilística*. São Paulo: Saraiva, 1980.

___. *Responsabilidade sem culpa*. São Paulo: Saraiva, 1974.

SILVA SALVADOR, Antonio Rafhael. Lei de arbitragem: injustiça e ofensa à Constituição. *Revista da Escola Paulista da Magistratura*, nº 4, 1998.

STIGLITZ, Gabriel. *Proteción juridica del consumidor*. Buenos Aires: Depalma, 1990.

STIGLITZ, Rubén S. *Autonomia de la voluntad y revisión del contrato*. Buenos Aires: Depalma, 1992.

STOCO, Rui. Procedimento administrativo disciplinar no poder judiciário. In: CAHALI, Yussef S. (Coord.). Coletânea Jurídica da Magistratura, São Paulo, 1995.

___. A responsabilidade civil. *Estudos em homenagem ao Prof. Miguel Reale*. São Paulo: LTr, 2003.

STOCO, Rui. *Responsabilidade civil e sua interpretação jurisprudencial*. São Paulo: Revista dos Tribunais, 1995.

TEPEDINO, Gustavo. *Temas de direito civil*. Rio de Janeiro: Renovar, 1999.

VARELA, João de Matos Antunes. *Das obrigações em geral*. Coimbra: Almedina, 1993. v. 1 e 2.

___. *Direito das obrigações*. Rio de Janeiro: Forense, 1978. v. II.

___. ___. Rio de Janeiro: Forense, 1977.

VELOSO, Zeno. *Condição, termo e encargo*. São Paulo: Malheiros, 1997.

VENOSA, Sílvio de Salvo. *Direito civil*: obrigações. São Paulo: Atlas, 1994.

VIANA, Rui Geraldo Camargo. *A novação*. São Paulo: Revista dos Tribunais, 1979.

VINAGRE, Marta Maria. A outra face do contrato. *Revista de Direito Civil*. São Paulo, v. 44, abr./jun. 1988.

VINEY, Geneviève. *Lês obligations*. La responsabilité: conditions. Paris: LGDJ, 1982.

WALD, Arnoldo. *Obrigações e contratos*. São Paulo: Revista dos Tribunais, 1990.

___. Responsabilidade civil e correção monetária. *Questões de responsabilidade civil*. Belém: CEJUP, 1990.

WESTERMANN, Harm Peter. *Código Civil alemão*: direito das obrigações – parte geral. Porto Alegre: Sergio Antonio Fabris Editor, 1983.

ZANONI, Eduardo A. *Elementos de la obligación*. Buenos Aires: Astrea, 1996.

___. *El dano en la responsabilidad civil*. Buenos Aires: Astrea, 1993.

Revistas E Periódicos

Revista de Direito Civil 46/7; 44/102; 45/141; 71/69.

Revista de Direito do Consumidor 3/44; 12/17; 6/27; 6/64; 17/146; 26/126; 26/166.

Revista dos Tribunais 472/15; 480/132; 183/335; 64/279; 666/7; 386/26; 692/74; 684/7; 687/12; 692/131; 763/73.

Revista Forense, 328/25.

Revista Trimestral de Jurisprudência do Supremo Tribunal Federal 55/322.

SUMÁRIO

AGRADECIMENTOS	9
NOTA À 7ª EDIÇÃO	11
NOTA À 6ª EDIÇÃO	13
NOTA À 5ª EDIÇÃO	15
NOTA À 4ª EDIÇÃO	17
NOTA À 3ª EDIÇÃO	19
NOTA À 2ª EDIÇÃO	21
NOTA À 1ª EDIÇÃO	23
APRESENTAÇÃO À 4ª EDIÇÃO	25
APRESENTAÇÃO	27
SUMÁRIO	31
1. NOÇÕES INTRODUTÓRIAS E FUNDAMENTAIS	39
2. ASPECTOS E INOVAÇÕES SOBRE O NOVO CÓDIGO CIVIL	107
3. OBRIGAÇÃO E SEUS ASPECTOS	131

DIREITO DAS OBRIGAÇÕES

4. EVOLUÇÃO HISTÓRICA DO CONCEITO DE OBRIGAÇÃO   145

5. FONTES E CLASSIFICAÇÃO DAS OBRIGAÇÕES   149

6. OBRIGAÇÕES DE DAR COISA CERTA   167

7. OBRIGAÇÕES DE DAR A COISA INCERTA   175

8. OBRIGAÇÕES DE FAZER   179

9. OBRIGAÇÕES DE NÃO FAZER   187

10. OBRIGAÇÕES ALTERNATIVAS E FACULTATIVAS   191

11. OBRIGAÇÕES CONDICIONAIS E A TERMO   197

12. OBRIGAÇÕES DIVISÍVEIS E INDIVISÍVEIS   201

13. OBRIGAÇÕES SOLIDÁRIAS   209

14. DA TRANSMISSÃO DAS OBRIGAÇÕES   223

15. DO ADIMPLEMENTO E EXTINÇÃO DAS OBRIGAÇÕES   237

16. DO INADIMPLEMENTO DAS OBRIGAÇÕES E DA MORA   265

17. DOS PAGAMENTOS INDIRETOS OU ESPECIAIS   281

18. DA CONSIGNAÇÃO EM PAGAMENTO   285

19. PAGAMENTO POR SUB-ROGAÇÃO   293

20. IMPUTAÇÃO DO PAGAMENTO   299

21. PAGAMENTO POR REMISSÃO   301

22. DAÇÃO EM PAGAMENTO   305

23. DA NOVAÇÃO   309

24. DA COMPENSAÇÃO   315

25. DA CONFUSÃO	323
26. PERDAS E DANOS E JUROS	325
27. DA CLÁUSULA PENAL	339
28. DAS ARRAS OU SINAL	347
29. RESPONSABILIDADE CIVIL	353
30. LIQUIDAÇÃO DAS OBRIGAÇÕES E DO DANO	425
31. EXCLUDENTES DA RESPONSABILIDADE CIVIL	437
32. RESPONSABILIDADE CIVIL NO CÓDIGO DE DEFESA DO CONSUMIDOR	445
BIBLIOGRAFIA	459